新安文化丛书一

XIN'AN WENHUA CONGSHU

新安文献

倪清华 著

文物出版社

中共淳安县委宣传部
中共淳安县委党史研究室
淳安县人民政府地方志办公室
淳安县政协文史和教文卫体委员会
编

图书在版编目（CIP）数据

新安文献 / 倪清华著. -- 北京 ：文物出版社，
2024.7

(新安文化丛书. 一)

ISBN 978-7-5010-8399-2

Ⅰ. ①新… Ⅱ. ①倪… Ⅲ. ①地方文献-介绍-淳安县 Ⅳ. ①K295.54

中国国家版本馆CIP数据核字(2024)第069127号

新安文献

新安文化丛书一

编　　者：中共淳安县委宣传部
中共淳安县委党史研究室
淳安县人民政府地方志办公室
淳安县政协文史和教文卫体委员会
著　　者：倪清华
责任编辑：孙　霞
封面设计：方　卓
责任印制：张道奇

出版发行：文物出版社
地　　址：北京市东城区东直门内北小街2号楼
邮　　编：100007
网　　址：http://www.wenwu.com
邮　　箱：wenwu1957@126.com
经　　销：新华书店
印　　刷：杭州富春印务有限公司
开　　本：787mm×1092mm　1/16
印　　张：417.25
版　　次：2024年7月第一版
印　　次：2024年7月第一次印刷
书　　号：ISBN 978-7-5010-8399-2
定　　价：2880.00元(全18册)

总　序

新安文化是指新安江流域文化。

新安江是钱塘江的正源，源头分为两大支流。南支称率水，为新安江主源，发源于安徽省休宁县五龙山脉的六股尖；北支叫横江，源于黟县五溪山主峰白顶山。两支源流在屯溪汇合，流至歙县浦口一段称浙江，歙县浦口以下至浙江省建德县与兰溪相汇处称新安江。新安江与兰溪汇合后称富春江，到萧山闻家堰称钱塘江，流至杭州湾入海。

新安江流域地处闽浙山地的北缘，黄山、天目山、白际山、五龙山、千里岗、龙门山六大山脉盘桓其间，山地及丘陵占十分之八九。新安江水呈树叶网络状，由西向东辐射，地势也是由高及低逐步下降。流域平均海拔 800 ~ 1000 米，处在山岭川谷之中。俯视江南，附近的江西、浙江、江苏、安徽，均在其下。地处新安江源头的徽州，有“吴头楚尾”之说。杜牧诗云：“溪山侵越角，风壤尽吴根。”非常准确地描写出新安江流域的地理位置。

新安江流域以黄山山脉为界，南坡有流向东南钱塘江的新安江水系，直达杭州，是前往江南的捷径；流向西南鄱阳湖的阊江水系、乐安江水系，直达饶州、九江；北坡有直接流入长江的青弋江、秋浦河水系，直达池州、安庆、芜湖长江沿线。新安江下游严州府与兰江相接，向南直达金华、衢州，是前往江西、福建的捷径。陆路虽地势高耸，山路崎岖，但由于地处皖、浙、赣三省交界，成为全国的交通网络中重要的一环。

魏晋时期，由杭州经新安江前往江西、福建的通道，是全国交通枢纽上的重点线路。宋永初三年（422）秋，谢灵运离开建康（今南京）赴任永嘉郡太守。他沿钱塘江、富春江溯流而上，经桐庐、建德、兰溪，转由婺江到永嘉，途经桐庐写下《初往新安至桐庐口》诗。唐代以前，北方通往南方的三大干线，其中两条干线经过新安江流域。一条由洛阳东行至汴州，循运河东南而下，经杭州，沿钱塘江溯流而上，经睦州、婺州、衢州、信州至江西、福建和岭南道。另一条由洛阳走陆路，经汝州、许州至陈州，过寿州、庐州，渡江至采石，经宣州、歙州到睦州，经婺州、衢州，再选择西行或南行通往福建、江西和岭南各地。宋以后，新安江流域交通线路更是呈放射状，四面通达。虽然山道崎岖，水路湍急，路途稍显艰难，但无论水路、陆路，前往江西、湖北、福建、南京、杭州都是必经的捷径。

人类逐水而居，河流是人类文明的摇篮。先秦时期，新安江流域先属吴，吴亡属越，越灭属楚。秦末，在新安江中游和上游设黟、歙二县，下游则归富春县管辖。东汉建安十三年（208），分歙地置始新、新定、黎阳、休阳四个县，加上原来的黟、歙二县，就有了六个县，以这六个县新设新都郡，郡治设在始新县治新定里（今淳安县威坪镇）。黄武四年（225），析吴郡富春县地置建德、新昌、桐庐、新城四县，建德县、新昌县（后改寿昌）地处新安江下游。其后新安江流域郡、州、府级机构，先后更名或改设为新宁郡、新安郡、东阳郡、遂安郡、婺州、睦州、歙州，最后定名为徽州和严州；县级机构先后更名或改设为新安江上游的歙县、黟县、休宁县、祁门县、绩溪县、婺源县，新安江中游的淳安县、遂安县，下游的建德县、寿昌县。

新安文化的地域范围，以新安江上游古徽州一府六县，即歙县、黟县、休宁县、祁门县、绩溪县、婺源县，以及新安江中下游古严州的淳安县、遂安县、寿昌县、建德县为核心区域。新安文化的时空概念起自史前文明，迄于 1949 年，根据研究需要适当后延。其内容涉及哲学、经济、社会、教育、学术、文学、艺术、工艺、建筑、医学等诸多学科，凡与新安江流域社会历史发展有关的内容，均是新安文化的范畴。

新安江流域是我国原始文化的一个独立发展单元，一步步走来，没有停留，没有断代。历经早期文明、晋唐兴起、五代至元崛起、明清鼎盛和近代转型五个发展阶段，形成新安文化的完整体系。

1974 年 11 月，在建德县上新桥村乌龟洞发现一枚人的犬齿化石，被命名为“建德人”，属于晚期智人类型，距今约五万年。同时，新安江流域分布着大量的旧、新石器时代遗址，承继“建德人”的文化发展。1959 ~ 1975 年，新安江上游的屯溪西郊奕棋村先后发现 8 座西周至战国早期的墓葬。出土的青铜器、原始青瓷和几何印纹硬陶，在形制、纹饰和构图风格上，具有浓厚的越文化特色。史称当地人为越族，人民性格强悍，尚武好斗，文化礼仪相对薄弱。通过地方行政治理过程中的教化，当地越人在了解和接受中原人的生产、生活方式后，道德观、价值观、文化崇尚等方面均发生变化。

晋唐时期，新安文化兴起。晋代的“永嘉之乱”和唐代的黄巢起义是中国历史上的两件大事。它不仅造成西晋和唐朝的灭亡，导致中国社会的分裂，而且对我国南方的发展产生深远的影响。“永嘉之乱”和黄巢起义期间，中原士族比较集中地迁入新安江流域，现存的徽、严二州不少姓氏族谱中，对始迁祖的追溯都上溯到这一阶段。中原士族大量迁入以后，以其自身的文化素养和生活习惯渗透民间，改变了新安江流域越族的风俗习惯，越族尚武习俗与中原儒雅之风融合，儒家思想的仁义忠孝和修身齐家理念，开始在新安江流域流行。休宁吴少微的“吴富体”在文坛崭露头角，新安江下游的“睦州诗派”更是享誉诗坛。

五代至元，新安文化崛起。这一阶段新安江流域的教育与科举得到长足发展，仅南宋时期徽州、严州二府进士就有806名。南宋理学大儒朱熹祖籍徽州，曾两次回徽州省墓、探亲、授课，并在严州丽泽书院、遂安瀛山书院讲学论道。新安人读朱子之书，秉朱子之教，以邹鲁之风自恃，形成新安理学学派，使得朱熹理学在新安江流域广为流传，对整个流域的文化形成和演变起到关键作用。文风郁起，留下很多脍炙人口的作品，如胡仔的《苕溪渔隐丛话》和方岳、方逢辰的诗歌，在全国诗坛都占有一席之地。徽州刻书和严州刻书，在中国刻书史上贡献卓著。制瓷技术、医学、植物学、光学、生物学等科学技术都取得一定成就，其中歙县张杲淳熙十六年（1189）写成的《医说》一书，是中国医学史上第一部医史传记。

明清时期，新安文化进入鼎盛。私学、官学和书院教育同步发展，推动新安江流域科举繁荣兴盛。淳安人商辂“三元及第”，于明宣德十年（1435）乡试、正统十年(1445)会试及殿试均为第一名。理学、心学与朴学相互融合发展，理学家们提倡“和会朱陆”，阳明心学受到欢迎。清康熙、乾隆时期，新安学者提倡实事求是的治学精神，开创朴实的学风，成为清代学术的主流，朴学领袖戴震更是中国哲学史上的唯物主义启蒙思想家。文学艺术百花齐放，新安画派是明清文人画的正统继承者，徽派版画代表了中国传统版画的最高成就，徽派篆刻成为中国文人篆刻的主流，徽剧乃京剧之母。科学技术成就斐然，新安医学所主张的“固本培元”理论，是中国传统医学中的精华；程大位是中国历史上珠算集大成者；郑复光《镜镜詅痴》集当时中西光学知识大成。

近代，新安文化开始转型。光绪二十六年（1900），歙县基督教堂在城内创办崇一学堂，迈开新安江流域兴办新式学堂的第一步。在西方近代科技和工业革命的影响下，实业救国成为潮流，培养近代农林、商业、工业人才，是教育转型过程中的重要一环。光绪三十四年（1908），戴英在休宁县隆阜珠里创办新安江流域近代第一所职业学校——休宁初等农业学堂。随后，徽州乙种商业学校、淳安县初级实业小学、建德县浙江省立甲种森林学校等相继开办。新安学术也开始向近代学术思潮转型，胡适成为近代文化转型中承上启下的关键人物。文学艺术在转型中得到提振，其中由汪渊集句成词、其夫人程淑笺注的《麝尘莲寸集》，以词集词，前无古人。黄宾虹成为近代中国绘画领域中的一座高峰；黄士陵的篆刻形成自己的艺术风格，被称为“黟山派”。“徽路徽戏”和睦剧得到全面发展。

新安江流域自古为越族领地，随着中原士族的迁入，中华儒家文化的价值观“修身齐家治国平天下”，在这里不断积淀，形成尚武自强、重教崇文、俗尚文雅、治生重商的区域特征。

新安江流域早期越人以尚武著称。明清时期，新安江流域百姓依然习武自强为常。至今民间仍留存不少延请拳师的“拳关”文书。明万历休宁程冲斗所著《耕余剩技》，是中国武术史上的名著。绩溪县张横秋更是以武术名世，在武术史上形成“豫徽武术”流派，其拳术至今仍在新安江流域流传。很多文人在习文的同时练武，明末休宁县抗清义士金声不仅文章出彩，而且武艺高强。休宁画家汪肇，喜好持矛舞剑。新安朴学后期的重要学者汪宗沂，通拳术、剑术、马术，喜谈兵。他的学生许承尧、黄宾虹，一个是著名诗人，一个是著名画家，跟着汪宗沂学习时，练剑、骑马也是必备的功课。

中原士族迁居新安江流域以后，注重文化传承。这种传承使得新安江流域重视教育，崇尚文雅。朱熹提倡读书，研究学问，从事著述，强调“穷理之要，必在于读书”。新安理学的兴起，增强了新安江流域的读书氛围。儒家思想被塾师细化在自己教学实践中，塾师编写的大量蒙学教材中，将儒家的道德观念灌输给学童。在新安理学的影响下，新安江流域读书著述之风盛行，形成“十家之村，无废诵读”的景象。宋元以来，被称为“东南邹鲁”。

随着儒家思想向民间基层渗透，礼教在老百姓中扎根。民间礼仪以朱熹《家礼》作为依据，渗透于各个家庭。休宁《茗洲吴氏家典》根据《家礼》，结合本宗族的情况，规定冠婚丧祭的礼仪，作为子孙后代遵行的法典。民国遂安《高峰朱氏宗谱》卷三《家训》对子弟的礼仪教育写得非常具体，结合家族特点，将礼教具体化，教育族人如何做人、做事，各项规范要求明确，可操作、能监督，俗向文雅，成为“礼下庶人”的典范。

新安江流域有一个异于全国其他地区的现象，就是人们以经商致富为荣，从商成为风气。新安学者提倡职业不分卑贱，引导民众经商，鼓励商人创业，提倡“廉贾”价值观。地方士绅还通过各种方式为商人代言，创造良好的经商环境。学者的倡导、士绅的鼓励，对不轻视商业、不以经商为耻社会风气的形成，起到极大的促进作用，使新安人在观念上获得解放，理直气壮去经商，造就了雄飞于中国商界三百年的新安商人集团。

新安文化不断兼收并蓄，坚持实事求是，遵循儒雅中庸的发展过程，构成以“包容、探索、和谐”为核心的人文精神。

在沉淀中原汉文化和践行儒家思想的过程中，新安江流域不断地塑造自身的人文精神，推进新安文化的发展。新安文化的形成，是中原汉文化与当地土著越文化进行融合的过程。在两种文化的融合过程中，汉文化虽然是强势文化，但具有很强的包容性，促进了越文化的自然融合，从而产生出新质的新安文化。这种包容性，在新安文化发展过程中，贯穿始终，成为新安文化特色。兼收并蓄的包容精神，体现了新安文化的博大气象，是新安文化得以发展的源泉。

在新安文化发展过程中，新安人一直遵循实事求是的原则，博学求知，努力探索规律，追求真理，勇得时代风气之先。朱熹提出“濯去旧见，以来新意”；戴震主张“不以人蔽己，不以己自蔽”；胡适要求“重新估定一切价值”，都是不懈求索、勇得时代风气的典范。实事求是的探索精神，体现了新安人的思辨能力，是新安文化得以不断创新发展的动力。

新安文化是宋以后中国儒家文化在民间社会最完整的体现和典型范例，其儒雅中庸的内质得到很好的体现。“薄利多销”成为新安商人的经营手段，自己少赚些，让消费者不吃亏，成为“中庸”思想在商业领域的一种表现，即双赢。新安宗族在“中庸”思想的指导下，和睦相处，很少发生械斗。就是宗族间有了矛盾，也是协调处理，互相谦让。在艺术上，也非常讲究中庸平和。新安篆刻中的雅逸隽秀、平和光洁；新安版画内蕴的恬静和安乐，也是儒雅中庸的一种表现。儒雅中庸的和谐精神，使得新安江流域社会平稳安定，是新安文化不断发展的基础。

新安江流域靠近越文化核心区，其文化既具有新安文化特点，又带有钱塘江流域良渚文化特色，体现出新安文化与良渚文化融合的趋势。对河系流域上下游文化碰撞、交融的研究，具有重要价值。

新安江流域至今保存下来的地面文物遗存10000多处、8000余种文献、100余万件文书，跨越千年历史，涵盖政治、经济、文化各个领域。尤其地面文物遗存、非物质文化遗产和文书档案，均为第一手资料，是人们了解中国封建社会后期农村社会实态不可多得的资料，为按历史本来面貌做综合实态研究创造了前所未有的有利条件。中国社会科学院历史研究所周绍泉先生指出："以徽州文书为代表的历史文书档案为主要资料，综合研究历史社会实态，将是我们这个时代的学术潮流。"

新安文化是中国封建社会后期传统文化的典范，独树一帜，在各自领域都处于领先位置。从新安文化中提炼出来，形成新安宗族、新安学术、新安商人、新安教育、新安建筑、新安书画、新安工艺、新安科技、新安文学、新安戏曲、新安饮食、新安民俗等文化现象，是新安文化中的精华，学术界在研究专业史时无法绕开这些课题。对新安文化展开研究，实际也就是对中国封建后期传统文化展开研究，窥一斑而见全豹，具有普遍的学术意义。

新安江流域四面环山，作为一个独立的自然地理单元，风景秀丽，人们的审美观受到山水环境的影响。新安四雕艺术、文房四宝艺术、盆景艺术、新安书画、新安文学等，都是新安江流域自然环境同新安人审美观相结合的产物。而新安饮食、方言的形成，同新安江流域独特的自然地理环境及资源有关；新安宗族社会构成和村落结构，同新安地理环境也是密切相关，具有地理文化单元的人类文化学研究价值。

新安文化是移民文化，中原士族的内迁，决定了其社会与文化的诸多现象和特点，受到中原文化的影响。同时，新安文化的昌盛与发展，还存在着一个由新安江流域再向外移民的过程，并对侨寓地的文化产生影响。如新安学术、徽剧、新安艺术、新安刻书、新安篆刻等对扬州学派、京剧、江南园林、江南版画、浙派篆刻都有渗透和影响。研究新安文化，可以获得中华大文化融合各民族文化、各地方文化的一般与个别规律，为繁荣中华大文化作出贡献。

新安江流域是宗族社会。明清时期，农村基层依靠宗族自治管理，有不少好的做法。现存不少宗族公约中有值得学习和借鉴的条文，如禁止乱砍滥伐和禁止赌博等。从内容上看，它们符合当今所提倡的环境保护和社会文明的主旨。从实施机制上看，它不是依赖于行政系统，而是靠"公约"的形式自我约束，这给建设社会主义新农村带来启示，村民自治要以农民为主体，增强农民的自觉意识，而不是靠行政手段。新安文书中的商业合同，反映了新安人市场观念的成熟；分家契约反映了新安人既遵从中国传统的伦理观，又理性地处理家庭财产等经济问题；诉讼文书，反映了古代新安江流域民间已经有较强的法治观念。新安江流域古村落人与自然和谐，以人为本的思想贯穿村落建设，村落中的防火措施、水系设计都十分讲究，科学性很强，给当代环境规划设计带来启示。

新安文化博大精深，对新安江流域上游的徽州文化研究，已经成为一门专门的学问——徽学。但对整个流域的整体研究还是一个空白，编撰《新安文化》丛书，可以填补全面涵盖新安江全流域文化的研究空白，力求科学、全面、准确、系统地展示新安文化的各个方面，对于新安文化学术研究及开发利用，是一件十分有意义的事情。

《新安文化》丛书编撰委员会

2023年4月

目 录

参考文献

绪论

第一节　新安文献的时空界定

新安江上游的徽州和下游的严州，两者之间有着千丝万缕的联系。徽州与严州毗邻，严州的淳安、遂安、寿昌都曾隶属过新安。据弘治《徽州府志记》载："盖古歙地之在今者为休宁，为婺源，为绩溪，为严州之淳安、遂安。"在历史上，新安的治所曾设于始新县（即严州的淳安县），"晋武帝太康元年，……改新都郡曰新安，治始新县，改新定县曰遂安"。严州的寿昌县也曾属新安管辖，"梁武帝普通三年，割吴郡之寿昌来属""梁割（寿昌）隶新安郡"。[①]"隋开皇九年，改郡为歙州，改始新曰新安县，又并遂安及梁所割吴郡寿昌未属者皆入新安县，以隶婺州"。直到"仁寿三年，取婺州之新安，并复立遂安，以隶睦州。于是二县故地迄今不复，今严州淳安、遂安也"。[②]这时，两者才划分成两个不同的行政辖区。"宣和三年，睦寇方腊即平，改歙曰徽，为上州"。[③]同年，睦州改为严州。正因为两者在行政区划上有这样交错隶属的关系，所以新安（徽州）与严州两地血缘相连，语言相通，风俗相似。而淳安原为歙县东乡新定里，遂安为歙县南乡安定里，与徽州更有着割不断的联系。严州的淳安县为"古歙之东乡，今虽属旁郡，然距新安不二百里"。[④]

一条新安江连接着徽州和严州，二者构成了新安江流域。淳安童天采撰《新安江赋》一篇曰：

> 郡号天都，邑名歙浦。山崔嵬而宰嵂，水湓泱而沮洳。源于黄山之蒙泉，经始于紫阳之渊渚。潭澄鲜而如练，滩激湍而见碱。入还淳而溪名青，过富春而流渐巨。吞百川于潆洄，障两岸为险阻。汇于钱唐以收潮汐，趋于海门以广

---

① 万历《严州府志》卷一，四库全书。
② 淳熙《新安志》卷一，宋元方志丛刊。
③ 汪舜民：《弘治徽州府志》，齐鲁书社，1997年。
④ 光绪《淳安县志》卷十三，清光绪十年刻本。

积贮。原夫清流细，漪色映平沙。茂林丰草，彩绚晴霞。凫鹭浴罢，荇藻牵斜。谢泌门前石滑滑而可数，吕公滩上邱累累其如髽。夹村村之烟火，揽处处之桑麻，宛武林之多桃树，似沅湘之毓兰芽。歌笛横吹江上，谱月明之曲；渔灯夕照矶头，回曦驭之车。尔乃霪雨非时，阴霾不霁，地欲裂兮天复昏，雷交响兮电忽激。潜蛟挟石而奔驰，蛰龙兴云而作祟。千山漭沆兮喷飞泉，万径滮汧兮溃广遂。冯夷骛悍而不驯，天吴佯狂其如醉。怅长波之澶漫，骇巨浪之洋溢。撼城郭，则并惊忠介之祠；驾村墟，则欲标越公之帜。桑田漻泪而不完，园廛汩没而靡次。此则黄河之险莫踰其汹涌，巨浸之雄难方其浡潏者也。然而芳春明媚，长夏骄阳，秋风淅沥，冬雪飘扬，挂布帆兮溯洄而溯游，牵锦缆兮可泳而可方。优政树兮江之浒，频移岫兮江之旁。酌春嚅兮抽锦字，评夏云兮佐绣肠。草木黄落兮悲宋玉，玑珠点缀兮感谢郎。程灵洗诸人宁无翰藻，吴少微数子应有篇章。或披云而寄兴，或载月而迎凉，或赋金风之萧瑟，或描玉屑之琳琅。才士高张将与波光同荡漾，名流竞唱亦随云影共翱翔。然则过斯江也，未尝问派于峨山，何自经行于汉沔。有高山峻岭以为堤防，无洞庭彭蠡以为舒展。漫比泾渭之分流，远逊淮沂之浩衍。郑交甫之解佩，仙女难逢；杜元凯之沉碑，军功莫阐。湘灵鼓瑟，此地不闻，川后凌波，兹途遂殄。青芝赤箭，产既不同于日南；紫漆丹砂，物犹不钟于云巘。特以百灵效顺，四渎安恬，澹灾有政，润下无愆。百折而选，美负舟之有力；千里以内，识取鉴之尚便。经过小姑渡口，来往大障山边，崇先则寻轩皇之丹灶，问政则拂朱子之讲筵。此在贤刺史，激浊扬清，行见珠回合浦；亦惟良令长，居宽济猛，拭观虎渡深渊。燃温峤之犀以驱怪物，载邓攸之米莫饮贪泉。庶使一水交流澄清见底，且令两邦接壤沾溉常绵也。夫赋终，乃为之歌曰：歙州名胜处，开郡白云间。随地村烟奥，接天象纬环。水从千嶂出，舟向百盘攀。终古清江去，东流到海关。①

这篇赋，文辞优美，“源于黄山之蒙泉，经始于紫阳之渊渚。潭澄鲜而如练，滩激湍而见碱。入还淳而溪名青，过富春而流渐巨。吞百川于潆洄，障两岸为险阻。

① 余利归：《淳安古籍文献丛书》，《光绪淳安县志》(上)卷一，淳安县政协文史和教文卫体委员会，2011年，第42～43页。

汇于钱唐以收潮汐，趋于海门以广积贮”。写出了新安江、富春江、钱塘江的一脉相承。

新安江，一名徽港，发源于安徽省与江西省交界的怀玉山脉率山主峰六股尖的东坡。它是钱塘江干流之一段，因流经旧新安郡境，故名。新安郡始于西晋太康元年(280)改新都郡置，治始新县（今浙江淳安县西），辖境相当于今浙江淳安，建德，安徽歙县、休宁、黟县、祁门、绩溪等县及黄山市的一部分和江西婺源县地。据说，“新安”之名源于祁门县西55公里处的新安山。隋开皇九年(589)改新安郡置州，治休宁县（今县东万安）。义宁元年(617)移治歙县，辖境较先前的新安郡有所缩小，相当于今江西婺源，安徽祁门、黟县、歙县、绩溪、休宁六县及黄山市的部分。后世以“新安”为歙州、徽州（北宋宣和三年即1121年改州置）的别称。

新安江

新安江是钱塘江的上游，以新安江命名的干流段，自歙县浦口流经南源口、坑口、漳潭、深渡、小川、三港、溪口，至街口附近流入浙江淳安县，又东流至建德县梅城镇纳兰江与桐江相接。一般认为，新安江的正源为休宁县六股尖之率水，干流随地异名，从发源地至休宁县鹤城称冯村河，鹤城至休宁县流口称大源河，流口至屯溪称率水，屯溪至浦口称渐江，浦口以下，始称新安江。当然，也有将屯溪以下就称新安江者。率水在屯溪与横江汇合，横江源于黟县漳岭的白顶山，经渔亭东流经新潭、隆阜至阳湖与率水汇流，注入渐江。渐江从屯溪始，流经草市、篁墩、王村、烟村、潘村、柘林、雄村，至浦口与练江汇合后称新安江。练江发源于黄山东南麓、天目山西北侧，各源流呈扇形展布于县境西北部。以练江命名的干流段，自县城河西，流经太平桥、渔梁坝、紫阳桥、车轮湾，至浦口与浙江汇合而流入新安江。新安江、富春江、钱塘江，三江一脉相承。

最早提出钱塘江源头的是《汉书 · 地理志》，该书说浙江“水出丹阳黟县南蛮中”。这是因为两大源头河之一的横江，源自时为丹阳郡黟县所致。《后汉书 · 地理志》又提出“浙江出歙县”的说法，这里的浙江就是浙江省的第一大江钱塘江。而在 208 年（东汉建安十三年）前，休宁一直为歙地，就在这一年的十二月，孙权派部将贺齐出兵消灭歙地所谓“山贼”金奇、毛甘和黟地陈仆、祖山等，将原歙地一分为五时，休宁就是划原歙以西之地新立的，时名休阳。南宋时罗愿《新安志》记载 ：“《汉志》浙江水出黟县东南入海，今岭属婺源，而溪属休宁，古皆属黟。”《明史 · 地理志 · 杭州府》《山海经》、明弘治《休宁县 · 山川志》都认可了罗愿的说法，都说新安江的源头在古黟县境内，也就是现在的休宁县。“水出丹阳黟县南蛮中”也好，“浙江出歙县”也罢，其实说得大体一致，即钱塘江发源于新安江源头河。

新安江大多穿行于低山丘陵之间，河谷深切地层，群山蜿蜒起伏，两岸翠绿丛中，点缀着粉墙黛瓦，宛如天然水墨画幅，历来就有“新安大好山水”之称。南宋徽州司户参军范成大任满离徽时，曾赋《浣溪沙》二首，其中有 ：“歙浦钱塘一水通，闲云如幕碧重重。吴山应在碧云东，无力海棠风淡荡，半眠官柳日葱茏。眼前春色为谁浓。”写出了山天一幕的新安春色。此外，专门以新安山水为题的诗文尚有不少。据明万历二十九年（1601）刻本《歙西田川谢氏家谱》载，明正德四年（1509），歙人谢昌作《新安山水赋》云 ：“万山之中五溪朝宗，信接星源而祈饶脉。贯宣生绩垄，而严歙连龍。岭岫耀金壁之井井，罗城环绣幕之重重。六六黟峰插云霄而列北，三三歙水绩衿

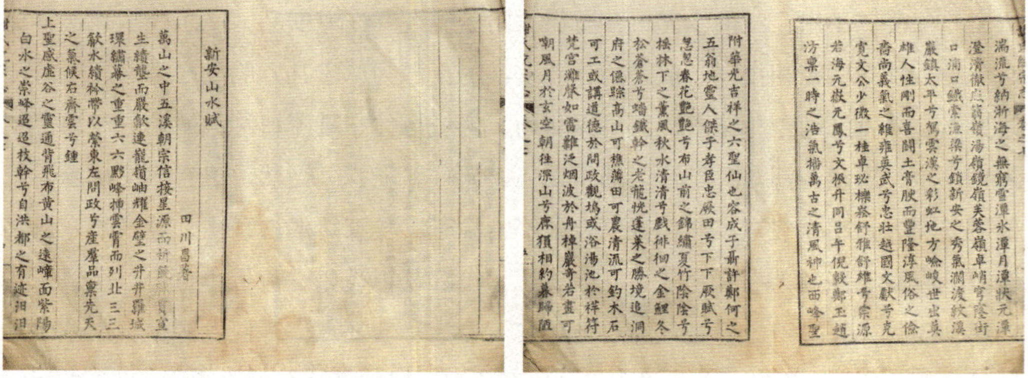
新安山水賦

田川 昌著

萬山之中五溪朝宗信接星源而祈饒脈貫宣
生績甃而嚴歙連龍嶺岫耀金壁之井井羅城
環繡幕之重重六六黟峰插雲霄而列北三三
歙水績衿帶以縈東左間政兮產羣品稟先天
之氣候右齊雲兮鍾
上聖感虛谷之靈通背飛布黃山之遠嶂面紫陽
白水之崇峰迢迢枝幹兮自洪都之有迹汩汩

滿流兮納浙海之無窮雪潭冰潭月潭狀元潭
澄清徹底翡嶺湯嶺鏡嶺芙蓉嶺卓峭穹窿街
口滴口纖索漁梁兮鎖新安之秀氣瀾渡紋溪
巖鎮太平兮駕雲漢之彩虹抱方嶮峻世出英
雄人性剛而喜鬬土膏腴而豐隆淳風俗之儉
嗇尚義氣之維雍英武兮忠壯越國文獻兮克
寬文公少微一桂卓珌標搽舒雅舒雄兮宗源
若海元嶽元鳳兮文振升同呂午倪鼓鄭玉趙
汸稟一時之浩氣播萬古之清風神也西峰聖

附華光吉祥之六聖仙也容成子聶許鄭何之
五翁地靈人傑于孝臣忠厥田兮下下厥賦兮
恩恩春花艷艷兮布山前之錦繡夏竹陰陰兮
插林下之叢風秋水清清兮戲徘徊之金鯉冬
松蒼蒼兮蟠鐵幹之老龍恍蓬萊之勝境追洞
府之儂蹤高山可樵薄田可農清流可釣木石
可工或講道德於閭政觀塢或浴湯池於祥符
梵宮瀰[illegible]如雷雖泛烟波於舟棹巖奇若畫可
嘲風月於玄空朝往源山兮麻[illegible]相約暮歸

新安山水赋

带以萦东。左问政兮产群品，禀先天之气候；右齐云兮钟上圣，感虚谷之灵通。背飞黄山之远嶂，面紫阳白水之崇峰。迢迢枝干兮，自洪都之有迹；汩汩湍流兮，纳浙海之无穷。雪潭冰潭月潭状元潭，澄清澈底，箬岭汤岭镜岭芙蓉岭，卓峭穹隆。街口浦口铁索渔梁兮，锁新安之秀气；澜渡纹溪岩镇太平兮，驾云汉之彩虹。地方险峻，世出英雄。人性刚而喜斗，土膏腴而丰隆。淳风俗之俭啬，尚义气之维雍。英武兮忠壮越国，文献兮可宽文公。少微一桂，卓珌栎崧。舒雅舒雄兮宗源若海，元岳元凤兮文振升同。吕午倪毅郑玉赵汸，禀一时之浩气，播万古之清风。神也西峰圣附，华光吉祥之六圣仙也，容成子聂许郑何之五翁。地灵人杰，子孝臣忠，阙田兮下下，阙赋兮忽忽。春花艳艳兮布山前之锦绣，夏竹荫荫兮摇林下之熏风，秋水清清兮戏徘徊之金鲤，冬松苍苍兮蟠铁干之老龙。蓬莱之胜境追洞府之仙踪，高山可樵，薄田可农，清流可钓，木石可工。或讲道德于问政观坞，或沐汤池于�符梵公。滩声如雷，维泛烟波于舟棹；岩奇若画，可嘲风月于玄空。朝往深山兮鹿猿相约，暮归陋室兮龟鹤相从。饮箪瓢之心乐，咬菜根之遗风。”[①] 谢昌，字子期，号乐寿，歙县田川人。善堪舆之学。程敏政赞其曰：“穷山之源，孰遁其谷。择兆之真，孰欲其守。订古书之宿谬，析玄理于难剖。其色暗然慰乎，内秀其志韬然。卓乎尚友周行而乐，主静而寿君子勖哉，安履无咎。善堪舆之设，予先少保襄毅公赐葬，子期实预其事。”[②]

新安江流域风景秀丽，历代文人骚客吟诗作赋，不计其数。本书所讨论的新安文献，是以地理上的新安江流域为空间，包括新安江上游的休宁、婺源、祁门、歙县、黟县、绩溪和中游的淳安，下游的建德。时间上限为新安江流域最早文献记载，下限是 1949 年中华人民共和国成立。

第二节　新安文献研究述评

新安文献研究的出版物，目前所见只有张健的《新安文献研究》。[③] 但是其基本

① 谢昌：《新安山水赋》，《歙西田川谢氏家谱》，万历二十九年刻本。

② 程敏政：《新安田川中鹄乡谢氏宗谱序》，万历刻本《歙西田川谢氏家谱》。

③ 张健：《新安文献研究》，安徽人民出版社，2005年。

是徽州文献的个案研究，并没有在总体上对新安文献进行阐述。张健在《新安文献研究·前言》中说："这部文献研究集不是系统的，而是局部的、个案的文献研究集。"[①]徽州文献研究的集大成者，是胡益民教授编著的《徽州文献综录》。[②]这是第一部全面反映历史上徽州（江南新安）籍人士（含寄籍外地，或侨居国外者）各类形式的著述及馆藏、传记资料索引的大型工具书，共著录近6000名作者所撰的一万余种各式著述，旨在为研究者了解徽州典籍文献的历史面貌，或查相关文献的版本、馆藏情况，提供方便与参考。该书所收著述，上自唐宋，下迄清末。少数对徽学研究有较高价值者，时间下限适当放宽至1949年前后。著述类型，除撰著外，另含编、辑、校订、增订及译著，刻书不在著录之列。

本书所探讨的新安文献与上述著作在空间上是不同的。本书所研究的新安文献的范围，是指新安江流域，它包括新安江上游的徽州一府六县，中游的淳安和下游的建德。这是一个新兴提出的新安江流域文化的概念，但是仍然以新安江上游的徽州为主要研究对象。本书研究的对象包括新安家谱文献，新安商业文献，新安医学文献等。

回顾新安家谱研究史，二十年来，较早关注新安家谱的史学研究价值的是张海鹏、王廷元两位先生，他们主编的《明清徽商资料选编》一书，充分肯定新安家谱的史学价值，指出新安家谱对于新安商人研究的重要之处。安徽大学的赵华富教授在徽州家谱和徽州宗族社会的研究方面取得了令人瞩目的研究成果，他在专著《徽州宗族论集》[③]一书中有专门论述徽州族谱的一章。此外，冯剑辉教授的《徽州家谱宗族史叙事冲突研究》[④]是利用家谱专门论及徽州家族叙事冲突的专著，章百成编著的《淳安家谱》[⑤]是系统论及淳安家谱的重要著作。

在家谱整理研究方面的重要论文有：谈家胜的《国家图书馆所藏徽州家谱的特点与价值》，[⑥]对国家图书馆所藏的32种稀见徽州家谱进行了详细介绍；王鹤鸣的《上

① 张健：《新安文献研究》，安徽人民出版社，2005年，前言第4页。
② 胡益民：《徽州文献综录》，安徽教育出版社，2014年。
③ 赵华富：《徽州宗族论集》，人民出版社，2011年。
④ 冯剑辉：《徽州家谱宗族史叙事冲突研究》，合肥工业大学出版社，2014年。
⑤ 章百成：《淳安家谱》，中国文史出版社，2017年。
⑥ 谈家胜：《国家图书馆所藏徽州家谱的特点与价值》，《历史档案》2009年，第2期。

海图书馆馆藏徽州家谱简介》，[①] 文中指出“上海图书馆是世界上收藏中国家谱原件最多的单位，在馆藏家谱中，徽州地区家谱以其数量多，质量高而成为中国家谱园地中的一朵奇葩”。陈玲、冯剑辉的《黄山学院图书馆藏徽州家谱简介》，[②] 对黄山学院新征集的徽州家谱进行了介绍，这些家谱都是流散在民间，未能著录的。

家谱的编纂和谱牒内容、体例的研究，是近年来新安家谱研究的重点，研究的力度较深,成果较多。陈瑞在《明代徽州家谱的编修及其内容与体例的发展》[③] 一文里，就谱牒编纂方面重点研究了新安地区的族谱编纂活动。明代是中国谱学发展史上一个崭新的时期，该时期徽州地区家谱编修较前代更为频繁，形成了全民重视修谱的传统。翟屯建的《略论家谱内容与体例的演变》[④] 认为明中叶以后，“宗族设立谱局修谱成为纂修族谱的主要形式，但还存在个人撰写家谱的现象”。二者在纂修的规模、篇幅与流传形式、体例与内容、记载内容的真实性方面均存在着差异。就明清时期徽州家谱纂修、刊刻、印刷、避讳等家谱修撰的一些基本问题，卞利撰述长文《明清时期徽州族谱的纂修及刊刻等相关问题研究》，[⑤] 深入分析并厘清了徽州族谱纂修的宗旨和谱例、组织和经费、征信和阙疑、纂修人员的酬报、族谱的刊刻印刷及避讳等问题，有益于读者更深刻地了解徽州宗族与徽州谱牒文化。

对于新安家谱的个案研究，亦是家谱研究的一个重点。汪庆元对安徽省博物馆藏善本、元代徽州家谱《新安旌城汪氏家录》和歙县吴氏《冲山家乘》[⑥] 做了初步分析，对的纂修和所录文献做了细致研究；马彬的《新安东关济阳江氏宗谱》，对澄清史载模糊的新安画僧渐江的族属问题有重要价值；刘尚恒的《〈虬川黄氏宗谱〉与虬村黄姓刻工》[⑦] 一文，对谱中所录的主要刻工的生平和作品做了介绍，是了解黄氏宗谱和历史上黄姓刻工的重要文章；常建华教授在《程敏政〈新安程氏统宗世谱〉谱学问题初探》一文中，对明代徽州著名学者程敏政所修的《新安程氏统宗世谱》做出了很高的评价。刘道胜的《明代徽州珍稀族谱＜程典＞考论》，对明代万历时期

---

① 王鹤鸣：《上海图书馆馆藏徽州家谱简介》，《安徽史学》2003年第1期。

② 陈玲、冯剑辉：《黄山学院图书馆藏徽州家谱简介》，《黄山学院学报》2012年第1期。

③ 陈瑞：《明代徽州家谱的编修及其内容与体例的发展》，《安徽史学》2000年第4期。

④ 翟屯建：《略论家谱内容与体例的演变》，《中国谱牒研究——全国谱牒开发与利用学术研讨会论文集》，1999年。

⑤ 卞利：《明清时期徽州族谱的纂修及刊刻等相关问题研究》，《徽学》第5卷，2008年。

⑥ 汪庆元：《徽州的家族文献与宗族文化——以歙县吴氏〈冲山家乘〉为中心》，《安徽史学》2006年第1期。

⑦ 刘尚恒：《虬川黄氏宗谱》与虬村黄姓刻工，《江淮论坛》1999年第5期。

休宁程氏家谱《程典》[①]进行了考述。

对家谱文献的价值研究的成果有徐学林教授的《徽州存世谱牒及其开发利用》,[②]周惊涛教授的《徽州存世家谱的社会史资料价值》,[③]戴圣芳教授的《徽州望族的谱牒文献》等，这些论文都对于家谱文献的价值做了具体论述。栾成显教授在《谱牒：记录中华历史文化的又一宝藏》[④]一文中，明确指出："徽州宗谱以其世系详明而考证确凿，内容丰富而种类繁多，编纂上乘又遗存丰厚，在中国古代谱牒中最具代表性，极具研究价值，故对徽州宗谱则应予以特别关注。"

此外，国外也有许多学者研究新安家谱，其中日本学者牧野巽对徽州宗族和族谱颇有研究，其所著的《明清族谱研究序说》是目前所知日本学者最早发表的有关徽州家谱的研究。多贺秋五郎出版了《宗谱研究》，后来又出版了《中国宗谱研究》一书。韩国朴元熇教授利用《方氏会宗统谱》，[⑤]对淳安、歙县柳山方氏进行了考察。

学界对徽商的研究成果汗牛充栋，自20世纪50年代初，日本学者藤井宏的《新安商人的研究》在国际上产生了很大的影响。在国内，早在20世纪40年代末，以傅衣凌教授为代表的学者即已开始对徽商进行研究。四十多年来，无论是研究的深度和广度都有很大的拓展。特别是近二十年来，徽商的研究已成为一项热门课题。大量研究专著相继问世，如《徽商史话》、[⑥]《中国十大商帮》、[⑦]《徽商研究》、[⑧]《明清徽商与淮扬社会变迁》、[⑨]《徽商与经营文化》、[⑩]《徽商与徽学》[⑪]等，研究论文更是数以千计，徽商研究硕果累累。但这些研究专著大多利用的是方志、家谱和徽州文书来研究徽商，对商业文献本身的关注研究并不多。

---

① 刘道胜：《明代徽州珍稀族谱<程典>考论》，《历史档案》2012年第3期。

② 徐学林：《徽州存世谱牒及其开发利用》，《江淮论坛》2000年第4期。

③ 周惊涛：《徽州存世家谱的社会史资料价值》，《安徽师范大学学报》2005年第1期。

④ 栾成显：《谱牒：记录中华历史文化的又一宝藏》，《安徽师范大学学报（人文社会科学版）》2012年第1期。

⑤ [韩]朴元熇：《明清时代徽州商人与宗族组织——以歙县柳山方氏为中心》，《安徽师范大学学报》1999年第3期。

⑥ 朱世良等：《徽商史话》，黄山书社，1992年。

⑦ 张海鹏、张海瀛：《中国十大商帮》，黄山书社，1993年。

⑧ 张海鹏、王廷元：《徽商研究》，安徽人民出版社，1995年。

⑨ 王振忠：《明清徽商与淮扬社会变迁》，三联书店，1996年。

⑩ 周晓光、李琳琦著：《徽商与经营文化》，世界图书出版社，1998年。

⑪ 陈学文：《徽商与徽学》，方志出版社，2004年。

目前所见对商业文献的研究成果，如陈联的《徽州商业文献分类及价值》，[①]这是较早针对徽州商业文献进行研究论述的文章。王振忠教授则关注比较多，他主编的《徽州民间珍稀文献集成》，[②]首次披露了大量珍稀的徽州商业文献，这些文献大多以手抄本的形式存留。王振忠利用这些商业文献，撰写了《清代徽商与长江中下游城镇及贸易——几种新见徽州商编路程图记抄本研究》等文章，还根据徽州典当文献撰写了《清代江南徽州典当商的经营文化——哈佛燕京图书馆新藏典当秘籍四种研究》[③]等雅俗共赏的高质量论文。陈学文先生利用徽州商业文献撰写了一系列论文：《从〈士商类要〉来看明代徽商经营之道》、[④]《明清徽学发展新趋势的一个例证——评黄汴与〈一统路程图记〉》《明清时期商业文化的代表作——〈商贾便览〉》[⑤]等。另外，王裕明利用典当文献撰写了《明清徽州典商研究》，[⑥]是一部徽州典商研究的集大成之作。

李琳琦、梁仁志整理的《徽商会馆公所征信录汇编》，[⑦]将所能收集到的徽州会馆文献结集出版，为徽州商业文献的研究提供助力，真正起到嘉惠士林的作用。

还有，不得不提的徽商自传章回体小说《我之小史》[⑧]的整理出版。《我之小史》是首次发现的徽商詹鸣铎的自传小说，由王振忠、朱红整理校注，安徽教育出版社出版。王振忠在《〈我之小史〉的发现及其学术意义》中说："《我之小史》的发现，对于徽学乃至明清以来的社会文化研究，具有重要的史料价值。对徽州研究而言，目前的民间文献虽然为数繁多，但由于距今年代的久远，不少为当时人们习知习见的风俗与民事惯例，如今已不甚了了。而该书以章回体小说的形式出现，面向的读者主要是普通民众，较之通常所见枯燥无味的史料记载，全书通俗易懂，显然更有助于人们理解晚清民国社会的纷纭世态。这对于我们探究明清时代徽州社会的民事惯例，解读徽州文书，无疑会有莫大的帮助。它不仅大大丰富了我们对于传统社会

---

① 陈联：《徽州商业文献分类及价值》，《徽学》第2卷。

② 王振忠：《徽州民间珍稀文献集成》，复旦大学出版社，2018年。

③ 王振忠：《清代江南徽州典当商的经营文化——哈佛燕京图书馆新藏典当秘籍四种研究》，《中国学术》总25辑，2009年。

④ 陈学文：《从〈士商类要〉来看明代徽商经营之道》，《学术界》1994年第6期。

⑤ 陈学文：《明清时期商业文化的代表作——〈商贾便览〉》，《杭州师范学院学报》1996年第2期。

⑥ 王裕明：《明清徽州典商研究》，人民出版社，2012年。

⑦ 李琳琦、梁仁志：《徽商会馆公所征信录汇编》，人民出版社，2016年。

⑧ 詹鸣铎著，王振忠、朱红整理校注：《我之小史》，安徽教育出版社，2008年。

向现代转型过程的理解，而且，也可以修正以往人们对于民间社会的固定看法。从这个意义上来说，该书的发现、整理和利用，可以说是近年来徽州新史料发掘过程中最令人振奋的重要收获之一，必将引起相关领域研究者的广泛重视。”①

对新安医学文献的研究，开始于20世纪70年代末。在安徽省卫生厅副厅长、歙县籍名医王任之的指导下，组织了部分人员成立研究小组，对新安医学进行发掘、整理，搜集到一些手抄、写本医籍及医史文物，休宁、祁门、黟县、绩溪等县相继响应，发掘、整理研究新安医学。歙县、休宁县、祁门县、黟县等地分别以非公开出版的形式不定期地刊行了《歙县中医》《休宁中医》《石山医苑》《黟山杏林》等，交流研究成果。二十多年来，研究者们发掘了大量的医籍抄本、写本、孤本，经过整理以非正式出版印行的医籍约15种。外省出版社选择有价值的新安医籍约16种刊行。安徽科学技术出版社于1988年组成编委会，在调研、分类新安医籍的基础上，至今已出版《新安医籍丛刊》15册，含54种医书，约1100万字。中国中医药出版社还出版了《汪石山医学全书》《汪昂医学全书》《孙一奎医学全书》《吴昆医学全书》《叶天士医学全书》。一些研究性的专著不断问世，如歙县洪芳度的《新安医学史略》和出版《新安喉科荟萃》，歙县籍名医李济仁教授的《新安名医考》《大医精要》，王乐匋的《新安医籍考》等。张玉才的《新安医学》②纳入《徽州文化全书》，是新安医学研究的代表性著作。

① 詹鸣铎著，王振忠、朱红整理校注：《我之小史》，安徽教育出版社，2008年，第70页。
② 张玉才：《新安医学》，安徽人民出版社，2005年。

第一章　新安文献综述

新安江流域重文兴教，书院私塾遍布城乡，读书考学蔚然成风。“一家不读书，等于一窝猪”，是乡间最流行的俗语。这种劝学重文、尚义崇德的儒家之风和孔孟之道的精髓，早已浸入新安人的骨子里，新安江上游的徽州涌现出毕升、朱熹、程颢、程敏政、汪道昆、戴震、朱升、汪士慎、程瑶田等各领域的风流人物。下游淳安有参与韩（愈）、柳（宗元）“古文运动”的干将皇甫湜，有“官无一寸禄，名传千万里”的晚唐诗人方干。宋代有在中国历史上最早写出幼儿识字读物《名物蒙求》的状元方逢辰。元明有写“四大传奇”之一《杀狗记》的作者徐畛，有被朱元璋聘去修《元史》的徐尊生，有编纂《宋元通鉴纲目》的“三元”宰相商辂。清代有参与修《明史》的方象瑛；有被称为“浙中三毛、文中三豪”，后被聘为修《浙抚通志》总裁的毛际可；有被称为“桐城派三方”之一的方楘如等。新安江流域的这些名震中外、彪炳青史的哲学家、书画家、文学家，他们著作等身、卷帙浩繁，留下大量的文献著述，为祖国的文化宝库增添了无数光彩。而文化又来源于文献的记载，没有文献也就谈不上文化。

第一节　新安文献的特点

新安江上游的徽州有“文献之邦”的美称，中游的淳安亦有“文献名邦”之美誉。清人马步蟾所言：“新安为人文渊薮，自文公倡明正学，代有通人，撰述之多，无虑千万卷，择而录之，一代文献在是矣。”[①] 所以，新安江流域毫无疑问是我国的“文献之邦”。它具有以下特点：

① 道光《徽州府志·序》，清道光七年刊本。

一、存世文献数量多

根据胡益民教授的最新研究成果《徽州文献综录》："我们经过对近千种公私目录、藏书志及各种版本的府县志、正史、诗文集、笔记的仔细普查，统计出见诸著录的徽人经史子集各类著作有近2万种，目前存世者尚有近6000种，未见著录而散存于徽州民间的稿本、家刻本和散落在海外的孤本或手稿也占一定数量，《中国家谱总目》《中国家谱目录》著录的徽州家谱共1200余种，散藏于民间而未被著录者尚有近300种。"① 即目前徽州存世的文献有6300余种。淳安"从南北朝到明清有作者332人，著作685部，2927卷"。② 建德"民国《建德县志》邑人著作目录。作者69人，著述123种，203卷"。③ 综上，新安江流域存世文献共有近7200种。以新安江流域八县狭窄之地，稀少之人口。有如此众多的文献著述存世，极为惊人。可见，流域内文风之昌盛，文化之繁荣。

二、著作涉及范围广

新安江流域文献著作涉及面极广，并富有浓厚的地域文化特色。涉及学科领域非常广泛，涵盖了政治、经济、军事、教育、历史、商业、金融、考古、医学、药物学、农学、艺术，以及数学、天文、历法等各种学科。因特殊的人文地理环境形成的独特地域文化，使新安人著述有着相当浓厚的地域文化色彩，这主要表现在：

其一，新安江流域是中国古代封建宗法制保存得最为完整的地区，留有数以千计的宗谱族谱，在各种文集中，有关宗法制度的文献也极为丰富。

其二，新安医学自成体系，留下了大量的医学专著和医案。

其三，明、清新安江流域商业十分发达，供商民阅读的通俗读物，以及行程图日记、会馆文献等商业文献存世量非常多。

其四，因为有重教育的传统，儿童启蒙读物及有关书院和科举的教育文献十分丰富。

其五，徽州建筑及徽雕、新安画派等在中国艺术史上均独树一帜，这些方面也留下了不少有价值的著述。

其六，黄山、新安江奇秀甲天下，在历代诗文集中留下了大量的黄山、新安江记游诗文，并有《黄山志》等数十种专记黄山的专著。

---

① 胡益民：《徽州文献综录》，安徽教育出版社，2014年，第5页。

② 《淳安县志》，浙江人民出版社，2014年，第2136页。

③ 《建德市志》编纂委员会：《严州历代文献辑存》，浙江人民出版社，2011年，第454页。

其七，清代朴学极一时之盛，自成流派，出现了江永、戴震、程瑶田、俞正燮等一大批朴学大师，留下大量著作，在中国学术史上有着十分重要的地位。

其八，戏曲文献众多，因为目连戏和南戏的广泛传播，留下大量戏曲文献。

三、文献学术质量高

新安江流域文献有相当一部分高质量的学术著作，代表了当时的学术前沿水平。以《四库全书》所收为例，《四库全书》收编历代著作3461种，录入存目6793种，总目合计著录10254种。今从《四库总目提要》中查出署为徽州人著作，又经其他途径查出为总目提要漏署、误署及寓外的徽州人著作共451种，其中编入《四库全书》195种，入存目256种。由此可知，清代内地18个行省240多个州府，徽州人著作收入《四库全书》的比例与一个行省的平均数相当，超过州府平均数的10倍。新安江下游的淳安、建德两县有26位作者、36种著述被收进《四库全书》及存目。新安江流域共有487种著述入选《四库全书》及存目，占《四库全书》著录总量的1/21，不仅代表新安江流域文献的数量之多，也代表了流域内的学术水平之高。

因为《四库全书》收录经过相当严格的选择，除因政治原因被摒弃者外，大体上是严格按照学术标准收录的。以几个大家为例，朱熹29种、程大昌7种、方回5种、陈栎4种、朱昇4种、程敏政8种、江永15种、汪机5种、方椠如5种、程廷祚4种、商辂3种、赵吉士3种、钱时3种、方象瑛2种、邵亨贞2种等。乾隆中叶以后，未收入《四库全书》的大家，如戴震（按四库馆收书原则，馆臣本人的著作不得收入）、凌廷堪、俞正燮、汪绂、程瑶田、汪昂、胡匡衷、金榜、程恩泽、鲍廷博、程晋芳、姚际恒、王茂荫、许承尧等，都是各学科领域卓有贡献的著名学者、他们留下了大批有高度学术价值的著作。这些新安人著述的文献价值是不言而喻的。因为这些著作出自新安人之手，他们对乡土文化有着外郡人士所不能企及的真切理解和体验，他们对新安历史文化和社会生活各个方面的记载，可靠性强，史料价值高。

除去全国性的《四库全书》，还有一些地方性的版本文献学的书目，诸如安徽省图书馆编纂的《安徽省馆藏皖人书目》收录皖人著述8656种，大多数都是徽州人著述。另有宋慈抱的《两浙著述考》，上起西汉，下及当代，包罗两浙，纵贯古今，对于了解浙江古今的学术成就与历史文献，研究浙江文化史的发展，有极为重要的参考价值。

《两浙著述考》著录新安江下游淳安、建德两地从宋代到清代的文献100种，经史子集无所不包。附表如下：

《两浙著述考》收录淳安、建德籍人士著作目录一览表

序号	门	类	书名	卷数	朝代	作者	籍贯	页码	备注
1	经术考	易	复斋易说	6	宋	赵彦肃	建德	73	入《四库全书》。乾道二年(1166)进士
2	经术考	易	融堂周易释传	20	宋	钱时	严州	81	嘉熙间
3	经术考	易	易外传	5	宋	方逢辰	淳安	82	淳祐十年(1250)状元
4	经术考	易	易衍	2	宋	何梦桂	淳安	85	咸淳元年(1265)进士
5	经术考	易	易说		宋	王升	严州	89	崇宁五年(1106)教授
6	经术考	易	周易微言		明	鲍崇良	遂安	115	嘉靖间廪生
7	经术考	易	周易通义	14	清	方鍪如	淳安	153	《四库全书》存目
8	经术考	易	纂易讲语		清	方引彭	遂安	164	乾隆间岁贡
9	经术考	易	周易读	5	清	余叔纯	遂安	165	
10	经术考	易	周易管见		清	余雍征	遂安	181	廪贡
11	经术考	易	易学心解		清	余建勋	遂安	181	廪生
12	经术考	尚书	融堂书解	20	宋	钱时	淳安	196	入《四库全书》
13	经术考	尚书	尚书通义	14	清	方鍪如	淳安	221	康熙四十五年(1706)进士
14	经术考	尚书	尚书序目决疑	1	清	邵瑞彭	淳安	233	清廪生
15	经术考	尚书	太誓决疑	1	清	邵瑞彭	淳安	233	

续表

序号	门	类	书名	卷数	朝代	作者	籍贯	页码	备注
16	经术考	诗	诗记		元	方道叡	淳安	245	至顺二年(1331)进士
17	经术考	诗	诗经折衷		明	徐鸣阳	建德	253	万历元年(1573)举人
18	经术考	诗	毛诗通义	14	清	方桊如	淳安	263	
19	经术考	诗	齐诗钤		清	邵瑞彭	淳安	284	
20	经术考	礼一礼记	中庸大学释传	3	宋	方逢辰	淳安	326	
21	经术考	礼一礼记	深衣图考	3	元	汪汝懋	淳安	329	
22	经术考	春秋	春秋丛志	1	宋	陆震发	淳安	387	淳祐间教谕
23	经术考	春秋	春秋集解	10	元	方道叡	淳安	394	至顺二年(1331)进士
24	经术考	春秋	春秋大义	100	元	汪汝懋	淳安	394	
25	经术考	春秋	春秋节传		元	鲁渊	淳安	396	至正十一年(1351)进士。书佚
26	经术考	春秋	春秋论	1	明	徐尊生	淳安	398	明初召修仪礼、《元史》
27	经术考	春秋	麟经直指		明	姚昨	遂安	400	成化十年(1474)举人
28	经术考	春秋	春秋续义发微	12	明	郑良弼	淳安	411	万历中举人
29	经术考	春秋	麟经正旨		明	张立中	建德	415	天启元年(1621)举人
30	经术考	春秋	左传撮要		明	宋贤	建德	415	天启二年(1622)进士。书佚

续表

序号	门	类	书名	卷数	朝代	作者	籍贯	页码	备注
31	经术考	春秋	春秋明微		明	吴希哲	淳安	417	崇祯四年(1628)进士
32	经术考	春秋	春秋中的	1	明	张复	淳安	419	书佚
33	经术考	春秋	春秋辑要		清	郑士瑜	遂安	424	顺治中人氏
34	经术考	春秋	麟经要旨		清	余国常	遂安	426	顺治恩贡
35	经术考	春秋	春秋五传考异		清	毛际可	遂安	426	顺治十五年进士
36	经术考	春秋	春秋心裁		清	宋之沄	建德	429	康熙四十年举人
37	经术考	春秋	左传绎		清	余联翘	遂安	445	
38	经术考	四书	大学解	1	宋	喻樗	建德	453	
39	经术考	四书	玉泉论语学	10	宋	喻樗	建德	453	建炎二年进士
40	经术考	四书	融堂四书管见	13	宋	钱时	淳安	459	
41	经术考	四书	论语传习	2	明	虞世恺	淳安	491	
42	经术考	四书	学庸参解		清	余国棠	遂安	506	康熙初岁贡
43	经术考	四书	四书会解		清	陈礼	建德	519	《严州府志》称为《见山园四书会解》
44	经术考	四书	乐是居四书合参		清	翁益德	寿昌	521	是书未见
45	经术考	四书	四书答疑		元	马莹	建德	564	

续表

序号	门	类	书名	卷数	朝代	作者	籍贯	页码	备注
46	经术考	经总	五经大义		元	马莹	建德	564	
47	经术考	经总	四书周易训要		清	王纳表	建德	578	未见。顺治元年岁贡
48	经术考	经总	四书日记		清	黄金兼	遂安	578	未见。顺治十一年廷试
49	经术考	经总	春秋纂要		清	郑禹畴	遂安	579	是书未见
50	经术考	经总	小学汇解		清	郑禹畴	遂安	579	是书未见
51	经术考	经总	诗说		清	方词林	遂安	582	是书未见。康熙间选贡
52	经术考	经总	春秋类言		清	方词林	遂安	582	是书未见
53	经术考	经总	尚书节注		清	方词林	遂安	582	是书未见
54	经术考	经总	礼记纂要		清	方词林	遂安	582	是书未见
55	经术考	经总	读易斋周易解		清	周群	遂安	582	是书未见。康熙间贡生
56	经术考	经总	中庸解		清	周群	遂安	582	是书未见
57	经术考	经总	性理旁训		清	周群	遂安	582	是书未见
58	经术考	经总	考经纂注		清	周群	遂安	582	是书未见
59	经术考	经总	九经集解		清	周群	遂安	582	是书未见
60	经术考	经总	尚书确论		清	吴华	淳安	582	是书未见。康熙时人

续表

序号	门	类	书名	卷数	朝代	作者	籍贯	页码	备注
61	经术考	经总	四书大全		清	吴华	淳安	582	是书未见
62	经术考	经总	周易解		清	余鼎恒	遂安	583	是书未见
63	经术考	经总	学庸精义		清	余鼎恒	遂安	583	是书未见
64	经术考	经总	尚书礼记解		清	郑起蔚	遂安	583	是书未见。康熙四十四年(1705)举人
65	经术考	经总	春秋摘要		清	方汝霖	遂安	583	是书未见
66	经术考	经总	毛诗删约		清	方汝霖	遂安	583	是书未见
67	史籍	编年	通鉴三笔		明	柴挺然	建德	664	是书未见。天启二年(1622)进士
68	史籍	杂史	封长白山记	1	清	方象瑛	遂安	711	《四库全书》存目。康熙六年(1667)进士
69	史籍	杂史	遂安辛壬纪略	1	清	毛淦	遂安	717	是书未见
70	史籍	纪言	蛟峰奏札	1	宋	方逢辰	淳安	736	未见。淳祐十年(1250)状元
71	史籍	传记	昭代明良录	20	明	童时明	淳安	801	万历中选贡
72	史籍	传记	商文毅公行实	1	明	商汝颐	淳安	847	有正德十年(1515)自跋
73	史籍	述评	两汉笔记	12	宋	钱时	淳安	871	《四库全书》著录
74	史籍	述评	蔗山笔麈	1	明	商辂	淳安	879	《四库全书》存目
75	典制	杂录	策府枢要		元	鲁渊	严州	972	是书未见

续表

序号	门	类	书名	卷数	朝代	作者	籍贯	页码	备注
76	地志	方志	严州府志(万历)	24	明	徐楚	淳安	1014	嘉靖十七年(1538)进士
77	地志	方志	建德县志(康熙)	9	清	马天选	建德	1037	康熙二十三年(1684)修
78	地志	方志	遂安县志(康熙)	10	清	方象璜	遂安	1037	康熙十二年(1673)修
79	地志	古迹	瀛山书院志		明	方应时	遂安	1071	隆庆四年(1570)举人
80	谱牒	年谱	商文毅年谱	4	明	商振纶	淳安	1137	《四库全书》存目
81	谱牒	家乘	新定徐氏谱图	4	唐	徐商	新定	1154	
82	谱牒	家乘	严陵汪氏家谱		明	(未详)		1159	宋濂序
83	簿录	经籍	商文毅藏书目	1	明	商辂	淳安	1177	
84	儒说		理髓	3	宋	胡应玑	淳安	1258	是书未见
85	儒说		复古维风录		明	方应时	遂安	1264	是书未见
86	儒说		小学集说	6	明	程愈	淳安	1271	存。成化十七年(1481)进士
87	工农		广蚕桑说辑补	2	清	仲昂庭	淳安	1349	
88	医药		岐黄要旨		明	宋贤	建德	1381	是书未见
89	医药		伤寒遥问	15	清	徐行	淳安	1391	明末诸生
90	谱录		醉乡日月	3	唐	皇甫松	睦州	1489	

续表

序号	门	类	书名	卷数	朝代	作者	籍贯	页码	备注
91	术数		地理正宗		明	宋贤	建德	1635	是书未见
92	术数		易林阐幽		明	汪瀚	遂安	1637	万历间贡生
93	诸子		山居	4	元	汪汝懋	淳安	1688	
94	诸子		谕俗俚言		明	徐鸣扬	建德	1717	是书未见。万历元年(1573)举人
95	诸子		齐氏简编		明	徐鸣扬	建德	1717	是书未见
96	诸子		修身要语		明	徐鸣扬	建德	1717	是书未见
97	诸子		韦弦自佩录	12	明	朱辅	建德	1718	《四库全书》存目
98	诸子		见闻记忆录	5	明	余国桢	遂安	1726	崇祯十三年(1640)进士
99	诸子		南窗五录		明	余联翘	遂安	1726	
100	诸子		牖世篇		明	余联翘	遂安	1726	

第二节 新安文献与《四库全书》

新安文献不仅价值高，甚至代表了当时的学术最高水平。他们有许多人都参与编纂《四库全书》。其中有副总裁官曹文埴，乾隆四十五年（1780）六月升任总裁。曹文埴，歙县人，乾隆二十五年（1760）进士，时为经筵讲官、户部侍郎，官终户部尚书。总阅官有汪廷玙、汪永锡。汪廷玙，原籍歙县，迁居江苏镇洋，乾隆十三年（1748）进士，时署工部侍郎。汪永锡，歙县人，乾隆十九年（1754）进士，时为内阁学士兼礼部侍郎。正副总裁负责馆内一切事务，总揽全局。总阅官负责审阅所有进馆书籍，提出处理意见。这些都是非常重要的职任。实际从事纂修的有任翰林院提调官的曹城、戴衢亨，这个职务是负责提取翰林院书籍的。曹城，歙县人，乾隆三十六年（1771）进士，时为翰林院编修，官终吏部侍郎。戴衢亨，原籍休宁，迁居江西大庾，乾隆四十三年（1778）进士，时为军机处行走、翰林院修撰，官终体仁阁大学士。总目协勘官这一职务是协助总裁官编定全书总目的，有汪如藻、程晋芳。汪如藻时为文渊阁校理、翰林院编修。程晋芳入馆前为吏部主事，非翰林官，为总裁等人推荐入馆，特旨改授翰林院编修、文渊阁校理。校勘永乐大典纂修兼分校官的有黄轩、戴震、汪如洋。黄轩，休宁人，乾隆三十六年进士，时为翰林院修撰、上书房行走。戴震，入馆前为举人，受乾隆特召人馆，赐同进士出身、授翰林院庶吉士。汪如洋，原籍休宁，迁居浙江秀水，乾隆四十五年进士，时为翰林院修撰，官终云南学政。这个职位非常重要，《永乐大典》的辑佚既是全书基础性的工作，也是最为繁难的工作，充任者多为学术名家。缮书处分校官又兼纂修，人数最多，其任务是对各种书籍进行校勘考订，工作量很大。担任这职务的徽州人，有金榜、汪学金、戴心亨、戴均元、程昌期、吴蔚光、吴绍浣、金光悌、鲍之钟、洪梧、汪锡魁等 11 人。此外，还有篆隶分校官谢登隽，祁门人，精书画篆刻，名重一时。因学有

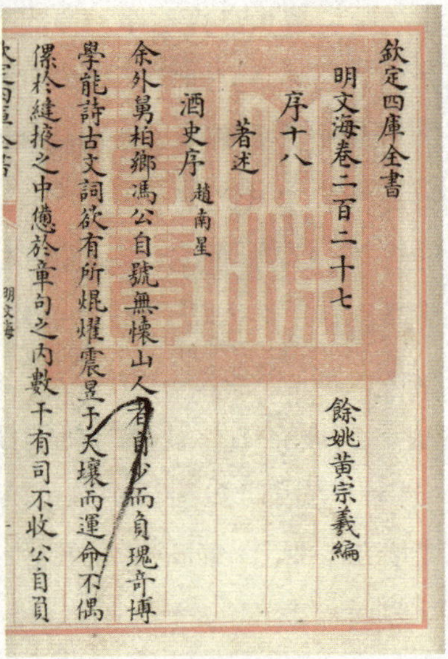
欽定四庫全書
明文海卷二百二十七
序十八
著述
餘姚黃宗羲編
酒史序 趙南星
余外舅柏鄉馮公自號無懷山人者自少而負瓌奇博
學能詩古文詞欲有所焜燿震曡于天壤而運命不偶
溷於縫掖之中僶於章句之內數千有司不收公自負

四库全书

专门，以举人身份被破格任用。

上述人员是列于《四库全书总目》卷首《进书表》纂修人员分校官以上的徽籍人士，共23人，占总数的1/13，以一个府的人才与全国相比，这个比例是很高的。

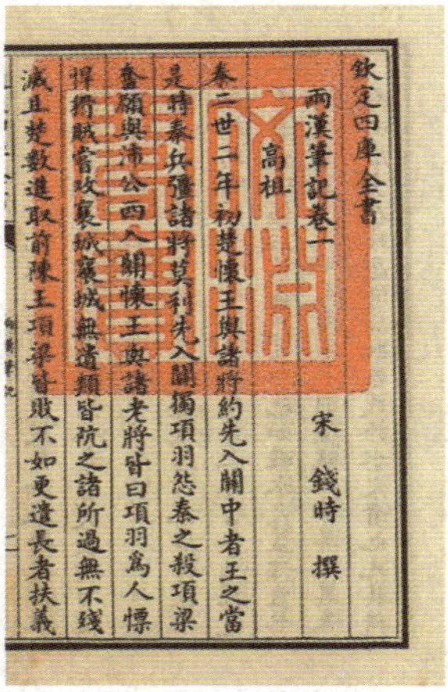
欽定四庫全書
兩漢筆記卷一
宋 錢時 撰
高祖
秦二世二年初楚懷王與諸將約先入關中者王之當是時秦兵彊諸將莫利先入關獨項羽怨秦之殺項梁奮願與沛公西入關懷王與諸老將皆曰項羽爲人慓悍猾賊嘗攻襄城襄城無遺類皆阬之諸所過無不殘滅且楚數進取前陳王項梁皆敗不如更遣長者扶義

钱时《两汉笔记》

《四库全书》的纂修，从某种意义来说，是当时学术风气转变中的汉学的胜利，以戴震为首的徽州学者正是汉学的中坚，他们中如金榜、洪梧、程昌期等皆学有根底，通熟经史，精于训诂考据，在全书编纂中起到了骨干作用，而戴震在一定程度上可以说起到了“领导”作用。四库馆臣中与他声气相应的，除了他的乡友外，还有知名学者朱筠、朱珪、纪昀、裘日修、王念孙、任大椿等，这些人于学术派别上均属汉学派，前四位是戴震的朋友，后两位是戴震的门弟子，这些人对戴震当然都是十分敬重的，“有奇文疑义，辄就咨访”“晨夕讨论，靡间寒暑”。① 著录于《四库总目》著作数量最多的是清代萧山的毛奇龄，其次是南宋婺源的朱熹。前者著作54种，后者自撰及由他人编辑的著作共45种；前者著作总量的400卷，存目32种；后者总量大大超过400卷，入存目很少。因此，实际上《四库全书）收书最多的是朱熹。第二位的是江永，著录其著作15种。江永是清初著名的考据家、朴学大师，擅长步算乐律、音韵，对于礼学尤为精深，他直接开启了以戴震为首的皖派朴学。第三位的是明代休宁的程敏政和清代歙县的黄叔琳，皆有9种被《四库全书》著录。敏政有《宋遗民录》《明文衡》《新安文献志》，皆甚有价值。叔琳为著名著述家，《史通训故补》《文心雕龙辑注》堪称名著。淳安方棨如被著录5种，《周易通义》《尚书通义》《毛诗通义》《离骚经解》《集虚斋学古文》；同时的程廷祚有《大易择言》等4种著述收入；商辂3种，即《商文毅疏稿略》《商文毅公集》《蔗山笔麈》被收入。

《四库全书》著录的新安江流域人士的著述，经部117种，史部77种，子部134种，集部149种。由此可以看出新安江流域的学术特色。“徽州的著述家不是以文章之士突出，而是以从事学术研究的居多，即使很多有别集传世的著述家，其主

① 钱大听：《潜研堂文集》卷三九《戴先生震传》。

要成就还在学术，其别集内容中论学之作所占比重也较大。子部内儒家类著作也较多，与经部并合来看，可以看出新安人对治经习儒兴趣浓厚，成绩突出，这既见出朱熹的影响，同时也是由学术内容和治学方法决定的，不用说对经书的传注、对儒家义理的发挥、对小学的钻研，就是对天文、地理、典章制度、名物的考证，学者也多从经书入手，或以经书为对象，其成果自然也多归入经部或子部儒家类。子部中杂考、杂说类占其著录书比例也较高，这也看出新安从宋代程大昌以来，学者就比较重视对知识学问来龙去脉的探讨，形成了一种实证的学风”。[①]

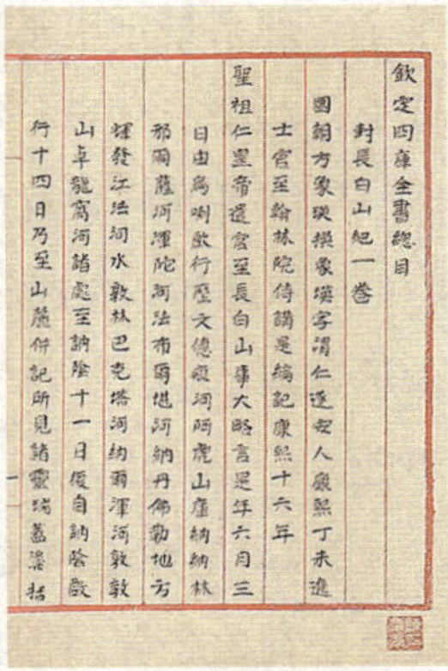
欽定四庫全書總目
封長白山記一卷
國朝方象瑛撰象瑛字渭仁遂安人康熙丁未進
士官至翰林院侍講是編記康熙十六年
聖祖仁皇帝遣官至長白山事大略言是年六月三
日由烏喇啟行歷文德飛河阿虎山庫納納林
祁爾薩河渾陀河法布爾哈河納丹佛勒地方
輝發江法河水敦林巴克塔河納爾渾河敦敦
山阜龍窩河諸處至訥陰十一日復自訥陰啟
行十四日乃至山麓併記所見諸靈瑞蓋據括

方象瑛《封长白山记》

《四库全书》收入徽州人著述195种，入存目256种，共451种。具体如下：

经部

易类

1.《易原》8卷。宋程大昌(1123～1195)撰。大昌，字泰之。休宁人。绍兴辛未(1151)进士，历官秘书省正字、国子司业兼礼部侍郎、直学士院、浙东提点刑狱、国子祭酒等。官至吏部尚书，出知泉州、建宁府明州，以龙图阁直学士致仕，谥文简。博学长于考究，著述甚富。

2.《周易本义》12卷附《重刻周易本义》4卷。宋朱熹(1130～1200)撰。朱熹，字元晦，号晦庵，亦号云谷老人。徽州婺源人。绍兴戊辰(1148)进士，历官同安主簿、知南康军、提举浙东平茶盐公事、知漳州、知潭州、焕章阁待制兼侍讲等。谥文，宝庆中，赠太师，封徽国公。其学出于延平李侗、罗从彦，尽得程氏之传。大抵穷理以致其知，反躬以践其实，故以居敬为主。考亭为其讲学之所，故人称考亭学派。一生著述甚丰。

3.《易学启蒙通释》2卷。宋胡方平撰。胡方平，字师鲁，号玉斋。婺源人。精于《易》，学书于董梦程，梦程学出于黄干，干系朱熹女婿，故方平与子一桂，皆笃守朱子之说。精研《易》旨，皆潜学反复二十余年而后著述，发明朱子之意。

4.《易本义附录纂疏》15卷。宋胡一桂撰。一桂字庭芳，号双湖。婺源人，方

① 汤华泉：《徽州人与四库全书》，《安徽史学》2001年第3期。

平子。理宗景定甲子(1264)领乡荐，礼部不第，退而教授乡里以终。生而颖悟，好读书，尤精于《易》，受《易》于董梦程。同郡赵汸、朱升皆师之。

5.《易学启蒙翼传》4卷。元胡一桂撰。一桂有《易本义附录纂疏》，已著录。

6.《周易本义通释》12卷。元胡炳文撰。炳文，字仲虎，号云峰。婺源人，斗元子。少承庭训，笃志朱子之学。宋仁宗延祐中，以荐署信州道一书院山长，再调兰溪学正，不赴。

7.《周易文诠》4卷。元赵汸(1319～1369)撰。赵汸，字子常。休宁人。师事黄泽，受易象春秋之学。隐居著述，筑东山精舍以奉母，学者称东山先生。明洪武二年(1369)召修《元史》，不愿仕，乞归卒。

8.《洗心斋读易述》17卷。明潘士藻撰。士藻，字去华，号雪松。婺源人。万历癸未(1583)进士，官至尚宝司少卿。

9.《周易图书质疑》24卷。清赵继序撰。继序，字芝生，号易门。休宁人。乾隆辛酉(1741)举人。肆力经学，以朱熹为宗。

附：易类存目

1.《周易旁注图说》2卷。明朱升(1290～1370)撰。朱升，字允升。休宁人，学者称枫林先生。元至正乙酉(1345)举于乡，授池州路学正，后弃官隐居石门。朱元璋下徽州，召问时务，答以“高筑墙，广积粮，缓称王”。遂留参密议。元末(1367)授侍讲学士，知制诰，同修国史。洪武元年(1368)进翰林学士，定宗庙时享斋戒等礼，预修《女诫》。时大封功臣，制词多出其手，以老请归。著有《枫林集》等。

2.《学易象数举隅》2卷。明汪敬撰。敬，字思敬，一字益谦。婺源人。宣德癸丑(1433)进士，官至户部主事，以廉能称。所著有《易传通释》及此书。《明史·艺文志》著录。

3.《六爻原意》1卷。明金瑶撰。瑶，字德温，号栗斋。休宁人。嘉靖辛卯(1531)选贡生。授会稽县丞，再补庐陵县丞。迁桂林中卫经历，以母老不赴。教授乡里，年97乃卒。

4.《易引》9卷。明方时化撰。时化，字伯雨。歙县人。万历甲午(1594)举人。官至叙州府同知。时化传其高祖社昌之《易》学，著书6种，其子庞汇辑合刊。

5.《周易颂》2卷。明方时化撰。时化有《易引》等，已著录。

6.《学易述谈》4卷。明方时化撰。时化有《易引》等，已著录。

7.《易指要绎》3卷。明方时化撰。时化有《易引》等，已著录。

8.《易疑》4 卷。明方时化撰。时化有《易引》等，已著录。

9.《易通》1 卷。明方时化撰。时化有《易引》等，已著录。

10.《周易去疑》11 卷。明舒宏谔撰。宏谔，字士一。旌德人。老于授徒。

11.《四易通义六》不分卷。明程观生撰。观生，字仲孚。歙县人。流寓嘉兴。崇祯中，知天下将乱，即弃去诸生，以相地之术自给。朱彝尊《静志居诗话》载其事迹颇详。

12.《周易时义注》不分卷。明章佐圣撰。佐圣，字右臣。崇祯时，祁门人。《四库总目》作歙县人，误也。

13.《易经补义》4 卷。清方芬撰。芬，字舒林。歙县人，康熙岁贡。乾隆时，以诗集中有“征衣泪积燕云恨”等句，指为狂妄，悉毁其集。并治其孙国泰以藏匿罪，杖 100，徒 3 年。

14.《易赘》2 卷。清王艮撰。艮，初名王炜，字无闷，号不庵。歙县人。与顾炎武游，为文颇有法度。

15.《易或》10 卷。清徐在汉撰。在汉，初名之裔，字天章，晚年乃易今名，又字寒泉。歙县人。

16.《读易质质疑》20 卷。清汪璲撰。璲，字文仪，号默庵，学者称默庵先生。休宁人。9 岁善属文，从无锡高世泰游，又友吴曰慎。为学一遵朱熹，尝讲学东林，尤精于《易》。

书类

1.《禹贡论》5 卷。宋程大昌撰。大昌有《易原》，已著录。

2.《尚书集传纂疏》6 卷。元陈栎撰。栎，字寿翁，号定宇，晚年号东皋老人。休宁人。宋亡之后，隐居 38 年。至延祐甲寅(1314)，63 岁，复出应试，中浙江乡试。以病不赴礼部会试。3 岁诵《论语》《孝经》，5 岁即涉猎经史，尤力崇朱熹之学。方回、曹泾，皆文场老手，栎与切磋，甚为二人敬服。所居曰定宇堂，学者称定宇先生，年 80，卒于家。

附：书类存目

1.《尚传旁注》6 卷。明朱升撰。朱升有《周易旁注图说》，已著录。

诗类

1.《诗集集传》8 卷。宋朱子撰。子有《周易本义》等，已著录。

附：诗类存目

1.《诗论》1卷。宋程大昌撰。大昌有《易原》，已著录。

2.《诗经正义》27卷。明许天赠撰。天赠字德天，黟县人。嘉靖乙丑(1565)进士，知浙江海宁县，升户部主事，榷北关，以廉惠称，官终山东布政使参政。

3.《诗志》20卷。明范王孙撰。王孙字士文，休宁人，寄籍钱塘。

礼类

1.《周礼疑义举要》7卷。清江永撰。永，字慎修，又字春斋。婺源人，乾隆岁贡生。博通古今，专心十三经注疏，于“三礼”功尤深。康熙间游京师，方苞、李线与论礼经，大为折服。读书好深思，长于比勘，每有心得，随笔撰记，自壮至老，丹黄不去手。康乾间徽州朴学大师，精通步算、地舆、钟律、声韵之学，著述甚富。休宁戴震之字得力于永为多，世称“江戴”，乾隆二十年(1755)卒，年82，学者称慎修先生。

2.经礼补逸》9卷。元汪克宽(1304～1373)撰。克宽，字德辅，一字仲裕。祁门人。泰定丙寅(1326)乡举，会试以答策切直见黜。遂弃举业，尽力于经学，教授宣歙间，学者称环谷先生。洪武二年(1369)征修《元史》，不受官，归卒。师吴仲迁，而友郑玉、汪泽民。学以朱熹为宗，为文略不经意，浑融典雅，诗在李贺、苏轼间。

3.《仪礼释宫增注》1卷。清江永撰。永有《周礼疑义举要》，已著录。

4.《礼记训义择言》8卷。清江永撰。永有《周礼疑义举要》，已著录。

5.《深衣考误一郑》，无卷数。清江永撰。永有《周礼疑义举要》，已著录。

6.《参读礼志疑》2卷。清汪绂撰。绂，一名烜，字烜人，号双池。婺源人，乾隆初诸生。家贫，在景德镇为画工以自给。后去福建，馆于浦城，从游者众。为学尊信朱熹，虽博极两汉、六代诸儒疏义，而以宋五子之学为归。旁通律吕，与江永齐名，为东南大儒之一。著作极富，汇为《汪双池遗书》。

7.《仪礼经传通解》37卷，续27卷。宋朱子撰。子有《周易本义》等，已著录。

8.《礼书纲目》85卷。清江永撰。永有《周礼疑义举要》等，已著录。

附：礼类存目

1.《周礼述注》6卷。明金瑶撰。瑶有《六爻原意》等，已著录。

2.《考工记纂注》2卷。明程明哲撰。明哲，字如晦。歙县人。

3.《仪礼释例》1卷。清江永撰。永有《周礼疑义举要》，已著录。

4.《檀弓原》2卷。明姚应仁撰。应仁，字安之。徽州人。

5.《三礼约编》19卷。清汪基撰。基，字警斋。休宁人。

春秋类

1.《春秋提纲》10 卷。元俞皋撰。皋,字心远。婺源人。南宋末进士及第,授修职郎,官广德军教授。从乡人赵良钧受《春秋》之学。宋亡不仕,以《春秋》教授乡里。

2.《春秋经传阙疑》45 卷。元郑玉(1298 ~ 1362)撰。玉,字子美。歙县人。博通《六经》,尤其精通《春秋》。曾在乡开办师山书院,授业讲学,门生很多,人称师山先生。至正十四年(1354),朝廷授之以翰林待制、奏议大夫职务,称病不就,日以著书为事。龙凤三年(1357)遭明兵陷害,次年卒。所作文章流传较广,元代文学家、史学家揭徯斯和欧阳玄对他的文章曾大加称赏。

3.《春秋集传》15 卷。元赵汸撰。汸有《周易文诠》,已著录。

4.《春秋师说》3 卷。元赵汸撰。汸有《周易文诠》,已著录。

5.《春秋属辞》15 卷。元赵汸撰。汸有《周易文诠》,已著录。

6.《春秋左氏传补注》10 卷。元赵汸撰。汸有《周易文诠》,已著录。

7.《春秋金锁匙》1 卷。元赵汸撰。汸有《周易文诠》,已著录。

8.《春秋胡传附录纂疏》30 卷。元汪克宽撰。克宽有《礼经补逸》,已著录。

9.《春秋地理考实》4 卷。清江永撰。永有《周礼疑义举要》,已著录。

附:春秋类存目

1.《春秋日质疑》1 卷。清吴守一撰。守一,字万先。歙县人

2.《春秋集解读本》12 卷。清吴应申撰。应申,字文在。歙县人。

孝经类

1.《孝经刊误》1 卷。宋朱子撰。子有《周易本义》,已著录。

附:孝经存目

1.《孝经类解》18 卷。清吴之騄撰。之騄字耳公。歙县人,康熙壬子(1672)举人。官绩溪县教谕,迁镇江府教授。

五经总义类

1.《群经补义》5 卷。清江永撰。永有《周礼疑义举要》,已著录。

附:五经总义类存目

1.《七经图》7 卷。明吴继仕撰。继仕,字公信。休宁人;以贡授耀州判官。

四书类

1.《大学章句》1 卷、《论语集注》10 卷、《孟子集注》7 卷、《中庸章句》1 卷。

宋朱子撰。子有《周易本义》，已著录。

2.《四书或问》39卷。宋朱子撰。子有《周易本义》，已著录。

3.《论孟精义》34卷。宋朱子撰。子有《周易本义》，已著录

4.《四书通证》6卷。元张存中撰。存中，字德庸。婺源人，学者称兰石先生。

5.《乡党图考》10卷。清江永撰。永有《周礼疑义举要》，已著录

附：四书类存目

1.《重订四书辑释》20卷。元倪士毅撰。士毅，字仲宏，体宁人。曾祖机、祖文虎、父良弼，皆以经学教乡里。士毅世其学，又学于陈栎。隐居祁门山，潜心讲学，学者称道川先生。《四库总目》作歙县人，误也。

2.《四书通义》20卷。明刘剡撰。剡，字用章。休宁人。

乐类

1.《律吕新论》2卷。清江永撰。永有《周礼疑义举要》，已著录。

2.《律吕阐微》10卷。清江永撰。永有《周礼疑义举要》，已著录。

附：乐类存目

1.《音律节略考》1卷。清潘继善撰。继善，字取大，号本庵。婺源人。

小学类

1.《尔雅翼》32卷。宋罗愿(1135～1184)撰。愿，字端良，号存斋。歙县人，罗汝楫子。乾道二年(1166)进士。历知南剑州、鄂州，有治绩，很受当地百姓爱戴和景仰。博学好古，他的诗词文章效法秦汉，高雅精练，为朱熹所称重。主要著作有《新安志》10卷。清代史学家章学诚认为《新安志》编修得相当完善，它打破了宋以前方志大而空、不定体等弊端，增设了物产、人物、艺文、风俗等，既具有地方性，又具有实用性，是方志史上的一大进步。

2.《字诂》1卷。清黄生(1662～?)撰。生，字扶孟，号白山。歙县人，明末诸生。入清隐居不仕。一生致力于汉学，潜心研究六书训诂，专主以声韵通训诂。其读书欲破明儒之空疏，唯求通大义经世之用。因痛国事之变，好研究古今事迹成败，地理山川险塞，以为匡复之图。

3.《古韵标准》4卷。清江永撰。永有《周礼疑义举要》，已著录。

附：小学类存目

1.《六书正义》12卷。明吴元满撰。元满，字敬甫。歙县人。万历布衣。精字学，

著述颇富。

2.《六书总要》5卷。明吴元满撰。元满有《六书正义》，已著录。

3.《六书溯原直音》2卷。明吴元满撰。元满有《六书正义》，已著录。

4.《谐声指南》1卷。明吴元满撰。元满有《六书正义》，已著录。

5.《钟鼎字源》5卷。清汪立名编。立名，字西亭。婺源人（一作歙县人）。由内阁中书升郎中，出知顺宁、辰州府、摄兵备道，官至工部主事。工诗文，通六书。

6.《律古词曲赋叶韵》12卷。明程元初撰。元初，字全之。歙县人。家累千金弃而不顾，带着包袱棉被四方奔走游学，潜心著述，精韵学。

7.《四声切韵表》1卷。清江永撰。永有《周礼疑义举要》，已著录。

史部

正史类

1.《史诠》5卷。明程一枝撰。一枝，字巢父。休宁人，府学生。博览群书，一意追古作者。构表藜阁，读书其中，王世贞、汪道昆，诚推重之。

别史类

附：别史类存目

1.《季汉书》56卷。明谢陛撰。陛，字少连。歙县人。少攻举子业，长弃去，精史学。尝法朱熹以蜀汉为正统之意，作《季汉书》，以蜀为本纪，列魏、吴为世家，甚为王士祯所称。

杂史类

附：杂史类存目

1.《使金录》1卷。宋程卓撰。卓，字从元。休宁人，大昌从子，淳熙十一年（1184）进士。历官同知枢密院事，封新安郡侯。赠特进资源共享政殿大学士，谥正惠。

诏令奏议类

1.《左史·谏草》1卷。宋吕午撰。午，字伯可。歙县人。嘉定四年（1211）进士，官至居郎、右文殿修撰、知漳州、中奉大夫，赠文华阁学士，通奉大夫。

2.《名臣经济录》53卷。明黄训编。训，字学古。歙县人。嘉靖八年（1529）进士。

传记类

1.《伊雒渊源录》14卷。宋朱子撰。子有《周易本义》，已著录。

2.《名臣言行录》前集10卷、后集14卷。宋朱子撰。子有《周易本义》,已著录。

附：传记类存目

1.《孔子论语年谱》1卷。元程复心撰。复心，字子见。婺源人。皇庆癸丑，江浙行省以所撰《四书纂释》进于朝，授徽州路教授。致仕，给半俸终其身。

2.《孟子年谱》1卷。元程复心撰。复心有《孔子论语年谱》，已著录。

3.《朱子实纪》12卷。明戴铣编。铣，字宝之。婺源人。弘治丙辰(1496)进士，官至给事中，以疏弹太监高凤，下诏狱，廷杖创甚而卒。

4.《程朱阙里志》8卷。明赵滂编。滂，歙县人。

5.《宋遗民录》15卷。明程敏政(1445～1500)撰。敏政,字克勤,号篁墩。休宁人。成化二年(1466)进士。授编修。历任少詹事、太常卿兼侍读学士、礼部右侍郎。弘治十二年(1499)，与李东阳主持会试，徐经、唐寅预作文与试题合，给事中华昶弹劾其卖题舞弊，被捕下狱。出狱后，忧愤而死。有文才，10岁以神童荐，诏读书翰林院。学问赅博，为一时冠，著述甚富，与李东阳齐名。

6.《新安学系录》16卷。明程瞳撰。瞳，号峨山。休宁人。闭户著述，不求仕进。

7.《济美录》4卷。明郑烛编。烛，字景明。歙县人。郡庠生，贡入太学，历官直河间湖南辰州府判。年60，父丧奔归，逾年卒。

8.《续列女传》9卷。明邵正魁撰。正魁，字长孺。休宁人，国子监生。早孤贫，佣书以读。及长，以诗文书法游缙绅藩府间，所至多折节。

9.《续表忠记》8卷。清赵吉士(1628～1706)撰。吉士，字恒夫，号渐岸，又号寄园。休宁人。顺治八年(1651)举人，康熙七年(1668)进士。授山西交城县知县，后迁户部主事，监扬州钞关，擢户科给事中，因“异籍”降补国子监学正。

史钞类

附：史钞类存目

1.《古今彝语》12卷。明汪应蛟撰。应蛟，字潜夫。婺源人。万历庚辰（1580）进士，官至兵部职方司主事

2.《史裁》26卷。明吴士奇撰。士奇，字无奇。纸县人。万历壬辰（1592）进士，官至太常寺卿。

3.《史书》10卷。明姚允明撰。允明，字汝服。休宁人。

载记类

附：载记类存目

1.《十六国年表》1卷。清张愉曾撰。愉曾，字庭硕。歙县人

2.《中山沿革志》2卷。清汪楫撰。楫，字舟次。休宁人。康熙已未(1679)召试博学鸿词，授检讨。

地理类

1.《新安志》10卷。宋罗愿撰。愿有《尔雅翼》，已著录。

2.《六朝事迹编类》2卷。宋张敦顾撰。敦顾，字养正。婺源人。绍兴八年(1138)进士，由南剑州教授历官知舒、衡二州，致仕。

附：地理类存目

1.《徽州府志》12卷。明汪舜民撰。舜民，字从仁，号静轩。婺源人。成化戊戌(1478)进士，授行人，御史，官至右副都御史，巡抚郧阳，改南京都察院，道卒。读书博学，一守朱熹之说，矫矫持风节，尤负时望。

2.《北边备对》1卷。宋程大昌撰写。大昌有《易原》，已著录。

3.《两浙海防类考续编》10卷。明范涞撰。涞，字原易。休宁人。万历甲戌(1574)进士，官至福建右布政使。自嘉靖中倭寇犯两浙，沿海郡县，被害最深，故守土者以海防为首务。

4.《黄海》60卷。明潘之恒撰。之恒，字景升，号山史。歙县人。侨寓金陵，太学生，嘉靖间官中书舍人。江道昆举白榆社，之恒与焉。又受知王世贞，后从袁宏道兄弟游。

5.《海阳山水志》4卷。明丁惟曜撰。惟曜，字贞白。休宁人。

6.《黄山志》7卷。清闵麟嗣撰。麟嗣，字宾连。歙县人

7.《破山兴福寺志》4卷。明程嘉燧撰。嘉燧，字孟阳。休宁人。

8.《粤述》1卷。清闵叙撰。叙，号鹤瞿。歙县人

9.《西粤对问》，不分卷。清江德中撰。德中，字汉若。歙县人。官至广西布政司参议。

10.《名山注》，不分卷。明潘之恒撰。之恒有《黄海》，已著录。

11.《天下名山记钞》，不分卷。清吴秋士编。秋士，字西湄。歙县人。

职官类

1.《百官箴》6卷。宋许月卿撰。月卿，字太空，后更字宋士。婺源人。始以军功补校尉。理宗时换文资就举，以《易》魁江东，廷对赐进士及第，官至浙江西运干。贾似道当国，召试馆职，语不合，罢去。闭门著书，自号泉田子。宋亡不仕，适迹十年乃卒，亦志节之士也。

政书类

1.《绍熙州县释奠仪图》1卷。宋朱子撰。子有《周易本义》，已著录。

史评类

1.《历朝通略》4卷。陈栎撰。栎有《尚书集传纂疏》，已著录。

2.《十七史纂古今通要》17卷。元胡一桂撰。一桂有《易本义附录纂疏》,已著录。

附：史评类存目

1.《宋纪受终考》3卷。明程敏政撰。敏政有《宋遗民录》，已著录

2.《觉山史说》2卷。明洪垣撰。垣,字峻之。号觉山,婺源人。嘉靖壬辰(1532)进士，由康令征授御史，出为温州知府，落职归。少受业湛若水之门，落职后，复与同里方瓘往从若水。若水为建二妙楼，居三年，90卒。

3.《史砭》2卷。明程至善撰。至善，字于止。休宁人。

子部

儒家类

1.《延平答问》1卷、附录1卷。宋朱子撰。子有《周易本义》，已著录。

2.《近思录》14卷。宋朱子撰。子有《周易本义》，已著录。

3.《近思录集注》14卷。清江永撰。永有《周礼疑义举要》，已著录

4.《杂学辨》1卷、附记疑1卷。宋朱子撰。子有《周易本义》，已著录。

5.《小学集注》6卷。宋朱子撰。子有《周易本义》，已著录。

6.《朱子语类》140卷。宋朱子撰。子有(周易本义》，已著录。

7.《曾子》1卷。宋汪晫编。晫，字处微。绩溪人。三领乡荐，授文学。开禧三年(1207)待举阙下，以兵事归，遂不求仕。真德秀拟荐未果，绍定间表甫将荐于朝，复力止之，年76卒。县令李遇私谥康范先生，咸淳末赠通直郎。自少仪榘凝重，不类凡儿,始从休宁汪文振学,又与苏撤游闵览无所不窥。尝结庐环谷中,颜居曰“善

养”，堂曰“静观”。其学以孔孟为宗，诗词似其余事，而典雅和平，无晚宋习气。

8.《子思子》1 卷。宋汪晫编。晫有《曾子》，已著录。

附：儒家类存目

1.《心经附注》4 卷。明程敏政撰。敏政有《宋遗民录》，已著录。

2.《道一编》6 卷。明程敏政撰。敏政有《宋遗民录》，已著录。

3.《闲辟录》10 卷。明程瞳撰。瞳有《新安学系录》，已著录。

农家类

1.《野菜博录》4 卷。明鲍山撰。山，字元则，号在斋。婺源人。尝入黄山，筑室白龙潭上。七年，备尝野蔬菜诸味，因次其品类，别其性味，详其制。

医家类

1.《圣济总录纂要》26 卷。政和中奉敕编，清程林删定。林，字云来，号静观居士。休宁人。年轻时，从其叔祖、名医程敬通习医 10 余年。后又从学于同族名士程松崖。博及群书，尤好医学。精于《内》《难》，对仲景之学研究深，擅长医道。业余之暇，专心著述，其生平医疗收入大多用于编辑、刊印医著。

2.《医说》10 卷。宋张杲撰。杲，字季明。歙县人。伯祖扩，尝受业于庞安时，以医名京、洛间。父彦仁，传家学，杲尤诚确精粹。

3.《扁鹊神应针灸玉龙经》1 卷。元王国端撰。国端，婺源人，镜泽子。精于医，得其家传。

4.《针灸问对》3 卷。明汪机（1463 ~ 1539）撰。机，字省之，号石山。祁门人。其父渭，为当地名医。机幼习举子业，通经读史，不遗余力。潜心学医，刻苦钻研，行医数十年活人无数计。《明史·方使传》云：“吴县张颐、祁门汪机、杞县李可大、常熟缪希雍，皆精通医术，治病多奇中。”奇疾异症，发无不中。

5.《外科理例》7 卷、附方 1 卷。明汪机撰。机有《针灸问对》，已著录。

6.《石山医案》3 卷、附案 1 卷。明陈桷编。桷，字惟宜。祁门人。学医于同邑汪机，因取机诸弟子所记治疗效验。

7.《名医类案》12 卷。明江瓘编。瓘，字民莹。歙县人，诸生。因病弃而学医，应宿遂世其业。

8.《赤水玄珠》30 卷。明孙一奎（1538 ~ 1600）撰。一奎，字文垣，号东宿，又号生生子。休宁人。年轻时经商，后从汪机弟子、黟县黄古潭学医。又游历于江浙一带，向所遇明哲求教，遂以医术著闻于公卿间。为人治病决生多验，医名闻达远近。

9.《医旨绪余》2卷。明孙一奎撰。一奎有《赤水玄珠》，已著录。

10.《伤寒论条辨》8卷。明方有执撰。有执，字仲行。歙县人。因家人多病，发奋学医，尤对东汉张仲景的《伤寒论》研究最深。

附：医家类存目

11.《续素问钞》9卷。明汪机撰。机有《针灸问对》，已著录。

12.《运气易览》3卷。明汪机撰。机有《针灸问对》，已著录。

13.《痘证理辨》1卷。明汪机撰。机有《针灸问对》，已著录。

14.《养生类要》2卷。明吴正伦撰。正伦，字子叙，自号春岩子。歙县人。精于医学。

15.《丹溪心法附余》20卷。明方广撰。广，字约之，号古斋。休宁人。少年习儒，后专攻医籍，其学术多宗朱丹溪。以医显名后，曾游学河洛，旅寓陈留，常活人于危急之时，一时名著中原。

16.《孙氏医案》5卷。明孙泰来、孙明来编。二人皆休宁孙一奎之子。一奎有《赤水玄珠》，已著录。

17.《河间六书》27卷。明吴勉学编。勉学，字肖愚，号师古。歙县人。博学多识，家富藏书。万历，曾校刻经史子集及医学书籍数百种，校雠精审，闻名于世。

18.《李氏医监》10卷、续补2卷。清李文来编。文来，字昌期。婺源人。初，休宁汪桓作《医方集解》《本草备要》二书，浅显易明，颇行于世。康熙丙子（1696），文来撮合两书，条分缕析，分类排纂，以成是书。

19.《伤寒论条辨续注》12卷。清郑重光1637～约1707)撰。重光，字在章。歙县人。早年丧父，身染疾病，遂发奋学医。精心钻研古今医学，虚心向名家讨教。行医三十年，在实践中考查临床效果。

20.《医津筏》1卷。清江之兰撰。之兰，字含微。歙县人。

天文算法类

1.《算学》8卷。清江永撰。永有《周礼疑义举要》，已著录。

附：天文算法类存目

1.《天心复要》3卷。明鲍泰撰。泰，歙县人。

2.《算法统宗》17卷。明程大位（1533～1606）撰。大位，字汝思，号宾渠。休宁人。

少年时，博及群书，尤爱书法、数学。成年后，在长江中、下游一带经商。因商业计算需要，留心数学、遍访名师，刻苦钻研。40岁时回乡，专心研究各家学说。60岁时完成《算法统宗》17卷，于万历二十年(1592)刻印。这是一部注重实用通俗的数学教科书，全书595个问题，搜集算法较为完备，为当时珠算著作中较好的一种。明朝末年，传入朝鲜、日本及东南亚各地，对传播中国珠算起到重要作用。

术数类

1.《天原发微》5卷。宋鲍云龙(1226～1296)撰。云龙，字景期，号鲁斋。歙县人，宝祐六年(1258)乡贡进士。精于《易》学。入元不仕，隐居以终。

附：术数类存目

1.《山法全书》19卷。清叶泰撰。泰，字九升。婺源人，

2.《易冒》10卷。清程良玉撰。良玉，字元如。歙县人。

3.《大统皇历经世》3卷。明胡猷忠撰。猷忠，自号六六道人。婺源人。

艺术类

1.《松风阁琴谱》2卷。清程雄撰。雄，字云松。休宁人。

附：艺术类存目

1.《唐诗画谱》5卷。明黄凤池撰。凤池，徽州人。

2.《琴谈》2卷。清程允基撰。允基，字寓山，徽州人。

谱录类

附：谱录类存目

1.《歙砚志》3卷。明江贞撰。贞，字吉夫，婺源人。官绍兴府教。

2.《程氏黝墨苑》12卷。明程君房撰。君房，歙县人。

3.《曹氏墨林》2卷。清曹素功编。素功，字圣臣，歙县人。岁贡生。工于制墨，所制紫玉光、天琛、苍龙珠、夫瑞、豹囊、从赏、表麟髓、千秋光、笔花、云、寥天一、薇露、浣香玉、五珏文、露紫英、漱金、大国香、兰烟诸品，仅18种。不似方、程诸家以夸多断巧为事，而大抵适于实用，故士大夫颇重之。

4.《笺卉》1卷。清吴菘撰。菘，字绮园，歙县人

5.《画眉笔谈》1卷。清陈均撰。均，字康畴，歙县人。

杂家类

1.《考古编》10卷。宋程大昌撰。大昌有《易原》，已著录。

2.《演繁露》16 卷、《续演繁露》6 卷。宋程大昌撰。大昌有《易原》，已著录。

3.《识遗》10 卷。宋罗璧撰。璧，字子苍，自号默耕，歙县人。

4.《义符》2 卷。清黄生撰。生有《字诂》，已著录。

5.《曲洧旧闻》10 卷。宋朱弁撰。弁，字少章，婺源人。弱冠入太学，建炎元年（1127）补修武郎。时议遣使问安两宫，弁奋身自献，诏偕吉州团练使，为通候使，至云中，见金粘罕，使就馆，守之以兵。绍兴十三年（1143）和议成，始得归。以宣议郎直秘阁，转奏议郎卒。少颖悟，读书目下数千言，入太学。晁说之见其诗奇之，妻以兄女。留金 17 年，名王贵人，多遣子弟就学。为文慕陆贽，援据精博，曲尽事理。诗学李商隐，词气雍容，不蹈险怪涩之弊。

6.《常谈》1 卷。宋吴箕撰。箕，字嗣之，休宁人。乾道己丑（1169）登第，主仁和簿分教临川，与象山诸公讲明义理。宰当涂，剖析民讼，编成《听词类稿》12 册，为赵愚所重，召主审察，以疾卒。

7.《勤有堂随录》1 卷。元陈栎撰。栎有《书传纂疏》，已著录。

附：杂家类存目

1.《爨下语》2 卷。明张复撰。复，字子远，休宁人。

2.《圣学逢源录》18 卷。清金维嘉撰。维嘉，号潜川，休宁人。

3.《知新录》32 卷。清王棠撰。棠，字勿翦，航县人。于书无不读，随读随笔，而不自修饰。

4.《麟书》1 卷。宋汪若海撰。若海，号东叟，歙县人。靖康中，为太学生。建炎中，官至直秘阁，知江州。史称若海蓄达高亮，深沉有度。金至汴，若海上书枢密曹辅，请立康王为大元帅。及京城失守，若海复述麟为书以献，即此本也。

5.《对问编》8 卷。明江应晓撰。应晓，字觉卿，歙县人。嘉靖末，官涪州州判。

6.《说颐》8 卷。明余懋学撰。懋学，字行之，婺源人。隆庆戊辰（1568）进士，授给事中，忤张居正，斥为民。后历户部侍郎，卒赠工部尚书，谥恭穆。

7.《天都载》6 卷。明马大壮撰。大壮，字仲复，祁门人，罗汝芳之门人也。筑天都馆读书，因以名其所著。

8.《黄元龙小品》6 卷。明黄奂撰。奂，字元龙，歙县人。

9.《云谷卧馀》20 卷。清张习孔撰。习孔，字念难，歙县人。顺治己丑（1649）进士，官至山东提学佥事。

10.《庸言录》不分卷。清姚际恒撰。际恒，字善夫，歙县人。浙江仁和籍诸生。少折节读书，泛滥百家，既而尽弃词章之学，专力于经，著述富。

11.《蓉槎说》12卷。清程哲撰。哲，字圣，歙县人。

12.《舌华录》9卷。明曹臣撰。臣，字盖之，歙县人。

13.《寄园寄所寄》12卷。清赵吉士撰。吉士有《续表忠记》，已著录

14.《山居清赏》28卷。明程荣撰。荣，字伯仁，歙县人。

15.《天都阁藏书》25卷。明程允兆编。允兆，字天民，歙县人。

16.《昭代丛书》150卷。清张潮(1650～?)编。潮，字山来，号心斋，歙县人。康熙初岁贡生，捐赀授翰林院孔目。平生好学。喜刊刻丛书，著名于当时。能词，与当时许多著名词家、戏曲家有交往。

17.《檀几丛书》50卷。清王晫、张潮同编。潮有《昭代丛书》，已著录。

类书类

1.《纯正蒙求》3卷。元胡炳文撰。炳文有《周易本义通释》，已著录。

附：类书类存目

1.《典籍便览》8卷。明范泓撰。泓，字本涵，婺源人。

2.《亘史钞》不分卷。明潘之恒撰。之恒有《黄海》，已著录。

3.《含元斋别编》10卷。明赵枢生撰。枢生，字彦材，歙县人。

4.《狮山掌录》28卷。明吴之俊撰。之俊，字彦章，号芝房，歙县人。万历癸丑(1613)进士，官武强县知县。

5.《朱翼》不分卷。明江旭奇编。旭奇，字舜升，歙县人。万历中官安岳县县丞。《江南通志》列之《儒林传》，称其在太学日，尝奏上所著《孝经翼》《孝经疏义》，并请敕儒臣补成《孝经大全》，命题取士，尽亦讲学之家。

6.《事典考略》6卷。明徐袍编。袍，字仲章，婺源人。

7.《儒函数类》62卷。明汪宗姬撰。宗姬，字肇部，歙县人。

小说家类

附：小说家类存目

1.《暗然堂类纂》6卷。明潘士藻撰。士藻有《洗心斋读易述》，已著录。

2.《逸史搜奇》无卷数。明汪云程编。云程，歙县人。

3.《牡丹荣辱志》1卷。宋邱旋撰。璇，字道源，影县人。天圣五年（1027）进士，

官至殿中丞。

道家类

1.《阴符经考异》1卷。宋朱子撰。子有《周易本义》，已著录。

2.《周易参契考异》1卷。宋朱子撰。子有《周易本义》，已著录。

附：道家类存目

《道德经编注》。清胡与高撰。与高，字岱瞻，黟县人。

集部

楚辞类

1.《楚辞集注》8卷、辨证2卷、后语6卷。宋朱子撰。子有《周易本义》，已著录。

2.《楚辞集解》8卷、蒙引1卷、考异1卷。明汪瑗撰。瑗，字玉卿，歙人。博雅工诗，为王世贞、李攀龙所重。

别集类

1.《原本韩文考异》10卷。宋朱子撰。子有《周易本义》，已著录。

2.《韦斋集》12卷、附玉澜集1卷。宋朱松撰。松，字乔年，别字韦斋。婺源人。朱子之父也。政和八年，同上舍出身。官至吏部员外郎。以言事忤秦桧，出知饶州。未上请间，得主管合州崇道观。满秩再请，命下而卒。

3.《竹洲集》10卷、附棣传经杂著1卷。宋吴儆撰。儆，字益恭。初名偁，避秀邸讳，改名。体宁人。绍兴二十七年进士。历朝散郎、广南西路安抚使，主管合州崇道观。卒谥文肃。

4.《鄂州小集》6卷、附录2卷。宋罗愿撰。原有《尔雅翼》，已著录。

5.《晦庵集》100卷、续集5卷、别集7卷。宋朱子撰。子有《周易本义》，已著录。

6.《双溪集》27卷。宋王炎撰。炎，字晦叔，婺源人。乾道己丑（1169）进士，仕至军器大监，金紫光禄大夫、婺源县开国男，食邑三百户。受学张栻，与朱熹交谊颇笃，其诗为世所称。所居武水之曲，双溪合流，因号“双溪”。著述甚多，题曰《双溪类稿》，均佚。

7.《洺水集》30卷。宋程珌撰。珌，字怀古，休宁人。以先世居洺州，因自号“洺水遗民”。绍定四年（1231）进士。理宗朝累官礼部尚书、翰林学士、知制诰。历端明殿学士，致仕。

8.《康范诗集》1 卷、附录 3 卷。宋汪晫撰。晫所编《曾子》，已著录。

9.《方壶存稿》8 卷。宋汪莘撰。莘，字叔耕，休宁人。嘉定间以布衣上封事。不用，退而筑室柳溪之上。囿以方渠，自号“方壶居士”。与朱子颇相善。然集首《辞晦庵朱侍讲书》，反复以调和两宫责望朱子。至称建明稍缓，非特不能为天下学道者之地，亦不能为后世学道者之地。其言剀切耿直，相规以善。非依草附木，苟邀奖借者比。朱子答书，今佚不传。

10.《寒松阁集》3 卷。宋詹初撰。初，字以元，休宁人。始为县尉，以荐入太学为学录，尝上《乞辨邪正疏》，忤韩侂胄，罢归。所居曰流塘里，故其诗文名《流塘集》。

11.《秋崖集》40 卷。宋方岳撰。岳，字巨山，号秋崖，歙县人，绍定五年进士。淳祐中为赵葵参议员。移知南康军，以杖舟卒忤荆帅贾似道。后知袁州，又忤丁大全，被劾罢归。

12.《兰皋集》3 卷。宋吴锡畴撰。锡畴，字元伦，休宁人。广南西路安抚使儆之从孙，处士垕之子也。锡畴四岁而孤，刻志于学，慕徐稚、茅容之为人。咸淳间，南康守叶阊聘主白鹿洞书院，辞不肯赴。盖笃实潜修之士，不欲以聚徒讲学，器竞浮名也。性喜艺兰，自号曰兰皋子，因以名集，亦寓无人自芳之意。其人品心术，可谓超然流俗之外矣。

13.《北游集》1 卷。宋汪梦斗撰。梦斗，号杏山，绩溪人。景定间以明经发解，江东漕试。授承节郎，江东司制干官。成淳初，迁史馆编校，与叶李等议，上书劾丞相贾似道。李等坐罪，梦斗亦遁归。宋亡后，尚书谢昌言荐梦斗于元世祖，特召赴京，卒不受官，放归。

14.《古梅吟稿》6 卷。宋吴龙翰撰。龙翰，字式贤，歙县人。咸淳中贡于乡。以荐授编校国史院实录院文字。至元丙子，乡校请充教授，寻弃去。家有老梅，因以古梅为号。尝为之赋，并以名集。

15.《野趣有声画》2 卷。元杨公远撰。公远，字叔明，歙县人。

16.《云峰集》10 卷。元胡炳文撰。炳文有《周易本义通释》，已著录。

17.《定宇集》16 卷。元陈栎撰。栎有《书传纂疏》，已著录。

18.《杏亭摘稿》1 卷。元洪焱祖撰。焱祖，字潜夫，歙县人。是集前有《危素序》，称为徽州路休宁县尹致仕。

19.《筠轩集》13 卷。元唐元撰。元，字长孺，歙县人。泰定丁卯 (1327)，以文学授平江路学录，再任建德路分水县教谕。以徽州路学教授致仕卒。

20.《师山文集》8卷、遗文5卷、附录1卷。元郑玉撰。玉有《春秋经传阙疑》，已著录。

21.《贞素斋集》8卷、附录1卷、《北庄遗稿》1卷。元舒頔撰。頔，字道原，绩溪人。至元丁丑，江东宪宪辟为贵池教谕。秩满调丹徒。至正庚寅，转台州路儒学正。以道梗不赴，归隐山中。明兴，屡召不出，名所居曰贞素斋，著自守之志也。

22.《环谷集》8卷。元汪克宽撰。克宽有《礼经补逸》，已著录。

23.《东山存稿》7卷、附录1卷。元赵汸撰。汸有《周易文诠》，已著录

24.《白云集》7卷。明唐桂芳撰。桂芳一名仲，字仲实，号白云，又号三峰，歙县人。教授元之第五子。少从洪焱祖学，弱冠为明道书院司训。元至正中用荐授建宁路崇安县教谕。再任南雄路学正，以忧归。明太祖定徽州，召对称旨，命之仕，以瞽废辞。寻摄紫阳院山长。卒年73。

25.《覆瓿集》7卷、附录1卷。明朱同撰。同，字大同，自号紫阳山樵，休宁人。翰林学士升之子。

26.《樗庵类稿》2卷。明郑潜撰。潜，字彦昭，歙县人。元末由内台掾广东帅府从事，上计京师，遂为监修国史掾。后擢正字。历官监察御史、福建行省员外郎、海北道廉访副使、泉州路总管。入明，起为宝应县主簿，迁潞州同知，至洪武十年(1377)乃致仕。

27.《贞白遗稿》10卷、附显忠录2卷。明程通撰。通，字彦享，贞白其斋名也，绩溪人。洪武乙丑(1375)贡入太学，庚午(1390)举应天乡试，时方遣诸王将兵，因以封建，策贡士于廷，通所对称旨，擢第一，授辽府纪善，进左长史。燕王叛后，通上书数千言，论战守大计。永乐初，锦衣卫都督纪纲发其事，诏械通诣京师，与二子俱论死。

28.《梧冈集》8卷。明唐文凤撰。文凤，字子仪，号梦鹤，歙县人。与祖父元桂芳俱以文学擅名。永乐中荐授兴国县知县，改赵府纪善，卒年86。

29.《篁墩集》93卷。明程敏政撰。敏政有《宋遗民录》，已著录。

30.《松泉文集》20卷、诗集26卷。清汪由敦(1692～1758)撰。由敦，字师茗，休宁人。以商籍补浙江学生，故又为钱塘籍。雍正甲辰进士，由编修官至吏部尚书，赠太子太师，谥文端。由敦记通淹博，文章典重有体。自为诸生，即以才学著声。

附：别集类存目

1.《陶诗汇注》4卷。清吴瞻泰撰。瞻泰，字东岩，歙县人。苑长子，康熙诸生。

诗文夷简冲淡，不假修饰，妙合自然。

2.《枫林集》10卷。明朱升撰。升有《周易旁注》，已著录。

3.《西山类稿》5卷。明谢复撰，复，字一阳，祁门人。少从吴与弼游，与陈献章为同门友，而笃实胜于献章。

4.《梅岩小稿》30卷。明张旭撰。旭，字廷曙，休宁人，成化甲午(1474)举人，历官孝丰、伊阳、高明三县知县。

5.《仁峰文集》24卷、外集1卷。明汪循撰。循，字进之，休宁人。弘治丙辰(1496)进士，官至顺天府通判。

6.《霞城集》24卷。明程诰撰。诰，字自邑，歙县人。生平好游，所至山川都邑，辄纪以诗。

7.《十岳山人诗集》4卷。明王寅撰。寅，字仲房，一字亮卿，歙县人。尝北走大梁，问诗于李东阳。中年习禅，事古峰和尚。

8.《让溪甲集》4卷。明游震得撰。震得，字汝潜，婺源人。嘉靖进士，授行人，擢监察御史，以疏谏世宗好方士，廷杖谪外。后官至左副都御史，巡抚福建，以兴化失守罢归。

9.《太函集》120卷。明汪道昆撰。道昆有《五车霏玉》，已著录。

10.《副墨》5卷。明汪道昆撰。道昆有《五车霏玉》，已著录。

11.《汪次公集》12集。明汪道贯撰。道贯，字仲淹，休宁人，道昆弟也。

12.《素园存稿》18卷。明方宏静撰。宏静，字定之，歙县人。嘉靖进士。官至南京户部右侍郎。

13.《汪山人集》18卷。明汪少廉撰。少廉，字古矜，休宁人，嘉靖中布衣。

14.《大鄣山人集》53卷。明吴子玉撰。子玉，字瑞谷，休宁人。嘉靖中贡生。

15.《涉江诗选》7卷。明潘之恒撰。之恒有《黄海》，已著录。

16.《江山人集》7卷。明江瓘撰。瓘有《名医类案》，已著录。

17.《栗斋文集》11卷。明金瑶撰。瑶有《六爻原意》，已著录。

18.《檗庵集》2卷。明汪神禔撰。禔，字介夫，别号檗庵，祁门人。

19.《程幼博集》6卷。明程大约撰。大约，字幼博，休宁人。慷慨好义，为文不拘格律。

20.《方初庵集》16卷。明方扬撰。扬，字思善，号初庵，歙县人。隆庆辛未(1571)

进士，官至杭州府知府。

21.《苍耳斋诗集》17卷。明方问孝撰。问孝，字胥成，歙县人。仕履未详。

22.《汪禹乂诗集》8卷。明汪淮撰。淮，字禹乂，休宁人。

23.《巢云轩诗集》6卷、续集5卷、诗余1卷。明吴宗儒撰。宗儒，字次鲁，号黄麓，晚号止耕，休宁人。

24.《瑞阳阿集》10卷。明江东之撰。东之，字长信，歙县人。万历丁丑(1577)进士，官至右佥都御史，巡抚贵州。

25.《孟云浦集》8卷、年谱1卷、附录1卷。明孟化鲤撰。化鲤，字叔龙，号云浦，歙县人。万历庚辰进士，官至吏部文选司郎中。持正不阿，后以奏起给事中张栋先事，削籍归。

26.《关中集》4卷。明余懋衡撰。懋衡，字持国，婺源人。万历壬辰(1592)进士，官至南京吏部尚书。

27.《绿滋馆稿》9卷。明吴士奇撰。士奇有《史裁》，已著录。

28.《蕢言》6卷。明余懋孳撰。懋孳，字舜仲，婺源人。万历甲辰(1604)进士，官至给事中。

29.《复初集》36卷。明方承训撰。承训，号郏邮，歙县人。

30.《性灵稿》2卷。明朱师孔撰。师孔，字时行，歙县人。

31.《汪遗民诗》1卷。明汪逸撰。逸，字遗民，歙县人。

32.《环翠堂坐隐集选》4卷。明汪廷讷撰。廷讷，字无知，休宁人。万历时官至盐运使。耽情诗赋，兼爱填词。与汤显祖、王稚登、陈继儒、方于鲁、李贽等交往。

33.《荪堂集》10卷。明吴文奎撰。文奎，字茂文，歙县人。

34.《潘象安诗集》4卷。明潘纬撰。纬，字仲文，一字象安，歙县人。家于白岳之下。万历中，以资官武英殿中书舍人，归田以后，有《养疴》、《游淮》、《园居》诸集。

35.《梦草堂稿》12卷。明胡镇撰。镇，字子重，歙县人。万历中贾人。

36.《程仲权诗集》10卷、文集12卷。明程可中撰。可中，字仲权，休宁人。

37.《绮咏》1卷、《绮咏续集》1卷。明汪汝谦撰。汝谦，字然明，歙县人。

38.《画响》无卷数。明李永昌撰。永昌，字周生，自署曰黄海，休宁人。善书画，董其昌甚重之。画仿元人，书宗董氏，收藏称富。

39.《诚斋文集》2卷、附西铭答1卷。明施璜撰。璜，字虹玉，休宁人。

40.《万青阁全集》8卷。清赵吉士撰。吉士有《续表忠记》，已著录。

41.《林卧遥集》3卷。清赵吉士撰。吉士有《续表忠记》，已著录。

42.《一溉堂诗集》1卷。清余光耿撰。光耿，字介遵，婺源人。

43.《双溪草堂诗集》1卷、《附游西山诗》1卷。清汪晋澂撰。晋澂，字涵斋，休宁人。康熙己未（1679）进士，官至户部侍郎。

44.《若庵集》5卷。清程庭撰。庭，字且硕，号若庵，歙县人。

总集类

1.《明文衡》98卷。明程敏政编。敏政有《宋遗民录》，已著录。

2.《新安文献志》100卷。明程敏政撰。敏政有《宋遗民录》，已著录。

附：总集类存目

1.《风林类选小诗》1卷。明朱升编。升有《周易旁注》，已著录。

2.《柳黄同声集》2卷。明杜桓编。桓，字宗表，歙县人。

3.《咏史集解》7卷。明程敏政编。敏政有《宋遗民录》，已著录。

3.《唐氏三先生集》28卷、附录3卷。明程敏政编。敏政有《宋遗民录》，已著录。

4.《蓬莱观海亭集》10卷。明潘滋编。滋，婺源人，始末未详。

5.《徽郡诗》8卷。明陈有守、汪淮、李敏仝编。有守，字达甫。淮，字禹乂，敏仝，字功甫。皆休宁人。

6.《顺则集》8卷。明程文潞编。文潞，字希古，歙县人。

7.《汉魏名家》不分卷。明汪士贤编。士贤，徽州人。

8.《诗苑天声》21卷。清范良撰。良，字眉生，徽州人。

词曲类

1.《十五家家词》37卷。清孙默编。默，字无言，休宁人。

附：词曲类存目

1.《啸余谱》10卷。明程明善撰。明善，字若水，歙县人。天启中监生。[①]

新安江中下游的淳安、建德两县有26位作者，36种著述被收进《四库全书》及存目。收入最多的是方粲如5种、商辂3种、钱时3种、方象瑛2种、邵亨贞2种。

---

① 张健：《新安文献研究》，安徽人民出版社，2005年，第146页。

《四库全书》收淳安、建德作者书目一览表

序号	部	类	书名	卷数	朝代	作者	贯	卷/页	说明
1	经	易	复斋易说	6	宋	赵彦肃	建德	3/13	有严刻本
2	经	易/存目三	周易通义	14	清	方桑如	淳安	9/77	“桑”《四库全书》误为“葇”
3	经	书一	融堂书解	20	宋	钱时	淳安	11/94	
4	经	书/存目二	尚书通义	14	清	方桑如	淳安	14/116	
5	经	诗/存目二	毛诗通义	14	清	方桑如	淳安	18/145	
6	经	春秋/存目一	春秋续义发微	12	明	郑良弼	淳安	30/248	
7	经	五经总义	融堂四书管见	13	宋	钱时	淳安	33/271	有严刻本
8	史	杂史/存目三	封长白山记	1	清	方象瑛	遂安	54/491	
9	史	诏令奏议	商文毅疏稿略	1	明	商辂	淳安	55/497	
10	史	传记/存目二	商文毅公行实	1	明	商汝姬	淳安	60/540	
11	史	传记/存目二	商文毅年谱	4	明	商振伦	淳安	60/540	
12	史	传记/存目四	历代内侍考	10	明	毛一公	遂安	62/559	
13	史	地理/存目三	万历严州府志	24	明	俞炳然	淳安	74/647	有严刻本，据《日本藏中国罕见地方志丛刊》（书目文献出版社1990版），应为续修本。
14	史	史评	两汉笔记	12	宋	钱时	淳安	88/753	
15	史	史评/存目一	蔗山笔麈	1	明	商辂	淳安	89/759	

续表

序号	部	类	书名	卷数	朝代	作者	籍贯	卷/页	说明
16	子	杂家/存目九	韦弦自佩录	12	明	朱铺	建德	132/1128	
17	子	小说家二	乐郊私语	1	元	姚桐寿	睦州	141/1203	
18	子	道家/存日	西山群仙会真记	5	唐	施肩吾	睦州	147/1259	
19	集	楚辞/存目	离骚经解	1	清	方楘如	淳安	148/1270	
20	集	别集三	皇甫持正集	6	唐	皇甫湜	睦州	150/1290	
21	集	别集四	元英集	8	唐	方干	新定	151/1302	有严刻本
22	集	别集一八	蛟峰文集8卷 外集4卷	12	宋	方逢辰	淳安	165/1412	
23	集	别集一八	潜斋文集11卷(附铁牛翁遗稿1卷)		宋	何梦桂	淳安	165/1414	
24	集	别集一八	富山遗稿	10	宋	方夔	淳安	165/1416	
25	集	别集二〇	野处集	4	元	邵亨贞	淳安	167/1449	
26	集	别集/存目二	东冈集	10	明	柯暹	建德	175/1554	
27	集	别集/存目二	半隐集	10	明	陈衡	淳安	175/1554	
28	集	别集/存目二	商文毅公集	10	明	商辂	淳安	175/1557	
29	集	别集/存目二	馀力稿	12	明	徐贯	淳安	175/1559	

续表

序号	部	类	书名	卷数	朝代	作者	籍贯	卷/页	说明
30	集	别集/存目九	会侯文钞	20	清	毛际可	淳安	182/1648	
31	集	别集/存目九	恕斋偶存	7	清	方士颖	淳安	182/1653	
32	集	别集/存目十	健松斋集24卷 续集10卷	34	清	方象瑛	遂安	183/1655	
33	集	别集/存目十一	集虚斋学古文	12	清	方楘如	淳安	184/1669	
34	集	总集/存目二	青溪诗集	7	明	徐楚	淳安	192/1752	
35	集	总集/存目四	樵川二家诗	4	清	朱霞	建德	194/1770	
36		未收书目	蚁术词选	4	元	邵亨贞	淳安	附录/1860	

中国是一个文献积累丰富、流传历史悠久的国家。清乾隆时期的《四库全书》，是中国文化史上空前杰作，被学术界誉为“千古巨制”、“文化渊薮”的东方文化金字塔，是一代又一代中国学人的神圣殿堂。《四库全书》纂修是一项巨大的文化工程，对这一工程，新安江流域当时的顶尖人才作出了突出的贡献。

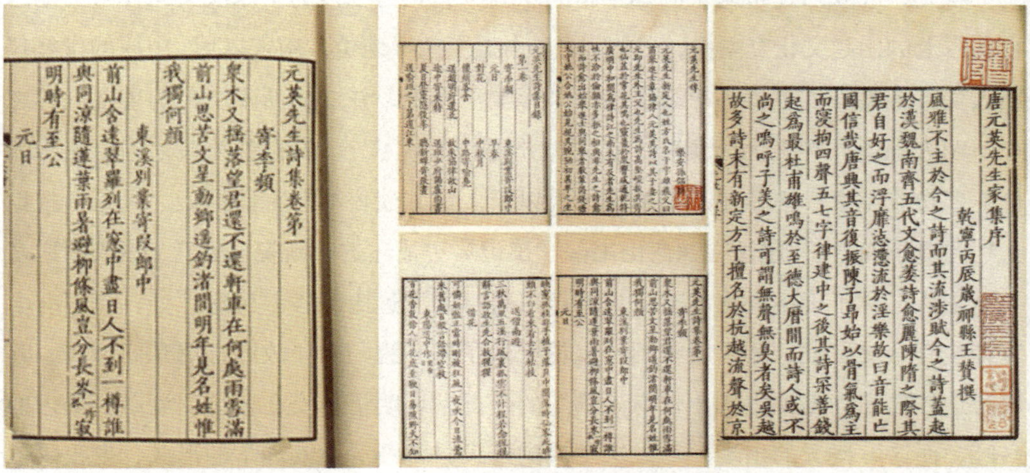
元英先生詩集卷第一
寄李頻
衆木又搖落望君還不還軒車在何處雨雪滿前山思苦文星動鄉遙釣渚閒明年見名姓惟我獨何顏
東溪別業寄段郎中
前山含遠翠羅列在窗中盡日人不到一樽誰與同涼隨蓮葉雨暑避柳條風豈分長來……明時有至公
元日

唐元英先生家集序
乾寧丙辰歲祁縣王贊撰
風雅不主於今之詩而其流涉賦今之詩蓋起於漢魏南齊五代文愈萎詩愈麗陳隋之際其君自好之而浮靡蕩流於淫樂故曰音能亡國信哉唐興其音復振陳子昂始以骨氣爲主而變拘四聲五七字律建中之後其詩采善錢起爲最杜甫雄鳴於至德大曆間而詩人或不尚之嗚呼子美之詩可謂無聲無臭者矣吳越故多詩未有新定方干擅名於杭越流聲於京

《元英集》

第三节 新安文献存世众多的原因

一、东南邹鲁，理学传家

自古以来，黄河流域是汉文化的中心。南方荆楚、吴越的文化，或有中断，或开化较晚。唐末及五代十国，北方战乱频仍，一时中原衣冠大族纷纷南避，促进了南方汉文化的发展。北宋立国后，朝廷在恢复和发展经济的各项措施中，特别重视东南这一地区的开发。南方诸郡利用优越的地理条件和自然环境，在经济文化等方面取得的成就，已不在北方之下，我国汉文化重心南移的态势已经非常明显。当时有“东南诸郡，饶实繁盛”和“今之沃壤，莫如吴、越、闽、蜀”的说法。南宋的立国，使汉文化的重心由北方移到了南方。新安江流域靠近杭州，接近当时政治、经济、文化的中心。号称“自南迁后，人物之多，文学之盛，称于天下”，是有其历史原因的。新安理学的形成，正是基于汉文化重心南移这一历史背景而出现的文化现象。

从地域上看，朱熹所开创的新安理学属于南方学术。它的兴起，改变了北宋理学以北方“关、洛”为盛的局面。因此，新安理学的出现，既以汉文化重心南移为背景，又反映了南方文化超越北方文化的态势。理学由关、洛而发展到新安，与宋代经济、政治、文化重心南移趋势一致。

首先，大族入迁带来了内涵丰富的以儒家文化为主体的中原汉文化在与当地遗存的古老的山越文化交融中，汉文化逐步占据了主导地位。南宋以后，中原的崇礼仪、明人伦、务俭朴、敦诗书等习俗，深刻影响了新安，并成为新安文化的重要内容之一。明人汪道昆在《太函集》中描述徽州习俗时说：“新安自昔礼仪之国，习于人伦，即布衣编氓，途巷相遇，尊卑少长以齿。此其遗俗醇厚，而揖让之风行，故以久特闻贤于四方。”赵汸在《商山书院学田记》中描述的“新安自南迁后，人物之多，文学之盛，称于天下。当其时，自井邑田野以至于远山深谷、民居之处，莫不有学、有师、有书史之藏。其学所本则一以郡先师子朱子为归……故四方谓东南邹鲁，其成德达才之出为当世用者，代有人焉”的盛况，表明了新安在宋室南渡以后人才的兴旺。而这一盛况的出现，与大家士族的迁入分不开。新安理学的形成，也正是依托了新安自南宋后涌现的大量儒学人才。其中，朱熹阙功至伟。

朱熹像

朱熹，小名沈郎，小字季延，后字元晦、仲晦，号晦庵，晚年称晦翁、遯翁、云谷老人、沧州病叟等。朱熹祖籍徽州婺源。是宋代理学的集大成者，中国古代著名思想家和教育家。他所构建的完整而系统缜密的思想体系，被后人称为“朱子学”。元、明、清三代，朱子学成为“显学”，被朝廷确立为官方意识形态。无论是解经释义还是科举取士，都以其学说为唯一准绳。因此，朱子学对中国传统社会后期各个方面产生了深远的影响，所谓“孔子以后，一人而已”，可见朱熹在中国历史上有着重要的地位。

新安江流域学者从朱熹受学者甚众。《紫阳书院志》云：“文公归里，乡先正受学者甚众。今论定高第弟子十二人，列于从祀。”这12人分别是婺源程洵、滕璘、滕珙、李季，绩溪汪晫，歙县祝穆、吴昶，休宁程先、程永奇、汪莘、许文蔚，祁门谢琎等。他们“生文公之乡，亲受业于文公之门”，是从学于朱熹的徽州士人中的佼佼者。浙江的严州在地缘上与徽州相近，在血缘上与徽州相连，在风俗习惯上与徽州相似，是朱熹理学衍流深远的重要地区之一。朱熹在严州一直被认同为“乡人”。朱熹曾与吕祖谦讲学于严州的丽泽书院，还曾于遂安的瀛山书院与詹仪之论道和讲学，在当地形成了浓厚的朱学氛围，引领了当地的学术思潮，并影响其学术思想的发展；严州的知名理学家詹仪之、方逢辰、赵彦肃、喻仲可都是朱熹的及门或再传弟子，在他们的传承与传播之下，朱学在该地区渐趋隆盛，以至于元、明、清三代严州地区的理学都深受其影响。明代王阳明心学曾风靡一时，至清代朴学又渐成主流，但严州地区很多学者仍祖述朱子之学，对程朱理学思想表现出一种坚守不渝的执着。程朱理学通过书院讲学传播，如淳安石峡书院，是朱子学者方逢辰的讲学之所。方逢辰在此“抱周程之学以私淑其徒”，[①] 阐扬朱熹学说。其后，逢辰之弟逢振继之讲道于石峡书院，也是朱学的得力宣传者。淳安县还有紫阳书院，“仿朱子白鹿洞规立之仪节，仿分年读书法予之课程”。[②] 书院的教学内容、方法与规程完全以朱熹的思想为准的。朱熹学说在淳安地区源远流长、绵

石峡书院

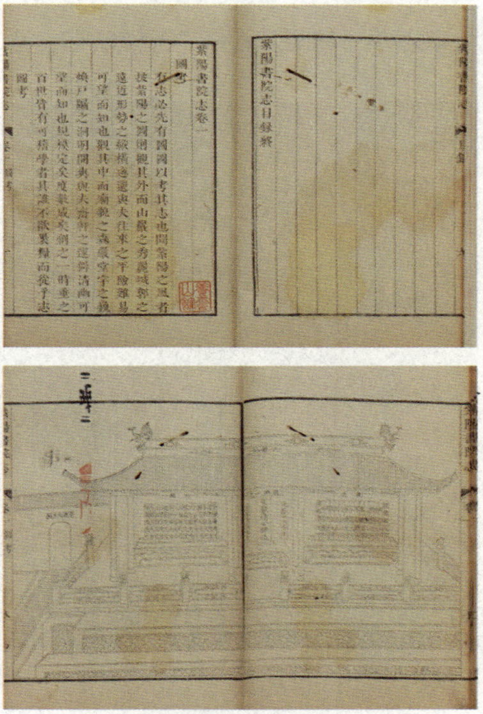

《紫阳书院志》

① 《光绪淳安县志》卷二，清光绪十年刻本。
② 《光绪淳安县志》卷十三，清光绪十年刻本。

延不绝的授受途径，主要是通过家学、师学的传承。如淳安著名儒士方镕为朱熹的再传弟子，方镕二子逢辰、逢振又将其父学说发扬光大。

朱熹能够对遂安地区的学术思想产生巨大影响，契机是他曾与詹仪之在遂安瀛山书院的讲论道学之举。据县志记载："瀛山书院在县西北四十里。宋熙宁间邑人詹安辟建于山之冈，凿方塘于麓，其孙仪之与朱晦庵往来论学于此。岁久圮。明隆庆三年（1569），知县周恪访先贤遗迹，建书院二十四楹。龙溪王畿记：'后为祠，祀晦庵、仪之二先生'；绪山钱德洪记：祠后建大观亭，复方塘旧址，构一鉴亭。五年（1571），知县吴撝谦诣其堂，作《方塘解》。邑人方应时、方世义，邑民方□□等共捐田四十余亩以供祭祀，并周令祀于祠，额曰'三先生祠'，春秋以二仲月次丁日祭"。[①] 朱熹与詹仪之在瀛山书院中论学，当地众多儒学之士前往聆听。通过书院讲学的方式，遂安的许多学者接受朱熹学说的洗礼，朱子之学由此流传开来，也使得瀛山书院成为遂安乃至整个严州地区的理学研习中心。

通过朱熹多种途径的传授，新安学风为之一变。原来醉心于科举功名的新安士人，转而"多明义理之学"。这些奉朱子之学为学术宗旨的新安士人，兴修书院，大倡理学。汪克宽说："近代以来，濂、洛诸儒先后继出，吾邦紫阳夫子集厥大成，

瀛山书院

① 《淳安县志》，浙江人民出版社，2014年，第2086～2087页。

揭晦冥之日月，开千载之盲聋。于是六合之广、四海之外，家诵其书，人攻其学。而吾邦儒风不振，俊彦之辈出，号称东南邹鲁，遐迩宗焉。”这些“俊彦之辈”能够脱颖而出，使新安以“理学之邦”名世，朱熹之功莫大焉。《婺源县志》说：“自唐宋以来，卓行炳文，固不乏人，然未有以理学鸣于世者。至朱子得河洛之心传，以居敬穷理启迪乡人，由是学士各自濯磨以冀闻道。”这就是说，州研习理学的风气，实由朱熹倡导之所致。

由于新安理学盛行，学者众多。为传播思想和研究学术，新安学者撰写了大量高水平学术著作。

二、教育发达，人才辈出

新安是中国传统教育最为发达的地区之一，民谚有言：“十户之村，不废诵读”，语出明嘉靖《婺源县志》卷四“风俗”。意即即使是只有十余户人家的小村庄，也可听到琅琅的读书声，这是当时新安乡民崇尚教育、私塾遍及村野的真实写照。其实，早在元末明初，休宁学者赵汸在《商山书院学田记》中就认为：自宋朝之后，徽州“人物之多，文学之盛，称于天下。当其时，自井邑田野，以至于远山深谷，民居之处，莫不有学有师，有书史之藏”。有“天下郡县之学，莫著于新安”之誉。歙州州学、祁门县学始建于唐，这是徽州最早出现的地方官学。与此同时，民间私学也纷纷出现，办学形式有家塾、村塾、义塾、书院等。尤其书院的发展最为迅速。

据李琳琦先生研究认为，徽州从宋到清有书院 125 所，还不包括明清时期的书屋和文会，其中宋元所建者 47 所、明清所建者 78 所。① 徽州最早的书院是创建于北宋景德四年 (1007) 的桂枝书院。桂枝书院位于绩溪县上庄镇宅坦村，是北宋时由绩溪人胡忠 (957 ~ 1026) 创建。胡忠，字良臣，号桂崖，是明经胡龙井派始迁祖。他的父亲胡延进，又名延政，字以礼，号节庵，为明经胡始祖胡昌翼长子，也是胡姓远祖二世祖。据《绩溪县志》记载，在北宋开宝八年 (975) 任绩溪县令。宋咸平五年 (1002) 胡忠又随父（此时知建德军）去浙江建德；景德三年 (1006)，胡忠从浙江建德复归，定居于龙井村，便于景德四年 (1007)，在龙井东之山阜（今宅坦村葫芦岭之雪地）创建了桂枝书院，兴学育人，遐迩闻名，首开皖省书院教育之先河。它的创办比欧阳修在安徽颍州（今阜阳）建的“西湖书院”还早 42 年。据光绪《淳

① 李琳琦：《徽州书院略论》，《华东师范大学学报》1999年第2期。

安县志》《遂安县志》载，自宋代方逢辰创建石峡书院以来，全县有书院29所。教育事业的发达，必然人才辈出。

新安科第成功者比比皆是。据地方志记载，徽州的举人，明代1100多人，清代1536人。徽州的进士，明代452人，居全国第十三位，清代684人居全国第四位。淳安一邑自宋代以来就有进士297人。更有“连中三元”的科举奇才商辂。若以县为单位计算，则歙县明清两代共取进士623人，居安徽省诸县之首。康熙御制诗《示江南大小诸吏》所云“东南财赋地，江左人文薮”，诚为不虚之言。

人才旺，则著述多。人才兴，则文化兴。

三、经济雄厚，刻书业发达

新安江流域自南宋以来都是全国的刻书中心。南宋时期两浙西路之严州是刻书的重要产地，其刻本世称“严州本”，以“墨黑如漆，字大如钱”，校雠精良、刻印精细驰名，是宋刻本中的上品。存世的宋版严州本，多藏于国家图书馆，也有少量被上海图书馆和浙江图书馆收藏，是为国宝级的珍品。据现有资料统计，宋版严州本不下80种。南宋时期是严州刻书史上的辉煌一页，刻书之多，刻工之精，校雠之细，在当时皆为全国一流。这固然与整个社会的总体水平和文化的繁荣分不开，但是也与严州特定的经济文化因素有关。首先是严州具有繁荣的经济基础。南宋定都杭州后，严州成为京城上游门户，战略地位和经济地位骤然上升，成为官员、军队、客商和货物的必经之地，所谓“千车辚辚，百帆隐隐，日过其前”，[①] 正是当时交通繁

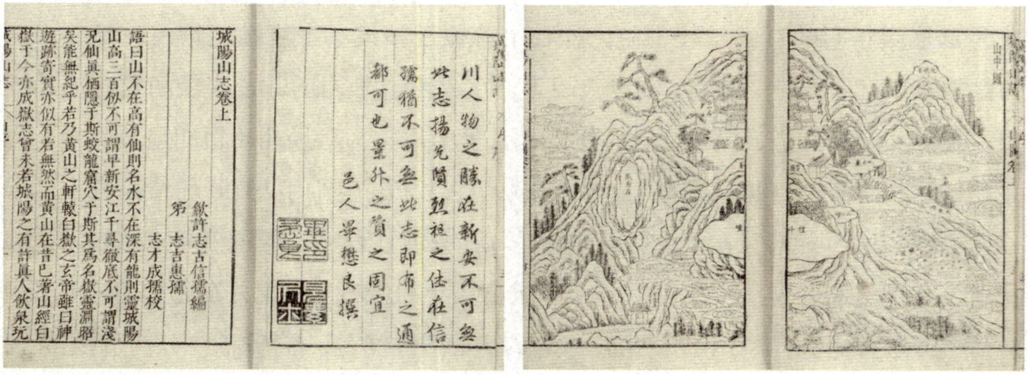
川人物之勝在新安不可無
此志揚先賢懿祖之休在信
孺猶不可無此志即布之通
都可也景外之資之固宜
邑人畢懋良撰

城陽山志卷上
歙許志古信孺編
第 志吉惠孺
志才成孺校
語曰山不在高有仙則名水不在深有龍則靈城陽
山高三百仞不可謂卑新安江千尋徹底不可謂淺
況仙眞栖隱于斯蛟龍窟穴于斯其爲名嶽靈淵
矣能無紀乎若乃黃山之軒轅白嶽之玄帝雖曰神
遊蹤跡寄實亦似有若無然而黃山在昔已著山經白
嶽于今亦成嶽志曾未若城陽之有許眞人飲泉玩

徽州刻书

① 程珌：《富春驿记》。

忙的写照。严州已成为钱塘江上游的枢纽重镇。交通的繁忙促进了经济的繁荣，带动了各行各业包括文化、教育事业的发展，为刻书业的繁荣奠定了良好的经济基础。

其次是当时严州拥有良好的文化氛围。严州与杭州唇齿相依，被列入“京畿三辅”，归京师直辖。受临安的辐射，严州的文化事业迅速发达起来。现存刻于南宋初年的《严州图经》上已经有了专供艺人演出、群众观赏的瓦子和体育竞技用的球场，陆游“雨催树绿吹箫陌，日射尘红击鞠场”、“青山围女墙，细草满球场”[①]等诗句就是当日击鞠场击球的生动写照，说明当时这类活动在严州已很普遍。文化名流齐集严州是增强严州文化氛围的重要因素。当时一些文化名人如张栻、吕祖谦、袁枢、陆游等出宦严州，文坛传为佳话。这些文化名人的到来直接推动了严州文化的发展和文化氛围的形成，从学者风靡而至，严陵翕然而成文化之邦矣。文化名人不仅来严从事文化交流活动，还将自己的作品放在这里编刻印刷，如张栻的《南轩集》，依照朱熹和吕祖谦思想编注的《近思录》是哲学史上的理学名作；袁枢的《通鉴纪事本末》则开创一种全新的史书体裁，在中国史学史上有着很高的地位，对后世影响极大。陆游的《剑南诗稿》及陆子遹续刻的《剑南续稿》，洋洋万首，是中国诗歌史上的一座高峰，等等。这些名著的刻印，有力地促进了严州刻书业的繁荣。陆游父子在严州的刻书活动在严州刻书史上占有重要的地位。

景定《严州续志》卷四载：“郡有经史诗文方书凡八十种。”书目俱未注作者及卷数，只有四种注明为知郡华文钱寺丞任内刊，即《近思录》、《近思续录》、《融堂四书管见》、《新定续志》。所谓钱寺丞即钱可则，景定元年知严州，二年升直华文阁。其他各书均未注刊刻者姓名。今考得《江给谏议奏议》（熙淳十三年）、《世说》（即《世说新语》）、《南史》、《大字刘宾客集》为陆游守新定时重刻（淳熙十五年）。陆氏又自刻《剑南诗前集》。陆游子陆子遹知严州时所刻者，有其曾祖陆佃的《陶山集》《尔雅新义》及陆佃校注的《鬻子》《鹏冠子》，其父陆游的《剑南续稿》《老学庵笔记》。又刊《开元天宝遗事》，潘阆《逍遥集》，魏野《巨鹿东观集》（四种均绍定元年），杨朴《东里诗》，石介《徂徕集》。陆氏父子先后均任严州，刻书甚多。严州本又有《六经正文》《论语、孟子正文》《仪礼注》，小字本《通鉴纪事本末》《方书》六种。张南轩刊吕祖谦《阃范》，许兴裔刊《复斋易说》（嘉定十四年）。卫湜自刊《礼记集说》

① 陆游著，钱仲联校注：《剑南诗稿校注》，上海古籍出版社，2005年，第1449页。

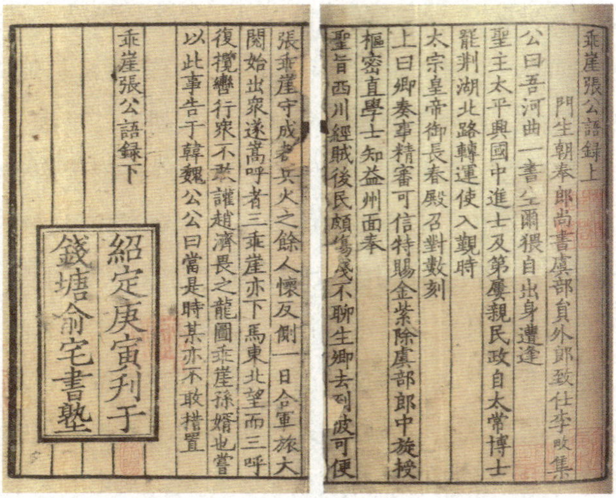
乖崖張公語録上
門生朝奉郎尚書虞部員外郎致仕李畋集
公曰吾河曲一書生爾猥自出身遭逢
聖主太平興國中進士及第屢親民政自太常博士
龍判湖北路轉運使入覲時
太宗皇帝御長春殿召對數刻
上曰卿奏事精審可信特賜金紫除虞部郎中旋授
樞密直學士知益州面奉
聖旨西川經賊後民頗傷殘不聊生卿去到彼可便

張乖崖守成都兵火之餘人懷反側一日合軍旅大
閱始出衆遂嵩呼者三乖崖亦下馬東北望而三呼
復攬轡行衆不敢讙趙濟長之龍圖乖崖孫婿也嘗
以此事告于韓魏公公曰當是時某亦不敢措置

乖崖張公語録下

紹定庚寅刋于
錢塘俞宅書塾

严州刻本

（嘉熙三年）。与严州有关者有绍兴《新定志》，淳熙《严州重修图经》，景定《严州续志》、《严陵集》、《严陵别集》、《钓台集、续集、别集》。陆游去严州，“州人爱其诗，板传之”。①

到明清时期，新安江上游的徽州接过刻书的旗帜。由于大量徽商资本的介入，徽州刻书业更加发达，影响更加深远。明代中期以后，由于徽州商人介入刻书出版行业，遂使徽州刻书业突飞猛进，明万历至崇祯年间跃居全国之首，成为全国重要的刻书中心。徽商在刻书方式、方法和雕版印刷技术上大胆革新。首先，他们大量编辑出版丛书，丛书方便学习，欲多读书，非买丛书不可；其次，大量刊刻插图，增加读者的阅读兴趣与理解，引诱读者购买；其三，采取联合作战，缩短出版周期，快出快售；其四，改革印刷和雕版技术，创用四色或五色赋彩印刷技法，图版的精丽动人程度大大超过一般雕版插图，又创制“饾版”和“拱花”印刷技法，把彩色套印木刻画推向新的高峰。当时，徽州私家坊刻众若繁星，刻铺比比皆是。徽州刻书成为当时全国最有影响的品牌，世称“徽版”。徽版图书以校勘精湛、刊刻精良著称，以插图精美为特征。明代中期的胡应麟指出：“近湖刻、歙刻骤精，遂与苏、常争价”。② 谢肇淛说：“今杭刻不足称矣，金陵、新安、吴兴三地剞劂之精者，不下宋板。楚、蜀之刻，皆寻常耳”。③ 由此可见，当时徽州刻书已几乎成为中国雕版印刷术的代表作。

由于刻书业的发达，大量的新安文献得以通过雕版印刷从而化身千百，在历史的长河中得以保存。刻书为保存和传承地方文献作出了巨大贡献，也是新安文献得以大量保存的重要原因。再加上新安地理位置上的封闭性，“介万山之中，地狭人稠”，

---

① 张秀民：《中国印刷史》，浙江古籍出版社，2006年增订版，第59页。
② [明]胡应麟：《少室山房笔丛》甲部《经籍会通四》，明刊本。
③ [明]谢肇淛：《五杂俎》卷十三，明万历刊本。

交通闭塞，易守难攻，战争波及少。历史上除北宋的方腊起义和清末太平天国战争外，兵燹较少，由于相对安定，破坏有限。再加上新安人根深蒂固的“敬惜字纸”观念对一切有文字的东西都保持着敬畏之心，很少毁坏。所以大量的各种新安文献得以保留下来，成就“文献之邦”的美誉。

第二章　新安商业文献

第一节　新安商业文献产生的原因

新安商业文献，是指新安商人为指导商业经营或记录自身商业等行为而著作或传播的文献材料。新安商人是明清时期地域商帮的典型，也是新安文化得以兴盛的基础。新安商人“贾而好儒”，自身的文化水平较高，在经营和生活中能弘扬儒家道德规范，善于总结经商过程中的经验与教训，以之自律，并教育后辈从业者。正是这种“好儒”情结和总结经验的需求，使新安商人勤于著述。除此之外，还有一些新安书商以商书射利，这样更使商业文献得以广泛传播。大量新安商业文献产生的原因，就是新安江流域商业发达，徽州商帮的崛起。

一、徽商崛起

徽州多山地丘陵，其自然条件不利于传统农业耕种。粮食短缺，时常困扰着徽州人的生活。同时，群山环抱的徽州，地理位置相对封闭，不易遭受战火波及。因此，每逢战乱这里便成为中原士民理想的避难之所，他们举家迁移至此繁衍生息。伴随着人口的不断增加，地狭人稠的问题进一步凸显，尤其是到了明代，该问题变得尤为严重。万历《歙志 · 货殖》云：“今邑之人众几于汉一大郡，所产谷粟不能供百分之一，安得不出而糊其口于四方也”“前世不修，生在徽州。十三四岁，往外一丢”。这是明清时期流行于徽州地区的一句俗语，是指徽州男子到了十三四岁就要外出当学徒学做生意。徽州境内山多田少，有“八山半水半分田，一分道路和庄园”之称，群峰耸立，高峰陡绝，开发艰难。即使勉力垦辟，种上农作物，收成也很难有保障。

唐宋以后，随着外来人口的增多，出现收不敷食的情况，食粮 70% 仰仗江西、江苏和浙江供给。明代休宁人汪伟形容这种情况云：“溪流一线，小舟如叶，鱼贯尾衔，昼夜不息。一日米船不至，民有饥色；三日不至，有饿殍；五日不至，有昼夺。”地狭人稠，食用不足，是宋代以后徽州的一大特点，也是徽州人大量外出经营谋生的主要背景，是徽商兴起的客观原因。

所谓穷则思变，面对这些不利条件，外出经商谋生便成了多数徽州人的选择。

万历《歙志》称：“谚语以贾为生意，不贾则无望，奈何不亟亟也。以贾为生，则何必子皮其人而后为贾哉！人人皆欲有生，人人不可无贾矣。”[①]

与日俱增的生存压力，促使徽州人外出谋生，于是出现“天下之民寄命于农，徽民寄命于商”。[②]由于徽州处万山之中，气候湿润，其物产非常丰富。“休宁山中宜杉，土人稀种田，多以种杉为业”；如茶叶，祁门县“高下无遗土，千里之内业于茶者七八矣”，徽州的茶叶生产至少在唐代就为全国大邦；如陶土，景德镇瓷器著名，然而它不产瓷土，“土出婺源、祁门两山”等。同时，也正是由于山多，与山林经济相连的徽州手工业品也极为丰富，独具特色。文房四宝的纸、墨、笔、砚，无不闻名全国。这些独具特色与声望很高的物产和手工业品，都是与山有关联，与徽州本土的经济密切联系的。徽州上述特产，在国内有着广阔的市场。徽人只有将这些物产输送出去，方可换取徽民们生活所需的粮油盐等，才能满足人们的生活需要。这就内在地刺激着商业的兴起，徽州不少商人最初就是从贩运本地特产起步的。

新安江是徽州境内最大的水系，它的支流可与徽州六邑相连通，皆可通舟楫，沿江东下可达杭州；由绩溪境内的徽溪、乳溪顺流而下可到江南；祁门一带则由阊江可入鄱阳，祁门“上接闽广，下连苏杭”；歙县则“接于杭、睦、宣、饶，四出无不通”。竹木虽然笨重，但伐倒后编成竹排、木排，置于水中顺流能运至浙江或苏南销售。因此，徽州本土山林经济模式的内在要求和便捷的水路交通是徽商产生的另一原因。

唐末以后，中国经济重心南移，特别是南宋王朝定都于临安（今浙江杭州），新安江流域成为畿辅之郡，给新安江流域带来了更大的发展机遇。新都城的建设，使徽州近水楼台先得月。徽州人充分利用了这一有利时机发展商业贸易，负贩四方。到了元代，歙县、休宁经商服贾已经形成了相当浓厚的风气。明代以后，外出经商已经成为徽州人最重要的经济来源。康熙《徽州府志》中对这种情景做了生动地描述：“徽之山大抵居十之五，民鲜田畴。以货殖为恒产，春月持余赀以出货十二之利，为一岁计，冬月怀归，有数年一归者。上贾之所入，当上家之产；中贾之所入，当中家之产；小贾之所入，当下家之产，善识低昂，时取予，以故贾之所入，视旁郡

① 万历《歙志·货殖》。
② 康熙《徽州府志》卷八。

倍厚。”

宋代出现徽州有明确记载的第一批大商人。如祁门善和程氏的程承海、程承津兄弟、富极一时，有“十万大公”“十万二公”之称。朱熹的外祖父歙县人祝确其生意几乎占了半个徽州府城，号称“半州祝家”。到了元代，徽州经商风气，已经很盛。休宁县东南屯溪一带，因临近新安江干流通往杭州的商路，几乎家家户户都有人外出经商。宋元时期，徽商的影响还是区域性的，主要活跃于新安江流域。

明代，徽商影响逐渐扩展到了全国。这一方面是因为明代商品经济的发展，特别是自正统之后，白银开始普遍使用，有力地促进了农产品的商品化和市场化，为以贩运见长的徽商提供了重要的商机；另一方面，更重要的是，徽商在两淮盐业这一国家经济命脉中逐渐占据了优势。明代晚期，是徽商发展的第一个高峰。万历年间，歙县吴士奇认为，当时天下富商以徽州的吴氏、汪氏为最。明代晚期的徽商已经发展成为全国最大的商帮。但在明末清初的战乱中，徽商蒙受巨大损失，出现了一段低潮期。

清代康熙、雍正、乾隆的130余年中，是徽商的鼎盛时期。随着社会的安定，徽商也重新趋于活跃。这一时期，由于生产恢复，人口大幅度增加，盐的销售量大增。加之，清政府采取了一系列的恤商优课的措施，徽州盐商生意再度红火，到乾隆年间，其实力上升到了一个新台阶。乾隆朝全盛时的徽州盐商资本，据说有白银千万两之巨，达到了徽商历史上空前绝后的繁盛。

清代道光年间以后和民国时期，是徽商饱受冲击并开始向资本主义转型的时期。近代的战乱，尤其是咸丰同治年间的太平天国战争，给徽州带来了一场巨大的劫难。战乱使徽商严重衰落，失去了能够左右全国经济命脉的地位。但在战乱结束之后，在近代资本主义发展的大背景下，也开始逐渐出现了向近代资本主义转型的走势，并取得了一定的成功。

二、徽商经营产业

明代弘治以前，徽商以经营文房四宝、漆、木、茶叶和粮食为主。弘治以后，经营范围扩大，涉足行业多种多样，以盐、典、茶、木为最著，其次为粮食、棉布、丝绸、纸墨、瓷器，还有贩卖人参、貂皮、珠玑、古玩等，以及从事刻书出版业。也有经营小本生意，如开饮食店、杂货店，以及肩挑背负的小贩。可以说，徽商无业不营。其中，祁门人多茶、木商，歙县、黟县人以盐、典为主，绩溪人多饮食业和茶业，休宁人多典当商。

(一)盐业

盐业，自古以来都是国家专卖。从唐代开始，随着两淮盐业产量的增多，封建王朝从增加课税出发，就注意对盐业的生产、运销征税，一直把盐作为国家专卖的物品。盐赋收入成为明清两朝的经济支柱之一，是第二大国家财政收入。明初，盐业实行“开中制”，即招商人输粟米于边塞以换取盐引，然后凭引支领淮盐转运贩卖。由于徽州地处山区，交通不便，徽商要输粟边境长途跋涉非常不便。所以，此时两淮盐业控制在山西、陕西商人手中。由于官吏豪强利用特权占有盐引，优先支盐，而商人手中的盐引却不能按时支给，造成商引壅滞而怨声载道。于是，明弘治间，户部尚书叶淇变“开中制”为“开中折色”，就是将原来的输粟边境改为纳银以换取盐引。“开中折色”的实行为徽商打开了进军两淮盐业的方便之门。由于徽州地近两淮，所以此际是徽商进入两淮盐区的高潮。虽然“开中折色”也未能解决商引壅滞的问题，但为徽商的大发展提供了契机。明万历四十五年(1617)，户部尚书李汝华、盐政大臣袁世振等再次改革盐制，创立“纲运制”。所谓“纲运制”，就是将原来分散运盐的运商组成商纲，结纲行运。由于要结纲而行，就严重地打击了中小盐商，为盐业的垄断创造了条件。而这对于讲究宗族观念的徽商非常有利，他们结族而行，进而垄断纲运，获取巨额财富。从明万历至清康、雍、乾时期，是徽州商班的极盛时期。“彼时盐业集中淮扬，全国金融几可操纵”。明代文学家徽人汪道昆在《太函集》中，有“新安多大贾，其居盐策者最豪，入则击钟，出则连骑，暇则招客商会，侍越女，拥吴姬，四座尽欢，夜以继日，是所谓芳华盛丽非不足也”。时人谢肇淛记载，明万历时期，扬州盐商资本约为3000万两。清代扬州盐商资本约为8000万两，这与清乾隆时国库存银大致相当，乾隆帝发出“富哉商乎，朕不及也”的感叹。正如乾隆时江苏知府雅尔哈善所说：“盐之为额供也，居赋税之半，而两淮又居天下之半。”两淮盐业控制在徽商手中，“两淮八总商，邑人恒占其四”。[①] 由此可见，徽商对于国家财政具有举足轻重的影响力。然物极必反，盛极必衰。由于徽商的垄断经营，造成盐价上涨，私盐泛滥。自乾隆后，两淮盐业经营每况愈下。至道光十二年(1832)，两江总督监管两淮盐政的陶澍再次在两淮盐区改革盐制，改“纲运制”为“票盐制”。

---

① 民国《歙县志》卷一《舆地志·风土》。

即商人只需向盐政纳税领票，便可取得购销盐的合法权利。凭票支盐，不必结纲而行。商人可量力而行，纳千金或百金，即可办买盐之票，彻底摆脱了徽商的垄断地位。票盐制的实行，使徽州商班遭受毁灭性的打击，从此徽州盐商走向衰落，并一蹶不振。

(二)典业

明清时期，徽州典当业兴盛。当时商品经济迅速发展，白银作为货币流通，举凡纳税、俸禄、交易、借贷无不用银，自然经济受到冲击，整个社会的经济生活越来越多地被纳入了市场的轨道。而对于广大的社会中下阶层来说，在遇到青黄不接或资金周转不灵时，为取得白银，典当成了必不可少的一条出路。因此，在当时全国几个主要经济中心，尤其是苏浙一带的富裕之区，徽州典商占有压倒性优势。除经营典当外，徽州典商往往同时兼营存贷款业务，当铺同时兼营钱庄的情况非常普遍，在当时的金融业中占有非常重要的地位。在徽州各县中，休宁人最善于经营典业，徽州典业的兴盛，遂使休宁话成为典业中的通用语言。宋元以来，徽州对富人的尊称“朝奉”一词，亦成为对典当业主的通称。鼎盛时期的徽州商帮势力能够达到“全国金融皆可操纵”,这里的金融主要指的就是典当行和钱庄。徽州典当业的经营，直至清代晚期和民国年间还很兴旺。在清代太平天国战争期间，徽州典业损失很大，但战后得到了迅速的恢复。当时，全国最大的经济中心上海，更是徽州典业最为集中、实力最强的地区。即使是其他商帮开办的典当行，往往也要请徽州人来经营。

(三)茶业

徽州地区是著名的产茶区，其茶叶得益于山水滋养，品质优良，一直以来，都是徽州的主要外销特产。徽州茶业的真正兴盛是在清代中叶的道光、咸丰时期。徽州盐商衰落后，徽州商帮的发展进入了低谷阶段，战乱后的徽州茶商在同治年间及光绪前期却奇迹般地得到了复苏，并再度中兴。《安徽茶叶史略》在描述这段历史时说：“同治年间，洋庄茶盛行时，经营洋庄的徽州茶商，资本额较大者，有忆同昌等48家。在外地经营大茶号的徽商为数也不少，汉口、芜湖有，九江、上海也有。如九江即有仁德永等6家，上海有洪永原等七八家，营业一时还颇为发达。有数家资本额还曾达四五万两，其余亦在数千两。”[①] 徽州茶商接过徽州商帮的旗帜，在商界叱咤风云，他们抓住了“洋庄茶”畅销的机遇。洋庄茶，即外销茶。

①《安徽史学》1960年第3期。

清代早期政府限定广州为唯一外贸口岸，由于路途较远，徽商的外销茶数量并不多。鸦片战争以后，“五口通商”，上海取代广州成为中国茶叶外销的第一大口岸。由于上海距徽州近，徽州茶商运茶至上海更为便捷，运输时间缩短三分之一以上，运费也大为减少，彼时徽州茶商云集上海。光绪间，歙县知县何润生在其《茶务条陈》中称，徽州六县所产之茶，“内销者不及十分之一二，外销者十分之八九”。夏燮《中西纪事》有徽商岁至粤东，以茶商致巨富者不少。而“自五口既开，则六县之民无不家家蓄艾，户户当垆，赢者既操三倍之贾，细者亦集众腋之裘，较之壬寅以前，何翅倍耶”。①

(四)木业

徽商经营木业很早，宋代就已小有名气，明清时期达到高峰。徽州六县经营木业者均不乏人，而以婺源人为最多。徽州木商的经营方式，主要是内采外销和外采外销。内采外销，即将徽州境内的木材运到外地销售。木材外销的路线主要有两条：第一条路线是由新安江至杭州，顺水沿新安江而下，经新安江的淳安、建德然后直达杭州，非常省力。每当梅雨季节来临，从歙县丰村放运至杭州，单程快速的 7 ~ 10 天，慢的 20 ~ 30 天即可到达杭州。运往杭州的木材一部分在本地销售，一部分继续销往嘉兴、潮州、松江、苏州、常州、上海一带。第二条路线是由绩溪→青弋江→江南沿江城市，绩溪境内木材沿这条线转运到长江下游沿江各大城市如南京、上海等地。徽州的木材，尤其是名贵木材毕竟有限，而市场需求又很大，不畏艰难的徽州木商为了采购更好的木材，就深入到外省，像四川、云南、贵州、湖南、江西、福建等地的深山老林采购木材。深山伐木，其中的艰难险阻难以想象，猛兽、毒蛇，悬崖、峭壁，酷暑、隆冬……很多徽商就死在外面了。木商采购的木材一般都要设法运到江边，再顺江东下运到长江下游各大城市销售。深山伐木，再设法运至长江边，往往周期较长，如果再运到长江下游城市，则耗时耗力更多。所以有的徽州木商只专门从深山丛林中采木，然后运出或至长江上游，或至长江中游汉口一带，再转售其他木商。这样，采木的商人就留居山中，往往十数年、数十年不归。若没有不屈不挠的精神，是难以做到的。经营木业虽然有很大风险，但利润还是很丰厚的。如果善于经营多能发家致富。南宋范成大曾说：“盖一木出山，或不值百钱，至浙江

①《中西纪事》卷二十三。

乃卖两千。”除去关税、运力，其利润也是可观的。明清更是如此。所以徽郡习惯把盐商、木客同等看待，以致流传这样的谚语："盐商木客，财大气粗""钻天洞庭遍地徽。"意思是说，苏州洞庭东山、西山的商人有“通天”的本事，而徽商却“遍地”都是，说明徽商人数之多，活动范围之广。

徽州木商的木材资源地，最早是徽州本土，高峰时期扩展到长江中游的两湖地区、上游的云贵川地区，木材消费市场则主要在江南地区，其中南京和杭州两城是最主要的集散地。徽商木业通常通过木行进行经营。木行由拥有巨资的商人、官绅或地主开办，由从事介绍交易、提供仓储发展到为木商提供食宿、代客垫款、收账、代办运输、起卸、纳税等。木行同时还向社会吸引存款，对木商发放贷款，收取利息。木商向木行出售木材，生意做成，木行还可坐收行佣。有些木行自己也从事贩木买卖，具有可观的利润。清代晚期的战乱中，徽商木业所受损失不小，但战后恢复较快，到光绪中叶，基本上恢复了元气。晚清和民国年间，木业在徽州经济生活中的地位与茶业相近，成为重要的经济命脉。但在抗日战争中再次遭受沉重打击，其残余部分在中华人民共和国成立后被改造成为国营或集体经济的组成部分。

三、徽商经营的范围

明清徽商经营地区极为广阔，其活动范围东抵淮南，西达滇、黔、关、陇，北至幽燕、辽东，南到闽粤，甚至远达日本、暹罗等国家。其中，长江中下游新安江流域和运河沿线是徽商经营的主要地区。徽商经营的主要商业中心包括以下几个城市。

(一)北京

北京是明清京师之地，也是徽商经营、聚集的主要地区之一。许承尧《歙事闲谭》记载，清乾隆年间，仅歙县商人在北京开设的茶行就有 7 家，茶商 166 家、小茶店数千家，昌溪吴永评、吴宏任、吴荣达、吴景松、吴景恒都是清乾隆、嘉庆年间京师茶业的大商人。北京地区的徽商捐资修建有歙县会馆、绩溪会馆、休宁会馆、婺源会馆等，并置义庄，为徽州籍商人提供服务。

(二)上海

自明朝成化以来，徽商在上海经营布、丝、木、棉、茶等各类商品，成为上海地区最活跃的一个商帮。其中松江府布号多为徽商所开设。徽商不仅将松江棉布远销各地，也将他们所需的粮食、棉花等生产生活资料输入当地市场。近代以后，上海成为主要通商口岸，更是徽州茶叶出口的集散地。清末民初，仅绩溪一县在上海的茶号就有33家。抗日战争前夕，歙县在沪经营茶叶贸易的商号更是数以百计，出现了“茶叶大王”汪裕泰等一批著名茶商。

(三)汉口

汉口地处中国东西水上交通和南北陆上交通的交叉点上，是全国东南西北贸易的转输之地。汉口徽商极多，盐、粮、木、茶、棉布、丝织、墨、典当、药业、杂货、酒楼、银楼等各行业无所不营，行商坐贾兼而有之，现存有新安码头、新安街、新安巷、徽州街、新安市场等徽商遗迹。汉口的新安会馆建于康熙年间，既是徽州行商的居住之所，也是汉口坐贾“延儒师”便于“同乡子弟”学习之地。

(四)苏州

明清时期，苏州是苏浙地区商业中心。明初徽商即活跃于此，明中叶后徽商“商于阊门”“贾于吴市”“商游姑苏”者史不绝书，为徽商聚集较多地区之一。苏州的各行商业几乎都有徽商营运其间，其中尤以布商、丝绸商粮商、木商、典商最盛。乾隆三十八年(1773)，徽商在此兴建徽郡会馆，后又在阊门外建有新安会馆。同治六年(1867)，又与安徽各地商人合作，在南显子巷共建安徽会馆。在阊门外，还建有安徽码头，专供安徽商人使用。

(五)扬州

扬州作为明清两淮盐业中心，历来商贾云集。扬州业盐者中，徽商居于绝对优势，典当、米、棉等行业亦不乏徽商经营，因经商而迁居扬州之徽商更是人数众多，近人陈去病遂有“扬之盛实徽商开之”的评语。

概括地说，徽商的活动范围是一大块、两条线，星星点点遍全国。所谓“一大块”，指的就是今“长三角”一带，包括今天的江苏、浙江，以及上海，是当时全国经济最活跃的地方。因为两淮盐运司在扬州，两浙盐运司在杭州，徽州盐商大多集中在这两个城市。布绸、粮食典业、茶业、木业的交易也主要在这一地区。比如，杭州是徽商木材的集散地，苏州集中了大批徽州布商、丝绸商，无锡号称“布码头”，自然有不少徽商。南京在明代光是典商就有500家，大多是徽州人在经营。徽商不仅活跃在这些城市，而且已经深入到这一地区的很多乡村。这些乡村由于盛产棉布、丝绸，大批徽商趋之若鹜，很快便给这些乡村注入了新的活力，以至于当时流传着“无徽不成镇”的谚语。这是对徽商的极大褒奖。意思是说，本来这里只是小乡村，徽商一来做生意，就带来了人气，搞活了经济，慢慢这里就变成了一个市镇了。今天的“长三角”区域中许多县城就是从当初的小乡村发展起来的，徽商在其中起了重要作用。所谓“两条线”，一是长江，一是运河，它们当时是东西南北贸易的黄金水道。长江下游盛产布匹、丝绸，长江中上游盛产粮食、竹木，徽商就担负起东西贸易的重任，他们把下游的布匹、丝绸运到中上游销售，又把中上游的竹木、粮食运到下游各地销售。另外，按照明清政府的规定，汉口是两淮盐的重要销售口岸，盐商每年都要运输大量的盐到汉口，再由中小商人分销到城乡各地。所以，沿江各地，如芜湖、九江、汉口、重庆等城都集中了大批徽商。徽商还利用运河，把北方出产的大豆、小麦、棉花沿运河运到“长三角”，再把“长三角”生产的布匹、丝绸运到北方销售。运河沿线的一些城市，如山东临清、北京也活跃着大批徽商。所谓“星星点点遍全国”，就是说除了上述一大块、两条线之外，其他地方如北方的天津，南方的景德镇、广州、福州，甚至一些小地方，也都是徽商的活动范围。

徽商不仅闻名于国内各地，他们还勇于到国外闯荡，像日本、越南及东南亚的一些国家，都发现有徽商的踪迹。正是因为徽商经营四方，其足迹“几遍宇内”。通往各地的路程指引就应运而生，在徽州商人中广泛流传，成为指引外出的必备书籍。又由于明清时期的徽商以从商人数众、经营行业多、活动范围广，各行各业的经营技巧类文献也大量存在；徽商经营行业众多，出版业也是徽商资本的一个重要渠道。出版商用的类书和其他商业文献也是非常射利的一个行业。徽商总体文化水平较高，勤于记录，善于总结，也出现大量商业文献。

第二节　新安商业文献的种类

新安商业文献，主要包括水陆行程书、日用类书、商贾便览、士商类要，以及会馆录、会馆征信录、商人日记等。

一、服贾四方的路程指引文献

“一路滔滔虽顺风，舟行遥指岸西东，津迷只把程图看，远近应无即目中。”[①] 此

① 晚清《杭州上水路程歌》抄本。

处的“程图”，亦即“路程图记”之简称，其中除了文字说明之外，还有图画形象的描摹。诗中的“津迷”二字，点明了路程图记具有指点迷津的功用。就目前所见，路程图记最早出现于 12 ～ 13 世纪的南宋时代，但它的大批出现却是在 16 世纪以后。迄今所见，以徽商所编的路程图记为数最多。

目前所见具代表性的路程图，明代有黄汴的《一统路程图记》8 卷（隆庆四年刊），商浚的《水陆路程》8 卷（万历四十五年刊），壮游子的《水陆路程》（万历四十五年刊）。清代有乾隆三年英德堂藏本《天下路程》，乾隆六年陈其楫《天下路程》，乾隆三十九年赖盛远《示我周行》3 卷附续集，乾隆五十二年《示我周行》等刊本。其中以黄汴编纂《一统路程图记》影响最大。

(一)黄汴《一统路程图记》

黄汴，字子京，徽州府休宁县约山人，其生平不详。其在《一统路程图记》序中写道：“余家徽郡万山之中，不通行旅，不谙图籍，土狭人稠，业多为商。汴弱冠随父兄自洪都至长沙，览洞庭之胜，泛大江，溯淮扬，薄庚燕都。是年，河冰彻底，乃就陆行，自兖至徐，归心迫切，前路渺茫，苦于询问，乃惕然兴感，恐天下之人如余之厄于歧路者多也。后侨居吴会，与二京十三省暨边方商贾贸易，得程图数家，于是穷其闻见，考其异同，反复校勘，积二十七年始成篋。分为八卷，卷有所属，稗一展册，而道路之远近，山川之险夷，及风波盗贼之有无，靡不洞其搜悉，九州地域在指掌间矣。呜呼，宦招之所巡，商泊之所趋，访屐之所涉，庶此编为之族导也”。

隆庆四年（1570）仲夏，姑苏南壕吴帕后序云：“山由自幼有四方之志，后以无尺寸进取，乃遍索天下舆地志，储而藏之，以为闲居检阅。徽友黄子京氏，足迹半天下，见前途问津者，漫皆迷茫，险夷利害，每犯所讳。故就娘板诸捻，创设规模。又以其坐窿在我苏金间阔阖之地，日与四方商贾交易，就而问询，并已所瞥历而识者，辩证之以成此书，积苦数十年而后成，可

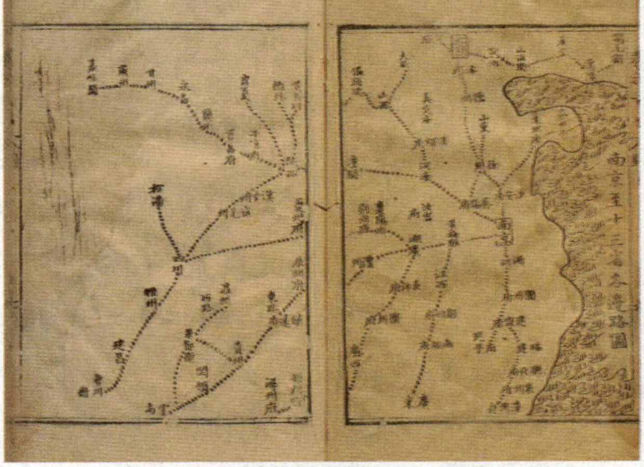
《一统路程图记》

谓勤矣。是书也，士大夫得之，可为四牲览劳之资；商贾得之，可知风俗利害。入境知禁，涉方审直，万里在一目中，大为天下利益，实世有用之书，与古辅招使者方言等。山由因其请，就尘外轩一校，正之乃人梓。子京氏亦世奇男子，与天下共利，有兼包物我志，可谓仁，可谓贤矣。”

根据前文可知，黄汴自幼即随父兄经商于南昌、长沙、淮、扬、北京、齐鲁等地，后侨寓于苏州、绍兴一带，晚年决心编纂水陆路程书，历二十七年的长期积累，凭借亲身经历和在吴会与十三省、边远商贾贸易事务中，留心路程书，获读了数种路程书（包括图册），以此为蓝本，经询问各商贾，补充、修改、充实，以事实订正旧“程图”，终于编纂成 8 卷的《一统路程图记》。据吴岫说，黄汴之所以能编成是书，多得益于吴岫所藏“舆地志”。

燕都时，回程因河水结冰，只能改为陆行。从山东兖州到了徐州，急于想回家，但不知路程，归心似箭，从而切身体会到行旅之艰难。由此及彼，推己及人，萌发了编纂程图的想法。这说明黄汴是一个有心人，想做一件有益于商贾和行旅之人的好事，是个有事业心的人，他把编“程图”书作为一项事业来做。

黄汴之所以成功地编成《一统路程图记》一书，主要原因有：第一，他长期经商有切身路程的体验，加之虚心向其他行商查询核实，日积月累丰富的资料；第二，是实践与文献结合，他向吴岫等人借阅了“天下舆地志”，并在贸易中得到程图多种，反复研读，研究比较，参照实际情况，不断修正补充，辩证考释；第三，得到了吴岫等人的热心帮助；第四，也是最主要的，是黄汴有志为商贾及士子服务的想法。二十七年非有志者难以坚持，他有毅力长期积累，正如吴岫所赞的，黄汴“亦世奇男子，与天下共利，有兼包物我之志，可谓仁，可谓贤矣”。所谓仁，即有仁爱之心，于世有利，这个崇高的志向和理念，是支持他二十七年辛勤劳动的根本。

《一统路程图记》共 8 卷。卷一、卷二是两京至十三省，卷三是两京各省至所属府水陆路，卷四是各边路，卷五是江北水路，卷六是江北陆路，卷七是江南水路，卷八是江南陆路。8 卷共列出 14 条水陆路程。以两京为中心向四方伸延，但经济发达地区的路程分布较密，如淮安、瓜州、扬州、徐州、苏州、杭州、松江、衡州、赣州水陆路线经过较多。

北京至南京、浙江、福建驿路，详述如下：

北京会同馆，70 里至固节驿。良乡县。60 里涿州涿鹿驿。60 里汾水驿。新城县。

60里归义驿。雄县。70里鄚城驿。任丘县。80里河间府瀛海驿。65里乐城驿。献县。80里阜城驿。阜城县。55里景州东光驿。60里德州安德马驿。渡卫河。70里太平驿。属德州。80里高唐州鱼丘驿。70里茌山驿。属茌平县。西70里至东昌府。南60里铜城驿。60里旧县驿。并属东阿县。60里东平州东源驿。60里新桥驿。汶上县。100里兖州府滋阳县昌平驿。60里郲城驿。50里界河驿。并属邹县。45里腾阳驿。70里临城驿。并属腾县。70里利国驿。属徐州。100里徐州黄河东岸驿。55里桃山驿。50里夹沟驿。并属徐州。60里宿州睢阳驿。西去汴城。南45里大店驿。宿州。45里固镇驿。灵璧县。55里王庄驿。属凤阳县。60里凤阳府凤阳县濠梁驿。60里红心驿。临淮县。60里池河驿。定远县。45里大柳驿。滁州。60里滁州滁阳驿。60里东葛城驿。35里江淮驿。并属江浦县。

渡大江。15里江东驿。属应天府。35里龙江驿。10里南京应天府上元县、江宁县。下水，90里龙潭驿。110里镇江府丹徒县京口驿。90里云阳驿。丹阳县。50里吕城驿。今革。60里常州府武进县毗陵驿。90里锡山驿。无锡县。90里苏州府长洲县。吴县姑苏驿。45里松陵驿。吴江县。今革。40里平望驿。属吴江县。西去湖州。南60里嘉兴府嘉兴县秀水县西水驿。东120里至松江府。南80里皂林驿。今迁崇德县。100里北新关。

15里至浙江布政司杭州府仁和县、钱塘县北关门武林驿。30里江口浙江水驿。130里会江驿。富阳县。120里桐江驿。桐庐县。过钧台。100里严州府建德县富春驿。西去徽州府。西南100里瀫水驿。兰溪县。东50里至金华府。西南90里亭步驿。龙游县。70里衢州府西安县上杭埠驿。南去浦城县。西80里广济驿。常山县。路35里草平驿。江、浙界。今革。35里怀玉驿。玉山县。90里广信府上饶县葛阳马驿。80里鹅湖驿。60里车盘驿。并属铅山县。40里至大安驿。30里崇安县长平水驿。下水，30里武夷山。40里兴田驿。并属崇安。50里建溪驿。建阳县。70里叶坊驿。属欧宁县。55里建宁府瓯宁县、建安县城西驿。属瓯宁。40里太平驿。属建安。40里大横驿。属南平。40里延平府南平县剑浦驿。西北去邵武府。东60里茶洋驿。属南平。90里黄田驿。50里水口驿。并属古四。45里小箬驿。85里白沙驿。并属侯官。65里芋源驿。属怀安县。20里至福建布政司福州府三山驿。

由于编纂者为徽州人，加之徽州外出经商者众，徽州路程分布也较多，如祁门县至湖口县水路、江西由休宁县至浙江水路、苏州府由广德州至徽州府水陆路、休宁县至杭州府水陆、杭州府至休宁县齐云山陆路、仪真县由宁国府至徽州府水陆路、徽州府至崇安县路、徽州府至湖广城路、黟县至南京路、休宁县由几村至扬州府水陆路、徽州府至婺源县路、弋阳县至休宁县路、芜湖县至徽州府路，合计有13条水陆路程，表明徽州在全国经济上的重要地位。

《一统路程图记》亦是明代一部详细地记载全国各地水陆路程的交通书籍，它偏重于实用性，每一条线路都有详细地名和里程距离的记载，以当今科学来验证，仍是很严密的，差距不大。可见，作者黄汴的求实科学精神。该书还详细记载了山川河流峡谷的地貌，应用性很强，便于行旅采用。还介绍了沿途名胜古迹风景、民情风俗、物产、旅舍、船支、纤夫、船夫等，是我国较早出现的导游书，也可说是旅游指南。书首附有《北京至十三省各边路图》《南京至十三省各边路图》《河套图》三幅。《河套图》是为了说明黄河之源头，是现存最早的商人编纂的路程图，是古地图学中很重要的文献，非常珍贵。仔细研读该书，对研究明代的交通史、地理学史，以及社会史、文化史、经济史，都是非常有价值的。诚如吴帕评论该书价值云："士大夫得之，可为四牲览劳之资；商贾得之，可知风俗利害。"是书刻于隆庆四年(1570)，是我国目前所见最早的一部路程书，开明清商书之先河。

此外，还有崇祯年间刊刻的憺漪子《新镌士商要览·天下路程图引》也较为有名。憺漪子其人，据王振忠研究，汪淇，字憺漪，明末人，也是侨寓杭州的徽州书商（祖籍休宁）。①

(二)清道光休宁渠口商用《长江路程图》②

横贯东西的长江，是我国一条重要的商业运输路线。明中叶以来，沿江一线的贩运贸易逐渐发展起来。入清以后，这种贸易更有较大

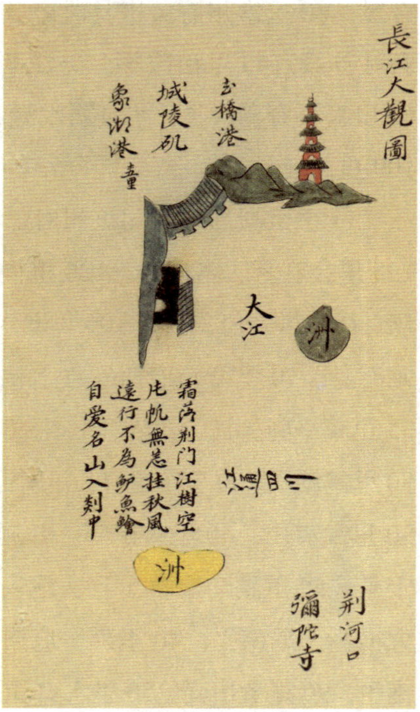

《长江路程图》之一

① 王振忠：《稀见清代徽州商业文书抄本十种》，《华南研究资料中心通讯》第20期。
② 王振忠：《徽州民间珍稀文献集成》第1册，复旦大学出版社，2018年，第249页。

的增长，其规模几乎赶上了沿运河一线的南北贸易。徽商沿运河北上从事商品贩运活动，固然可获厚利，却难免在远离故土的北方遇到势力强大的山陕商人与之竞争。而从事沿江贸易，徽商不但享有地利之便，而且也较少强劲的竞争对手。因之明清时期的长江流域一直是徽商称雄的地方，沿江区域的大小城市几无不是徽商辏集之处，沿江一线重要的商品贸易也大部分操于徽商之手。所以，长江流域的水程和路程图在徽州商人中流传甚广。

《长江路程图》之二

清道光休宁渠口商用《长江路程图》，抄本 1 册，佚名绘编。其要目包括：湖广湖南湘潭县由大江至镇江府水路程歌，休宁县至祁门赶［旱］路，祁门至饶州府水路，饶州府至汉口镇水路程，汉口镇至襄阳府水路程，长江总图，湖口县由鄱阳湖至饶州府路程，饶州府至祁门县水路程，湖口县至徽州府陆路程，东流县陆路至徽州府路程，饶州府由乐平县至休宁县路程，湖口由景德镇至休宁县陆路程，湖广省城由安庆府至徽州府陆路程，长江大观图，湖口县往江西省城水路图，洞庭湖潇湘八景图形，遂［逐］日风暴日期行船宜避，诸神朝上帝暴，休宁县至汉口路程歌，吴城起旱由浙岭至休宁县路程，休宁县至汉口路程歌。其中，湖广湖南湘潭县由大江至镇江府水路程歌、饶州府至汉口镇水路程、长江总图、长江大观图和洞庭湖潇湘八景图形等，都与长江水路有关。另外，“长江大观图”为精美的彩绘图画，为目前发现的商编路程图记所仅见。

道光休宁渠口商编《长江路程图》，有《休宁县至汉口路程歌》：

休邑西出霁宁门，东峡西桥第一津。北望松萝山雪霁，南观落石水波澄。
远望楼台来凤阁，镇桥庵内周宣王。丈八观音千首眼，五伯罗般若蜜林。
凤台汪氏文会馆，支丁繁衍庆家声。七房族长汪尚朴，寿享九拾沐皇恩。
石叶两岸分上下，溪边杨柳四时新。廉惠祠中张太守，凤山凤台亘古今。

排山头接白鹤里，十代眼科王殿文。上洲园外溪滩阔，遥指阳村继善亭。
清初显圣关夫子，至今庙貌尚威灵。太宗敕建阳山寺，汪淮名笔镇山门。
维摩舍上金鸡石，蓝渡桥梁两岸分。西馆上田孤舟岭，塘头岩脚接齐云。
洞天福地真仙境，百鸟衔泥塑金身。登丰桥望赤土岭，东庭桥上粥驰名。
行至界首属黟县，民情土俗异休宁。再行五里藕坑口，七省通衢是渔亭。
欢喜囤园迎新客，冤家石后送行人。南京发源楠木岭，二水分流实地灵。
行过五里黄村铺，荷花池沼进士墩。横路头至新设铺，夫挑骡抬闹纷纷。
双溪流通安庆府，木牌下有许缙绅。金字牌坊汪环谷，理学名贤奉旨旌。
五彩爆竹檡墅里，广元维翰独驰名。花桥山坞过黟县，五里一牌望祁门。
计程一百一拾里，迤逦行来三县门。过山行李虽检点，凭行写驳往饶城。
祁河三百六十滩，开舡拾里便昌下。昌门激水多凶险，水大舡行丁湾家。
浚潭汪门分里外，上水起驳石溪滩。余宅门楼鲁班造，毛滩曾发探花郎。
塔方五里江村地，梁上金钟坪里张。九顶乌纱一代发，亲友眷属齐显扬。
花石滩上往葛口，磁器石出葛口山。渠溶二口皆胡氏，溶口村有百桂庵。
七里滩下名版石，绿水阴浓永畔村。国公滩下芦溪市，张村庙下白桃康。
六月六日上雪表，午时自画封侍郎。到湖便是江西界，任宰耕牛佐壶觞。
镇埠舡坊造舡只，城门滩下城门滩。潭下五里桐林寺，塘口方飘乞儿滩。
山河水通小北港，余姓烟村住池滩。舍埠塘下余家阙，孽龙有池在山冈。
水落石出百篆字，金龙舡下水底藏。任君博学难尽晓，非隐和尚托名扬。
行过数里见谅港，真君赶龙到此方。拾里遥闻石鼓岭，尚书坟下鹅毛滩。
八仙过海山如画，曹氏佳城落龙光。井木造成宝篆寺，八层宝塔镇浮梁。
白虎抵住太石口，预报登科挂榜文。溪边石宝勒玉柱，唐英到处翰墨香。
岗峦耸峙观音阁，凤凰山在望昌江。窑烟四起景德镇，磁器交通各省商。
西河口对利市口，归来起早到新安。王家洲上卖磁器，熙熙攘攘名利场。
行至官庄分地界，半属浮梁平鄱阳。石桃滩上两岸阔，清风随引鲇鱼山。
宗潭烟村通炼镇，鲁班庙下望鞍山。狮子山对凤岗汛，白莲藕粉出清塘。
烧酒驰名太阳埠，中池山有望夫山。两山相对鸳鸯岭，天后宫名远近扬。
利市渡又程家渡，两渡迢迢道阻长。远岫参差归湖岭，望龙误作蚊虫湾。
白虎石与磨刀石，扁舟顷刻见芝城。祁河路隔四百九，下水容易上水难。

鄱阳县在饶州府，换舡过载凭牙行。舡开三里粮食厂，竹鸡林下水长流。
双港塔下八字脑，洪家阅过团砧塘。马蚁滩下龟子寨，棠阴拾里打石湾。
熙熙攘攘周溪市，柴棚上下亭溪脑。顺风直上饶河口，浩瀚汪洋见四山。
钓鱼台下黄金嘴，大明池水汇都昌。吴城分路鹰子嘴，鸡公山对蜈蚣山。
桃花斜接炎凉嘴，遥遥庐山万顷茫。声灵赫赫将军套，八面威风谁敢当。
南康石下南康府，陈头林下对师塘。火焰山前鸡子石，寡妇铁柱托名扬。
土木屏风两答界，长林头下是青山。狐峰独立狗头石，过关纳粮大姑塘。
往来舟泊女儿港，七层宝塔镇鞋山。白虎文昌两岸汛，老鸦矶上老鸦飞。
石钟山在湖口县，顺风直下到苏杭。出湖转口将军套，梅家洲上望九江。
扁担夹里断腰水，渺渺茫茫八里江。抬头望见九江塔，龙开河下托舡湾。
下水沿途有歌诀，上水勿容再推详。时来风送晴川阁，大顺三朝到汉阳。
汉阳转嘴汉口镇，仁义礼智分四方。文光远射魁星阁，新安码头万古扬。①

该路程歌对于沿途所经各地的宗族、寺庙、市镇、风俗、交通、人物、物产、税关、牙行和风景等，都做了简明扼要的描述。

(三)清同治休宁渠口商用《江湖绘图路程》②

抄本1册，佚名绘编。其要目包括：士商规略，士商拾要，镇江盐船上楚水路歌，湘潭至镇江路程歌，徽州府至九江府水路程，饶州府至江西省路程，汉阳府至岳州府水路程，汉口至东流县水路程，由东流县至休西渠口村陆路程，祁门县至湖口陆路程，富家坟至九江府陆路程，渠口村至安庆省府陆路程，饶州府至徽州府陆路程，上溪口至乐平县陆路程，杭州府闸口至徽州府，江西湖口县路程，杭州北新关至汉口路程，诸神风暴日期，扬子江直上进洞庭湖至衡州府、永州府等处路程图，出芦萧口往常德府路程图，进鄱阳湖至江西省城路程图。

这是混合商人书和商业书的一册商书。其中，镇江盐船上楚水路歌，湘潭至镇江路程歌，扬子江直上进洞庭湖至衡州府、永州府等处路程图”和“出芦萧口往常德府路程图等，都与长江水路有关。在明清时期，长江水路是吴楚商业与贸易的要

① 王振忠：《徽州民间珍稀文献集成》第1册，复旦大学出版社，2018年，第354～361页。
② 王振忠：《徽州民间珍稀文献集成》第1册，复旦大学出版社，2018年，第367页。

道。在吴楚贸易中，粮食和盐的交易最为重要。苏北的两淮食盐，是供给湖北、湖南及江西等广大地区民众日常生活的重要商品。与此同时，“湖广熟，天下足”，长江中游洞庭湖区盛产的粮食，则源源不绝地运往长江三角洲，为当地持续不断的城镇化过程，以及经济作物商品化的发展，提供了重要的粮食来源。《江湖绘图路程》中，有“镇江盐船上楚水路歌”曰：

旧港仪真至青山，瓜埠矶山浪里颠。燕子矶望草鞋夹，浦口新河大胜关。
三山护国浪滔天，王家套里好湾船。止马乌江无面度，人头矶上望夫还。
采石遥看东西梁，四合山下水汪洋。一矶寡妇守贞节，誓与枭姬共水长。
芜湖澛港客泊船，螃蟹横行上三山。芦席夹里散花渡，旧县宝塔新装严。
板子矶上鲤鱼多，荻港鱼米塞满河。紫荆洲上飞灰起，铁丁二家奈若何。
江北土桥搭灰河，油榨声振铜陵破。十里窑港休谦逊，六百大江真难过。
阳山大通老洲头，老龙池下老龙游。江南梅根种莲港，流婆青溪入池州。
池州鸟儿宿大江，乌纱袍带整严装。棕杨二口多米谷，太子矶前答上苍。
蠡阳驿里有苦人，栏江矶横水不平。长风送我祝家嘴，采药桑园安庆人。
良莠谪贬相安驿，张家不容李家依。烂柴夹里柴乱架，黄石矶前王失矶。
吉阳湖满水东流，华阳镇上急水沟。磨盘难转鸡公嘴，小姑梳妆上玉楼。
彭泽江边钓艇还，胭脂港内鲟鱼船。黄茅山上多麋鹿，柘矶无风有浪头。
湖口无艺难湖涂，八里江边分路走。陶鹅老鸦飞断腰，砚瓦无水小池有。
浔阳关上船纳料，钱粮胥吏口中叫。官牌何日得消息，程子无柴叶家灶。
新开杨陶二口喳，龙坪山药种由沙。武穴巨舰新造好，盘塘富池老鸦嘈。
田家镇上田家乐，马口难吞水一江。扎营骨牌杨五庙，蕲州河下谒文昌。
挂口渔阳学茅山，道士头戴一字冠。散花料上花难散，回风矶下水一湾。
兰溪米少稻麦多，课船下水住巴河。武昌孙氏今何在，赤壁东坡赋黄州。
一水东流分三江，鸭蛋哺出状元郎。碛矶寻洪出夹口，泥矶山下水沧沧。
团风矮柳四围栽，白虎镇上口大开。抽分厂内抽何物，阳逻矶上早安排。
八姬当初是谁妻，常伴青山绿漪漪。马公鲍家都说好，晴川阁对黄鹄矶。[①]

① 王振忠：《徽州民间珍稀文献集成》第1册，复旦大学出版社，2018年，第378～381页。

休宁渠口商用《长江路程图》《江湖绘图路程》中，都记载了长江水域从正月到腊月的诸神风暴日期：

正月初九日：玉皇，二十九日：龙神，二月初七日：春期　二十二日：观音，二十九日：龙神。

三月初三日：真武，初七：阎王，十五日：真君，二十三日：天妃，二十八日：诸神。

四月初一日：白虎，初八日：太子，二十三日：太保，二十五日：老龙。

五月初五日：屈原，十三日：关帝，二十二日：龙母。

六月十三日：彭祖，二十四日：雷祖。

七月初八日：神煞交会，十八日：龙煞交会。

八月十四日：伽蓝，二十七日：龙神大会。

九月初九日：重阳，二十七日：冷信。

十月十五日：风信，二十日：东岳圣帝。

冬月十四日：水仙，二十七日：西岳圣帝。

腊月二十四日：扫尘。

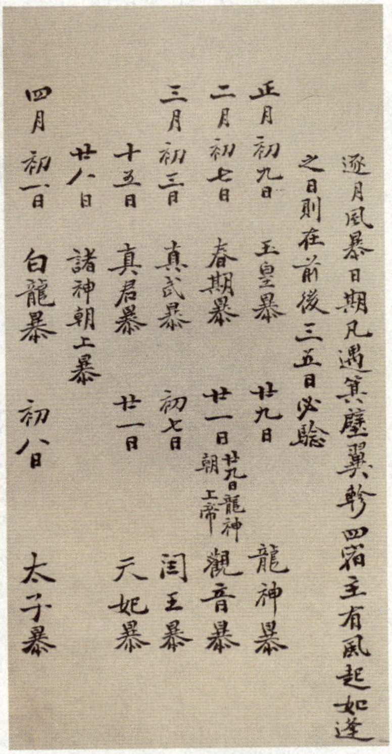
逐月風暴日期凡遇箕壁翼軫四宿主有風起如逢
之日則在前後三五日必驗
正月初九日　玉皇暴　廿九日　龍神暴
二月初七日　春期暴　廿一日　廿九日龍神　朝上帝　觀音暴
三月初三日　真武暴　初七日　閻王暴
十五日　真君暴　廿一日　天妃暴
廿八日　諸神朝上暴
四月初一日　白龍暴　初八日　太子暴

《江湖绘图路程》图一

“逐日暴期，非果真诸神之所发，其气候随时转动，必然之理也。应在本日或前或后三日之内，凡遇箕、毕（壁）、翼、轸四宿，值日主有风起。”[①]徽州商人通过长期在长江的航行，总结出了这些日子。当然也认识到这些风暴并非诸神之怒，是气候变化的必然之理。因此提醒过往商船在“诸神风暴”日期注意值守，观察天气，确保水上航行的安全。

① 王振忠：《徽州民间珍稀文献集成》第1册，复旦大学出版社，2018年，第406～407页。

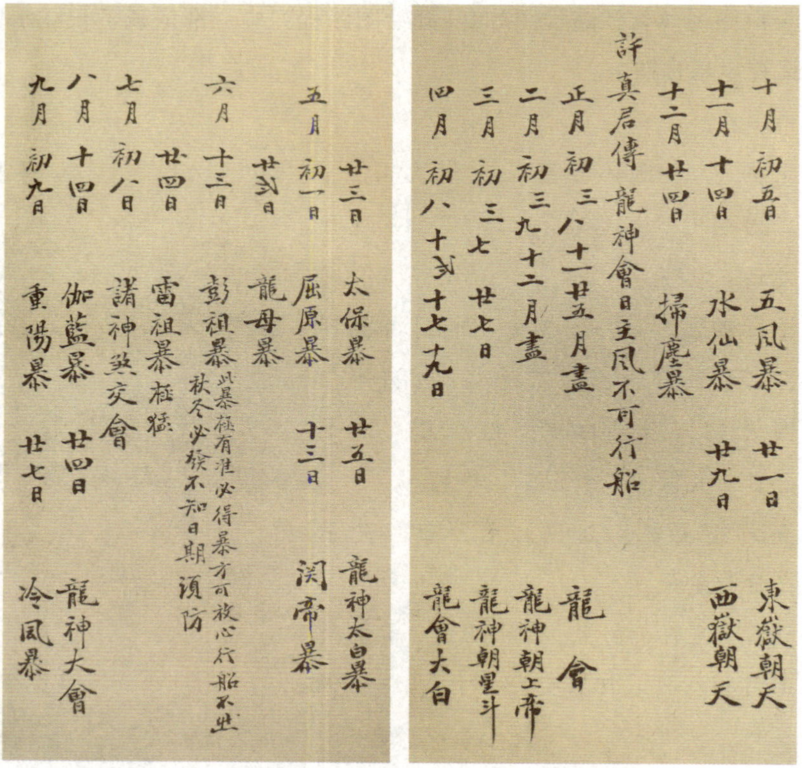

十月 初五日 五凤暴 廿一日 東嶽朝天
十一月 十四日 水仙暴 廿九日 西嶽朝天
十二月 廿四日 掃塵暴
許真君傳龍神會日主風不可行船
龍會
正月 初三 八 十一 廿五 月盡
二月 初三 九 十二 月盡 龍神朝上帝
三月 初三 七 廿七日 龍神朝星斗
四月 初八 十五 十七 十九日 龍會大白

廿三日 太保暴 廿五日 龍神太白暴
五月 初一日 屈原暴 十三日 関帝暴
廿八日 龍母暴
六月 十三日 彭祖暴 此暴極有准必得暴方可放心行船不出 秋冬必發不知日期須防
廿四日 雷祖暴 極猛
七月 初八日 諸神與交會
八月 十四日 伽藍暴 廿四日 龍神大會
九月 初九日 重陽暴 廿七日 冷風暴

《江湖绘图路程》图二、三

徽州人外出的黄金水道是新安江，徽州人外出经商，“春风一棹渐江水，直送依郎下浙西”。自新安江直下经浙西的严州府，便可到达杭州府，进入商贾麇聚的长江三角洲。作为连结皖南与浙西，乃至长江下游三角洲的重要水路通道，古往今来，新安江上，过客如云。在长期的生活实践中，人们积累了丰富的行旅经验，这些行旅经验集中反映在诸多商编“路程”中。借由这些商编“路程”，我们可以清晰地了解新安江沿岸的自然景观和人文风情。

清同治休宁渠口商用《江湖绘图路程》，该书就记载有杭州府闸口至徽州府、江西湖口县路程：

闸口—富阳县（30 里）—汤家埠（15 里）—新店（20 五里）—绩溪（15 里）—柴埠（10 里）—桐庐县（20 里）—七里龙（10 里）—钓台（30 里）—胥口（15 里）—乌口滩（15 里）—严州府（30 里）—王尧（30 里）—昌后滩（30 里）—茶园（30 里）—罗坎（15 里）—遂安港口（20 里）—淳安县（25 里）—九里潭（15 里）—雪王渡

（20 里）—成平镇（20 里）—街口（10 里巡司）—米滩（5 里）—横石（10 里）—吉河头（15 里）—泾口（10 里）—深渡（15 里）—牌坊头（10 里）—雪坑（25 里）—普口（10 里）—程山渡（15 里）—杨村（10 里）—王墩（10 里）—牛坑（10 里）—屯溪（15 里换牌）—前富（15 里）—休宁县（20 里）—蓝渡（10 里）—小花坝（10 里）—齐云岩（20 里）—渔亭（40 里过山）—金字牌（10 里）—祁门县（10 里）—闾下滩（50 里）—平里（20 里）—溶口（40 里）—带湖（40 里）—清水滩（10 里）—杨村（30 里）—石埠（10 里）—金家窟（20 里）—石鼓（30 里）—淳梁县（30 里）—景德镇（30 里）—鲇鱼山（30 里）—狮子山（30 里）—太阳埠（30 里）—果园渡（50 里）—磨刀石（10 里）—饶州府（15 里）—双港（20 里）—八字老（20 里）—檀战（30 里）—龟山（5 里）—棠阴（20 里）—舟矶（20 里）—饶河口（15 里）—上金嘴（20 里）—都昌县（15 里）—鸡山（30 里）—樱子口（30 里）—南康府（40 里）—清山（20 里）—大姑塘（20 里）—鞋山（20 里）—湖口县。[①]

王振忠所著《新安江》一书，收录了一首《杭州上水路程歌》：

归途昨夜宿江头，风送钱塘一叶舟。夜静潮声新月上，六和塔影水中浮。
舟行二浙黄家斗，巨浪滔滔渔埠口。渡船大安庙山连，赤松铺里沽仙酒。
大岭头花满路香，富阳遥望断人肠。鹿山渔父归来晚，点遍渔灯话短长。
汤家渡口早梅放，程氏坟头新柳香。新店湾西潼梓关，绿罗古寺号黄山。
新城窄溪柴连埠，柏浦苍烟云雾间。桐君山势迤桐庐，点点形云瑞雪飞。
暂泊鹅湾樽有酒，醉看鹿港足音稀。黄山寨在钓鱼东，鹭鹚源口曲径通。
今夜子陵钓台过，明朝肯助一帆风。风恬浪静过严陵，九重青山水一泓。
千载高风陶钓叟，云台哪个及先生。扬风东馆近严州，城砌梅花古迹留。
最爱暮秋新雨后，万山云气一齐收。倒潭擦于宗潭梅，马没溪边又下衙。
绿柳杨溪清节近，白沙渡口寿昌来。百步茶园近瓦密，罗山墩上月初高。
藻河昔日遭龙患，瀑布飞流到塔行。遂安港口急如梭，赖爵滩东溪口过。
官坝工程浩已久，淳安古歙渎者多。响山空谷古来遭，狮象双蹲似活的。
船头叱哈一声呼，里面应音答转寄。云头竹节水连天，才泊威坪于岸联。

① 王振忠：《徽州民间珍稀文献集成》第1册，复旦大学出版社，2018年，第400～401页。

和尚岭头高步望，一轮明月万家烟。常滩未到已滚滩，路上纤夫叫脑烦。
今夜王家潭下歇，明朝依旧话艰难。界口西来近八郎，淳安古歙各分疆。
山多田少民勤俭，岭顶层层种黍梁。米滩牵钻令人愁，横石如棋结坞头。
对坐山茶坪下望，小沟新月挂银钩。大川境口蓼花橙，白石磷磷傍岸行。
深渡碧渡无可数，寒潭九里午风清。篷寨绵潭载酒游，漳潭藏璧玉者多。
薛坑口市虽人静，长夜犹闻扣角歌。沫滩清浅忧云多，网坐舱中唤奈何。
半夜瀹潭星灿烂，晓来洪水水湾沱。南源梅口水潺潺，宜雨宜晴六月天。
午梦醒来新雨歇，夕阳浦口听鸣蛙。义城朝向雄村路，芳草萋萋树色迷。
岑山渡口竹林头，南海鲢鱼水面游。指点潘村烟雾里，西风黄叶一声秋。
烟村渡口一姑东，水曲杨村断处通。几辈同舟先别去，夜来具膳同谁充。
篁墩草市对溪东，咫尺乡音大不同。钓遍寒潭鱼不饵，九龙山下听松风。
东风也解送屯溪，各理行装趁春归。有幸舟子暂分手，未知何日再相逢。①

广泛流行的，还有一首《水路捷要歌》：

一自渔梁坝，百里至街口。
八十淳安县，茶园六十有。
九十严州府，钓台桐庐守。
潼梓关富阳，三浙拢江口。
徽郡至杭州，水程六百走。

这是最简明的新安江水路程。它以歙县的渔梁坝为起点，沿途经街口、淳安县、严州府、桐庐县、富阳县，最后到杭州府，水程一共是600里，将各个途经地点及里程简要勾勒出来。

对于徽州来说，新安江下游的严州是出入的咽喉要道。徽州为从邻境买粮、运粮，途经各方。为维护各自的利益，从而引发的冲突不绝于书。从明代起，邻县遏粜的问题日益严重，“杭有坝脚牙侩，更设网罗。严有衙蠹地棍，擅起私税，鱼肉米商，

① 胡宁：《咱们的母亲河》，合肥工业大学出版社，2012年，第58～60页。

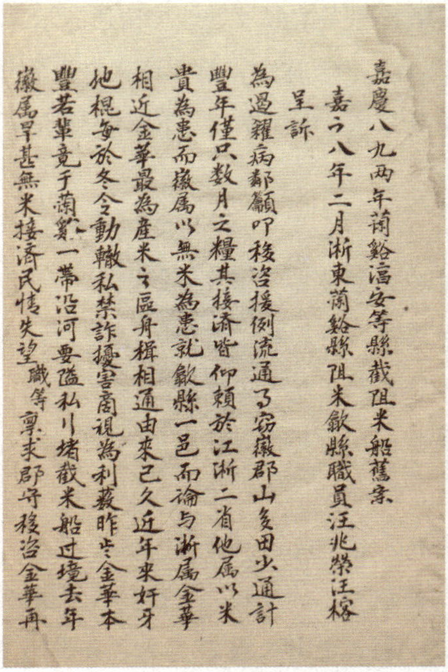
嘉慶八九兩年蘭谿湻安等縣截阻米船舊案
嘉慶八年二月浙東蘭谿縣阻米歙縣職員汪兆榮汪榕
呈訴
為遏糶病鄰顧叩移咨援例流通以安徽郡山多田少通計
豐年僅只數月之糧其接濟皆仰賴於江浙二省他屬以米
貴為患而徽屬以無米為患就歙縣一邑而論與浙屬金華
相近金華最為產米之區舟楫相通由來已久近年來奸牙
地棍每於冬令動輒私禁詐擾害商視為利藪昨歲金華本
豐若輩竟于蘭谿一帶沿河要隘私行堵截米船过境去年
徽屬旱甚無米接濟民情失望 職等 稟求郡守移咨金華再

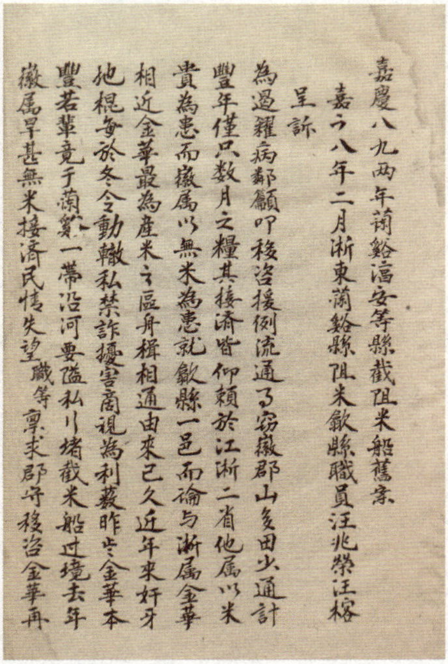
嘉慶八九兩年蘭谿湻安等縣截阻米船舊案
嘉慶八年二月浙東蘭谿縣阻米歙縣職員汪兆榮汪榕
呈訴
為遏糶病鄰顧叩移咨援例流通以安徽郡山多田少通計
豐年僅只數月之糧其接濟皆仰賴於江浙二省他屬以米
貴為患而徽屬以無米為患就歙縣一邑而論與浙屬金華
相近金華最為產米之區舟楫相通由來已久近年來奸牙
地棍每於冬令動輒私禁詐擾害商視為利藪昨歲金華本
豐若輩竟于蘭谿一帶沿河要隘私行堵截米船过境去年
徽屬旱甚無米接濟民情失望 職等 稟求郡守移咨金華再

《歙地少请通浙米案呈稿》图一、二

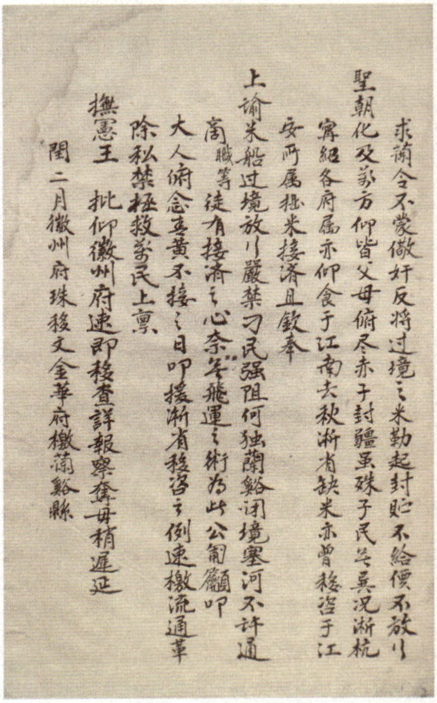
求蘭令不蒙徹奸反將过境之米勒起封貯不給價不放行
聖朝化及萬方仰皆父母俯尽赤子封疆虽殊子民無異況浙杭
寧紹各府屬亦仰食于江南去秋浙省缺米亦曾移咨于江
安所屬撥米接濟且欽奉
上諭米船过境放行嚴禁刁民强阻何独蘭谿閉境塞河不許通
商 職等徒有接濟之心奈無飛運之術為此公匍顧叩
大人俯念青黃不接之日叩援浙省移咨之例速檄流通革
除私禁極救窮民上禀
撫憲王 批仰徽州府速即移查詳報察奪毋稍遲延
閏二月徽州府珠移文金華府檄蘭谿縣

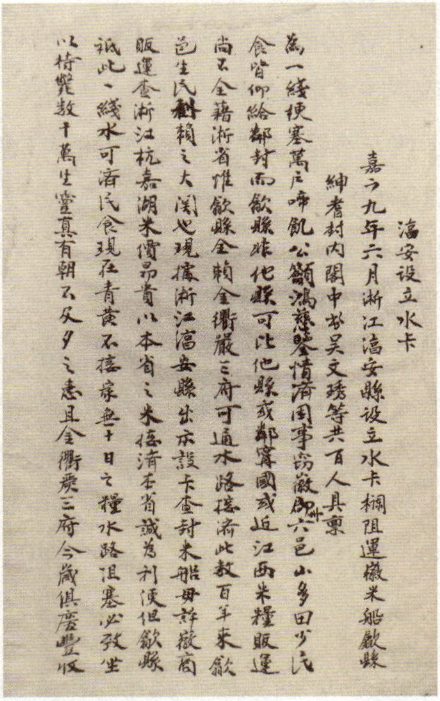
湻安设立水卡
嘉慶九年六月浙江湻安縣設立水卡稠阻運徽米船歙縣
紳耆封內閣中书吴文琇等共百人具禀
為一綫梗塞萬户啼飢公籲鴻慈鑒情濟困事竊徽郡六邑山多田少民
食皆仰給鄰封而歙縣非他縣可比他縣或鄰寧國或近江西米糧販運
尚不全藉浙省惟歙縣全賴金衢嚴三府可通水路接濟此數百年來歙
邑生民斛賴之大關也現據浙江湻安縣出示設卡查封米船毋許徽商
販運查浙江杭嘉湖米價昂貴以本省之米接濟本省誠為利便但歙縣
祗此一綫水可濟民食現在青黃不接家無十日之糧水路阻塞必致坐
以待斃數十萬生靈真有朝不及夕之患且金衢嚴三府今歲俱慶豐收

《歙地少请通浙米案呈稿》图三、四

公行罔忌，甚至搁河纵掠，暮夜兴戎”。[1] 安徽省图书馆藏《歙地少请通浙米案呈稿》就记载了清末“淳安阻米案”的经过。新安江上关卡林立，徽州商人在路程图上也会记载一些厘金捐卡的内容。诸如，《捐厘新章》，书中有“上下水起验卡局”，其中涉及新安江的主要有下列记载：

自徽州入境至下水者威坪起，义桥验，曹娥起，宁波验；

自徽州入境至上水者，威坪起，兰溪验，西安起，常山验；

自常山办货至徽者，常山起，兰溪验，严州起，威坪验；

自西安办货至徽者，西安起，兰溪验，严州起，威坪验；

自兰溪办货至者，兰溪起，严州验，威坪起，少一验；

自宁波办货至徽者，宁波起，百官验，义桥起，严州验，威坪照票；

自百官、曹娥办货至徽者，百官、曹娥起，义桥验，严州起，威坪验；

自义桥、新坝、临浦办货至徽者，义桥、新坝、临浦起，严州验，威坪起，少一验。

此外，清代徽州还有大量民间流传的各种抄本，像歙县茶商的《徽州至广东路程》《沐雨栉风》《万里云程》；休宁商人所编《江湖绘画路程》及众多的名抄本，如《自汉口至西安路程》《杭州上水路程歌》《徽州下水路程歌》《安庆至徽州路程》《安庆至徽郡》《万里云程》抄件、《客孤思乡》等。[2] 路程图对于徽州商人来说，是有实实在在的指引和帮助作用。

二、提升修养的百科全书文献

百科全书式的杂字全书，徽州出版商出版了很多，明万历二十七年（1599），余文台编《新刻天下四民便览三台万用正宗》；周文焕《新刻天下四民便览万宝全书》及天启六年（1626）程春宇《士商类要》。这些是日常生活实用百科全书式，姑名之为生活用书，内容十分庞杂，如医卜星相、择日占地、通信称谓、语法、契约文书格式。其中，明天启六年（1626）程春宇《士商类要》最具代表性。

① 许承尧撰，李明回、彭超、张爱琴校点：《歙事闲谭》卷六《明季县中运米情形》，黄山书社，2001年，第181页。
② 张海英：《明清水陆行程书的影响和传承》，《明清论丛》第15辑。

(一)《士商类要》

明代天启年间，徽商程春宇编撰完成《士商类要》，天启六年歙人方一桂为之作序。其编撰目的很明确，是为外出从商的徽州商人服务的，希望更好地为他们提供便利。程春宇“早失所天，甫成童而服贾，车尘马迹，几遍中原。故土俗之淳漓，山河之险易，舟车辐辏之处，货物生殖之区，皆其目中所阅历”。特殊的生活经历，使他能够接触和积累更多的素材，《士商类要》是作者在行商过程中“取生平睹记，总汇成编”，每到一地，对当地的物产、风俗、商情、天文、古迹等进行考察，并记录成册。经过十余年的日积月累，最终得以在天启末年完成，并于天启六年得以刊刻。

全书共四卷，其中前两卷是介绍南北100条水路商路，也是书中所载内容最多的。由于徽州商人多是四处行走经商，需要了解有关的地理、交通、关津、物产等知识，他们逐渐地由最初的留心转向自觉地记录和收集此类信息，并将其编纂刊刻出来，程春宇便是这样一位很有心的商人。在《士商类要》中，介绍了从徽州前往主要经商地区的道路，同时普及途程知识和观念。第二卷的后半部分，记载的是《客商规略》《为客十要》《买卖机关》《贸易赋》《经营说》等篇目，都是涉及经营过程中的一些实用知识与技术的，强调商业道德和为商之道。第三卷则是介绍全国主要行政区的建制、管理设置和历史知识、王府分布情况、文武官服式和科举成式，这是为经商者提供经商途中所必备的人文方面的知识。第四卷是对商人起居饮食的忌讳，以及有关自我保健和修身养性方面的经验总结，内容较为庞杂，从《乾坤定位》《人伦三教》，到《起居之宜》《四时调摄》，再到《四季杂占》，可以说是无所不有。

从全书的内容不难看出，全书的核心是商业活动方面的知识与经验，从直接的经贸之术，到间接的营销环境、商人素质培养，“皆为士商切要”，《士商类要》具有经商指南的性质，实用价值很高。从中也可以看出，经商者自身对于职业的认可与重视，正如程春宇所言：“商贾士农咸乐业，恩波浩荡海天同。”

程春宇从小在徽州这片重儒兴教的土地上长大，深受当地理学风气和重商风尚的熏陶，其在《士商类要》中对商人的职业道德也做了一定的阐释。

首先，遵守法纪，诚信经营。诚信不仅是为人之本，而且也是为商之本，更是徽商获利之源。程春宇在书中要求商人自觉“告引”“占籍”，成为合法商人，在取得合法经商资格的前提下，遵守国家的工商管理法则，自觉纳税完税。“得意者，志不可骄，骄则必然有失。遭跌者，气不可馁，馁则必无主张”。其次，公平交易，当面定价。主张买卖双方互有所利，自愿成交。货物的价格，一定要在交易时敲定，一旦成交便不能悔约。《买卖机关》中称 ：“交易之时，即要讲明价钱银水，若含糊图成，齿下不明，至会账必然混赖。允与不允，决子当时。既已成交，转身磋怨，此非君子道义之交也。”又强调 ：“公平正直者，当交易之场，高唱其价，而牙用是其分内，良客必不争也。”再次，勤俭谨言，积累财富。《贸易赋》中指出 ：“贸易之道，勤俭为先，谨言为本。”视勤俭为致富的基础，谨言为守业的保障，即所谓“富从勤得，贫系懒招”。只有勤劳节俭，多增加收入，减少不必要的开支，才能将财富积累起来。

《士商类要》重点说到人际关系的好坏往往是生意成功与否的关键。强调在选择贸易伙伴时，要求双方彼此了解，以“信”为上。如果“中途搭伴，切记提防，小心为本”。选择经纪人，尤其“不可听其中途邀接之言，须要察其貌言行动”。与同伴相处，一方面要尽量做到“合伙同意莫猜疑”，同时也要注意保持“交财须账目分明”。其次，鉴别商品的优劣。对于从商者来说，具备辨识商品质量的能力是必须的，这点对行商来说更为重要。因为各地货物的差别较大，只有对每种货物的优劣都很熟悉，才能以一个合理的价格买进和卖出。程春宇对商品质量的辨识，在书中有很多介绍，并提到一些鉴别商品的总原则，指出 ：“货物高低，出处地方先以定。价钱轻重，眼睛看过自斟亮。黄豆买精神，圆稳无灰干可籴。芝麻估油汁，黄尖有串润休贪……木头杉板节疤者，朽烂破损要搜寻。”最后，商人的自我保健。徽商大多是奔走四海之地，常年在外，远离家乡，无人知冷暖，病痛缺乏照顾，因而他们需要懂得一定的自我保健知识。程春宇在《士商类要》的卷四中记载了很多这方面的知识，例如《起居格言》《起居杂忌》《起居之宜》等篇目。

《士商类要》很好地做到实用性和通俗性相结合，并最终成为士农工商四民皆宜的通俗读物，成为大众的必备日用手册。传统的商业职业教育大都是通过师徒式的言传身教来实现的，具有很大的局限性，而徽商在传统方式之外又发明了“商业书”的教育手段，从而大大拓展了商业教育的内容、途径和范围。书中无不透露出对商业道德与伦理观的重要性，通过这种教育，徽商大多能履行商业道德伦理规范，从而赢得了廉贾、儒商的美名，提高了知名度和信誉度。总之，透过对程春宇《士商类要》的探讨，可以看出重视商业教育是明代徽州区域社会和区域文化的重要特点之一，也是徽州商业兴盛和徽商势力得以很快发展壮大的一个重要原因。

(二)《增订释义便用世事通考杂字全书》

杂字书在徽商中也非常流行，较为著名的有《增订释义便用世事通考杂字全书》，徽州徐三省编辑，王畬林增补，乾隆三十三年（1768）歙西虬川黄云景延古楼刻本，两截楼板式。卷首曹学诗序云："吾观世事通考一编，上自天文地理，下至草木虫鱼、星卜医药，无所不备。携之箧笥，亦是为游艺者之资焉。……仕宦商贾皆有所稽焉。"目录上卷上层有历代帝王总计、天下各省府州县、礼部题定帽顶，上卷下层有天文类、地理类、时令类、人物类、文职公署类、武职公署类、身体类、病症类、人事类、俗语类、婚姻类、丧祭类、讼狱类、士文类、农业类、百工类、商贾类、妇道类、数目类、历代状元考、大清官制总数、大清满汉品级考、品级封诰；下卷上层有千家诗酒令、书柬活套、京省水陆路程，下卷下层有释道类、木料类、宫室类、船只类、杂货类、珍宝类、银色类、首饰类、衣冠类、丝帛类、颜色类、靴鞋类、五谷类、蔬菜类、果品类、荤食类、素食类、酒名类、屠宰类、农器类、铁器类、军器类、乐器类、玩器类、酒器类、瓷器类、瓦器类、石器类、磨器类、木器类、竹器类、漆器类、花类、木类、竹类、草类、药类、禽类、兽类、马类、鳞类、虫类、古字类、疑字类、易声类、诸译类、江湖风暴、治骨鲠神符；外卷上层有天下土产、剋择类、历代仙术类、先贤名士类，外卷下层有算法类、掌金图诀、课占类；

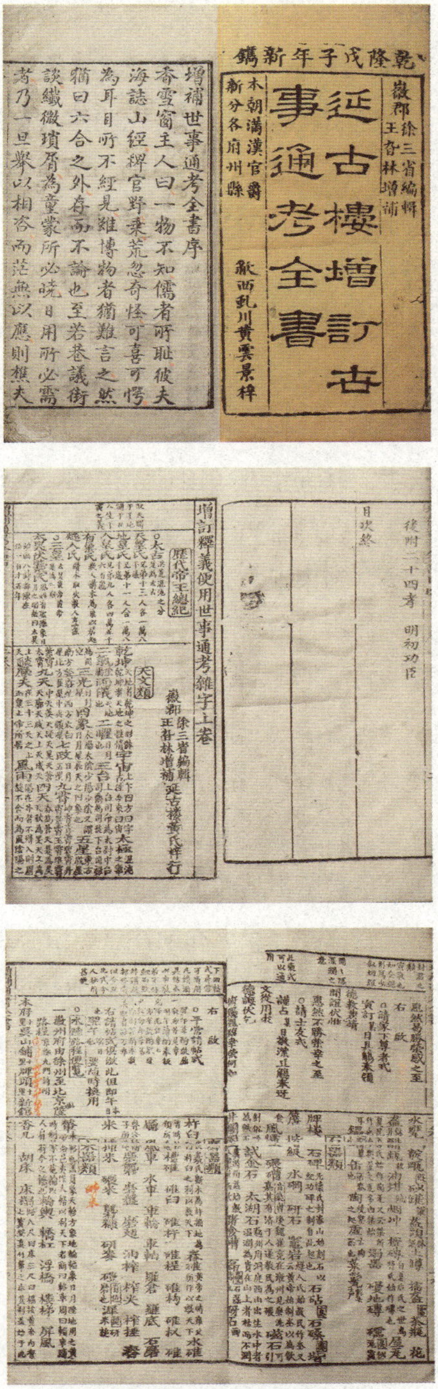
乾隆戊子年新鐫
徽郡徐三省編輯 王畬林增補
延古樓增訂古事通考全書
本朝滿漢官爵 新分各府州縣
歙西虬川黃雲景梓

增補世事通考全書序
香雪窗主人曰一物不知儒者所恥彼夫海誌山經稗官野乘荒忽奇怪可喜可愕為耳目所不經見雖博物者猶難言之然猶曰六合之外存而不論也至若巷議街談纖微瑣屑為童蒙所必曉日用所必需者乃一旦舉以相咨而茫無以應則樵夫

增訂釋義便用世事通考雜字上卷
徽郡徐三省編輯 王畬林增補 延古樓黃氏梓行

《增订释义便用世事通考杂字全书》

后附二十四孝、明初功臣。可见，该书包罗万象，就是一部百科全书。徽州人年纪很小就外出学徒经商，这类便携式百科全书颇受欢迎。徽州人也编纂出版了大量这种提高个人知识修养的杂字书。

延古楼，是徽州黄氏刻书世家的出版机构，是歙西虬村黄云景藏书、读书、刻书处。黄云景，一作云锦，讳启高，歙西虬村三十氏刻工，号延古。生于清康熙四十八年（1709），卒于乾隆五十二年（1787），据《歙西虬川黄氏宗谱》之《延古老人传》载："翁姓黄氏，讳启高。少孤，事节母以孝闻，服田力穑，四体维勤。以其暇席先业为书贾，逐什一之利，云景独具精能，古籍之残缺少次者，一入目必研搜补正完之。"黄云锦少年丧父，种田孝母，农闲时帮人刻书，后在县城开设延古书楼，专事刻书。由农民刻工成为出版商是众多黄氏刻工的发展方向，黄云景是其中的佼佼者。其五个儿子国仕、国昭、国印、国怡、国敦皆承父业刻书，国昭之子黄鼎莹继承祖父的延古书楼继续刻书，直到咸丰、同治年间，太平天国战乱，延古楼毁于兵燹，结束了其刻书历史。

此类日用商书具有重要的作用，主要有以下几方面：

1. 可以培养子弟经商的才能

程春宇《士商类要》中，强调要因材施教。为家长者要留心观察子弟，凡质中者习工商，质上者习儒业。在20岁以前施教，特别要重视素质的培养，"其仁义礼智信，皆当教之焉，则长成自然生财有道"。他认为工商者"虽能生财，断无从道而来，君子不足尚也"。学技艺，必须善择贤师良友。做学徒时，必须学会以礼待人，就是在称呼礼貌上亦须注意，留心观察。

2. 为商贾者提供各方面的知识

书中编入各地物产风俗、各省马头、关税、盐务、茶引，使商贾了解各地情况。经商必须善于计算，商品买卖是通过金银等货币的中介，金银成色及真假都需有鉴别的能力，书中就很详细地介绍了各地所产所铸的硬通货。辨银要"周围细看分明成锭，先观底面零星搽脚为凭，边道须知厚薄，还看光垒精神"。要注意秤准，"留心视察"。行商往来各地，互通有无，必须熟悉水陆行程。在人际交往中，这些多方面多学科的编纂，在经商行业中导入了文化机制，使为商者不是单纯的生意人，而是有文化涵养的专业商人。强调商贾者必须努力成为具有多学科知识的人，与儒的结合，商儒统于一身，提高商贾的文化素养，才能适应复杂的社会和激烈的商业竞争。

3. 学会和掌握商品知识

经营商品买卖，必须能识别商品的质量，这固然靠长期实践的经验积累，也要留意细心观察，先从商品的外表形体观察入手，掌握商品的一般规律。虚心向内行人求教，慢慢总可学会，所谓“惯家内行，一见了然。外行初认，黑白难分。虚心求教，神而明之”。

4. 自我约束，遵守商业规则

在这些商书中，都有徽商的“士商规略”和“士商十要”，具体如下：

士商规略

夫人之于生意也，身携万金，必以安顿为主；资囊些小，当以趋疾为先。但凡远出，先须告引；搭伴同行，必须合契。若还违拗，定有乖张，好胜争强，终须有损。重财之托，须要得人，欲放手时，先求收敛。未出门户，虽仆妾不可通言；既离家庭，奔程途而贵乎神速。若搭人载小船，不可出头露面，犹恐船夫相识，认是买贷之人。陆路而行，切休帮侈；囊沉箧重，亦要留心。下跳上鞍，必须自挈，岂宜相托舟子车家。早歇迟行，逢市可住。车前桅后，最要关防。半路逢花，慎勿沾惹；中途搭伴，切记提防。小心为本，用度休狂，慎其暑寒，节其饮食。到彼投主，须当审择，不可听其中途邀迎之言，须要察其貌言行动。好讼者，人虽硬而心必险，反面无情；嗜饮者，性虽和而事多疏，见人有义；好赌者，起倒不常，终有失；好嫖者，飘逢不定，或遭颠。以上之人，恐难重寄。骄奢者，性必懒；富盛者，必托人。此二等，非有弊而多误营生。直实者，言必忤；勤俭者，必自行。此二般，性着实而多成。买卖语言，便捷扑绰者，必是诓徒；行动朴素安藏者，定然诚实。……义利之交，财命之托，非良心者，不可实任也。买卖虽与之议论，主意实出乎自心。如贩粮食者，要察天时；既走江湖，须知丰款。……荒年艺物贱，丰岁米粮迟。堆积粮食，惟在收割之时；换买布匹，莫向农忙之际。须识迟中有快，当审好处藏低；再有紧慢决断，不可狐疑。凡贫贱极者，终须转贵；快极者，决然有迟。迎头快者不可买，迎头贱者不可停。《道德经》云：“欲贵者，以贱为本；欲高者，以低为机。”价高者只宜疾赶，不宜久守，虽则有利而不多，一跌便重。价轻者方可熬长，却宜本多，行情一起而得利不少，纵折却轻。堆货处，要防于水火；卖货处，要论之去头。买要随时，卖毋固执。如逢货费，买处不可慌张；若遇行迟，脱处暂须忍耐。货有盛衰，价无常例。放账者，纵有利而终久耽，虚无力量，一发不可；现做者，虽吃亏而许多把握，有行市得便又行。得意者，志不可骄，骄则必然有失；遣跌者，气不可馁，馁则必无主张。买卖莫错时光，得利就当脱手。

士商十要

凡出门，先告路引为凭，关津不敢阻滞。投钞不可隐漏，诸人难以挟制。此系守法，一也。

凡行船，宜早湾泊口岸，切不可图快夜行。陆路宜早投宿，垂卧勿脱内衣，为防备不测，二也。

凡店房门窗，常宜随手关锁，不得出入无忌；铺设切勿华丽，诚恐人动耳目，此为谨慎小心，三也。

凡在外，秦楼楚馆之处，不可私自潜行。适与酌杯，不可夜饮无度。此为少年老成，四也。

凡待人，必须和颜悦色，不得暴躁骄奢。高年务宜尊敬，幼辈不可欺凌。此为忠良厚善，五也。

凡收账，全要脚勤口紧，不可蹉跎怠惰。收支随手入账，不致失记错讹。此为勤谨细心，六也。

凡与人交接，务宜察顾观色，必要避恶向善。处事最宜斟酌，切勿欺软畏强。此为刚柔相济，七也。

凡遇事，必须公众商议，不可一意为主。买卖见景生情，不得胶柱鼓瑟。此为活动乖巧，八也。

凡公席，务宜谦恭逊让，不得酒后喧哗。出言要关前顾后，切勿胡言乱谈。此为笃实至诚，九也。

凡见人博变赌戏，宜远不宜近。遇人挟妓作乐，切勿沾染作要。此为至诚君子，十也。

以上十条，虽系俗谈乱语，实系少年切要。初出江湖士商闲时细览，方知商贾经营，非易事也。

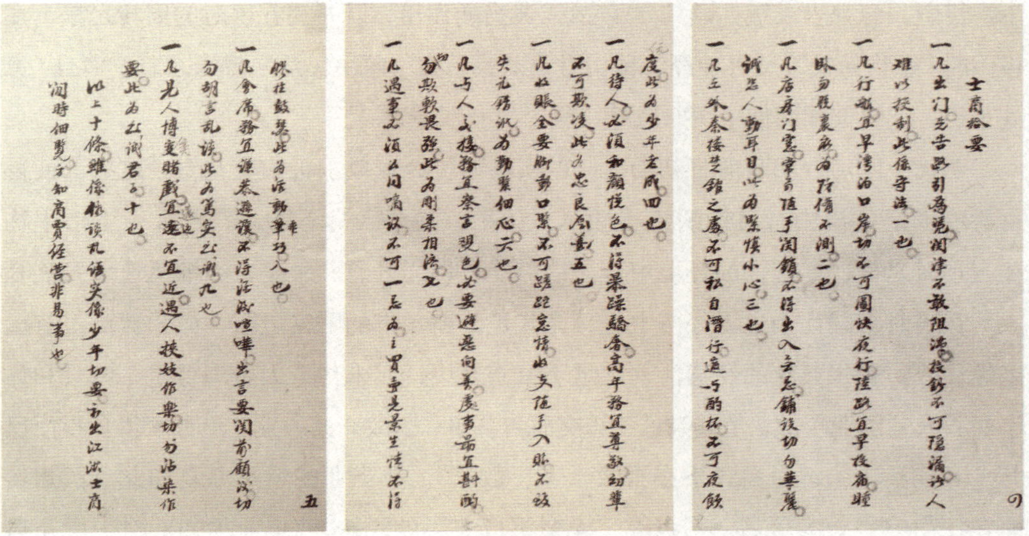

《士商十要》

除了遵守规则以外，经商的心态也非常重要。休宁渠口商人一首七言写出了徽州商人的辛苦和心酸：

争名夺利几时休，早起迟眠不自由。
骑着驴骡思骏马，官居宰相望王殿。
只愁衣食耽劳碌，何怕阎官就取勾。
继子荫孙图富贵，更无一个肯回头。
满怀妄想成无用，一点诚心是必虔。
一生做事心无愧，半世江湖眼界宽。[①]

三、家族秘传的行业技能文献

典当“是一种以财物作抵押放贷营利的经营活动”，其商铺被称为典当行、当铺、质肆或“押店”[②]等。而典当行的功能是什么呢？有两副楹联很直白地道出，一副是“攘攘熙熙，易其所无；生生息息，尔我均安”。另一副是“上裕国富，富时取物困时典；

① 王振忠：《徽州民间珍稀文献集成》第1册，《江湖绘图路程》，复旦大学出版社，2018年，第373页。
② 休宁县地方志编纂委员会：《休宁县志》，黄山书社，2012年，第515页。

下济民急，急处当衣缓处赎”。[①]以故，典当的作用，既是民在困时的周转之法，在极困时“以物易钱”，又可在经济稍裕时，“以钱易物”，解决民众之燃眉之急。而且“急处来当，亦缘彼此两便；缓时取赎，只因义利双全。”[②]

明代中叶后，明政府将初期征收的实物赋税，变成了征收金花银。这些都使得百姓在商品经济中，对钱的依赖性越来越大，甚至会身不由己，再加上生活中往往有不时之需，在这样的环境中，当铺恰能解燃眉之急。于是，当铺迅速地发展壮大。在当时全国几个主要经济中心，尤其是苏浙一带的财富之区，徽州典商占有压倒性优势。徽州典商的经营活动立足于家族之中，明末休宁人金声曾说：歙县和休宁两县人“以业贾故，挈其亲戚、知交而与共事，以故一家得业，不独家得食焉而已，其大者能活千家、百家，下亦至数十家、数家”。典当业的情形亦复如此。徽州典商在江南一带颇为著名，俗谚有“无徽不成典”的说法。《典业须知》对于徽州典当商的活动，有着相当生动的描述，曰：“窃我新安一府六邑，十室九商，经营四出，俗有‘无徽不成市’之语，殆以此欤！况复人情淳厚，乡谊尤敦，因亲带友，培植义笃，蹈规循矩，取信场面。兼之酌定三年一归，平日并无作辍，人之所取，盖因此也。所以学生带出习业，荐亦甚易。用者亦贪喜其幼龄远出，婚娶始归，刻苦勤劳，尽心于事，人因是益见重矣。”

徽州典商又以休宁为最著，只要是有徽典的地方就有休宁典商，且大部分的典业都是由休宁商人经营，典业成为休宁商人的一个代表性行业，就如同木业之于婺源商人，盐业之于歙县商人。在明代到民国这一历史时期，休宁典商几乎“垄断”了江浙及沿长江一带的所有典当业。为何休宁商人在治典当上能如此“称能”与“业精”呢？许承尧在《歙事闲谭》中有云：“典商大多休宁人，歙则杂商五，盐商三，典仅二焉。治典者亦惟休称能。凡典肆无不有休人者，以专业易精也。”[③]许承尧是徽州歙县人，其对当地之风俗必然了若指掌，故其人此言必不虚也。《休宁县屯溪商业状况报告书》中，有讲到徽州人善于经商，其足迹遍布全国，而休宁之屯溪人的足迹在“浙江之杭州，江苏之上海、苏州，湖北之汉口为最密”，且“以典业为

① 王裕明：《明清徽州典商研究·序》，人民出版社，2012年，第1页。
② 郑小娟，周宇：《15～18世纪的徽州典当商人》，天津古籍出版社，2010年，第55页。
③ 许承尧撰，李明回、彭超、张爱琴校点：《歙事闲谭》卷十八《歙风俗礼教考》，黄山书社，2001年，第604页。

职业者尤多”，[①] 甚至可以说“旧社会典当为休宁人的专业”。[②] 由此可见，典业对休宁商人的重要性，典业就是休宁商人的代表性行业。

金声之遗著《金太史集》中称，“（休宁）商山吴氏于邑为殷族，……家多素封，所殖业，皆以典质权子母，不为盐商大贾，走边海，入陇蜀，而与朝家为市。……而吴子云中星自其先远祖起家，至今源远流长，几乎殆十世不失”。[③] 但要想在典业的经营上获得成功，也绝非易事。成功者必须具备“识货”之才和懂得“防骗”之术，否则很难将典业成功经营下去。“识货”之才和“防骗”之术的练就，也绝非一日之功。在《当行杂记》这本册子中，对当行经营中如何“识物”做出了详细的介绍。在“看衣规则”中，对各种质料衣服的鉴别方法都有详细的介绍，对“西藏土产”“看金规则类”“辨银名色等数”，看各类珠子、“看铜锡类”“看字画谱”，[④] 等等，涵盖生活中的方方面面。之所以会出现这样的册子，是因为经营典业风险很大，若不“识物”，或者“识物”不精，都会上当受骗，造成一定的损失。“典铺会经常遇到以次充好、以劣充优、以伪充真、以近充古的事，而且这些骗子的骗术高明，稍有闪失，就会上当受骗”。[⑤] 这些册子对经营典业或是防骗都起到很大的作用，但这些成文的册子，还要在现实实践中才能更好地发挥作用。“这些经验的形成非一日之功，它需要长期甚至世代业典才能逐渐积累起来，而且是秘而不宣，只向内部人传授的”。[⑥] 郑小娟、周宇论及典当的经营，也称典当的“专业要求”和“择人要求”都是很重要的。典当业的经营由于物品繁多，质量难测，故而对“典业经营者的要求自然非常之高”，非见多识广而又精明练达的人不能胜任，这是对于典业经营者的要求。而对于典业的从业人员的要求不下于典业经营者，不仅要忠于职守，还要“忠于典东”。难怪休宁典商汪栋对祖上的典业，“择贤能者委之，因材授事，咸得其宜”。更常对“任事者”进行思想教育：“祖宗创业艰难，吾惟守此不坠而已，幸勿苛刻，以失吾家忠厚风。”休宁人对典业的重视程度也非同一般，“休宁人对于典业视为最重职业”“普通人家男子十三四岁即为觅一典业送之出门，至十八九岁回家成婚，以后间三年或四年回

① 张正春：《休宁县屯溪商业状况报告书》，《安徽省立第二师范学校杂志》1918年第5期，第7～12页。
② 张正春：《休宁县屯溪商业状况报告书》，《安徽省立第二师范学校杂志》1918年第5期，第7～12页。
③ 张海鹏，王廷元：《明清徽商资料选编》，黄山书社，1985年，第472页。
④ 曲彦斌：《中国典当手册》，辽宁人民出版社，1998年，第967～1013页。
⑤ 王世华：《明清徽州典商的盛衰》，《清史研究》1999年第2期：第68页。
⑥ 王世华：《明清徽州典商的盛衰》，《清史研究》1999年第2期，第55页。

家一次，期以六月为谱”。[1]

一些典业经营的类书，在典业从业者中流行。典业类书，即典业日用类书，指供典当铺日常使用的一种书籍。根据王裕民研究，因为使用对象的不同，典业类书分为三种 ：“一是学徒学习用书，如《当字谱》《当字簿》等 ；二是柜员鉴识当物用书，如《玉器论》《皮货论》和《金珠宝石论》等 ；三是典铺管理用书，如《典业须知》《典业规条》等。遗存下来的徽商典铺日用类书，数量可观，达数十种。其中，安徽省图书馆藏有《当字初阶》《皮货论》《珠谱》和《金珠宝石论》各 1 册，安徽师范大学藏有《典业杂志》2 册，黄山学院藏有《典业博谈》1 册，南京大学历史系所藏有《当字簿》2 册，中国社会科学院经济研究所藏有《文漠典条约》1 册。此外，中国国家图书馆《珠宝古玩当货谱论》《辨别珠宝古玩总论》《珠宝指南》《当谱集》和《典当谱》、南开大学图书馆《典当货物价目表》、浙江图书馆《典务必要》、南京图书馆《珠宝要论》《珠渊异宝》和《珠病名目汇言)、上海图书馆《看珠录》《辨银》《银谱》和《银水总论》、重庆图书馆《金银珠宝谱》、哈佛燕京图书馆《典业须知》《至宝精求》《玉器皮货谱》和《银洋珠宝谱》，私家收藏的《典业博物》《典业习规》《典业致要》《当铺全本》《当行杂记》和《当字》，以及《清史资料》收录的宁寿堂《银谱》、中国国家图书馆编撰的《中国古代当铺鉴定秘籍》、赵金敏点校整理的《当铺鉴别珠宝文玩秘诀》、吴晓钤《双梧书屋考藏珍本丛书》收录的《当字谱》和《当谱》，部分亦为徽商典铺日用类书。”[2]

(一)《珠谱》

《珠谱》成书于清乾隆年间，抄本。封面题有“珠谱附宝石绸罗皮货”等字，内容由序言、当物论和附录组成。序言题有序作者、作序时间和成书经过。序自题“海阳毓和主人”，说明作者为徽州体宁人，生平不详。作序时间题“乾隆王午春”，即乾隆二十七年 (1762)，反映了《珠谱》成书时间。其《序》载 ：“余家业典有年，得来吴越诸名，讲求最久，不觉汇集成书。”知作者为徽州典商，经营于吴越地区。“当物论”分为“辨认首饰诀”“绸缎纱驾”和“皮货”三部分，附录为“王文肃公本箴”和“朱柏庐先生治家格言”。

① 张正春 ：《休宁县屯溪商业状况报告书》，《安徽省立第二师范学校杂志》1918年第5期，第7～12页。
② 王裕明 ：《明清徽州典商研究》上篇，人民出版社，2012年，第3页。

(二)《典业博谈》

《典业博谈》约成书于清道光、同治年间，具体不详。抄录于民国十九年(1930)封面题有“黄守五，典业博谈”等字，内容由序言、当物论和物意管窥组成。黄守五生平不详。序言两篇，一为原序，一为抄序。原序简单交代成书经过。其序云：“盖典业者，自遭兵乱之后，请同人星散流离，前辈老者作古，与余同时者，今皆白发翁矣。所以后辈无前辈之教导，以至珍珠、古玩、宝玉金银首饰，各种皮毛，难分真假，勿辨高低。见识全茫，使后辈何能习业，而我行岂不失传。今升平已久，各省典业渐次复兴，使家辈有立足之地，于是各处叨教仁人君子，见识高者，赐之大略，聚而书之。方见物件之高低，谨录各种于后。”书作者本是“典业”中人，约生活于清道光至同治年间，曾于道光二十年(1840)亲见大钟一座，又于同治二年(1863)见友人在香港买标。序中的“兵乱”当指咸同兵燹。抄序题有抄者、作序时间、地点。

当物种类繁多，因而当物的真假有时不易辨别。鉴别者除掌握当物属性鉴别和借助物体鉴别两种方法外，提高自身鉴别能力也极为重要。提高自身判别能力，需要端正鉴别态度，熟知鉴别程序。对此，《典业博谈》作者黄守五总结为，从“细处究其详，辨其巧，留心在意，目击耳入耳，反复察理，真伪立分。须要件件用神，熟处自能生巧矣”。具体概括为“十思”“九疑”“三番”“四复”，分述如下：

十思：举目观颜色，摇声似响钟，伪处无磨路，手扳硬似弓，至巧为青盖，最软是红铜，尾轻头更重，腰细脚丝松，委屈成观勉，湾湾总不同。

九疑：皮浮防夹弊，骨实断非低，类旧多烧叶，图新不是师。似老痕无老，今时比昔时，声升轻且跳，钻处起砂飞，灰蓝是铜底。

三番：一任留心便是佳，何论白叟与童孩。虽云二十年来业，三读知珍妙理开。

四复：眼见色符，必须举手。既折看脚，切勿斜观。正者一两，伪者九钱。金不怕火，银不怕煎。

“十思、九疑、三番、四复”用口诀的形式，读起来朗朗上口，易于记忆。所谓“十思”，是从正面强调真实当物本身的色、形、声、质等属性，并以此来鉴识当物的真伪。所谓“九疑”，是从反面论述赝品的色、形、声、质等属性，以此同真实当物属性进行对比，从而可以鉴识当物的真伪。“三番”和“四复”指鉴别者鉴识当物的态度。其中，“三番”，就是鉴别时要小心谨慎，仔细端详，反复察看，以免走眼，误假为真。“四复”，就是鉴别时要从不同角度、不同方位对当物进行全面察看，同时借助必要的辅助物以鉴别真伪，最后正确评估当物的价值。

(三)《典业须知》

《典业须知》，亦作《典业须知录》。文中纪事有“咸丰乙卯”(咸丰五年，1855)，故其编纂的年代应在清代后期。其序称：“吾家习典业，至予数传矣。自愧碌碌庸才，虚延岁月。兹承友人邀办惟善堂事，于身闲静坐时，追思往昔，寡过未能，欲盖前愆，思补乏术。因拟典业糟情由，汇成一册，以劝将来。”该序下署“浙江新安惟善堂识”。惟善堂是徽商在杭州开办的善堂之一，作者出身典当业世家，可能于暮年在杭州主持或理办惟善堂事务。《典业须知录》是徽州典商世家经营典业的经验积累。在这本书中,包含了“勤务”“节用”“务实”“远虑”“虚怀”“防误”“炼技”“细心”“惜福”“扼要”“典中各缺慎言择要”“典规择要”等，[①]记录了如何成为典商，如何成功经营典业等知识。由此可见，成功经营典当业的必要条件是懂得如何“识物”和“防骗”，而这些在经营中获得经验和教训是秘而不宣的，只能传给自己的亲属，或本宗本地人，久而久之形成典业经营的宗族化和地域化。

这些典业类书是以抄本的形式流传，都是手工抄录，显然是对外人秘而不宣。只在家族内以传抄的形式流传。虽然《典业须知》有“不敢自以为是，质诸同人，佥以为可，并愿堂中助资刊印，分送各典，使习业后辈，人人案头藏置一本，得暇熟玩，或当有观感兴起者，则此册未始无小补云尔”。希望有人资助刊印，但也是分送各典，使家族的从业者人手一本，利于学习，也并没有公之于众的想法。

四、抱团取暖的商业会馆文献

商业会馆是徽州旅外同乡所建立用以联结乡谊、方便客籍人士“行旅栖止”的公共建筑，更是联乡谊、谋事务、办慈善的公益性社会组织。会馆是在明清时期商品经济发展、人口迁移和流动频繁的社会经济大环境中产生的，它既是明清社会变迁的产物，也对传统社会结构的变迁起了一定的作用。会馆一般由义冢、义所善堂演变而成，其日常功能以办理慈善事业为主，同时也兼及其他事项。明清时期，徽商足迹几遍天下，重视乡谊和族谊的徽商，在其侨寓集中之地多建有会馆或公所。特别是南北两京、苏浙、湖广、江右，既是徽商辐辏之地，也是徽商会馆公所集中之区。诚如清人所言：“凡商务繁盛之区，商旅辐辏之地，会馆、公所莫不林立。”

① 曲彦斌：《中国典当学》，河北人民出版社，2002年，第34页。

也如徽人所说："矧吾徽六邑，士农工贾，虽曰咸备，而作客为商者为更盛，是非大丈夫，志在于四方者也。溯思前人敦仁慕义，古朴纯真，凡诸城镇无不有会馆设焉，实乃恭桑与梓之义。"[①] 据陈联统计，"清代的徽商会馆在百所以上"。[②]

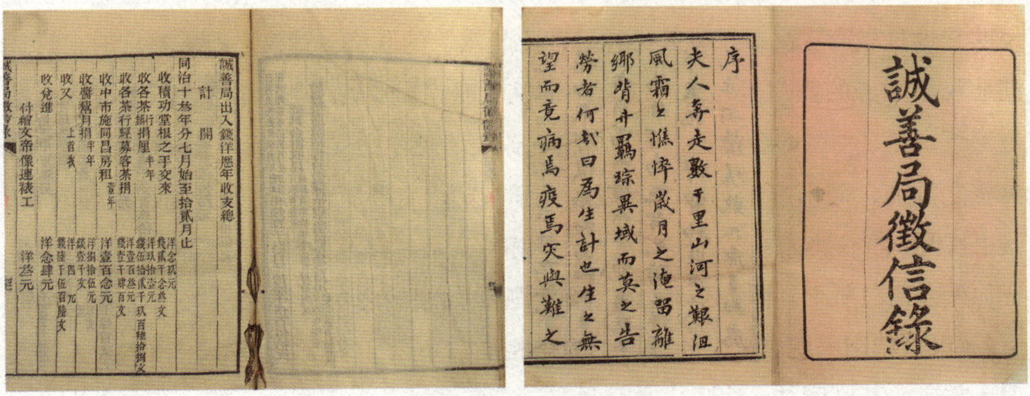

诚善局征信录

会馆类文献内容一般由以下几个部分组成：一为序，所记多为会馆的建立缘起、沿革等，从中可得见会馆兴废之貌。二为公牍，一般包括倡建者请求官府保护会馆财产的禀文与官府的告示。三为契约，主要是建立会馆时地权买卖的凭证。四为规条章程，主要记载会馆运作的一些方式、限制、奖惩措施等。五为图记，记载公馆房屋的四至、式样及义园的四至与方位。六为捐输芳名，记载捐助钱物的同乡个人姓名或团体名称及捐输数量。六为开支，记录会馆日常运作、运柩代葬及房屋维修的支出。另外，少数会馆文献中也有会馆诉讼、与其他团体往来、救助同乡等方面的内容。

据李琳琦、梁仁志整理的《徽商会馆公所征信录汇编》，收入会馆公所资料22种，再加2种同乡会资料，共24种。其中18种是徽州会馆文献，2种安徽会馆文献。这18种徽州会馆（试馆）文献中蕴含大量徽商史料，颇有价值。

(一)《汉口紫阳书院志略》

该书又名《紫阳书院志略》，清董桂敷编，嘉庆十一年(1806)刻本。除卷首外，

① 光绪《新安怀仁堂征信录·同治六年分募簿启》。

② 陈联：《徽州商业文献分类及价值》，《徽学》第2卷，安徽大学出版社，2002年，第384～391页。

凡图说、道统、建置、崇祀、学规、禋产、艺文、杂志，计八卷。汉口紫阳书院是书院和会馆的联合体。嘉庆时的翰林院庶吉士、婺源人董桂敷在《汉口重修新安书院碑记》中说："余维书院之建，一举而三善备焉：尊先贤以明道，立讲舍以劝学，会桑梓以联情。"①"会桑梓以联情"，就是指汉口紫阳书院所具有的商人会馆的功能，说明它也是徽商在汉口"敦睦桑梓，声应气求"的联络、计议之所。嘉庆时，时任湖北汉阳知府的徽州人赵玉在《紫阳书院志略序》中说："盖尝论之，名省之会馆遍天下，此之书院即会馆也，而有异焉。崇祀者道学之宗主，而不惑于释道之无稽；参赞之源流，而不堕于利名之术数。入学有师，育婴有堂，宴射有圃，御藻有楼，藏书有阁，祭仪本家礼，御灾有水龙，通津有义渡，宾至如归，教其不如，恤其不足，皆他处会馆之所无，即有亦不全者。而后知创始诸君之功不朽也。"②

《汉口紫阳书院志略》卷五有"患难相恤"条云："患难之事，一曰水火。小则遣人救之，甚则亲往，多率人救且吊之。二曰盗贼。近则同力追捕，有力者为告之官司。其家贫则为之助，出募奖之。三曰疾病。小则遣人问之，甚则为访医药，贫则助其养疾之费。四曰死丧。缺人则助其干办，乏财则赙赠借贷。五曰孤弱孤遗无依者，若能自赡，则为之区处，稽其出内，或闻于官司，或择人教之，及为求婚姻。贫者协力济之，无令失所。若有侵欺之者，众人力为之办理。若稍长而放逸不检，亦防察约束之，毋令陷于不义。六曰诬枉。有为人诬枉过恶不能自伸者，势可以闻于官府则为言之，有方备可以救解则为解之。或其家因而失所者，众共以济财之。七曰贫乏。有安贫守分而生计大不足者，众以财济之，或为之借货置产，以岁月偿之。"③这也是会馆具有的救济功能，可见，书院即是会馆。

（二）《重续歙县会馆录》

《重续歙县会馆录》，明徐世宁、杨熷续录，清徐光文、徐上镛重录，道光十四年（1834）刊本。这里的会馆是歙县京师会馆，京师会馆首创于明嘉靖三十九年（1560）"歙之有馆，肇自嘉靖间。双峰杨君忠、东桥许君标，时卒业三考，见邑人涣而不萃，邈若秦越，慨吾歙文献邦，顾不他郡邑若也，乃各出己资若干，置馆菜市之中街，而立之会。交接以道，庆吊以礼，联疏为亲，情义蔼然。吾邑士大夫仕于朝宦

① 李琳琦、梁仁志：《徽商会馆公所征信录汇编》，人民出版社，2016年，第92页。
② 李琳琦、梁仁志：《徽商会馆公所征信录汇编》，人民出版社，2016年，第102页。
③ 李琳琦、梁仁志：《徽商会馆公所征信录汇编》，人民出版社，2016年，第62页。

于外者，义是举而作兴之，书联揭匾，捐助俸金。主会者计所积已充，遂易旧馆而更置于前门之西城下，堂构三重，颇称宏敞。来者始有依归，无论崇卑，成得解装于斯，而从容别定馆舍。此徽歙建置会馆之由也”。[①] 建立会馆也是徽人一种优越感的体现。在创建会馆后，于嘉靖四十二年（1563）建立义庄。“今天下一统，歙人辐辏都下，以千万计。嘉靖辛酉年，既捐赀创会馆，以联属之矣。又念邑人贫而病卒，而莫能归榇也，相与为义阡之举，以为瘗旅之所。凡不幸没于兹土，而不能归者，覆以丹土、覆以绿榛，不复委弃道旁，以伤孝子仁人之心”。[②] 是录分会馆录与义庄录两部，每部又分为前集、后集、新集三种，记述了自明嘉靖至清道光间会馆、义庄之缘起、兴革、规章、碑记及历年乡会试邑人中式题名，捐输商号名称等。潘世恩在《重续歙县会馆录序》中说：“吾歙会馆原录作于前明徐月洲先生，名曰《歙县会馆录》，而义庄统焉。自乾隆乙未，其裔孙杏池先生续之，乃析会馆、义庄为二编，而分载原录于其前，曰《续修录》。迄今六十年，锓板久失，而事之当增载者又日益多，编校之任，诚后贤之责矣。蓉舫驾部，月洲先生之八世孙也，慨然思所以继其先志者，爰仍旧录之例，录自乾隆四十一年以后者为新集。于是此数十年中，凡馆舍之圮而再新，经费之绌而渐裕，地亩之侵而复归，规条之议而加密者，咸有稽考。既成，将合旧录梓之，名曰《重续歙县会馆录》”。[③]

(三)《登善集》

《登善集》，清道光刻本，不分卷。“登善集”是徽商在徽州本土设立的由“杭郡惟善堂载回旅榇暂停之所”，是杭州新安惟善堂的中转机构，“各邑并于邑界水口登岸处设登善集，集有司事如堂”。此集是设立黟县渔亭停厝之所的汇编，有记、募启、公呈、告示、章程、买契、输契、税票、捐输等内容。道光二十一年（1841）募建黟邑渔镇登善集启：“夫羁旅之亡人，生不幸暴露之惨，仁者如伤。是以构李之魏塘、武陵之海月桥里街，俱有六邑厝所之设，任凭停榇，不计久暂，凡以重乡谊、悯羁魂也。渔镇为我黟往来要冲，一年之中自下江扶柩归者指不胜屈。每见抵□□即寄之沙滩，或十日，或半月，俟择吉始迎归葬。不知此十日、半月，□风霜雨雪所伤滋多。况在客地尚有厝所可保之数□□年，一入本乡反置之沙滩不能保其数日，似乎于义□

① 李琳琦、梁仁志：《徽商会馆公所征信录汇编》，人民出版社，2016年，第142页。
② 李琳琦、梁仁志：《徽商会馆公所征信录汇编》，人民出版社，2016年，第141页。
③ 李琳琦、梁仁志：《徽商会馆公所征信录汇编》，人民出版社，2016年，第134页。

未周，亦情所不忍也。今拟于渔镇择址，购厂屋一间，为我黟归柩暂停之所，庶风霜雨雪可保无虞。顾一木难支大厦，集腋方可成裘，伏冀同人切桑梓之谊，挥助之资，大发慈心，共襄善举。匪云借此邀□差，可以慰羁魂云尔。”[①]

(四)《新安怀仁堂征信录》

《新安怀仁堂征信录》，清光绪刊本，不分卷。新安怀仁堂是徽商在浙江杭州塘栖镇设立的会馆善堂，停放一时未能回里的徽人棺木，或掩埋、寄存无法归里的棺木。“塘栖向有新安怀仁堂义所，创自前人，历有年所。自成丰庚申遭乱，其屋尽毁于兵燹。斯时露棺暴骨，行者伤之。直至同治乙丑，同人渐集，始得共助堆金，迁葬于南山之麓。爰后于会馆旧址筑垣墙、治屋宇，共造厝所十七间，外起门房七间”。[②] 该征信录记载了新安怀仁堂义所的缘起、地方政府的批文、堂规，以及募捐经费和收支账目等。

(五)《京都绩溪馆录》

《京都绩溪馆录》，清道光十一年(1831)由经理、协理诸人共同订定、校录、付梓，清道光十一年刻光绪间增刻本。前有会馆、义园图各一，正文共分六卷，前四卷为道光十一年刻印，后二卷是光绪间增刻的。馆录记载有规条、捐输名氏、契据、会馆建修缘起、筹添来京试费缘起、辛卯后历年添造房屋各账等内容。绩溪会馆的建设是因为承担的主要是科举功能，内阁中书舍人胡涵在《绩溪会馆碑记》中曰：“国朝以来，休、歙二邑科甲寖盛，先后都门各设会馆，而绩溪未闻倡之者。询之父老，言昔时有所谓梁安会馆，今其基址已泯没不可考。盖虽一馆之兴废，而亦关一乡盛衰焉。”于是“岁在甲戌，绩人叶、王、胡、汪四姓等谋复同乡会馆，众人皆喜，共捐资二千余金，于宣武门外椿树头条胡同置屋数十间，工作既备，堂宇焕然。己卯夏，请予为记，以勒之碑。予惟一事之创兴，不难于有力，而难于有志。夫以名都巨邑，不乏荐绅士夫为倡于乡，而往往顾瞻难之。一二有志者起，毅然率众人先，众人翕然从之，而其事遂不崇朝而竣”。会馆建成以后，“今者，绩之父兄子弟，服牛辂马执艺天府者若而人，绩之乡读书登进络绎而来者正未有艾，自有此馆，而仕族联翩，闬闳日廓，寖寖乎与休、歙二馆并时京华矣”。[③] 会馆与一乡科举的兴衰有着重要关联。

另，《京都绩溪馆录》还有一则有关绩溪墨业的记载：“乾隆初年，吾邑人在京

---

① 李琳琦、梁仁志：《徽商会馆公所征信录汇编》，人民出版社，2016年，第261页。
② 李琳琦、梁仁志：《徽商会馆公所征信录汇编》，人民出版社，2016年，第298页。
③ 李琳琦、梁仁志：《徽商会馆公所征信录汇编》，人民出版社，2016年，第385页。

承办工程者甚多，又有在扬州承办烟盒贡者，每岁来京一次（秋来春去）。今烟盒贡历八九十年，其家承办如昔，而办工者希矣。当时人尚淳，敦崇本务，故执业者多赢余。”[①] 绩溪墨商近百年承办贡墨，所获颇丰。

（六）《新安惟善堂征信全录》三种

《新安惟善堂征信全录》三种，一为清光绪七年（1881）刊，一为光绪十七年（1891）刊，一为光绪二十九年（1903）刊，皆不分卷。“新安地狭人众，为商旅谋衣食于外者较之他郡邑尤多。吾闻之同居乡里有相周相保、相救相恤、相友相助、疾病相扶持之谊，今也散而为商旅于四方，势固不暇相顾问及，一旦遭罹大故而望受恤于故乡之人，又情之所不容已也。况新安之人为商旅于吾浙之杭、嘉、湖诸郡邑及江南之苏、松、常诸郡邑者甚众，不幸因病物故欲归榇于故里，途必经于杭州”。[②]

因此，在杭州设立惟善堂，专门负责处理徽人在外亡故，灵柩归里之事。这三种征信录详细记载了位于杭州城外海月桥桃花山麓的新安惟善堂创建、扩建、重建的过程，以及从嘉庆年间到光绪二十七年（1901）的置产、募捐和收支等情况。

（七）《新安笃谊堂》

《新安笃谊堂》，清光绪十三年（1887）续刊，不分卷。是录记载了武汉笃谊堂的缘起、条规及同治、光绪年间的捐输和收支账目。笃谊堂位于汉阳，是汉口新安书院附设之善堂，负责送榇回籍事宜。

（八）《嘉庆朝我徽郡在六安创建会馆兴讼底稿》

《嘉庆朝我徽郡在六安创建会馆兴讼底稿》，清光绪十七年（1891）汪家麒手录本，不分卷。嘉庆十四年（1809）、十五年（1810）间，在六安经营的徽商拟在州治东北儒林岗下创建会馆，“为驻足之地”，而六安地方士绅以“擅自创建，妄行掘挖，伤害来龙……添盖楼台，欺压形势，致害合学风水”为由进行阻挠，以致兴讼。底稿详细记录了双方历时两年的兴讼过程。阅此，可知徽商在侨寓地兴建会馆，以及商业经营之不易。

（九）《新安会馆收捐清册》

《新安会馆收捐清册》，清光绪二十一年（1895）刻本，不分卷。新安会馆创建

---

① 李琳琦、梁仁志：《徽商会馆公所征信录汇编》，人民出版社，2016年，第385页。
② 李琳琦、梁仁志：《徽商会馆公所征信录汇编》，人民出版社，2016年，第404页。

于光绪二十年，是由寓居南京的“茶商及杂货商号、漆铺各业解囊佽助”修建而成。清册除前面插刊光绪二十一年《新安会馆公启》外，主要记载了光绪十九年十月至二十年新安会馆经收的茶商、漆商和药材商的捐款情况。

(十)《新安屯溪公济局征信录》

《新安屯溪公济局征信录》，清光绪二十八年(1902)刊本，不分卷。是录记载了屯溪公济局的创办缘起、条规章程、置产助地，以及光绪二十八年的收支账目。屯溪公济局创议于光绪十五年（1889），是一个“仿各善堂成规”，为前来屯溪镇觅衣食的“四方穷民”送诊送药、送棺送葬的慈善机构，经费主要由“茶业各商慨然乐助”。光绪十八年（1892）又附设保婴所和养痾所，慈善活动范围进一步扩大。后因“茶商续捐已成弩末”，又通过官府征收木捐“赖以济用”。有公济局规条颇有史料价值，录文如下：

公济局规条

一茶业各商诚心为善，每箱捐钱六文，永为定例，共襄善举，而种福田，请书允字，以俾奉行。

一成裘必须集腋，自一文愿以至十百千万乐助钱洋，由本局司事凭局印簿按月经收，则书善士姓名，悬挂局中，以昭核实。

一无论男女老幼，一朝物故，须由地保、亲属或各店号报明籍贯、姓字，登记局簿，始行给领棺木。大棺给皮纸贰把、石灰廿斤、钱四百文，小棺减半，听其自行收殓埋葬。倘有不肖之徒胆敢冒领，查出送官究治。

一尸身无人认识者，或身有伤痕、经官相验者，或忤逆不孝、奸淫造孽、本家逐出者，一概不给。若丧家有父兄在尚可支持者，亦不准滥给。

一司事终日在局，不得远离，有到局领棺者，无论雨雪，即同来人亲至尸所查问明确，即行回局取棺木，灰纸、锡箔、钱一并给付。

一大、小棺木各预备二十具，以便随时给送，免致措办不及。

一每年以五月初一日起至八月底止，延请内、外专科各一人，在局审症开方，每晨八点钟至下午三点钟为则，倘遇急症，不在此例。

一病者来局求医，先行挂号掣筹，男左女右挨次而坐，医生按号诊视，无得争先。

一药方排写号头，并盖本局图章，登簿存局，再与病者持至药店发药。该店以本局图章为凭，不索分文，其药金按照四季凭局簿核对归结。若求医而不求药者，药方不盖图章。该店药须道地，毋得丧心射利，以致失事。

一外科等症须病人亲至局中，凭医生诊视见症，随时给发药膏。

一医生与局友薪水按月支付，不得透支。

一局中火食，每日一粥两饭、一荤一素，朔望茹素。如有外人来局，非为局中公事者，概不留饭留宿。

一所收长短愿钱，除去局中开支，仍余若干，存庄生息，长年九厘，立折为凭，其折归司年局董收执，不得私自挪用。

一本局捐输均由局董劝捐，随时登簿，收捐即付收条，并无司事在外劝募，以杜假冒。

一每年端节，由司事请司年董事到局结算，以昭信实。

一本局所请医生，每日以八点钟始，至三点钟止，专在局中候诊，有患病者务须来局就诊，概不出门，各宜体谅。

(十一)《歙县馆录》

《歙县馆录》，清歙县汪廷栋编，光绪三十年(1904)木活字本，不分卷。汪廷栋在《歙县馆录弁言》中说：“馆录者，吾邑汪聘卿学正创试馆时所手订也。……光绪癸卯春，予重到金陵……次年二月，同人有厘订之议，佥以责属予，予不敢违，爰理其旧绪，订以新章，分为五录，曰契据录、公牍录，循其旧也，曰碑记录、馆规录、收支录，补其阙也。”[①]前面提到的《歙县会馆》是京师会馆，这里的歙县试馆是南京试馆，是为参加江南乡试的歙县举子服务的。试馆坐落于南京江宁县治石坝街，“为吾邑乡试士子而设”。同治八年（1869）宋端甫等捐银创建，其后，光绪二年（1876）扩建，光绪二十九年（1903）重修。

(十二)《九江新安笃谊堂征信录》

《九江新安笃谊堂征信录》，清光绪三十二年(1906)刻本，不分卷。是录记载了九江新安笃谊堂的缘起、条规及捐输和收支账目。该堂创建于光绪二十九年，“仿

① 李琳琦、梁仁志：《徽商会馆公所征信录汇编》，人民出版社，2016年，第942页。

汉阳新安笃谊堂停柩送榇章程，就地建造殡所义园，为徽属逝者寄厝之地”。

(十三)《重建新安会馆征信录》

《重建新安会馆征信录》，清汪廷栋等编辑，光绪三十二年(1906)刻本，不分卷。该征信录之内容、结构与《歙县馆录》几同，除前叙、后跋外，正文分公牍录、图说录、碑记录、馆规录、器具录和收支录。汪廷栋在《碑记录》中说："金陵马府街旧有新安会馆，毁于兵，四十年未能兴复。光绪甲辰夏，予因公过其地，惜之，爰集同乡公议重建。本处人少力薄，又借助于他山，幸赖各埠同乡咸念桑梓，解囊相助。经始于甲辰十月，初竣工于乙巳腊月。"

(十四)《徽商公所征信录》

《徽商公所征信录》，清宣统元年(1909)刊本，不分卷。这里的"徽商公所"，又称"徽国文公祠"，是由旅居杭州的徽州木商于清乾隆年间创建。婺源江城征信录序曰："浙之候潮门外徽国文公祠，即徽商木业公所也。乾隆时创自婺源江扬言先生，其子来喜又于江干购置沙地，上至闸口，下至秋涛宫，共计三千六百九十余亩。盖无公所，事无从叙；无沙地，排无以安。而建立公所，购置沙地，其有裨于木业者岂浅鲜哉！是时沙地浙人有起而争者，以此构讼，自省而部，得全此业，心力交瘁，费多独任，其轻财仗义更有令人景仰于无穷者矣！咸同间，发逆犯浙，公所被焚，木业蹉跎，有一败不可再兴之势。而今则栋宇重辉也，而今则规模重整也。盖得后起诸君子实心实力襄赞其间，卒使开创宏规蹶而复振。至考其底据，则罕存焉。戊戌岁，城业木来浙，查知江裔于兵燹时将各据携归，以防遗失。厥后，人事代谢，顾问无人，蒙业而安者，竟莫知其缘起也。壬寅岁，董事余邻伯司马谋之于城，敬立扬言、来喜贤乔梓及后起诸君神位，以报其功。城因函致江裔，仍将各据和盘托出，以存公所，是何事之善！公所向无征信录，人多疑之。今将紧要底据及每年收支逐笔刊明，条分缕析，俾后继者率由旧章，永维公益，是则木商之大幸也已。"[①] 徽商木业公所由婺源江扬言创建于乾隆时期，其子江来喜在杭州江干购地数千亩，建立徽州木商的存储基地。咸同兵燹"公所被焚"，宣统时得以重建。之所以要编征信录，是因"公所向无征信录，人多疑之。今将紧要底据及每年收支逐笔刊明，条分缕析，俾后继者率由旧章，永维公益，是则木商之大幸也已"。

① 李琳琦、梁仁志：《徽商会馆公所征信录汇编》，人民出版社，2016年，第1046页。

《徽商公所征信录》是目前所知的唯一徽州木商征信录，保存了大量木商资料，极为珍贵。

(十五)《思义堂征信录》

《思义堂征信录》，清金文藻辑撰，宣统三年(1911)石印本，不分卷。思义堂是徽商于嘉庆十八年(1813)在南汇县新场镇东南三十六都建立的善堂，“凡徽籍之物故于此,无力扶榇者代为埋葬,有力之棺寄停堂中以待回籍搬迁”。咸丰十一年(1861),该堂在战乱中“遭毁圮”“同治纪元,诸同仁又踊跃输将,集捐万缗,重建堂宇”。因“斯堂重建以后，费用浩繁，皆出同乡善姓捐助，尚未刊行征信”，经理者“将光绪十三年至宣统二年逐年收支账籍汇列成册，镌印征信录，禀呈钧座，分送同乡，以示大信而昭慎重”。

(十六)《徽宁医治寄宿所征信录》

《徽宁医治寄宿所征信录》，民国五年(1916)刻本，不分卷。是录记载了徽宁医治寄宿所开办缘起、经过、简章规则、总理协理、乐输芳名、收支账目，以及医治寄宿名额。该医治寄宿所是徽州、宁国两府绅商在上海设立的专为两府贫苦病人医治寄宿的慈善机构，宣统元年(1909)动议，二年始建，三年落成。

(十七)《徽宁思恭堂征信录》

《徽宁思恭堂征信录》,民国九年(1920)刻本,不分卷。徽宁思恭堂,又称徽宁会馆,是徽州、宁国两府绅商于乾隆十九年(1754)在上海城南设立的善堂机构。此征信录即是“徽宁两郡人作客是邑，置办义冢、公所册籍也”。

(十八)《新安思安堂征信录》

《新安思安堂征信录》，黟县旅休同乡会编，民国九年(1920)刻本，不分卷。该录记载了思安堂的建立经过、董事姓名、捐输芳名及收支账目。思安堂是旅居上海、休宁的黟县籍绅商于民国六年（1917）在休宁县十六都珠塘铺建设的善堂,额曰思安。“有丙舍以起停由沪运屯旅榇及为在屯同乡殡所，附设同乡会以为私团研究、进行慈善之会议场。至于殡厝满期，照章掩埋，则于堂之左近山麓置有义冢。”

五、内心写照的行商自传文献

完整的徽商自传极为罕见，目前所知的只有婺源徽商詹鸣铎的《我之小史》，[①]

① 詹鸣铎著,王振忠、朱红整理校注:《我之小史》,安徽教育出版社,2008年。

以及歙县徽商李良春的自传。前者是婺源木商詹鸣铎以章回体小说的形式记述了自己的一生经历。后者是一部以五言七韵和竹枝词的形式记录自己毕生经历以及所思所感的真实传记。这两部自传具有很高的文献价值和史料价值。现结合其他相关文献对李良春自传进行考察。

(一)版本和内容

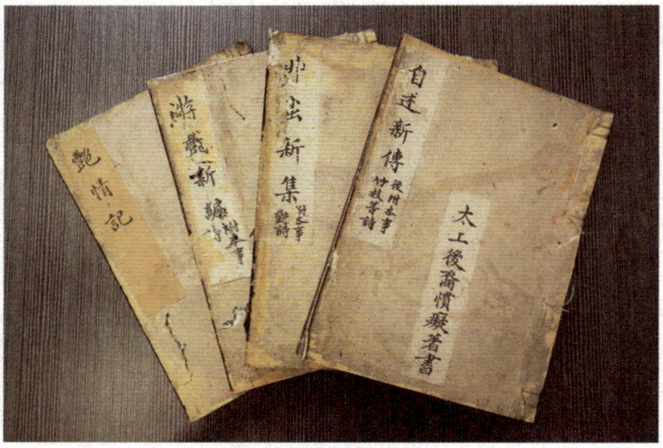

《李良春自传》之一

太上后裔李良春自传，4卷，4册。得胜号朱丝栏格手稿本。页10行，行16字。四周单边,白口。开本25厘米×18厘米,板框18.8厘米×13.4厘米。第一册贴“自述新传”书签，第二册贴“非蚩新集”书签，第三册贴“艳情记”书签,第四册贴“游艳新编”书签。每册书衣上都贴有“太上后裔惯痴著书”签条。四册书籍均为一人手笔,字体工整清晰,极少有校改。钤盖“草字良春又号非痴”和“陇西非痴草堂”戳印。当为太上后裔李良春誊清稿本。记事从其出生的清咸丰十年（1860）到民国九年（1920），整整六十一年时间。首册“太上后裔惯痴集序”中有“以自述新传为首卷，非蚩新集为二卷、忆儿新感为三卷、惜红新篇为四卷”。

首卷《自述新传》有自序、感怀自述、惯痴传言、记庚子年事、客外感怀、教儿十绝、三十自述、悼亡诗、朝亭山竹枝词，二卷《非蚩新集》有贸易新篇、刘永福将军事略、中日构衅愤言十七绝、游休屯竹枝词、四明竹枝词、四十至五十一岁大略事纪、内人吴氏事纪略、惯痴六十岁俚言有感,三卷《艳情记》有初集序、二集传、三集情联璧合事、四集书五则、五集跋、六集联、七集诗五言四句、八集诗七言四句又集续七言四句、九集诗五言八句、十集艳情记答书与复书、十一集艳情记情言，四卷《游艳新编》有上言集艳下言孔方、题李氏世谱、痴生商战春申七言三十二句、可叹中华民国有感而书、新安赋（后附新安赋诗七言八韵一章、五言十六韵一章）。

太上后裔惯痴集序曰 :“惯痴自别亲弃业之日，记经商作贾之年。披星戴月暑往寒来，历有三十余年，载行将一世亦。回忆垂髫送读之年，恨未下囊萤映雪之功。

实因小子性赋愚庸，只得秉从亲训，负笈从师于浙东。是以暂遗孔孟之书，权习陶朱之术。蹉跎岁月，骊鹿于兹。短榻长檠，抚时增感，忖思往事，追述生平。”说明惯痴李良春是在外出经商三十余年后开始撰写此书，年龄在40多岁。经商历练，四处飘零，感触极多。所以“若不烦管城子，一劳永逸之功。人生隙度，付诸无何。一限阙如，世之憾事。故而不惮搜求，细寻短章拙句。自念不能落笔生花，绝少制奇之韵。每借题而发挥，常拉杂而补记，星罗棋布烂漫而载，满纸涂鸦形同蝼蚁。故不求词语之精详，勉作遗珠之记，事浇胸中之块垒，解腹内之愁城，文章游戏词赋消遣。所著新书四卷，集成旧事万言书”。

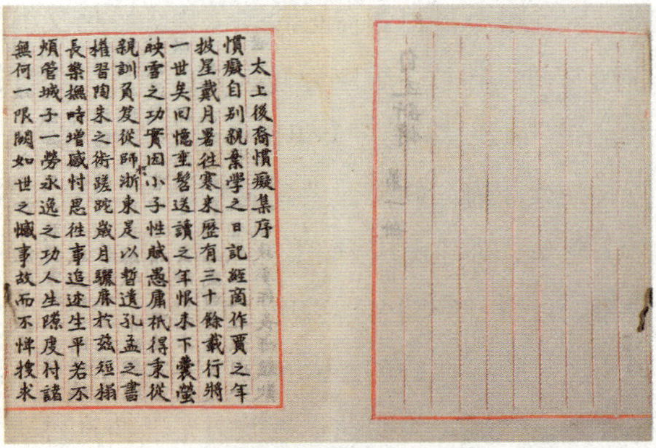
太上後裔慣癡集序
慣癡自别親棄學之日記經商作賈之年披星戴月暑往寒來歷有三十餘載行將一世矣回憶重習送讀之年悵未下囊螢映雪之功實因小子性賦愚庸祇得秉從親訓負笈從師浙東是以暫遺孔孟之書權習陶朱之術蹉跎歲月驪鹿於茲短榻長檠撫時增感忖思往事追述生平若不煩管城子一勞永逸之功人生隙度付諸無何一限闕如世之憾事故而不憚搜求

《李良春自传》之二

(二)李良春生平事迹

李良春，字秀三，号惯痴，又号非痴。歙县小川乡桥亭山人。李氏出自商末，少昊帝后裔利贞逃难，食李全生而得姓，郡望陇西郡。李良春有竹枝词云：“我家先世居陇西，始祖皋陶官大理。桀主失明不容谏，避难东逃西窜徙。贞公同母奔伊墟，挽首扳枝摘食李。腹中疼痛产儿啼，妊年八十止无已。遂将食李指为氏，惟我姓字罕兮矣。”迁歙县李姓有两支。一出唐末琼王李祥，李祥因避黄巢起义军，辗转入歙定居。祥生伸皋，北宋时为江西寨将，生三子德鹏、德鸾、德鸿(一作德翔)。德鹏赠银青光禄大夫，自歙迁祁门孚溪，又称新田，衍新田派。德鸾官拜散骑常侍，自歙迁婺源严田，衍严田派。德鸿自歙迁浮梁界田，衍界田派。时称“三田李氏”。此支子孙认为，逢田则吉，迁徙地多带田字之村或多田之村，“三田李氏”迁歙县衍成族系以德鸾派为众，德鹏派次之。

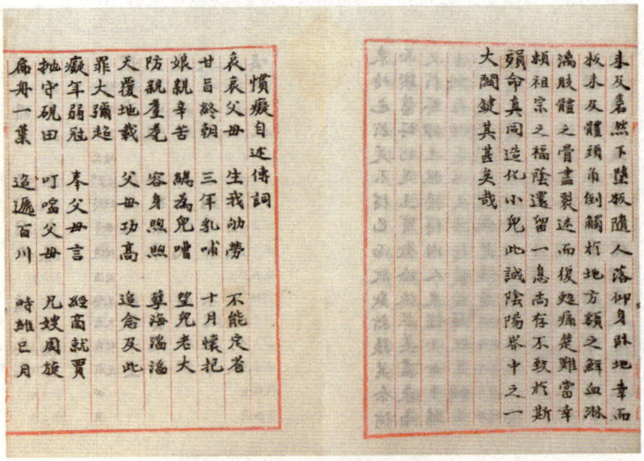
来及為然下墜板隨人落仰身跌地幸而板木及體頭角倒觸於地方額之鮮血淋漓肢體之骨盡裂迸而後疼痛楚難當幸賴祖宗之福蔭還留一息尚存不致於斯殞命真同造化小兒此誠陰陽眷中之一大關鍵其甚矣哉

慣癡自述傳詞
哀哀父母　生我劬勞　不能定者
甘旨終朝　三年乳哺　十月懷抱
娘親辛苦　鵠為兒嗜　望兒老大
防親毫毛　容身煦煦　尊海滔滔
天覆地載　父母功高　追念及此
罪大彌超
癡年弱冠　奉父母言　經商就賈
拙守硯田　叮嚀父母　凡媿周旋
扁舟一葉　追遞百川　時雖已月

《李良春自传》之三

宋元鼎革，德鸾裔孙念孙、德孙，偕父继隆自旌德迁徽城上北街。不久，德孙避居祁门。其长子唐应为候选知县，约元中叶因事途经东狮塘（今属桂林镇牌头）。“善荣善诗文，不仕。善荣长子思和，元末隐居歙南傍溪，改姓胡。明初，钦命复姓，复补授徽州府同知衔，洪武四年(1371)告疾恩准还乡，转迁绩溪华阳镇，继迁庄山下。善华，幼习武，授职出征伐寇，流寓于陕西。善华长子思明任定远县典史。善长，登第，以世乱弃功名，携庶母奔定远，附居于叔父缘应处业儒。不久回歙，隐居西灵山十二年，改姓胡。元至正十七年(1357)，善长复游定远，仲夏，与侄思明邂逅朱元璋。从此，为明朝积极效力，以功累封。善长生四子，长子思诚荫国公，娶胡惟庸女；次子思棋，尚朱元璋女临安公主，封金吾上将军、驸马都尉；三子思贵封龙骧将军，镇守西台；四子思宝封否未详，迁歙县章村，其后无考。

另一支迁歙县李姓系出唐僖宗李儇（原名俨，封太子后名儇，李氏谱仍载为俨）。“之子不凡道第一，乃称道德并天起。垂久伟人代不绝，斯牧奇才世无比。隋炀无道纲纪坏，弑父灭伦何足齿。唐宗高祖天降生，奋起义师来与争。圣主贤臣社稷平，从此干戈息甲兵。世民英俊号金龙，四海百州皆服拱。女照武氏奸佞邪，不以李氏统承奉。出亡昆季窜东西，俨公南村止驱驰。长安脱厄匿古歙，歙邑始有李氏支”。俨传十五世维元延祐间(1314 ～ 1320)以进士官县令，卒于任，葬于歙县县城定光庵侧，后人尊维为迁歙县一世祖。李维传二世德华先居歙县东山营，生三子大宝、二宝、三宝，德华后携三宝转迁南村（今属北岸镇）。大宝生二子晞桂、晞相，晞相生子德，德携子求政自东山营徙歙南六甲岭金竹头（今金川乡金川村）。[①]

“唐宋以来簪缨盛，元明他徙族繁衍。先是播迁梅岱地，桥川继以卜成基。茅檐石室倚山筑，势列盘桓张四维。千岩万壑黄山脉，垅秀峰清防寨来。文化继良来辟世，大虫虎豹类群堆。”求政居金竹头，生三子长兴、长富、长茂，肇开族系，后人建祠德懋堂，尊德（德胜）为世祖。宗祠编有轮祚排行字“长玄太育，文继良启，茂定兆裕，德奕世其，时隆有光，学知可达”。求政长子长兴传三世育槐，生三子文德、文仲、文化，皆自金竹头外迁。文德迁白石源王金山（今街口镇黄荆山），文仲迁金竹坞（今属金川乡），文化约于万历末年(1616 ～ 1619)先迁梅岱坑（今属小川乡）。文化生四子继明、继惠、继龙、继华，长子继明留梅岱坑袭业，后人与迁入的同宗文佳

① 胡武林：《歙县志》，黄山书社，2010年，第1383页。

派裔合建支祠怀德堂。文化带其余三子居桥亭山（今属小川乡），后三子皆为虎所害，唯次子继惠生一子良恒延脉。良恒生六子启光、启明、启正、启大、启茂、启盛。启明孔武有力，投师绩溪学捕虎技，杀虎以保山庄，兄弟合建李氏祖庙。良恒中年识桥亭山下凌家坞田畈为吉好阳基，遂设肆于凌家坞，允许凌氏买货挂账。日久，凌氏无钱还账，送以田产基业抵账。约清乾隆初，良恒携家自桥亭山迁居凌家坞，后建成宗祠修爵堂，后人尊良恒为发祥祖，启光六兄弟为六大房祖。六大房皆繁行，以长子启光、次子启明二房为盛。启光生六子茂隆、茂兴、茂广、茂智、茂儒、茂槐，茂兴、茂广二子失传，余四子皆行，又以长子茂隆房为盛，传三世曾孙16人，延脉15人。启明生四子茂文、茂榛、茂材、茂权，传三世曾孙52人，有传41人，至民国十年(1921)抄订谱成，启明房茂权、茂材，启正房茂彩三支已在凌家坞延脉十世（溯金竹头十八世）。凌族式微，遂改凌家坞村为临街坞，雅称临川。[1]

桥亭山李氏祖庙仍袭用金竹头祖祠德懋堂轮祚排行字。清嘉庆元年(1796)，临川修爵堂将“兆”字以后排行字增改为“裕德，奕世其大，斯为有光，学之可达”，并续编“守成基业，永振家声，承先厚泽，立志克绳，忠贞治国，孝友惇伦，光明至道，庆衍云仍”。2005年衍至“为”字，上溯良恒已在桥亭山、临川延脉十三世。

桥亭山（雅名桥川）位于歙南小川乡。村居后有彭泽尖、杨柳尖双峰耸峙之秀，前有石耳山、云头山山麓环抱，东有凤桐岩、大垅降屏山作障，与梅岱坑毗邻，西有仙人跑马层峦耸翠，与木花背接壤，南下五里即达临川，石板路逶迤悠长。村中四条小街道，全部青石板铺路，都是东西走向。小街之间有左、中、右三条纵道连通，来往十分便利。李良春《自述新传》有《桥亭山竹枝词》一首云：

连云带岭路崎岖，绕道回还达故居。近水依山支大厦，苍松古柏号三间。
自从文化初开辟，虎窟鳞巢类可危。不是伟人来治世，而今安旺子孙宜。
山川势列峰奇秀，草木皆春日向阳。徘徊一望云千里，四顾山冈及万方。
深谷幽泉水一溪，润能解渴赖提携。冬暖夏凉称宝涧，天公不雨也平堤。
溪边里许普陀岩，感格神仙万姓安。妇孺来朝真面目，何须南海把经看。
良田虽少陌阡连，美地栽培万物妍。东来有李丁居盛，西去吴村甲第传。

---

[1] 胡武林：《歙县志》，黄山书社，2010年，第1383页。

六四源中第一村，村中望重读书人。太公垂训诗书乐，高祖遗言事顺亲。
梅岱村中鬼谷仙，占人凶吉卜真传。过去未来先便晓，下能知地上知天。
资阳门外资阳乡，北海流芳北海扬。派衍东山绵世久，族接西陲泽孔长。
君子忧道不忧贫，文章逾老逾精神。秋闱笔扫魁多士，对策年高悦紫宸。
公精楷法擅钟王，纸贵皇都重洛阳。鸡林上苑都争羡，诚于梓里足争光。
不羡文章只羡公，不入词臣五马封。初荣直隶饶阳县，政治廉明李郭同。
六邑文章号采芙，紫阳屡拔在超图。感怀落地孙山外，才如班马枉工夫。
文衡为国拔真才，经济文章李氏培。大儒硕士称之伯，仰慕高风悦远来。
性情慷慨志诙谐，善于人交恶去怀。读书教子成名早，婿选周炯姚锡准。
闾门多士负华才，尽是钟灵毓秀来。羡珠有治安乡志，天乎不寿命颜回。
先公匡报仲连才，济困扶危志壮哉。排难解纷为己任，事无巨细莫辞推。
拓地开基事业隆，尝思祖德与宗功。四兆怀仁名溢外，一天报义在怀中。
一峰杨柳秀撑天，两水萦回护我川。父子子孙兄弟贵，都演藤黄阁上缘。
香茗云雾胜尧都，雾笼云蒸墨色涂。纹成波浪斑斓点，七碗风生旷世无。
长湾一岭路真超，曲径相通道里饶。桂树根头当歇息，上平坦上可逍遥。
一方出产物无多，四时栽植种嘉禾。柿子棠梨并白术，桐子皮漆与茶柯。
古今太息事殊悬，祖宗遗训置崖巅。贬正排良崇左道，喝雉呼庐鸦片烟。
主持中馈事勤劳，调羹作黍日终朝。耙地采薪何太苦，男闲女碌事蹊跷。
慨叹吾徽乃妇人，不织而农太觉辛。裙布荆钗粗检着，云鬟雾鬓略梳匀。
东边古庙众神祈，西有牛眠马鬃基。高阜势来龙委婉，低环水去曲流奇。
三山二水夹溪流，小石头驼大石头。古柏时闻猿鹤唧。老松常听鹧鸪啾。
目今风俗不如前，世事都非尽变迁。当年先祖遗儿训，化为海市镜花缘。
女未笄兮先出阁，儿未冠兮已标梅。原为儿又生儿早，大抵时风因此开。
筵开新式也从丰，礼定先公未足隆。莲子杯中金谷酒，膏粱压倒状元红。
新人新到闹新房，贺郎贺卺贺红妆。嚼虮咬蠦厌子话，令人笑断肚中肠。
湾有长湾与细湾，斜阳日没路途还。小垅外穿大垅外，杨柳山崇防寨山。
不惜今人惜古人，开基创业事艰辛。文化良恒诚英杰，定璋兆天又裕麟。
巍巍庙貌号龙蟠，赫赫尊神七主坛。保障一方皆被德，兆民共戴圣神看。
一庙俨然始肇基，五神卫列镇东西。原为保卫村民事，采石流光此所宜。

小川八里即临街，举头一望是吾家。白水青松为保卫，兹因地险走龙蛇。
茂林亲密上高山，横斜曲径水声潺。目极家乡如紫阙，身临闾里似天关。
几间白屋几人家，智水仁山感物华。栗树磡头峰突兀，细弯坑脚木参差。
半耕半读半生涯，不是诗家即酒家。唐尧二世何劳问，垅上遗宗许可嘉。
为商为贾古来稀，始则观来继惯痴。足底辛劳身北皖，一生都在浙东驰。
静坐闲窗编竹枝，搜罗今古事纷披。人物山川都点缀，无非点与后人知。
搜寻几首俗言诗，梓里歌传作竹枝。要问竹枝谁作者，便是痴儿号惯痴。

这首竹枝词道尽了桥亭山的地理地势，灭虎开基，宗族繁衍，风土人情，特产风物。桥亭山是“六四源中第一村，村中望重读书人。太公垂训诗书乐，高祖遗言事顺亲”的耕读之家。因为村中山势险要，山多田少。男人大多外出经商讨生活，村中耕种以女人为主，“耙地采薪何太苦，男闲女碌事蹊跷。慨叹吾徽乃妇人，不织而农太觉辛。裙布荆钗粗检着，云鬟雾鬓略梳匀”。桥亭山风景秀丽，物产丰盛，以茶叶、桂花、柿子、生漆、药材为主产业。“香茗云雾胜尧都，雾笼云蒸墨色涂。纹成波浪斑斓点，七碗风生旷世无。长湾一岭路真超，曲径相通道里饶。桂树根头当歇息，上平坦上可逍遥。一方出产物无多，四时栽植种嘉禾。柿子棠梨并白术，桐子皮漆与茶柯”。所以外出经商者也以经营这些特产为主。

李良春出生于咸丰十年（1860），其时正是太平军和清军在徽州大战正酣之时。李元度领湘军三千人徽城。徽防兵勇，统归李元度管带。八月二十日，张芾离徽。二十二日，太平军李世贤、杨辅清、练业坤、范汝增、黄呈忠各率部数万，声势浩大，从绩溪出发，攻夺徽歙两城。二十四日黄昏，太平军抵城下。李元度接防仅数天，不意太平军突至，猝不及防。入夜，火光烛天，炮声鼎沸，太平军由府城北门而入。二十五日黎明，太平军已纷纷上城。清军守将裴成文阵亡。攻城之际，曾国藩曾另遣三千援军来歙，亦不敢撄其锋，

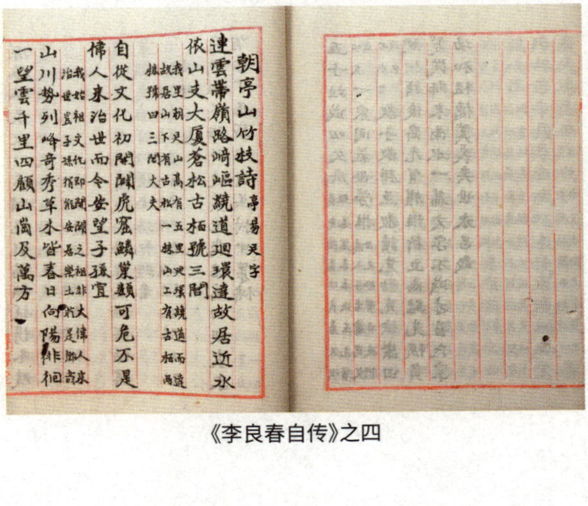
朝亭山竹枝詩
連雲帶嶺路崎嶇繞道迴環達故居近水
依山支大廈蒼松古栢號三間
自從文化初開闢虎竄鱗叢頗可危不是
彿人來治世而今安望子孫宜
山川勢列峰奇秀草木皆春日向陽徘徊
一望雲千里四顧山崗及萬方

《李良春自传》之四

临夜退回休宁。李元度知不可御，率残部仓皇弃城逃往浙江开化。太平军得徽歙两城，旋克休宁城。数日之间休歙并陷。至此，宣、歙、池、睦四州皆陷。才有“痴生不幸遭魔世，适值洪杨浩劫年。逃亡不怕途多险，儿行不得累娘怜”。

“痴年弱冠，奉父母命。经商就贾，抛守砚田。父母叮咛，兄嫂周旋。扁舟一叶，迢递百川。时维巳月，岁属酉年”。癸酉年为同治十二年（1873），李良春十三岁，正是“前世不修，生在徽州。十三四岁，往外一丢”的年纪。“负笈四明，务兹茶漆，我艺德新，先生吴仲，师兄作民。教之以矩，敦之以勤”。习业于宁波后塘街周德新漆店，拜下坝人吴三多仲尧为先生，深渡人胡启顺作民为师兄，周观喜礼贤为副先生。

由于歙县南乡盛产茶叶、生漆等作物，经营这些特产的商人众多。徽州歙县南乡有民谚云“周漆吴茶潘酱园”，“周漆吴茶”意思是歙南周邦头的周氏，主要从事漆业经营。在明清时期，“徽严生漆”闻名遐迩，徽商在江南各地开了很多茶漆铺，亦即兼售生漆的茶叶店，其间所售生漆也就是“徽严生漆”。除了周氏经营漆业之外，歙县南乡的吴氏主要经营茶业，而大阜潘氏则在江南各地从事盐业和酱业经营。周邦头周氏代表人物周忠良、周友仲，民国期间二人分别在上海、绍兴开设周忠良记颜料号及利生裕庄。

周友仲，又名孝侯，字允仪。清末民国时歙县周邦头人，家世业商。父青晖和外祖父吴鸿泉分别在浙江经营茶漆店，友仲协理店务，每年赴四川、陕西、湖北等地采购生漆。民国初，周友仲在湖北老河口开设利生裕漆站，资金达 20 余万银圆。继又在杭州、绍兴临海、宁波等地新设恒升诚、永泉汇、同茂隆、新泰泉、泰丰、长吉漆店，生意兴隆，在徽州商界中享有“周漆吴茶潘酱园”之称。民国十九年(1930)，投股上海万里油漆厂股份有限公司，并总理该厂“帆船牌”各色磁漆在宁波的销售业务。民国二十二年（1933），赞助兴建临海至天合、长乐公路。抗日战争爆发后，商业受挫，遂归故里。后因参加同善会，被国民党

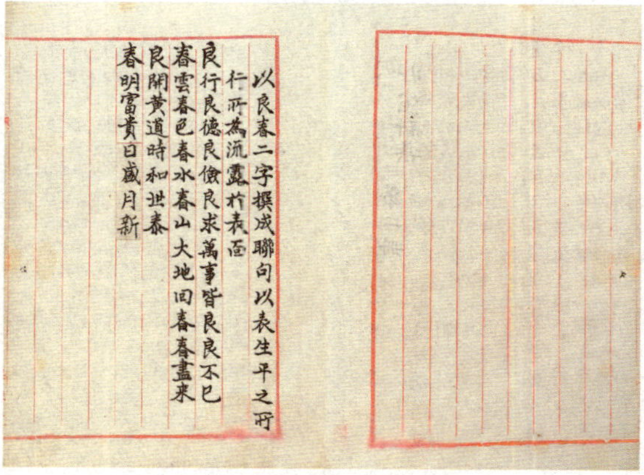
以良春二字撰成聯句以表生平之所
行所為流露於表面
良行良德良儉良求萬事皆良良不已
春雲春色春水春山大地回春春盡來
良開黄道時和世泰
春明富貴日歲月新

《李良春自传》之五

政府杀害。[1]

周忠良，又名亮，字良卿号宗良。歙县周邦头人，出生于浙江宁波。初供职于宁波海关，旋入德国爱礼司洋行宁波经销行美溢颜料号任译员。后独资开设谦益顺号，经营“贝士富牌”靛青蓝染料及糖、棉等土特产进出口贸易。清光绪三十一年(1905)赴上海，供职于德国廉信洋行，深得大班轧罗门赏识，后任买办。民国三年(1914)第一次世界大战初期，德商轧罗门离沪时，将廉信洋行栈存颜料折价赊销归忠良。旋颜料来源中断，日、美等国商人来沪抬价收购，颜料价格狂涨数十倍，忠良因存颜料数量大而成为沪上富豪。民国十三年（1924)，德国在沪成立德孚洋行，总揽谦和、爱司礼、裕兴、咪也、禅臣、礼和、拜尔、广丰等洋行颜料业务，忠良任总买办，成为德国颜料在华的总推销人。销量扩大，分支号增至200多个，资金400万元，时有“颜料大王”之称。民国十九年(1930),独资开设周宗良记颜料号,并投资金融业、房地产业，历任浙江实业银行、中国垦业银行、中国银行和中央银行董事。又投资工矿企业，有汉口既济水电公司、杭州电器公司、华商轮船公司、康元制罐厂、公和纺织厂、振丰毛纺织厂等。独资经营的有宗泰进出口行、镇东机器厂等，合资经营的有信余汽灯号、如生罐头厂、宁波恒孚钱庄，后改为银行。民国三十七年(1948)夏，移居香港，大部分资金转换到瑞士、德国。[2]

昌溪吴氏代表徽商吴亦炜在张家口设吴德祥茶庄，在宣化设吴德裕茶庄，在北京西单设吴恒瑞、吴祥瑞茶庄等。吴炽甫子承父业，扩大规模，形成收购、加工、窨花、批发、零售一条龙，经营地域遍及皖、浙、苏、闽、赣、鄂、冀、辽、京、津、广大地区。昌溪吴氏在杭州有吴恒有、吴元大、吴永大、吴德大、同和泰、同和协、天丰、天一、亨大等众多茶号。李良春在14岁时，即往宁波周德新漆店学徒，开始其商旅生涯。

李良春30岁所作的《客外感怀无题杂韵》云：“负笈从师拜仲尧，赖我家兄李凤韶。三十年来依甬水，四明聊寄到今朝。”说明他自13岁到宁波周德新漆店学徒，三十年来一直在漆店做事。此时店中掌柜是姚锡淮，字沛卿。“沛卿当道，执政专权”。在这种情况下，多年寄人篱下的生活，显然不是李良春所希望的。于是，他自立门户，

① 万正中：《徽州人物志》，黄山书社，2008年，第185页。
② 万正中：《徽州人物志》，黄山书社，2008年，第188页。

自主经营。李良春在光绪二十七年（1901）41 岁之时，自立门户，在宁波开张“李二妙墨店”。“竟于辛丑之岁，不得已而改弦易辙。别调风生，创革故鼎新之基，立知白守黑之业。置工精之器具，镌物美之墨宝。悬李二妙之牌记，招来市上之生涯。勤操日月，战守岁华”。光绪二十九年（1903），在独立创业之时，李良春似乎意气风发，有故乡之行：

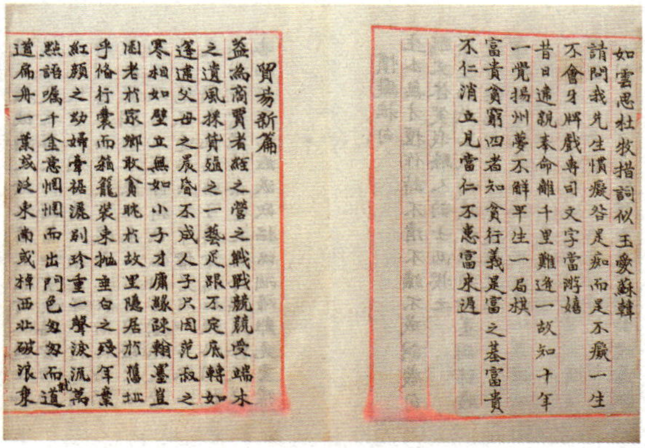

如雲思杜牧措詞似玉愛蘇韓
請問我先生慣癡答是痴而是不癲一生
不會牙牌戲專司文字當游嬉
昔日遠親奉命離千里難逢一故知十年
一覺揚州夢不鮮平生一局棋
富貴貧窮四者知貧行義是富之基富貴
不仁消立見富仁不患富來遲

貿易新篇

益為商賈者經之營之戰戰兢兢受端木
之遺風揉貲殖之一藝足跟不定底轉如
蓬遠父母之晨昏不成人子只同范叔之
寒相如壁立無如小子才庸疏輸墨豈
困老於家鄉敢貪眺於故里隱居於舊址
乎偷行囊而籍寵裝束拋韭白之殘年棄
紅顏之幼婦章楊漾别珍重一聲淚流萬
點語囑千金意悃悃而出門色匆匆而道就
道扁舟一葉或泛東南或棹西北破浪乘

《李良春自传》之六

惯痴一生作客他乡，并未一游徽郡。兹于癸卯春，稇载而归，不惜寸阴。偕同四弟立春，遨游歙休二邑。遍历名城，周观胜景，而屯溪最为徽郡六邑一大都会。痴将名区巨郭，编作竹枝付诸涛笺。遂使张张可考，件件可追，如临斯境也。

惯痴走入去屯溪，夏日炎天道路犛。小洲王篦通渔圻，洋村渡过郡之西。
屯溪市镇闹嚷嚷，好似申江歇浦场。四通八达江淮地，丁男子女仗茶商。
客到屯溪三日留，广陵游子把家浮。万间烟火凭高望，世界俱然一眼休。
行来龙富有邻乡，响遏行云音远飏。但听陈春和一曲，其声胜似汉官商。
日落西山到孟街，先投驿旅后餐怀。和调五味诸般贵，楼留一宿夜无佳。
又行又止到休城，过眼留心事细评。只是路贫茶点贵，惟有娆娇物色春。
广厦千间与万间，当年烽火绝秦关。今犹一片悽怜土，行人难免泪添潸。
十里长街岩寺连，七层宝塔势昂然。遍游休歙诸桥过，造非人力赖神仙。
一村一郭快遨游，周历徽州旅唱酬。紫阳敲毕竹枝句。鸾园翌早便趁舟。

但是独立创业，又是自己并不擅长的墨业，小本经营，终是困难重重：“苦于成本不丰，致以生涯落寞。希图蜗角之名，难获蝇头之利。唯有守而以待天命，静而以待来时也。于是不得已，而收歇新张”“于甲辰年又重联主宾之谊”。甲辰年即光绪三十年（1904），独立创业的“李二妙墨店”经营三年，即告倒闭关张。新店生意失败以后，李良春依然回到周德新漆店。这时，姚沛卿已经过世，接任者是周松妹，字勉卿。“莫奈何而联旧好，仍是主宾欢洽，依然美尽东南”。这几句话也道尽了良春无尽的心酸和无奈。

至宣统二年（1910），庚戌年，李良春51岁，店中人员关系出现龃龉。此时，周德新漆店中有一“王静波者，每于东前，谗言诋毁，以直为曲，以是为非”，“几致主宾失睦”。于是，李良春“效那贤者作三进言而告退，以释东之惑”“于是年冬十月，决计整装，作返里计。以免东之疑虑，以显我一身清白”。良春在甬东旅邸作此五言章句：“新安一下士，桥川李惯痴。曾祖诗书授，先严商贾遗。栉风劳沐雨，戴月苦星披。江东生毕业，知授仲尧师。三冬工足用，廿稔学嫌卑。虚掷光阴过，空留岁月期。五十年颠簸，四十载奔驰。一关牙数落，两鬓白如丝。身世飘零感，平生少已知。患难无兄弟，贫穷朋友离。英雄嗟末路，男儿叹运差。时势诚如此，艰难无已时。”结束近四十载宁波经商生涯。

李良春的宁波生涯虽谈不上成功，但毕竟在漆业行当浸淫多年，应该是一个合格的“职业经理人”。其在返乡后不久就受到周莲生的邀请，再次出山赴上海，从事漆业经营，“一生宾主两相投，海上成名独赖周”。上海经营漆业精彩纷呈，李良春作有《痴生商战春申七言三十二句》。这首七言虽是记述自己在上海的经商历程，但涉及清末民国徽州漆商在上海的经营史料，信息量很大，颇有解读之必要。

“仆曾贸易春申浦，痴生发起首先倡。光绪中兴将末业，由来已近廿年长。”李良春说自己是徽州上海漆业经营的首倡者，似乎有自夸之嫌。“异地生疏原不识，友人知己邵明扬”。邵明扬是宁波漆司邵春福的儿子，在汉口为漆业经理，是汉口和上海两地漆业贸易的经理人，是李良春进入上海漆业的引路人。“小试其技初发展，同福二泰做开场。继则又有陆明来，指遵通商大股商。财聚源头红庙街，张万利与杨源昌。连年交际多兴盛，也是痴生面有光”。上海的同顺泰号和福泰号则是李良春初个经济来往的商号，后又得到陆明来的指导推广交易，得以进入英租界大马路红庙街张万利、杨源昌、丰凌福记、李慎兴号推销。于是，生意年年兴盛，自觉也脸上有光。“民国初兴纷寇起，跳梁小丑又猖狂。漆业帮中宵小辈，觊觎屡见窃群忙。大名鼎鼎张观寿，声著堂堂周氏郎。时世彼渠侵扰甚，几乎收拾不成行。李子坐筹帷画计，一鼓荡平两灭亡。当决之时则要决，宜防之处必宜防。战胜贼氛皆扫尽，丑惊虏惧杜为殃。可见营谋局不易，争名夺利费心肠。商贾江淮皆底定，经营可谓不荒唐”。随着生意的日渐兴隆，行业竞争加剧。裕新号的张观寿、周恒茂号的周孝治和李良春在漆业经营上展开激烈竞争。虽然李良春在自己的日记中直书心意，语言颇多不忿，但从中也可看出当时“周漆”在上海的地位，亦可见当时上海漆业竞争之激烈。李良春显然在上海也占有一席之地，并以上海为中心，生意发展到长江一带江北海门茅家镇和芜湖等地，因此亦不免有洋洋自得之情：“虚度年华六十秋，喜逢宾主两相投。自愧才无经济展，江淮商界小留名。”

这本自传记事截止的时间是庚申年，时年李良春61岁，为民国九年（1920）。花甲之年的李良春作《新题退思轩》云：“六秩春秋尚看鞭，风尘景象感无边。一生潦倒名场境，半世驰驱利禄牵。”61岁依然寄人篱下，为利禄驱驰一生，感慨万千：“异日卸肩归故里，他年休憩养归田。杖乡杖国称村老，知山知水乐林泉。儿孙绕膝承欢日，夫妇齐眉庆老年。上报先亲泥首地，望云稽首谢高天。”此时的李良春渴望回归家乡，夫妇齐眉，儿孙绕膝，享受天伦之乐。

(三)其他有价值的商业史料

第二卷《非蚩新集》中收《贸易新篇》一篇：

盖为商贾者，经之营之，战战兢兢。受端木之遗风，采货殖之一艺。足跟不定，底转如蓬。违父母之晨昏，不成人子。只因范叔之寒，相如壁立。无如小子，才庸碌疏，翰墨岂困，老于家乡。敢贪耽于故里，隐居于旧址乎。备行囊而箱笼装束，抛垂白之残年，弃红颜之幼妇。牵裾洒别珍重，一声泪流万点语，嘱千金意惘惬。而出门色匆匆，而就道扁舟一叶，或泛东南，或棹西北，破浪乘风，不顾波涛之险，水陆兼程。行人道上如蚁，征途之客来往，谓集如云。弃椿萱而抛大宅，使堂上朝夕忧心，南陔年小倚望，何时锁愁眉而不展，常怀念每于斯。再思闺中弱质，阁内名姝，由来五百年，前证三生而点头，有石蹇修柯伐，本同登鸳帐之台。月老凭缘遂好，共百年偕老。乃知三秋一度半载，春风噫嘻可怜命薄。红颜终朝抱恨，对镜惊飞忆，秦台之月冷，蛾眉惨淡嗟，杏面以容枯，红泪欲揾以咽啼。难免重襟沾湿，未几相聚而忽散，必使满座欷嘘。而两地相思，翼分南北，盘旋万里，窎远程途。每思鸿雁传来，眼穿欲望，鸦鸣犹恨，鹊噪无歉。愿贤妻坐怀有孕，多思六甲，早添祥呈。麟趾三年一会，父子面面相觑。半夜联欢，妻孥盈盈欲笑。踏遍天涯只为蜗角虚名，远涉江湖为却蝇头微利。备尝辛苦，戴月披星，遂抵扬子江头，春申海市。或借迹亲朋，或托登客栈，举茗邀宾聊诉，一枝之托，有门斯觅。无路难投，设有一线之机缘，遂投季子之幕下，三三两两陈上佳言。叹年华之易老，嘘日食之难逢，箱笼典质抚惜囊空，回思清风两袖，运无一通。冯欢有怀糊口，阮籍太息涂穷，谁衣衫自勤浆洗，还需烟剃之零。而绘思筹策，告贷门空，谁有管子之才，绝乏鲍叔之义，状难喻言恐。将来落魄天涯，羞作道旁之汉。倖遇褅袍高谊，竭诚力尽吹嘘。获得柜枱一任，又恐老者刁难，深怕少者奸猾。主顾频来笑面欢呼，买卖随机应点，无错算盘乡结。连环齐飞手指，番佛花纹精细，参透毫分。同伙通融，一团和气，画起三餐，碌碌忙忙呀。向晚夜眠，一梦寒衿，屡逼倦吁吁从兹。否去泰来，愿栖身之永托，惟谋遂之久长。小子志高，云表丈夫。气卷四方，守七尺之柜上，把一店之事。忙楚馆秦楼，休时依恋花街柳巷，尽释迷肠。他方沦落异域，悲伤主宾。既洽朋友联欢，无须远虑安定心肠。多金积蓄，贮满笼箱，归舟满载，踊跃还乡。置得膏腴几亩，创得大厦数间，小康既卜，光耀村坊。父子得天伦之乐，夫妻诉闺内衷肠，兄弟俱伸快意，叔伯满座高谈。我问家中景况，他道外面风光。大抵人生乐事，无非骨肉团圆，快何如之？乐何如之？试问作客诸君，忧哉乎？乐哉乎？

此篇佚名所作，由周君韫宝保存，李良春转抄。写尽徽州商人创业之艰辛。

本书二卷还有李良春自撰《四明竹枝词》一篇，用朗朗上口的七言之句把宁波的风土人情、景观物产、经济贸易写得通俗易懂，其文如下：

少时闻说苏杭好，惜未平生去一游。屈指计今三十载，萍踪依旧四明留。
囊内琴书搜几句，凭毫略略说明州。所陈什么言和语，诸君听我记从头。
灵桥门外大江桥，行人亿万急如梭。上落客商如蚁集，往来舟楫便随潮。
回头再顾半边街，广有奇鱼异蟹虾。布出西洋糖闽省，四通八达大生涯。
江北岸又客商多，江天上海驶宁波。三百女间靠鬼势，一关设立密搜罗。
黄鱼鸟鲗麦秋多，南阳北海浪鲸波。来往艨艟艘不计，东西纲具密如罗。
枇杷门巷尽妓兮，高张艳帜引人迷。若言色艺无双品，名花解语让江西。
舟山镇海浪鲸波，禅念弥经渡普陀。了愿烧香二六九，释杖纷来拜洛伽。

迎赛郡神四月中，灵中圣诞葛仙翁。空带一竿银子转，满怀添兴驻江东。
天然国色好丰姿，花样翻新赶及时。品妍斗丽评南国，淡妆浓抹赛西施。
佳人复说又何由，莲步姗姗多木头。白发老娘犹傅粉，红颜少女不关羞。
婚娶不分贫与贱，花轿俱宜五岳朝。曾言昔日康王典，凤冠霞帔配鸾姣。
一种民情可叹它，典妻质妾俗人家。不知此典由何出，卖妇如斯世道嗟。
转过江东三眼桥，回环曲折任逍遥。若问送娘何娘子，结伴同游赏朝□。
天后宫中圣母神，城隍庙里一般新。延庆当推入寺首，广福庵尊第一春。
开明山接湖西水，曲水回还伴月湖。一郡玉堂金马贵，富多惟李与杨乎。
耶稣天主福音堂，异教传来自外洋。可叹中朝愚妇子，堕其鬼术眼睛丧。
重重转去又南郊，石碶栎社段塘跑。打船织席穿渔网，男女工勤月上梢。
设防御敌寇氛来，一塔岿然势壮哉。清洁体仁多善后，荷花池预亢阳开。
无事时常编竹枝，啰嗦偏有许多知。若问竹枝人作者，便是新安一惯痴。

本书第四卷《游艳新编》收有佚名所作《新安赋》一篇。《新安赋》历代文人多有涉及，存世篇目繁多，但多是寄情山水。此《新安赋》为新安商人所作，以商人的视角作此赋，亦别有风味。“新安赋相传久已，广播商人而笔墨淋漓，洋洋洒洒都切心怀。作者一片锦心，惜哉大名不传，徒令后人心忆乃尔”。录文如下：

新安故郡，古歙重城。山明水秀，人杰地灵。履黄山而登白岳，然多画阁朱棂。游练水以玩秀溪，不少茂林修竹，试看一村一落，咸居万户人烟。某里某乡，悉是千年宗族。素称胜地，宿号名区。居是邦者不亦乐乎？奈无良田万顷，空于大厦千间。身生居于故国，常作客于他都。别堂上高年父母，泪自涟涟；抛闺中弱质妻儿，心犹悒悒仆仆。风尘别故乡而径去，依依杨柳向异域以驰驱。将见下渔滩、过箬岭，渺渺兮烟波，苍苍兮云影。或四海以寄萍踪，或三江而投市井。夕阳古道，虽怜帽影鞭丝；海角天涯，自叹楼霜店月。心或不安，谁心知而谁问？衣垢欲浣自为洗，而自为浆。数载方归，红粉佳人，闺阁守有夫之寡；半年又别，青年子弟，道途充无罪之军。嗟乎！春华绕地，飞扑征衣。夏日炎天，遍蒸行李。秋风秋月，惊满目之金风；东冷冬梅，飘一鞍之瑞雪。风花雪月，总是难情。云雾山川，都非乡景。看人家美景良辰，家家欢乐。惟我辈披星戴月，日日忧愁。若觅一枝栖止，告友求亲。纵得数两微资，千辛万苦。主宾相得犹可延留，情意不投又寻栖止。惟以克勤克俭，苦自求谋。岂可嗜酒耽花，甘为流荡存心。货殖堪追木之风，立志经营好学陶朱之富。虽非登云折桂，也能纳粟成名；虽无积玉堆金，亦可兴家立业。一朝捆载，忆昔日之愁容；千里言旋，得此时之乐境。入里门，亲朋问信到家庭，僮仆欢迎。父子相亲，叙天伦之乐事；弟兄和悦，看荆树枯荣；夫妻叙会，儿女团圆。岂非转忧而为乐乎？

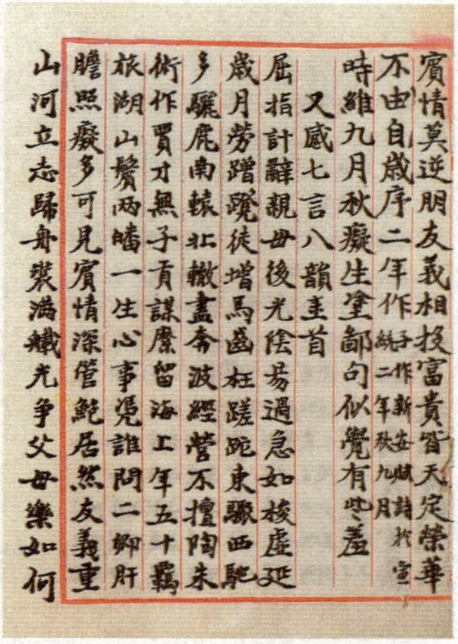
賓情莫逆朋友義相投富貴皆天定榮華
不由自歲序二年作（此二年秋九月作新安賦詩於寓）
時維九月秋癡生塗鄙句似覺有些羞
又賦七言八韻圭首
屈指計離親毋後光陰易過急如梭虛延
歲月勞蹭蹬徒增馬齒枉蹉跎東騾西馳
多驪麀南轅北轍盡奔波經營不擅陶朱
術作賈才無子貢謀羈留海上年五十羈
旅湖山鬢兩皤一生心事憑誰問二卿肝
膽照癡多可見賓情深管鮑居然友義重
山河立志歸舟裝滿載光爭父母樂如何

《李良春自传》之七

(四)小结

李良春自传四卷，前两卷多介绍生平和经商事迹，后两卷多是出入风尘之地的猎艳之作。其间也有当时国家重大事件的记述，有写中法战争的《刘永福将军事略》、中日战争的《中日构衅愤言十七绝》、八国联军战争的《记庚子年事》。此书真实记录李良春自己的一生，李良春的一生，生于乱世。初读了几年书，就外出学徒经商。在宁波周德新漆店从学徒到经理，历三十余年。期间曾短暂地自立门户，开设“李二妙墨店”，三年后新店关张再次回到周德新漆店，至 51 岁时离开漆店。后为周莲生所请，赴上海继续从事漆业经营，至 61 岁依然在商海遨游。李良春一生坎坷，四处漂泊，兢兢业业，穷其一生也未能大富大贵，但也“位卑未敢忘忧国”，对国家和自己都充满忧虑。他是千千万万徽州中小商人的典型代表。

该书中结尾是李良春所作《新安赋诗七言八韵一首又五言十六韵一首》，正是对他自己一生的最好总结：

新安六邑嶂层莪，经商两浙客蹉跎。生因栽种田园少，子为诗书又废科。
一肩行李违亲泪，千里抛妻别恨多。故乡山水情犹感，客中风光觉眼过。
托足苏州与上海，置身吴楚又宁波。研究生漆制退光，工精茶叶选松萝。
远游货殖锱铢蓄，归唱陶朱富庶歌。父子团圆诚可乐，夫妻相会谓如何？

子系新安士，不会觉文章。只念家资薄，因思计富方。虔诚托妻子，竭力奉高堂。舟发由屯渡，鼓浪棹钱塘。家杳兼乡杳，山长亦水长。处处经商境，村村贸易场。杭州都会巨，上海大洋行。当店与布店，茶商又漆商。中外名场夺，欧亚利争忙。最著徽人贾，优誉冠西洋。风花休觉眼，雪月少沾肠。莫效浮华子，毋耽轻艳娘。彰身宜俭饰，服是卸装朝，野服是邪装。朝夕关心事，艰难念不忘。归舟装满载，踊跃快还乡。一家骨肉乐，百叩祖宗光。

第三节　新安商业文献的价值

新安商业文献种类极多，不管是行商的路程指引、提高修养的杂字百科全书，还是行业的经商技巧，经商准则。都是出自新安商人之手，是商人在商业江湖中切身体会到的经验。这些商业文献能帮助商人熟知路程知识，不但能缩短运输时间，减少运输费用，确保人身与货物的安全，而且可以避免购销过程中的盲目性和被动局面，以及与客户相互沟通的困难，从而在商业经营中能做到有的放矢，无往而不胜。

新安商人贾而好儒，尊重商业道德，编订了“士商规略”和“士商十要”等行商的基本准则。如商业道德方面，“高年务宜尊敬，幼辈不可欺凌”；守法方面，“凡出门，先告路引为凭，关津不敢阻滞，投钞不可隐漏”；交接应对时，“务宜察颜观色，必要避恶向善”；安全方面，应“早歇晚行，逢市可住”；行情方面，“既走江湖，须知丰歉”；时机把握方面，“迎头快者不可买，迎头贱者不可停”“买卖莫错时光，得利就当脱手”等。这些反映徽商的经营理念，如崇尚信义、以义取利、追求效益、加快周转、注重质量、讲求信誉、重视信息、知人善任等，对于提升整个新安商帮的经商水准和道德水平有很大的作用。同时，也仍然值得当下从事工商业者借鉴。

新安商人的日记自传，是极为珍贵的第一手史料，它没有经过文人的加工和渲染，是新安商人内心的真实写照。这类文献所保存的社会史、文化史，以及商业史材料，可以补正史之不足，对新安商业史和社会史的研究有重要意义。

第三章　新安家谱文献

第一节　新安家谱文献概述

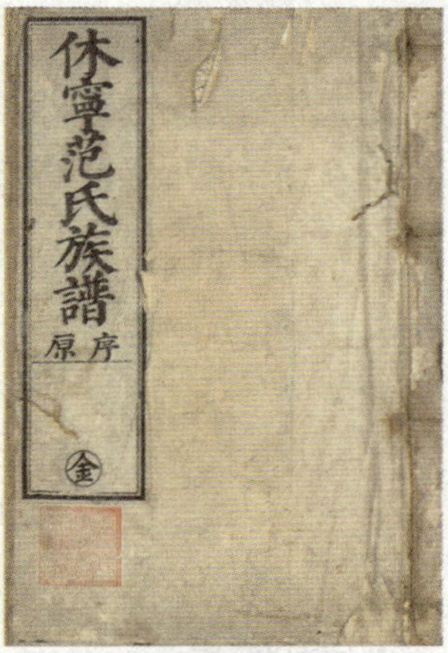
《新安家谱》之一

家谱名称繁多，据谈家胜研究统计，有谱、家谱、家传、家乘、世乘、宗谱、本宗谱、开国宗谱、正宗谱、正宗谱派系、孟宗谱、大成宗谱、本宗信谱、大宗谱、谱书、谱传、谱略、典、家典、族谱、族谱正宗、世纪、世系、世系图、世系考、录、思本录、敦本录、具征录、世谱、流芳世谱、宗支世谱、会编世谱、正谱正宗、渊源谱、渊源录、正脉、统宗谱、统会族谱、统谱、总谱、统宗图谱、统宗志、统会大宗谱、统宗补正图纂、统宗列派迁徙注脚、会通谱、通宗世谱、会通世谱、通谱、会通族谱、合谱、先茔便览、祖茔疆理图、墓谱记录、墓祀图、墓谱、祖墓四至图、祠谱、祠典等，共计60种。皇帝的家谱称玉牒，如新朝玉牒、皇宋玉牒等。

一、什么是家谱

什么是家谱？先儒对这个问题有大量论述。刘知几《史通 · 杂述》载："若扬雄《家牒》、殷敬《世传》、孙氏《谱记》、陆宗《系历》，此之谓家史者也。"王世贞《弇州四部稿 · 荣泉李氏族谱序》称："夫谱，家史也。"婺源《溪源程氏势公支谱 · 上溪源里门续谱旧序》记载："族之有谱，犹国之有史。史以纪一代之始终，谱以叙一姓之源流，其体一也。始终备而是非存焉，源流具而亲疏别焉，其用同也。是故国无史则千载之下无公论，族无谱则百世之后无定伦。无公论而公理之在于人心者，犹不可泯也；无定伦则礼教不兴，人心日晦，而风俗日偷，其弊有不可胜言者矣。甚哉，谱之不可以不作也。"[①]《歙西溪南吴氏世谱》说："家之有谱，犹国之

① 婺源《溪源程氏势公支谱》，影抄明嘉靖刻本。

有史也。国而非史，则君臣之贤否，礼乐之污隆，刑政之臧否，兵机之得失，运祚之兴衰，统绪之绝续，无由以纪。家而非谱，则得姓之源流，枝派之分别，昭穆之次序，生卒之岁月，嫁娶之姓氏，出处之显晦，无由以见。国何以治，而家何以齐哉？”[1] 梁启超在《中国近三百年学术史·谱牒学》中指出：“族姓之谱，六朝唐极盛，宋后寖微，然此实重要史料之一。例如，欲考族制组织法，欲考各时代各地方婚姻平均年龄、平均寿数，欲考父母两系遗传，欲考男女产生比例，欲考出生率与死亡率比较，……等等无数问题，恐除于族谱、家谱外，更无他途可以得资料。我国乡乡家家皆有谱，实可谓史界瑰宝，将来有国立大图书馆，能尽集天下之家谱，俾学者分科研究，实不朽之盛业也。”一言以蔽之，所谓谱牒，就是家史。记载某个姓氏家族子孙世系传承之书，具有区分家族成员血缘关系亲疏远近的作用，是中国古代宗法制度的产物。

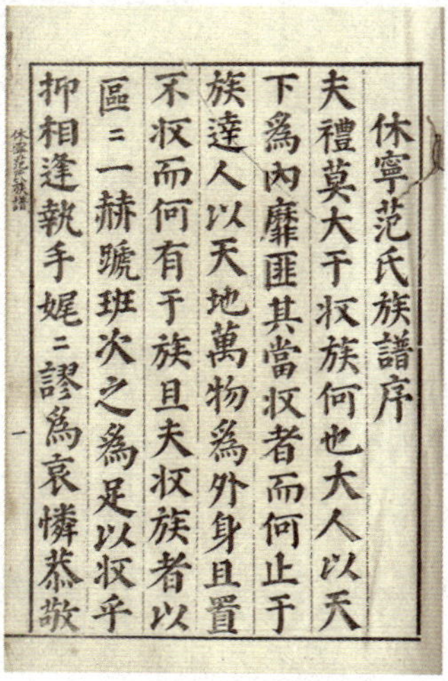
休寧范氏族譜序
夫禮莫大于收族何也大人以天
下爲内靡匪其當收者而何止于
族達人以天地萬物爲外身且置
不收而何有于族且夫收族者以
區ニ一赫號班次之爲足以收乎
抑相逢執手娓ニ謬爲哀憐恭敬

《新安家谱》之二

家谱是以记载父系家族世系、人物为中心的历史图籍。汉代时，南北的经济文化交流使族谱文化也得以流传到全国各地。汉时，社会上出现有《周官》《世本》等谱学通书，继而又出现了《帝王年谱》《潜夫论·志氏姓》《风俗通·姓氏篇》等谱学著作。到魏晋南北朝时，门阀制度盛行，家谱成了世族间婚姻和仕宦的主要依据，于是便迅速发展起来。魏晋时期，编撰谱牒的主要目的是维护门第。由于门第与选官有直接的关系，因此政府也参与其事，官府组织编修谱牒。隋唐五代后，修谱之风从官方流行于民间，以至遍及各个家族，出现了家家有谱牒、户户有家乘，并且一修再修、无休无止。因此，每次修谱也就成了同姓同族人之间的大事。编纂家谱的目的主要是为了说世系、序长幼、辨亲疏、尊祖敬宗、睦族收族，且比较关注亲亲之道的提倡。

宋代的家谱是在一片废墟上重新建立起来的。唐末五代的战乱，使原来记载士族门第高下的谱牒大多化为灰烬，而在战乱中崛起的新贵往往因为自己原来的门第并不高，也不愿提及自己的先祖，重修谱牒。由于没有谱牒的记录，家族的世系开

① 《歙西溪南吴氏世谱·叙》，明末清初抄本。

始变得模糊不清，人们对自己的父祖兄弟还能知道得清清楚楚，但是对自己的祖先就不知道了，对家族中世系稍远一点的亲戚也有些分不清了，不知道相互间是什么关系。宋代修谱关注的重点在于“尊祖敬宗收族”，在于鼓吹“尊尊亲亲之道”的伦理道德教化功能。由于与选官没有关系，官府自然不再过问，因此宋代以后都是民间私人自行修谱。随着家谱政治功能的消退，家谱逐渐从官府、从世家大族走向了普通百姓。

二、新安家谱体例

所谓家谱体例，简而言之，就是家谱的编写格式。具体地说，就是指谱书表现自身内容特有的、不同于其他著作的体制形式，主要包括体裁、格局结构和文字表现形式等。家谱的体例和内容有密切联系，从而又与编纂宗旨、指导思想、谱书特点等有密切关系，并受其制约。家谱体例是家谱有机整体中一个极为重要的组成部分，是表现家谱基本面貌、体现家谱风格特征的体制形式。家谱的体例，是家谱在长期的发展过程中，逐渐成熟完善起来的。

先秦时期，中国家谱处于始创阶段，其时家谱的体例都非常简单，一般都只是按照世系的先后，简单地叙述宗族人名，交代人物的世系关系。汉代，中国家谱进入发展时期，家谱的体例也有新的发展，这表现在记事范围有所扩大。汉代家谱不仅记世谥（即人名），而且记得姓的起源，不仅记字号，而且有官位者还记其官位。

魏晋南北朝时期，家谱体例又有新的发展，表现在两个方面：第一，婚姻集团的综合家谱开始流行。魏晋南北朝时期，门阀制度盛行，豪门士族在政治与婚姻上享有极大的特权。此时家谱的纂修宗旨是用以选官和缔结婚姻。为适应这种修谱宗旨的需要，以一个宗族为中心，同时记载婚姻集团的世系人名、官位的综合家谱就盛行起来，这样，家谱的记事范围又有了进一步扩展。第二，在书写形式上，一般是分行写，也有的是连行写，每一代低空一格。

宋代是我国家谱体例发展最为重要的历史时期，家谱体例发展到此时已基本定型。北宋时，政府已罢谱局，每个宗族都可自行修谱，政府不加干涉。许多文人学士对修谱活动都热情很高，他们不仅亲自参与修谱活动，而且亲自创制谱例，如欧阳修、王安石、司马光、曾巩、苏洵等，其中尤以欧阳修和苏洵影响最为深远，他们所创立的谱例，并称为“欧苏谱例”。后世修谱“动引欧、苏谱例”，因而成为私谱体例之圭臬。

新安家谱数以千计，在编修家谱过程中，尤为重视体例的继承。而构成宗谱体例的一个重要部分就是对正史体例的模仿，这与新安江流域宗族社会对于家谱的认识是分不开的。新安宗族普遍认为“天下之谱即史，一家之史即谱”“家史犹国史也”。同时，他们还认为司马迁、班固开宗谱之先河。因此，新安宗族在修谱过程中有意识地仿照正史体例，尤其是仿照《史记》《汉书》的体例。王鹤鸣认为“宋代著名学者欧阳修、苏洵分别纂修《欧阳氏谱图》《苏氏族谱》，总结前人修谱例则，新创五世图式体例，人称‘欧苏体’，最为后人推崇，从而奠定了后世修谱的基本体例格局。欧苏开创的五世图式体例，对后世修谱影响之巨、之深、之久，在新安谱牒中尤为显著。”

明代，新安家谱体例总的原则仍然是参照欧苏谱例，但修纂家谱的体例、内容等都较之以前所修家谱有了许多的变化。但其发展的成分更为突出，这表现为以下三个方面：

第一，进一步突破欧苏谱例之局限。

明代，家谱不仅书五世之近亲，而且还书五世以外之远亲，由亲及疏，由近及远，一体共载，使谱成为百世之纲纪。前文已述，欧苏谱例不书生女，不书继娶，不书妾。明代的谱例则扩而大之，不少明代家谱，不仅书生女，而且书生女出嫁之夫名与官爵；不仅书继娶、书妾，而且妻妾并书，如若妾之子长，必位于嫡子之前；不仅妻妾并书，而且书妻妾之外家，颇有魏晋婚姻集团综合家谱之遗风。这样，就冲破了欧苏谱例的狭隘界限，更进一步地发展和扩大了欧苏谱例。从目前所见的家谱来看，家谱中有的增加了“凡例”“志”“录”“图”“列传”“附录”“世家”等新的内容。与以前的家谱相比，不仅增加了新的体例，而且内容更加丰富和翔实。歙县呈坎后罗氏家谱编修得就已相当完整。景泰三年（1452），淳安人商辂在《罗氏宗谱序》中说：“其谱法悉遵前代规模，祠厅有志，里居有文；规条有禁，风俗宜淳；父子有亲，君臣有义；夫妇有别，长幼有序，朋友有信；生卒有纪，婚娶有时；墓图有处，丧事有吊；继嗣相宜，昭穆相当；凡族谱之宜修宜补者，无不尽善尽美，而欲世世子孙无相忘也。”随后出现的家谱在内容上亦日渐丰富。以安徽中国徽州文化博物馆藏几部明代家谱为例，如余瑗于明正德元年（1506）所纂《余氏会通谱》内容包括新旧序、跋、辨、图、外传、外纪图、世系图、茔域图、卷末跋、后序。正德年间纂修成的《休宁文昌金氏世谱》内容尤为全面，包括序、凡例、列表、金氏本国、世系、事略、行实、行状、墓志铭、杂著、记、诗、赞、规约。明嘉靖三十四年（1555）朱世恩纂《朱氏统宗世谱》内容涵盖历代谱序、敕命、凡例、像赞、祠屋图、墓图、传、世系图。嘉靖三十七年（1558）黄桂、黄仁德纂《左田黄氏孟宗谱》，内容包括序、图、地理志、姓氏源流、世系、兆域志、文翰。隆庆六年（1572）许可复、许凤翔纂《新安歙北许氏东支世谱》吸收并总结了嘉靖以前所修家谱的有关内容，且有所扩展。该谱涉及历代谱序、目录、世系图、考、先世文翰、序、说、传、记、寿序、赋、诗、歌、词、挽诗、行状、赞、祭文、谱说、后序、领谱字号等诸项内容。

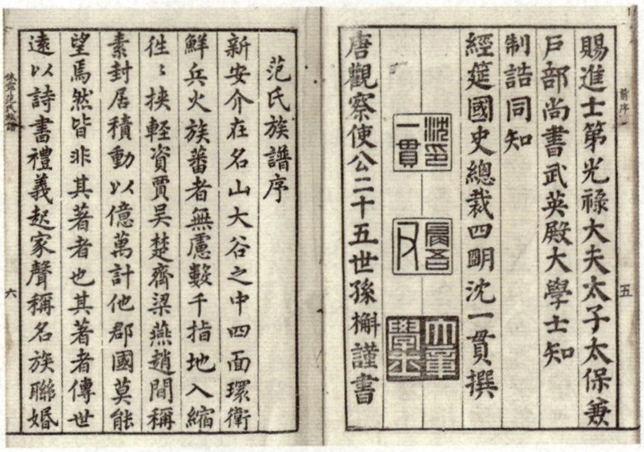
賜進士第光祿大夫太子太保兼
戶部尚書武英殿大學士知
制誥同知
經筵國史總裁四明沈一貫撰
唐觀察使公二十五世孫槲謹書

范氏族譜序
新安介在名山大谷之中四面環衛
鮮兵火族蕃者無慮數千指地入縮
仕々挾輕資賈吳楚齊梁燕趙間稱
素封居積動以億萬計他郡國莫能
望焉然皆非其著者也其著者傳世
遠以詩書禮義起家聲稱名族聯婚

《新安家谱》之三

还有如明汪道昆纂修的万历二十年（1592）家刻本《汪氏十六族近属家谱》10卷，仿《史记》体例，分为纪、世家、世表、传、志。如明万历二十六年（1598）程一枝纂修的《程典》，该谱采用史志体例，分序、凡例、系谱、表、世家、列传、志、图、录及附录，使内容更加丰富和翔实。明刻本《吴氏本枝墓谱》，各传均附墓图，别开生面。

第二，统谱的流行。

明代在扩展欧苏谱例的基础上编修的族谱，多半是大宗谱。随着修谱的普及和宗族人口的繁衍，这种大宗谱越编越大。至明中叶“会千万人于一家，统千百世于一人”的统谱，逐渐流行起来。统会宗谱的大量出现，主要是因为明代徽州社会承平日久所带来的宗族人口的膨胀，以及统治阶级对庶民修谱的放任、提倡。会通谱出现的时间略早于统宗谱。现存以“会通”一词命名的谱牒，有景泰二年（1451）程孟纂《新安程氏诸谱会通》、弘治十四年（1501）黄禄等纂《新安黄氏会通谱》、正德元年（1506）余瑗纂《余氏会通世谱》、正德四年（1509）毕济川等纂《新安毕氏会通族谱》、正德七年（1512）吴道进等纂《富饶吴氏会通谱》、嘉靖十一年（1532）吴斌等纂《新安休宁乾滩吴氏会通谱》、嘉靖十二年（1533）纂成的《新安岭南张氏会通谱》、嘉靖二十八年（1549）程鸣球等纂《十万程氏会谱》。据《新安黄氏统谱》之《谱例》：“会通之要，所以审迁派，究源流，归万殊于一本也。”会通者，即汇合各迁派、贯通其源流为一体之意也。[①]

第三，记事范围进步扩大。

明代确立以宣扬和实践“三纲五常”为修谱宗旨后，记载光宗耀祖的“恩荣”业绩，颂扬“忠臣孝子”“义夫妇”的不凡行实，就构成了家谱的一项重要内容。尤其是《孝女传》《烈女传》《贞女传》等妇女传记，是前代所未有的。

明万历以后，新安家谱内容较前更为丰富。隆庆、万历年间，歙县殷氏宗族“始为谱，其大凡有姓氏、本原、世系三考”，其后内容又扩充了“世德、规范、训典、文献、宅第、丘墓、遗文、遗迹、里社九考”。万历五年（1577）吕仕道纂《吕氏续修宗谱》，涉及目录、书法、凡例，历代谱序、像赞、迁源源流、祠墓寺图表、里居图、姓氏来源、世系、世德、规范、训典、文献、遗事、丘墓、祭田、家规、修谱衔名、修谱总论、后序、跋等内容，该谱所列诸项涵盖了后世家谱所具备的基本内容。万历十八年（1590）程弘宾纂《歙西严镇百忍程氏本宗信谱》，分谱序、谱例、纪源、传疑、传信、世系、世传、内传、保莹、遗翰、族约、续后12篇。万历末年修成的休宁《曹氏统宗世谱》，涉及序列、题辞、谱引、谱歌、谱诗、恩荣录、曹氏先达、迁徙源流、坟墓、后序、跋、谱约、支谱图、统宗谱系小叙、系图、事略、重修族谱叙略、家乘序、诗集序、遗嘱、跋等内容，名目纷繁，同万历以前所修宗谱相比，内容得到大规模扩展，几乎囊括了与宗族相关的所有事项。

通过对上述明代宗谱的分析，我们不难发现，与宋元谱相比较，明谱新增加的内容主要体现为家规家训、祠产族产等宗族制度的相关方面，这也正是明代宗族制度较前代有所发展的一个反映。

关于体例方面，明谱在因袭欧苏谱例的同时，增加了“志”“图”“考”“录”等项新内容，这是明修宗谱进一步吸收正史和地方志编纂学上成果的重要体现。据翟屯建先生研究，明代宗谱体例主要有三种形式：一是纲目体，以纲统目；二是条目体，一事一目，互助统辖；三是纲目与条目的混合体。且愈往后，这种混合体的方法在宗谱编纂中得到广泛地运用。与明代以后所修宗谱相比较，有明一代所修宗谱的体例已比较完备，且大体上已定型。

清代，是新安家谱体例发展最为完备的时期，其记事范围涉及宗族事务的各个

① 陈瑞：《明代徽州家谱的编修及其内容与体例的发展》，《安徽史学》2000年第4期。

方面。谱书的内容包括谱序恩荣录、世系图、世系谱、凡例、家法族规、字辈、谱论科举、祠堂、祠产、墓图、墓志、五服图、家礼、仕宦记、传记、行状、志录、寿文、贺序、祭文、名绩录、契约、艺文、遗像、赞词、年表、余庆录、领谱字号等30余项，使宗族史变成了宗族百科全书。

三、新安家谱的内容

根据前述新安家谱体例，完备的一套新安家谱大致有以下内容：

(一)序文

序文分新序和旧序，新序是本次编修宗谱的序言，旧序是历次编修宗谱时的序言。排列一般为新序在前，旧序在后。旧序以一修序、二修序等依次编排。因此，只要看序文就可以知道修谱的历史。序文既有出自本族人之手的，也有出自外族人之手的。受委托写序之人，有本地官吏、学校老师，或著名政治家和文化人。序文的内容大体包括四个方面：一是明确本宗本源，千枝万叶树一根。明世次，显贤德。富贵不能淫，贫贱不可弃；二是本次修谱的始末状况，事由处理。如孝悌之心，祖业继承，团结同宗，苦心采访，慎重考证，排退异宗等；三是宗族沿革，得姓之源，荣誉之珍，田结之重，迁徙之实；四是对子孙的希望。以谱为“镜”，慎其身，励其业，珍其荣，管好谱，待续修。

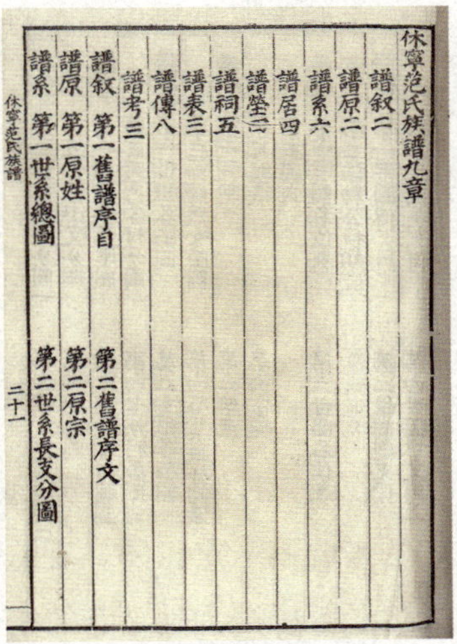
休寧范氏族譜九章
譜敘二
譜原二
譜系六
譜居四
譜塋二
譜祠五
譜表三
譜傳八
譜考三
譜敘 第一舊譜序目 第二舊譜序文
譜原 第一原姓 第二原宗
譜系 第一世系總圖 第二世系長支分圖
休寧范氏族譜 二十一

《新安家谱》之四

(二)目录

目录，也称总目。明确谱的卷数，每卷的主要内容。

(三)凡例

凡例，有时也叫“谱例”。用条文格式阐明此宗谱编纂的方针、原则、体例，以及类目安排的根由。凡例强调宗族血缘的纯洁性，多数由宗族全体会议形成决议而确定。从修谱继承祖业遗业的原则出发，基本沿袭以前的凡例。随着时代的发展变化，每次修谱都做一些修改和补充。

(四)谱说

谱说，有的亦称谱论。谱说一般为修谱章程，或修谱条约；谱论一般是摘录前代政要圣哲名人的有关宗谱的论述。这两项不一定每部谱都有。

(五)族规、家训

族规、家训里面讲的是有关宗族管理的一些规定，又叫族规、家规、家法、宗规、祠规，都是一个意思。族规中除了宗族中的管理规定以外，还设置了一些对不服从管理的违规和犯错的族人的处理（制裁）规则。按犯规情节轻重，从训诫到罚跪、罚钱、停米、不准入祠、锁祠、鞭打，以及除谱黜族、杖死、绞杀、送官处死等惩戒形式。

(六)里居图、里居记

里居图、里居记，是将本族聚居之地的山水、田地、祠、路，画成一张村落图，放入谱中，叫里居图。再用文字把它记录下来，并加以润色，叫里居记。

(七)风景诗

风景诗，文人将居住之地的四面八方、山林河流等写成诗句，一般都用五言或七言律诗的形式写就放入谱中，以七言律诗较多。写八首的称八景诗，写十首的称十景诗，以八首的居多。

(八)源流

源流，也有称源流考，或姓源考。记载该宗族的得姓过程和远祖世系。同一个姓，它的来源不一定相同。有的是皇帝赐姓；有的是皇帝封一块地方，建立一个诸侯国，后代子孙以国为姓；有的是他姓改为此姓；有的是以祖先住的地方为姓；有的是以祖先的官职为姓。

(九)迁徙

迁徙，亦称迁徙考和支派考。始祖迁居某地，繁衍发展，到了人多地少时，就有人要迁到他处去生息繁衍和发展，就成了另一新派，也就是本宗族的另一个支派。有的是因天灾人祸，不得不迁往他处，以求生存。迁徙考是记载第几代某人于何时由甲地迁居乙地的。

(十)像赞

像赞，包括祖像和像赞两个部分。把始祖和较有名的始迁祖画成像，收藏在宗谱中，称为祖宗的像。给一位祖像写几句赞语，放在像边或像后，称为像赞。这些先祖的画像和本族名人的画像，是荣宗耀祖的重要组成部分。它不但彰显祖先的贤达光环，也有启迪后人如何学习做人的楷模作用。所以，众多宗谱都不惜版面用于记载这些画像。

(十一)封赠

封赠，是朝廷或皇帝敕予本族祖先的恩荣、封典、诏书、封等文书。这也是荣宗耀祖的一个重要内容，是谱必不可少的内容。

(十二)科第

科第，中国从隋朝隋文帝开始到清朝光绪三十一年（1905）止，长达1300多年的科举考试，为荣宗耀祖，将本族考取举人、进士的人都收入谱中。

(十三)名人

名人，有的谱称之为“仕宦”。仕宦的官员和有一定成就的读书人也必须收进家谱中，这也是光宗耀祖的组成部分。淳安《论源汪氏宗谱》载有明崇祯间陕西总督汪乔年生平事迹，边大绶盗挖李自成祖墓的塘报也赫然在谱。

(十四)世系

世系，是宗谱的生命部分。有了世系的存在，其他部分才得以存在；没有它，其他部分就没有存在的必要了。世系分为世系图和世系考两部分，世系图在编排上，一般都采用五世一图，九世二图的格式编排，清晰不乱；世系考的写法首先是承上启下的，张三是李四的第几个儿子或女儿，字、号、笔名等，出生年月日时、文化程度、职务、优秀事迹等，一般是书优不书劣，书美不书恶。要什么地方什么人为妻，出生年月日。生子几人，写上名字，女儿几人，写上名字。最后写公氏卒葬，如公卒于何时，葬于何地。氏同样写上。女儿已出嫁的写上嫁何地何人，总的讲就是承上启下，写清每个人的生、娶、嫁、卒、葬五字。事迹多的要专门立传。世系中攀附、造伪的现象在家谱中是较为常见的，主要出现在早期祖先的世系之中，大概分两种情况：一是冒认历史名人为祖先。这种情况往往表现在两个方面，一方面是始祖大多推至古代的帝王或古代的圣贤；另一方面是将前代的同姓名人一网打尽，都纳入本家族的世系之中。二是伪造名人序跋，诸如托名欧阳修、苏洵、朱熹、文天祥等名流硕彦撰写序文跋语。这些是需要阅读家谱的人仔细分辨的。

(十五)堂记

过去每个宗族都建有一座祠堂，作为宗族活动的基地，用于举行祭祀、红白喜事，教育、文化娱乐活动等。堂记，就是记载祠堂的创建、重建、维修、耗资、耗材等情况，有的包括祠堂管理和使用的一些规定。“祠规”有的写在堂记里面，有的专门列出，专写一篇“祠规”。

(十六)列传

列传，也叫传记。是记载本族优秀人物的优秀事迹，包括一个人一生的功绩、品德，对国家、民族、社会的贡献，给后人留下学习的榜样，并荣宗耀祖。列传在谱中分为列传、内传、外传等部分，其中列传是记载本族中有功绩男子的传记，内传是记载本族中有品行女子的传记，外传是记载本族中已出嫁而有品行的女子的传记。列传中列举的人物，根据忠孝、理学、孝友、儒雅、闺秀等分类。传记中有的还配有个人的画像、故事等，作为后人学习的榜样。

(十七)墓图、墓记

墓图，是根据该宗族重要人物墓葬的山川地形，画出此墓的所在位置的图形。墓记，是记该墓葬的施工始末及碰到的问题，以及怎么样解决的，墓内所安葬的是些什么人，对有些名人还专门为他写碑记。

(十八)祀产

祀产，是指宗族，宗祠中的财产，包括田、地、山、塘，宴会、祭祀用的物资、红白喜事所用的物资等，以及对这些祀产的收取、管理和使用的一些规定和制度。

(十九)艺文

艺文，又称著述、文苑。主要内容是辑录家族成员的著述及由名人撰写的与家族成员有关的著述，包括奏疏、诗词、文章、简帖等各种文体。

(二十)契据文约

契据文约，是登载与族产有关的契据文约，以及宗族内部关于承嗣、婚姻、分家等的契据文约。

(二十一)谱跋

谱跋分旧跋和新跋，新跋在先，旧跋在后。谱跋，是每次修谱的总结，基本都是由本次修谱的主修人执笔所写。

(二十二)领谱字号

领谱字号，古代的家谱只允许在家族内部收藏，严禁随便外传。为了确保族人能够悉心收藏，不遗失，不外传，家谱修成以后，每部家谱都编定一个特定的号码，各房的领谱人按号码领取家谱，称为领谱字号。

四、新安家谱数量

中国存世家谱浩如烟海，新安江流域更是存世家谱最多，质量最好的地区。据谈家胜《国家图书馆所藏徽州家谱的特点与价值》一文介绍："笔者统计，目前国图所藏徽州家谱不少于345种，涉及53个姓氏，历史上徽州府下辖六县的谱牒均有收藏。其中善本谱牒215种。"王鹤鸣《上海图书馆馆藏徽州家谱简介》介绍："上海图书馆收藏的徽州家谱，包括徽州（新安）地区和休宁、祁门、绩溪、黟县、歙县、婺源六县，共计收藏1949年前的家谱467种，其中统谱、总谱35种，家谱、族谱、宗谱422种，祭祀谱10种。徽州地区及各县收藏家谱数量分别为：徽州地区74种，祁门47种，绩溪43种，黟县18种，婺源63种，歙县105种，休宁117种，平均每县78种。"由上海图书馆主编于2008年出版的《中国家谱总目》，收录家谱608个姓氏，家谱条目52401种。经过笔者统计，1949年以前的家谱，其中整个新安江流域，谱籍为安徽徽州、歙县、休宁、祁门、婺源、绩溪、黟县、安徽黄山、浙江淳安、浙江建德的家谱，有103个姓氏，1515部家谱。又通过2014版《淳安县志》和2010年版《建德市志》所收载的家谱和《中国家谱总目》比对，新增淳安、建德家谱118部。总的新安江流域存世家谱有1633部，其中宋代家谱一种，即国家图书馆藏休宁孙氏统宗源流族谱，不分卷，宋孙吴会主修，宋咸淳七年（1271）刻本，一册，经折装。明代家谱294种。当然，新安江流域民间依然存有很多家谱。

黄山学院图书馆通过近年来不断地征集，也收藏了大量本地家谱。据陈玲、冯剑辉《黄山学院图书馆馆藏徽州家谱简介》介绍："黄山学院图书馆所藏家谱，去除复本后，共279部，涉及65个姓氏。其中汪氏最多，为37部；胡氏次之，27部。王氏（18部）、程氏（16部）、吴氏（16部）、方氏（12部）、江氏（10部）、李氏（10部），数量也较多。其他各姓氏数量为：张氏9部；鲍氏、陈氏、洪氏，各7部；黄氏、刘氏、许氏、朱氏，各6部；戴氏、叶氏，各5部；曹氏、何氏、郑氏，各4部；毕氏、吕氏、章氏，各3部；罗氏、潘氏、任氏、孙氏、谢氏、姚氏、周氏，各2部；曾氏等34个姓氏，各1部。从家谱编纂的时代看，明代14部，最早的为明正德四年（1509）《新安毕氏会通族谱》，距今已有500年历史了"。黄山学院藏的这些家谱都没有著录在《中国家谱总目》中。所以，新安江流域现存的家谱数量是完全无法精准统计的。有学者估计这一地区存留的家谱有2千种以上，大抵不差。

新安江流域存世家谱统计一览表（单位：种）

姓氏	安徽徽州	歙县	黟县	休宁	祁门	婺源	绩溪	安徽黄山	浙江淳安	浙江建德	备注（新增）
王氏		14(明6)		3	16	21(明2)	4	2	27(明2)	4	淳安5
尤氏			1								
毛氏									11(明2)		
仇氏		1									
方氏	2	24(明9)	1		8(明1)				25(明4)	2	淳安18
史氏			1								
包氏							1				
吕氏		3									
朱氏	10(明8)	7(明1)	1	11(明1)		9(明2)			4		建德1
任氏									5		
江氏	4(明1)	14(明6)	3		2	6(明1)			2	2	淳安2
杜氏								3(明1)			
李氏			2	1	2	16(明2)		7	3		淳安1
吴氏	11(明1)	30(明8)	3	42(明16)	3			1	10	2	淳安5
何氏				1		2			5(明1)		

续表

姓氏	安徽徽州	歙县	黟县	休宁	祁门	婺源	绩溪	安徽黄山	浙江淳安	浙江建德	备注（新增）
佘氏		1(明1)									
余氏	2	7(明1)	1	6(明3)		7(明1)		1(明1)	52	1	淳安6
汪氏		3	56(明16)	29(明8)	9(明1)	13(明2)	12		23	1	淳安3
沈氏									2		淳安1
宋氏		7(明2)									淳安1
邵氏				1(明1)			3	1			建德1 淳安3
范氏		1		1(明1)							淳安2
金氏				17(明6)	4						淳安1
周氏		6			1		8(明1)		7	1	淳安1
柯氏							1				
胡氏		4	3	2	7(明3)	27(明6)		2	7	1	淳安2
查氏			2	1							
俞氏			6(明5)	2(明1)		12(明2)			2		
施氏			1(明1)								
姜氏									12		

续表

姓氏	安徽徽州	歙县	黟县	休宁	祁门	婺源	绩溪	安徽黄山	浙江淳安	浙江建德	备注（新增）
洪氏		14		8(明3)	1	16(明3)			16(明3)	1	
姚氏		4(明1)				2				1	
耿氏							1				
莫氏					1						
庄氏								1(明1)			
夏氏				3		1			2		
毕氏				1		1					
倪氏			1		3				5		
徐氏	6	7(明2)	1	11	2				15(明1)		
翁氏										1	
高氏							3				
唐氏							1		1		
凌氏		1(明1)		1							
陆氏		3									
陈氏	1	2(明1)		2(明1)	9(明4)	1		10(明1)	8		

续表

姓氏	安徽徽州	歙县	黟县	休宁	祁门	婺源	绩溪	安徽黄山	浙江淳安	浙江建德	备注（新增）
孙氏			2	10 （宋1明3）				2			淳安1 建德1
黄氏	1	8（明1）		16（明5）	5（明4）		3（明1）		3		建德2
曹氏		1（明1）		3（明2）	1		3				淳安1
盛氏		1									建德2
崔氏								6（明1）			
许氏		25（明6）			1（明1）	1	4				淳安2
商氏									2		
章氏							7（明3）		9		建德1 淳安3
张氏		13（明2）			2（明1）	9	3	1	8（明1）		淳安4
项氏		5							6		淳安2
叶氏		9（明2）	2	6（明4）	3（明1）			2	7		淳安2
万氏		1									
葛氏							2（明1）				淳安1 （明1）
单氏						1					

续表

姓氏	安徽徽州	歙县	黟县	休宁	祁门	婺源	绩溪	安徽黄山	浙江淳安	浙江建德	备注（新增）
程氏	38（明14）	30（明11）		53（明31）	13（明4）	13（明2）	18（明1）	1	5		建德1 淳安1
舒氏			2（明1）				1				
冯氏		1（明1）			2		3				
童氏									7（明1）	2	淳安2
曾氏										1	
游氏						1					
杨氏		1		1					4		
詹氏		1（明1）		2（明1）		11（明5）			5（明1）		淳安1
蔡氏		1									
蒋氏									7（明1）		建德2
赵氏								2			
裴氏			1								
管氏									2		
齐氏						4					
郑氏		15（明8）			5（明3）			1	11（明1）	1	淳安6

续表

姓氏	安徽徽州	歙县	黟县	休宁	祁门	婺源	绩溪	安徽黄山	浙江淳安	浙江建德	备注（新增）
欧阳氏			1			2					
刘氏		3(明1)		4(明2)				2	5	1	淳安1 建德2
潘氏		2(明2)		2(明1)		7(明2)					淳安2
萧氏		2									
庐氏			3(明1)							2	
钱氏		4							1	1	建德1
鲍氏		7							4		
韩氏		1(明1)									
戴氏		2		9(明3)	1						
谢氏		3(明1)			9(明7)						淳安1
丰氏		1							3		淳安2
苏氏				3					1		
罗氏		7(明1)									淳安1
严氏									10(明3)	1	淳安3
谭氏				1(明1)							

续表

姓氏	安徽徽州	歙县	黟县	休宁	祁门	婺源	绩溪	安徽黄山	浙江淳安	浙江建德	备注（新增）
吴氏		3(明1)		6(明3)			1(明1)				
骆氏											建德1 淳安3
关氏											建德1
诸葛氏											建德2
汤氏											建德1
邓氏											建德1
龚氏											建德1
马氏											建德1
鲁氏											淳安1
卢氏											淳安1
解氏											淳安1
董氏											淳安1
伊氏											淳安1
雷氏											淳安1

根据上述表格统计，新安江流域现存明代家谱294种，淳安一县现存明代家谱21种。20世纪30年代，赵万里先生说："传世明本谱牒、大都是徽州一带大族居多，徽州以外绝少。"①这个论断放在新安江流域似乎更为妥帖。新安江流域留存如此大量的家谱是有其特定的原因的。

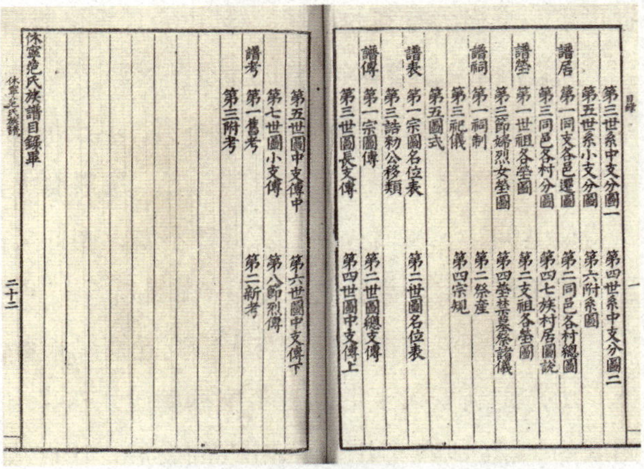
目錄
第三世系中支分圖一　第四世系中支分圖二
第五世系小支分圖　第六附系圖
譜居　第一同支各邑遷圖　第二同邑各村總圖
第三同邑各村分圖　第四七族村居圖說
譜塋　第一世祖各塋圖　第二支祖各塋圖
第三節婦烈女塋圖　第四塋禁墓祭諸儀
譜祠　第一祠制　第二祭產
第三祀儀　第四宗規
第五圖式
譜表　第一宗圖名位表　第二世圖名位表
第三誥勑公移類
譜傳　第一宗圖傳　第二世圖總支傳
第三世圖長支傳　第四世圖中支傳上
第五世圖中支傳中　第六世圖中支傳下
第七世圖小支傳　第八節烈傳
譜考　第一舊考　第二新考
第三附考
休寧范氏族譜目錄畢
休寧范氏族譜　二十二

《新安家谱》之五

(一)家谱存世多的原因

清代学者赵吉士在《寄园寄所寄》卷十一《故老杂记》中说："新安各姓，聚族而居，绝无一杂姓掺入者。其风最为近古。出入齿让，姓各有宗祠统之。岁时伏腊，一姓村中，千丁皆集。条用文公家礼，彬彬合度。父老尝谓，新安有数种风俗胜于他邑：千年之冢，不动一抔；千丁之族，未常散处；千载之谱系，丝毫不紊；主仆之严，数十世不改，而宵小不敢肆焉。"事实证明，赵吉士这些话是符合实际情况的。历史文献记载和社会调查资料告诉我们，唐宋以来，特别是明清时期，新安宗族异常繁荣，新安江流域是中国封建宗族制度一个十分典型的地区。

1. 地理环境

新安江流域从徽州到严州，都处在万山之中，山水相连，同饮一江水。《古林黄氏重修族谱序》的作者说："海阳之士往往述其桑梓，百代不背其先，不易其族。盖山川峻奥，战争罕及之地。子孙每克守先人之丘墓、室声。非若他郡之一经蹂躏，便迁徙流离如浮梗比也。"②《新安昌溪吴氏太湖支谱序》的作者认为："夫新安，在汉为丹杨（按：即丹阳）山越地，万山攒峭，径路陡绝。自汉迄明，虽间遭兵革，而世家大族窜匿山谷者，犹能保其先世之所藏。非若金陵，南北土地平衍，一经离乱，公私扫地，其势然也。"③徽州"万山回环""兵燹鲜经"，为宗族的发展和繁荣

① 赵万里：《从天一阁谈到东方图书馆》，《大公报》1934年2月3日第11版《图书副刊》。
② 休宁《古林黄氏重修族谱》，明崇祯十六年刻本。
③ 新安《吴氏族谱》，清抄本。

提供了一个极为有利的环境。《环山余氏重修族谱序》的作者说得好：“虽当兵争时代，犹能于山中敦崇本务，自成为世外桃源。”[1] 淳熙《新安志》卷二《叙贡赋》记载，新安为郡在万山间，“其地险狭而不夷，其土骍刚而不化。水湍悍，少蓄……一大山之所落，深谷之所穷，民之田其间者，层累而上，指十数级不能为一亩，快牛剡耜不得旋其间，刀耕而火种之。十日不雨，则仰天而呼。一遇雨泽，山水暴出，则粪壤与禾荡然一空。盖地之勤民力者如此”。

从新安江流域自然环境与人口变迁情况来看，山地和丘陵占十分之九，土地贫瘠，山产是新安人生活的主要物质基础。这里自古为越人居住，他们过着原始的、闭塞的生活。随着生产力和社会的发展，氏族成员也日益增多。于是，“住得日益稠密的居民，对内和对外都不得不更紧密地团结起来。亲属部落的联盟到处都成为必要的了。不久，各亲属部落的融合，从而各个部落领土融合为一个民族的共同领土，也成为必要的了”。[2] 这样，以部落为基础的宗族不断融合而逐渐形成。相对封闭的新安江流域，宗族也相对自成一统，客观上为宗族社会的产生提供了条件。

2．朱子之乡，宗法森严

隋末天下大乱之际，汪华为保境安民，起兵统领了歙州、宣州、杭州、饶州、睦州、婺州等六州，建立吴国，自称吴王。实施仁政，吴国境内百姓安居乐业，在群雄争霸、战火纷飞的年代，吴国安宁祥和；唐武德四年（621），汪华审时度势，说服文臣武将，主动放弃王位，率土归唐。唐高祖李渊授予上柱国、越国公、歙州刺史，总管六州军政。贞观二年（628），唐太宗李世民授予汪华为忠武大将军、参掌禁军大权，委以九宫留守，辅佐朝政，位极人臣。汪华逝后，唐太宗赐谥忠烈，予东园秘器。汪华隋末起兵据州，以“捍境保民”为名，行割据地方之实。“六州既揖，从者如云”，在区域自治的旗号下，古徽州历史上长期的各族

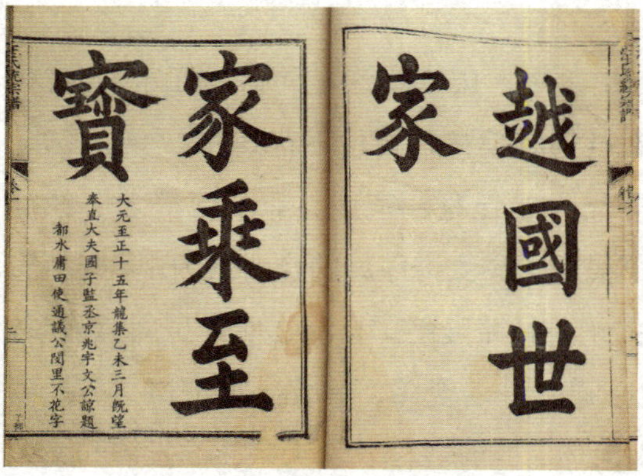

《新安家谱》之六

① 黟县《环山余氏宗谱》卷首，民国六年木活字本。
② 恩格斯：《家庭、私有制和国家的起源》，《马克思恩格斯选集》第4卷，人民出版社，1972年，第160页。

间的积怨渐渐消融。唐定天下，朝廷即任汪华为歙总管府总管，开徽州宗族和平共处、繁衍生息的时代。至此，徽州宗法制度逐渐形成。

宋代以来，由于朱熹出现，新安地区的人感到无上光荣，极力推崇朱子之学。朱熹辑成《朱子家礼》，其序曰："其存于今者，宫庐器服之制，出入起居之节，皆已不宜于世，世之君子虽或酌以古今之变，更为一时之法，然抑或详或略，无所折衷。至或遗其要而困于贫窭者，尤患其终不能有以及于礼也。"《家礼》以与"同志之士熟讲而勉行之"，在徽州宗法制度的发展中产生了拨乱反正的效果。自此，徽州各地都"一遵文公家礼"。把朱熹说成扭转乾坤的伟大人物，对其顶礼膜拜。《新安黄氏会通宗谱·集成会通谱序》记载："盖人伦不明，宗法废弛，民俗颓弊甚矣。幸而皇宋诞膺景运，五星聚奎。于是吾郡朱夫子者出，阐六经之幽奥，开万古之群蒙，复祖三代之制，酌古准今，著为《家礼》，以扶植世教。其所以正名分，别尊卑，敬宗睦族之道，亲亲长长之义，灿然具载。而欧、苏二子亦尝作为家谱，以统族属。由是海内之士，闻其风而兴起焉者，莫不家有祠，以祀其先祖；族有谱，以别其尊卑。"休宁《茗洲吴氏家典》记载："我新安为朱子桑梓之邦，则宜读朱子之书，服朱子之教，秉朱子之礼，以邹鲁之风自待，而以邹鲁之风传之子若孙也。"朱熹的《家礼》一书，以"三纲五常"为指导思想和基本原则，对通礼、冠礼、婚礼、丧礼、祭礼做了详尽细致的说明和规定。通过这些封建礼仪的说明和规定，全面而系统地阐明了封建宗族制度和封建宗法伦理关系。

新安人视朱熹《家礼》为一部划时代的伟大著作。他们认为，三代以后，"人伦不明，宗法废弛，民俗弊甚矣"。《家礼》一书，"正名分，别尊卑，敬宗睦族之道，亲亲长长之义，灿然具载"。于是，海内"莫不家有祠，以祀其先祖；族有谱，以别其尊卑"。元代王仪在《新建朱文公祠堂记》中说：

> 延祐六年十二月郑君为尉于建德之淳安，首谒庙学，而朱子则未有祠也。乃相学之东偏傍隙，宇而新之，载廓载严，像设啐穆，瞻者企敬。既成，告于邑之长令率僚吏，卜日舍菜以奠焉。俾其子玉以书来，曰：淳安古歙之东乡，今虽属旁郡，然距新安不二百里，朱子之没仅百余年。所谓去圣人之世，若此其未远；近圣人之居，若此其甚者。此家君建祠之意，幸得文以记之。仪辞不敏而书狎，至则复之。曰：孔孟以大圣大贤力扶斯道，六经论语，七篇之书，

可谓深功著明矣。卒不能振文武之泽，还盛治于当时，无他，有孔孟而不见用也。然而后世犹赖其书之存，时君世主有能举而行之，随其浅深必有治效。此先王之道所以不泯也。文公朱夫子，当宋乾道淳熙之间，集关洛诸儒之大成，以兴起斯道为己任。其为学也，自夫无极太极之奥，阴阳五行之运，天序天秩之纪，万事万物之赜，往来穷通之变，废兴存亡之几，无不究极其原而发挥其趣。其为教也，必自夫洒扫应对进退之节，人孝出弟之方，以至于穷理正心修身，而达之家国天下，而极于天地位，万物育，可谓盛矣。

可见，新安江下游的淳安、建德也是对朱子推崇备至。

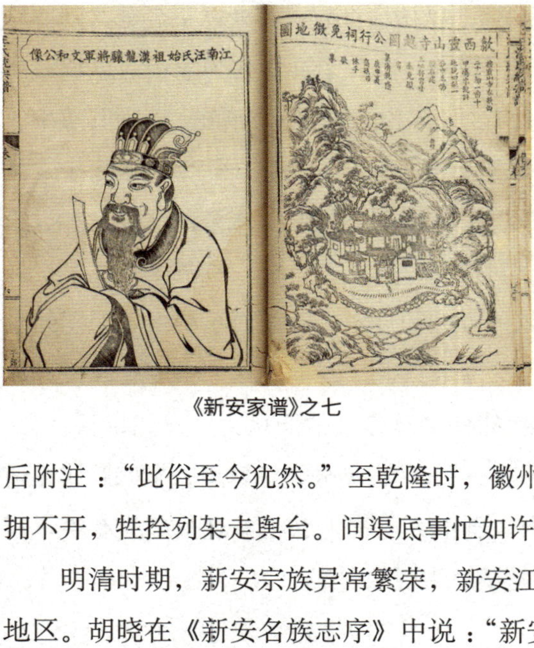

《新安家谱》之七

嘉靖《徽州府志·风俗》云："家多故旧，自唐宋来数百年世系比比皆是。重宗义、讲世好，上下六亲之施，无不秩然有序。所在村落，家构祠宇，岁时俎豆。其间小民亦安土怀生。即贫者不至卖鬻子女。婚配论门第，治桂裳装具，量家以为厚薄。其主仆名分尤极严肃而分别之，藏获辈即盛赀富厚，终不得齿于宗族乡里"。[①] 于此后附注："此俗至今犹然。"至乾隆时，徽州人崇拜祖先的浓烈气氛仍是"鼓吹喧闻拥不开，牲拴列架走舆台。问渠底事忙如许，唐宋坟头挂纸来"。[②]

明清时期，新安宗族异常繁荣，新安江流域成为中国宗族制度一个十分典型的地区。胡晓在《新安名族志序》中说："新安……山峭水厉，燹火弗惊，巨室名族，或晋唐封勋，或宦游宣化，览形胜而居者恒多也。其故家遗俗，流风善政，宛然具在。以言乎派，则如江淮河汉，汪汪千顷，会于海而不乱；以言乎宗，则如泰华之松，枝叶繁茂，归一本而无二；言乎世次，则尊卑有定，族居则闾阎辐辏，商贾则

① 嘉靖《徽州府志风俗》，康熙《徽州府志》。
② 许承尧撰，李明回、彭超、张爱琴校点：《歙事闲谭》卷七，黄山书社，2001年。

云合通津；言乎才德，则或信义征于乡间，或友爱达于中外，或恬退著述，或忠孝赫烈。至于州里之镇定，六州之保障，诸儒之大成，宗庙血食，千载不磨，又名族之杰出者。”①

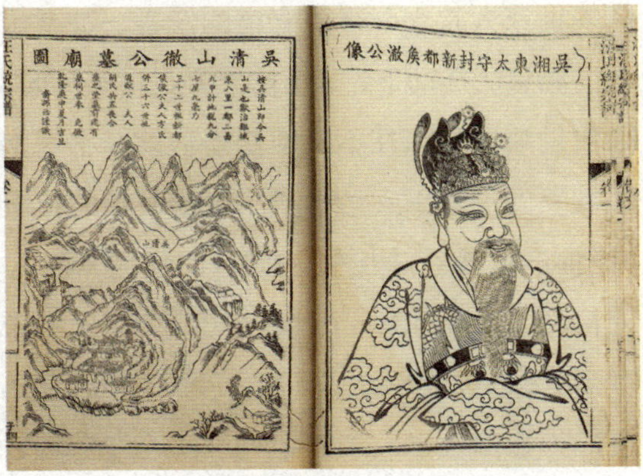

《新安家谱》之八

3. 新安江流域修谱盛行

魏晋时期，人才选拔推行九品中正制。家谱成为一个族姓获取社会资源和名望的重要资本，也是某一族姓选官、婚娶的依据。“家之婚姻，必由于谱牒”，从中可窥一斑。魏晋时期，家谱的修纂受到特别的重视，国家设置专门的部门组织修纂家谱，“有谱局，亦有谱学官”。家谱的修纂权主要集中在官府手中，而一般宗族则没有私修家谱的权利。随着门阀士族制度的衰落，庶族的社会地位得到抬升，国家主导家谱修纂的局面受到冲击。家谱作为士族获取社会资源、婚娶标准的依据功能逐渐消退，以致魏晋时期，徽州修纂和遗存的家谱少见于世。

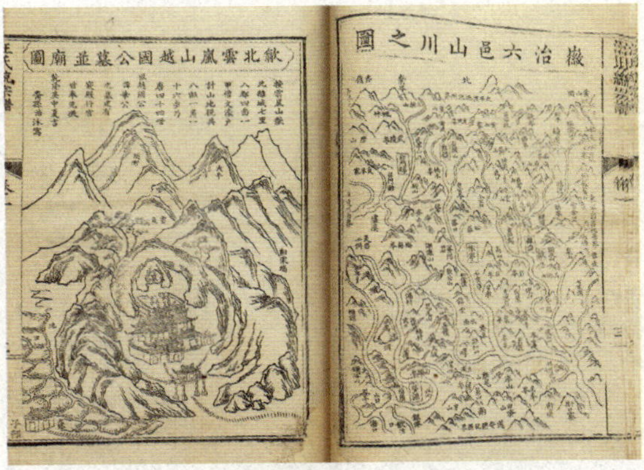

《新安家谱》之九

隋唐时期，国家推行科举考试制度，谱牒作为衡量族姓优劣的功能逐渐丧失。至唐中后期，士族门阀制度基本消失，官府主导修谱之风也趋于降温。官府垄断组织修纂谱牒的局面不复存在，宗族私修家谱之势开始出现。但受诸多原因的影响，现存世的家谱中很难见到隋唐时期的徽州家谱。但还能见到保存在徽州家谱中的唐代谱序，如现藏于祁门博物馆的同治年间刻本《刘氏沦源宗谱》就有“大唐乾符六年岁次乙亥春三月谱序”。

宋元时期，官府放松了对民间修谱的限制，新安江流域私修家谱之风逐渐兴起。

① 程尚宽：《新安名族志》，明嘉靖三十年刻本。

新安世家大族十分重视家谱的修纂，甚至认为纂修家谱是宗族的第一要务。在这种修谱思想的推动下，家谱的修纂也由宋元时期的始兴到明清时的兴盛，甚至达到狂热。新安世家大族都在不断地修纂、续修本宗族的谱牒。新安江流域宗族制度发达，在宗族发展过程中逐渐形成了聚族而居的传统，且对宗族谱牒的修纂十分重视，认为“三世不修谱者，当论不孝”。明代程一枝说：“谱者，家之大典，姓氏之统于是乎出，宗祖之绩于是乎章，子姓之绪于是乎传，宗法于是乎立，礼教于是乎兴，胡可缓也。”[①] 徽州世家大族的祖先，即有“三世不修谱，便为小人”[②]之戒。这个观点被朱熹倡导之后，便成为徽州世家大族的金科玉律，许多名宗望族每隔一段时间即修一次谱牒。有的宗族甚至“谆谆修族谱、修茔志，近则三五年，远则三五十年，以其本固而末不摇”也。[③]

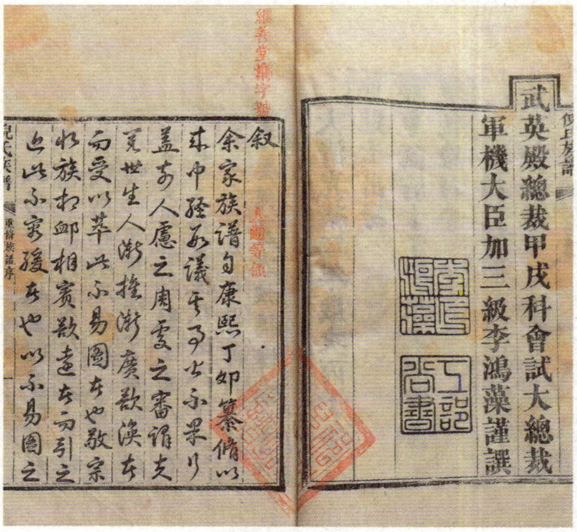

《新安家谱》之十

明清时期，徽州宗族私修家谱活动达到了兴盛。究其原因：一方面由于官府对私修家谱的大力提倡；另一方面则是宗族名贤仕宦的倡导，以及徽商提供雄厚的经济支持作为后盾。随着商品经济的发展，徽州宗族为了加强对本宗族的控制，都较为重视对谱牒的修纂。“余家新安，居万山中，风淳俗古，城郭村落率多聚族而居，故于族谊最笃，而世家巨阀尤竞以修谱为重务”。明人汪道昆有云：“新安多间右世家，莫不有谱。本支百世可考而知，要以文献足征，视四方备矣。”正德年间，休宁梅林汪氏宗族认为，“家之谱，犹国之史也。国之史所以记其圣君贤臣制作辞命之典实，家非谱不能记其人之贤愚不肖、孝悌忠贞之美恶”。而编纂家谱则可使“后之观吾谱者，忠于君，孝于亲，悌于长，慈于幼，别于夫妇，信于朋友，睦于乡党，学于明师，发奋于青云之上，以光前裕后”。[④] 歙县西溪南吴氏宗族认为，“家之有

① 程一枝：《程典》，明万历二十六年刻本。
② 程嗣功：《歙县槐塘程氏宗谱》，明万历十四年刻本。
③ 吴元满：《歙西溪南吴氏世谱》，明末清初抄本。
④《休宁梅林汪氏族语》，明天启六年抄本。

谱，犹国之有史也。国而非史，则君臣之贤否，礼乐之污隆，刑政之否，兵机之得失，运作之兴衰，统绪之绝续，无由以纪。家而无谱，则得姓之源流，枝派之分别，昭穆之次序，生卒之年月，嫁娶之姓氏，出处之显晦，无由以见。国何以治，而家何以齐哉”？[①] 新安大族已将编纂家谱提高到修身齐家治国平天下的高度。

据文献记载，明代新安地区民间修谱最早始于洪武元年（1368），如休宁回溪朱氏便于洪武建国初年有修谱之举，此后创修者赓连不绝。洪武七年（1374），歙县许村许氏在宋元谱的基础上进行续编。歙县张氏也分别于洪武二十四年（1391）和永乐二十年（1422）两修家谱。永乐年间，歙县潭渡黄氏宗族倡修家谱，并于宣德、弘治年间两次续作。休宁城南吴氏宗族，修谱肇始于唐吴少微，宋咸淳间吴起续修，明宣德六年（1431）程顺道再修。新安家谱三十年一小修，六十年一大修，谱的形式由支谱而族谱而宗谱而统宗谱，体例越来越完善，形式越来越多样，内容越来越丰富。

绩溪《洪川程氏宗谱 · 洪川程敦睦堂世系谱序》吕本中曰 ：“国无国之道，而后国乱 ；家无家之道，而后家乱。故礼乐纲纪者，国之道也 ；宗法谱系者，家之道也。”新安人认为，“夫谱者，收族之道，尊祖敬宗之本也”。[②]《新安月潭朱氏族谱》卷首《成化壬辰重修朱氏会谱序》云 ：“夫谱牒之作，所以原本始，序昭穆，隆宗支，别亲疏属涣散，而厚人伦，其于风化之系重矣。”婺源《詹氏宗谱》卷首《会修宗谱公启》言 ：“谱牒之修，今为盛典。”把修纂族谱视为“盛典”。《祁门善和程氏仁山门支修宗谱 · 经修谱述》说 ：“沐浴斋戒，祭告于我门祖祠神前，祝之曰 ：凡首事者无保其力，与事者共诚其心，纂校参考，哲襄厥成。惟我祖神，正直聪明，锡福无疆，邦族之光。”

明代中后期，新安商人资本大量进入，使得新安各族都有财力完成修谱之事。并且，由于新安大族资本雄厚，所修家谱无论编纂的内容和印刷的质量都是全国一流的。

明隆庆年间，婺源县武口王氏修统宗世谱，肩事者“济济多人，经营十载有余”。天启年间，武口王氏又修统宗世谱，“修者三十余人，历十二年而后成”，仅“各派往返食用工费重至数千金”。[③] 清乾隆年间，歙县棠樾、蜀源、岩镇鲍氏三族修纂《重

---

① 吴元满 ：《歙西溪南吴氏世谱》，明末清初抄本。
② 歙县《托山程氏家谱 · 托山程氏重修本支谱后序》，明崇祯九年刻本。
③《新安武口王氏统宗世谱》卷首《续修希翔公支下统宗谱序》，清雍正四年刻本。

编歙邑棠樾鲍氏三族宗谱》，棠樾输银 2320 两，蜀源输银 1200 两，岩镇输银 44 两，总共耗银 3564 两。[①]

4. 严格的管理制度

新安大族对家谱有严格的管理制度。具体内容如下：

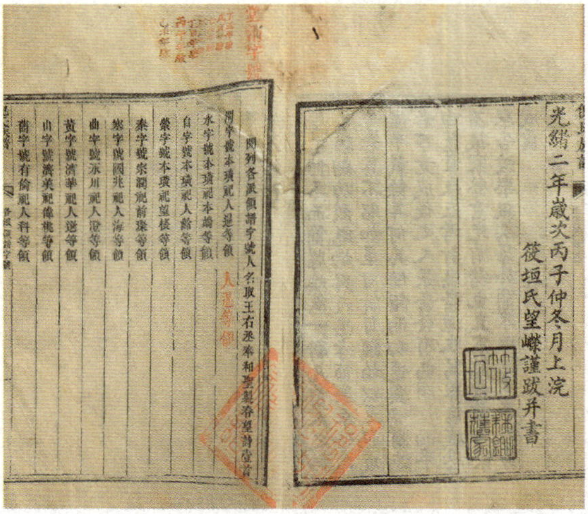

《新安家谱》之十一

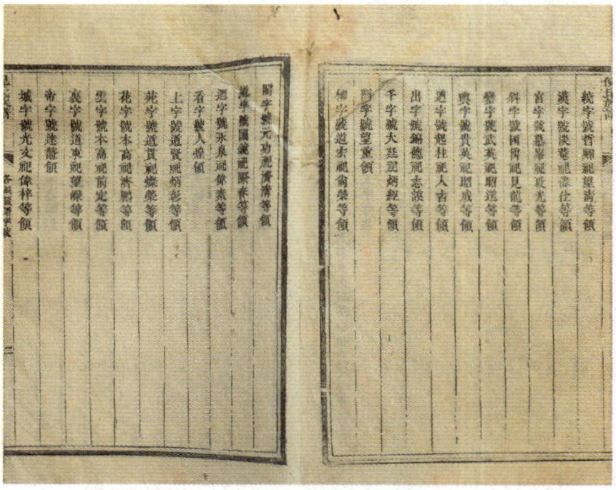

《新安家谱》之十二

其一，是在每部谱的最后都设有领谱字号。家谱修成以后，每部家谱都编定一个特定的号码，各房的领谱人按号码领取家谱，称为领谱字号。领谱字号就是家谱的编号，与此相对应，家谱上还记载着印谱的总数、分发各房谱数及领谱人的姓名等内容。由于领谱字号具有唯一性，一旦出现外传或损坏，就能清楚地找到责任人。同时，领谱字号也能有效地防止外族的人伪造家谱，冒认宗亲。家谱只允许在家族内部收藏，严禁随便外传。确保族人能够悉心收藏，不遗失，不外传。并且家谱每年在同一房中轮流保管。而且大都规定，冬至祭祖前一日，领谱者必须将谱牒交祠堂检查，如果发现毁坏或遗失，即以不孝论处，谱牒除名，革黜族籍。

其二，设立谱匣，专门用来珍藏族谱。《新安程氏世谱 · 卷首》云："凡领谱者须连同谱匣置于高洁之所。"《古义城朱氏宗谱 – 卷首》云："朱氏宗谱共计拾部，每部拾本，一部编一字号。除存仁祠公匣一部，东西房各一部，余

① 《重编歙邑棠樾鲍氏三族宗谱》卷二〇〇《刊谱输金》，清乾隆二十五年一本堂刻本。

《新安家谱》之十三

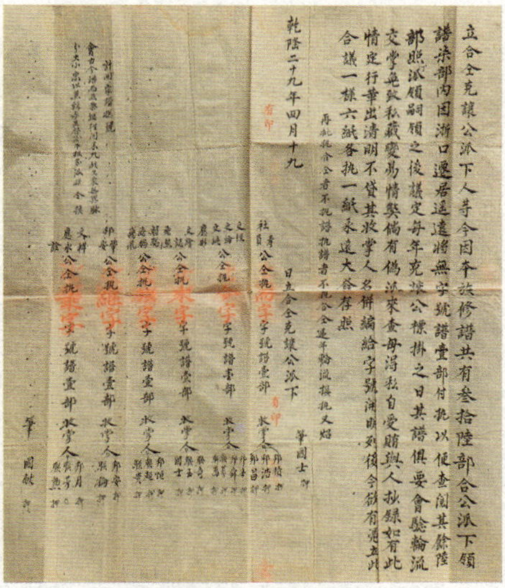

《新安家谱》之十四

注明某公某房支裔某某领收，慎重珍藏，无使损坏，以及鼠烂。公议每逢春秋祀祖日送祠公同验看，晾晒后照旧领还。如有不法子孙典当贿卖，将原谱追缴存公，议罚示惩，各自凛遵无违是幸。”

其三，有的家族还在领过谱以后，订立领谱合同。家谱和合同由同一房的人分别收执，每年祭谱和验谱后，家谱和合同轮流收掌。做到互相监督，共同管理。以下是歙县方氏克让公派订立的家谱管理合同：

> 立合同克让公派下人等，今因本族修谱，共有三十六部。合公派下领谱七部，内因浙口迁居遥遥，将无字号谱一部付执，以便查阅。其余六部照丁派领，嗣领之后，议定每年克让公标挂之日，其谱俱要会验，轮流交掌，免致私藏变易情弊。倘有伪派来查，勿得私自受贿，与人抄录。如有此情，定行革出清明不贷。其收掌人名并编给字号，开明列后。今欲有凭，立此合议，一样六纸，各执一纸，永远大发，存照。再批：执合同者不执谱，执谱者不执合同，递年轮流换执，又照。
>
> 乾隆二十九年四月十九日　　立合同克让公派下
>
> 社寿 社员公同执而字号谱一部　　收掌人：邦积 邦浩 邦昌
>
> 文经 文纶 文纯 应彬公同执今字号谱一部　收掌人：邦本 邦舜 邦萼

邦万

文会 志 飞熊公同执来字号谱一部　　　　收掌人：联奇 联玉 联士

时聪 飞鹏 飞凰公同执族字号谱一部　　收掌人：邦恒 联超 联贵

邦巩 邦安公同执继字号谱一部　　　　　收掌人：邦安 邦抡

文祥 应永 诠公同执乘字号谱一部　　　收掌人：邦月 联芳 联勋

计开家谱总号：会古今谱而并参继往开来九族三乘无异脉，分大小宗以兼辑承先启后千枝万派总同根。

可见，严格的管理和科学的保存，才使得新安地区有大量家谱遗存至今。

五、小结

新安家谱不仅存世数量多，而且善本多。究其原因，是新安地区的地理环境和人文环境共同作用而成的。明代中后期，在新安商人资本的注入下，建祠修谱成为这一地区的基本社会活动，促进这一地区成为典型的宗族社会。新安大量家谱文献的存世，客观上为新安地区的学术研究提供了帮助和便利。

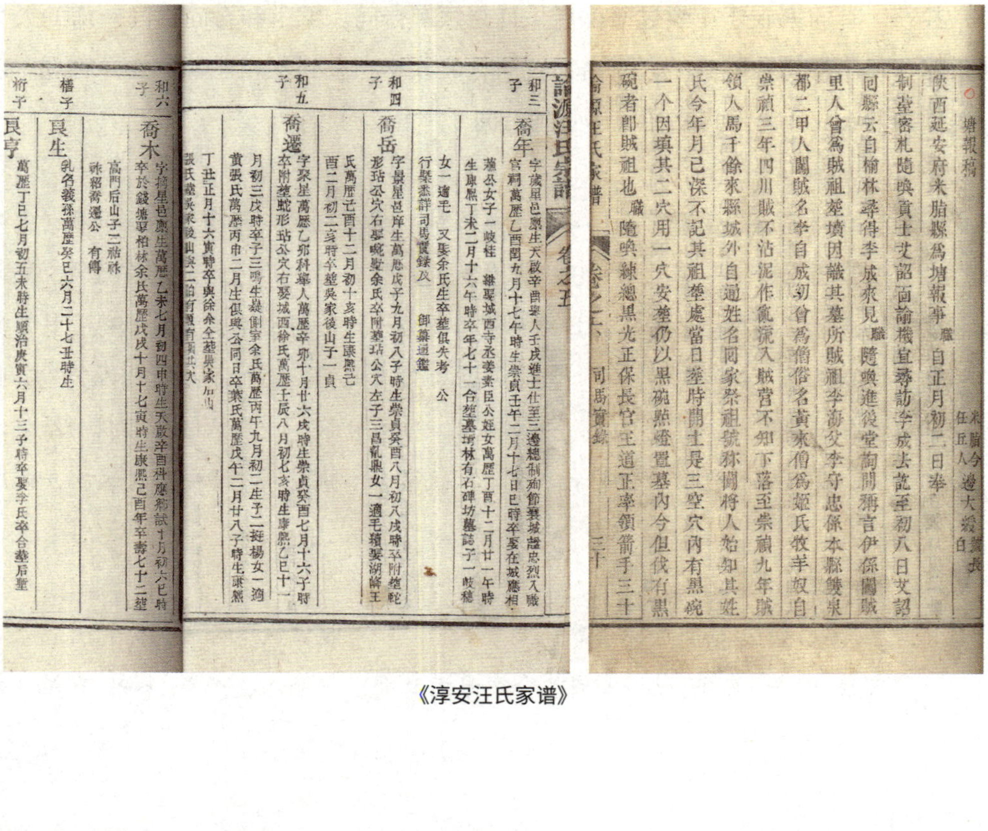

《淳安汪氏家谱》

第二节　淳安方氏研究

淳安位于浙江西部，环万山以为邑。处于新安江的中游，与安徽省歙县、休宁两县为邻。淳安历史悠久。考古发掘表明，早在新石器时代，新安江两岸便有人类的文化足迹。远古为山越之地，春秋时属吴、越，战国时属楚，秦至汉为歙县的一部分。东汉建安十三年（208），东吴孙权遣威武中郎将贺齐击山越，平黟、歙，分歙东叶乡置始新县，分歙南武强乡置新定县。西晋太康元年（280），改新定县为遂安县；始新县曾七易县名，即新安、雉山、新安、还淳、青溪、淳化。南宋绍兴元年（1131），定名为淳安县。1958 年，淳、遂两县合并为淳安县，现隶属杭州市。本文探讨的是淳、遂两县合并后的淳安县方氏。

一、方氏源流及迁徙

淳安县历史悠久，地灵人杰，素有“文献名邦”的美称。明朝万历间，遂安知县吴抝谦在纂修《遂安县志》时就指出：“（遂安）毓秀钟灵，贤哲辈出。若虚舟倡绝学于瀛山，子南师陆氏于临汝，皆卓然后学之宗也。宋林处士，缙云孤臣，尤挺为中流之柱。史家所当特书以示法者。”[①] 清乾隆间，遂安知县吴培源在《义学记》中写道：“遂邑虽山陬僻壤，向为文献名邦，先儒讲学之地，遗墨犹存，词臣摛藻之余，鸿文不朽。”[②]

方储像之一

淳安方姓人口为 45857 人，在淳安姓氏人口中排名第一位，为淳安第一大姓。全国方姓人口约为 410 万人，占全国总人口的 0.33%，在当今中国姓氏人口中排名第 63 位。[③] 方姓主要源于方雷氏，炎帝神农氏生于姜水，遂以姜为姓。传至九代孙姜雷（榆罔长子），因辅助黄帝讨伐

① 余利归：《淳安古籍文献丛书》，《民国遂安县志》上，淳安县政协文史和教文卫体委员会，2011年，第1页。

② 余利归：《淳安古籍文献丛书》，《光绪淳安县志》卷十三下，淳安县政协文史和教文卫体委员会，2011年，第220页。

③ 章百成：《淳安新安文化系列丛书·淳安家谱》，中国文史出版社，第12页。

蚩尤有功，受封于方山，建立方国，称方雷氏。他的后裔中一部分以国为氏姓方，一部分姓雷。明朝学者宋濂撰《方氏族谱序》中说："方雷者，西陵氏女，轩辕之正妃，是为嫘祖。或曰：榆罔之子曰雷，封于方山，后人因此以方为氏，未详孰是。"淳安方氏大部分采用方雷为方姓始祖。谱尊方雷为方姓一世祖。传至一百一十世方纮，任西汉大司马长史，出守同南。平帝元始五年（公元 5 年），为避王莽之乱，携家自河南平陵方山避居江左歙之东乡漕湖（淳安进贤渡村头），为方氏迁淳一世祖。丹阳昔为歙之东乡，今属严州，是"为徽严二州之共祖也"。

方氏是最早定居淳安的汉民族。从《新安名族志》来看，方氏是其收录的名族中最早移民新安的。东汉王朝后，淳安方姓又为汉皇室所倚重。方纮长子方雄，汉光武帝时任西河太守。方雄生三子，其长子方侪，为南阳太守。次子方储，聪明博学，章帝元和初年（公元 84 年）举贤良方正，对策天下第一，拜授议郎，转为洛阳令，升太常。后方储受屈饮鸩而卒。和帝追封方储为尚书令、黟县侯，谥曰仙翁。淳安民间尊称"方仙翁"。三子方俨，为大都督、丹阳太守。

方储，字圣明。聪颖博学，曾注释《孟氏易》，知天文五行，精于占卜。汉章帝一次召集文武大臣议事，令文官居左，武官居右，方储则居正中曰："臣文武兼备，任所使用。"章帝夸其才，将乱丝一堆交方储整理。方储毫不迟疑，拔佩刀将其斩为三截，曰："乱必剪之而后理。"帝赞其胆识，出为句章（余姚东南）令，又历任阜陵（安徽全椒县）、阳翟（河南禹县）令。后以奔母丧归，亲自挑土筑坟，种树千株，竭尽孝道。汉和帝永元五年（公元 93 年），帝去城郊祭天，方储劝阻曰："天气当有变，御驾不宜出郊。"和帝不从，出城见天气无异，遣使者行诏，责储欺君。方储对使者曰："咎时且至，速去护驾。"使者去，储叹曰："为人臣耻蒙不忠名。"遂饮鸩自杀。帝返途中，天气突变，洛阳一片昏暗，天下冰雹大如斗，死者千计。和帝方知方储有先见之明，深感内疚，即召方储。而储已死，和帝洒泪痛惜曰："憾不听其言，伤残士卒，悔不及矣。今

方储像之二

谁与朕共治天下乎？”追赠方储为尚书令、黟县侯，命官护尸归葬歙之东乡。后又追谥仙翁。

方储死后被逐渐神化。撰于建安二十五年（220）的《开国公家世行实》称，方储“博经文，辨图俄讲《孟氏易》，善星文，占吉凶，知未来，察奸谋，预知灾异”。宋明帝加赠方储为龙骧将军、洛阳郡开国公。唐监察御史张文成撰文立碑云，方储“生平之日，羽驾乘空，仙游之时，蝉脱而去。咸以公为仙化，莫知所归。共建祠堂，以时祭享”。方储祠堂，后被称为方仙翁庙。北宋政和六年(1116)敕赐“真应方仙翁庙”额。宋政和七年，徽宗赐“真应庙”额。《钦赐黟侯真应庙额》记载道：“(方储)号仙翁，遂立庙，系在祀典今千余岁，前后灵迹不少。近年以来，或因久旱，或苦雨，公私所祈，无不感应。所勘青溪县初乃歙之东乡，因储父子避地始为州县，故其庙正当县郭冲要之处，远近祈祷必会集其下。每岁春夏之交，虽邻近有疫病，惟此无一疾病，实神以安也。唯是功德及民最为深远。”生前显赫、死后神化的方储，虽然不是方氏始迁江南的第一人，但由于仙翁庙、真应庙逐渐成为方氏子孙结集的场所，“每岁仲春，今用季春三日诞辰，子孙陈祭行三奠礼，读祝升歌，罗拜其下。祭毕聚饮，欢洽而散”。因此，方储成为宗族崇拜的偶像，方氏认同的标识。

清乾隆十八年（1753）撰修的《歙淳方氏柳山真应庙会宗统谱》，将方氏世系分为三个部分：其一为《原始世系》，追溯方氏受姓的经过直至迁徙江南，封黟侯、建庙祀，共一百一十三世。方氏以雷为鼻祖；其二为《统宗世系》，自方储一世起至十二派始迁祖汇而图之。由于原始世系以方储之子辈为一百一十三世，方储也就顺理成章地被列为统宗世系第一世；其三则为《分派世系》，方储有三子，方观之、方赞之、方宏之。自方储始，该支分为三大族，迁徙各地。长子方观之，一名仪，字公觐。其子孙主要散居莆田、九江、觐县、滁州、南海等地。留在淳安的有：方观之二十六世孙静乐次子（唐）方鄯支自上贵寺分迁于富山屏门乡齐坑；宋时，方观之三十三世孙方闾茶园支，20世纪50年代新安江水库建成，此支派移民至建德、富阳等地。次子方赞之，一名觌，字公觊。因建新安江水库，进贤、沙堤、西园等地该支后裔陆续移民建德、分水、衢州、金华、绍兴以及千岛湖镇安龙里、桃源、东庄、汪家、井塘、富溪桥、桥亭、亚山、岭后、甘山、高山、坦坑、斋上、檡树坪，左口乡瑶村岭下、九龙、官田，文昌镇栅源、杨岸，屏门乡堪头，瑶山乡琅川、南川，威坪镇长岭、合富，石林镇九龙源，高文乡重坑、方家井村，梓桐镇慈溪村等地，

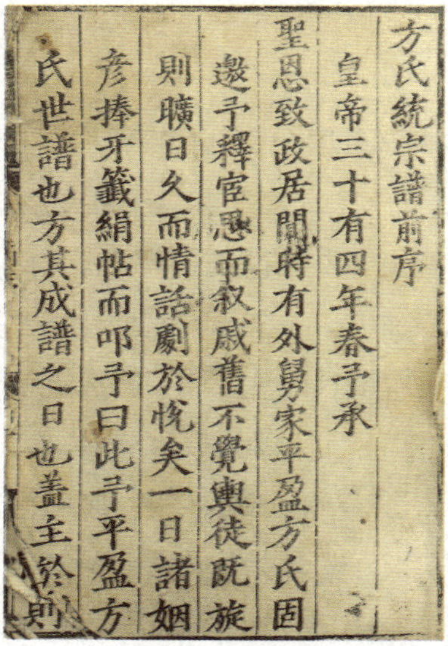
方氏統宗譜前序
皇帝三十有四年春予承
聖恩致政居閒時有外舅家平盈方氏固
邀予釋宦憑而叙感舊不覺輿徒既旋
則曠日久而情話劇於悦矣一日諸姻
彥捧牙籤緗帖而叩予曰此予平盈方
氏世譜也方其成譜之日也盖主於則

《方氏统宗谱》之一

仍有该支后裔。

三子方宏之，一名洪，字公大。唐时，其二十八世孙方干后入赘桐庐白云村（芦茨源），为白云派。其子孙又衍为两派：一是方村派。方宏之三十二世孙方景，系方干五世孙，唐代曾任浙东廉使判官。后辞官回家，自白云村迁居歙南方村；三十七世孙方冲，从歙县方村迁居遂安县，其后裔称“白云流芳”派，子孙世居大墅镇大墅村，又分迁高脚坞、后川自然村、衍昌村、稠木坞村、寺庄村、上坊村；三十八世孙方焕，从歙县方村迁居遂安县狮城，称“白云世家”派，其子孙今居姜家镇方宅村、方家店村、球二村，浪川乡大联村，大墅镇麦坞村。方干二十一世孙方环于明洪武初年从歙县街口前山迁淳安县黄江潭，其子孙于清乾隆年间迁鸠坑乡鸠坑口村、潘家店村、青苗村。二是帮源派。方宏之三十二世孙方桂，北宋仁宗天圣癸亥年（1023）从歙县苏村迁淳安县帮源，植桂树五株于庭，其后世子孙称“桂林方氏”，住威坪镇方宅、洞源里、佛岭下村。① 方宏之子孙居在外的，还有安徽屯溪、歙县、宣城、贵池，浙江嘉兴、宁海、象山、慈溪、湖州、黄岩、天台、临海及江苏常州等地。故元朝文学家方回在其《桐江集》中写道：“天下之方皆出于歙之东乡，今析为严州淳安。”

方氏十二派均出方储之后，其中方储次子觌之后有灵山、环岩两派。季子洪之后则有二十九世干、羽兄弟分支，干之后有方村、瀹坑、瀹潭、潜口、沙溪、苏磻、磻苏、佘坡、柘源9派；羽之后则有联临派。十二派有着共同的始祖崇拜，有着固定的祭祖节日（九月初六），凡统系、世次不明者不予认同，保持着方氏家族血统的纯正性。环岩《方氏族谱序》指出：“希道公乃由淳安徙今歙县，又再传至念五公，乃徙环山居焉。历宋至元，子孙蕃盛，析居岩镇等处。故今新安诸方虽各有显官腴室，而念五公之派，终恃不肯轻与合。”《灵山方氏宗谱序》披露了这样的事实：明成化年间，灵山方士贵请兵部郎中方嵩为宗谱撰写序言，方嵩要求看谱，而士贵

① 《淳安县志·人口与姓氏》，浙江人民出版社，2014年，第289页。

仅给他看了其他序言。根据这些序言，嵩只能“悟其大概耳，而索诸全谱则弗克也”。究其原因，则是防止世系图外泄，以免同姓冒认宗亲。所以，嵩在谱序中就此发表议论称：“余虽愚，非欲援引以求通亲或稽考，而渥洽之两相资焉，而借重于世也。”潜口派富源支《方氏族谱序》介绍了富源派与桐庐方氏认同的经过：“方氏族谱书成，携过桐庐访玄英之遗裔，会族长曰冕者出其谱相参订，上下数千年靡不符契，于是叙族讲好。”反之，如苏派分迁杞梓里支下方村头裔孙，虽也积极参与方氏统宗祭祖活动，但因世系不明而不准入统宗图系，“以俟续考订正”。[1] 这种严格的规定，有利于方氏群体的归属感，从而有利于方氏在新安江流域迁徙地和其他宗族争夺生存资源中保持宗族的力量。

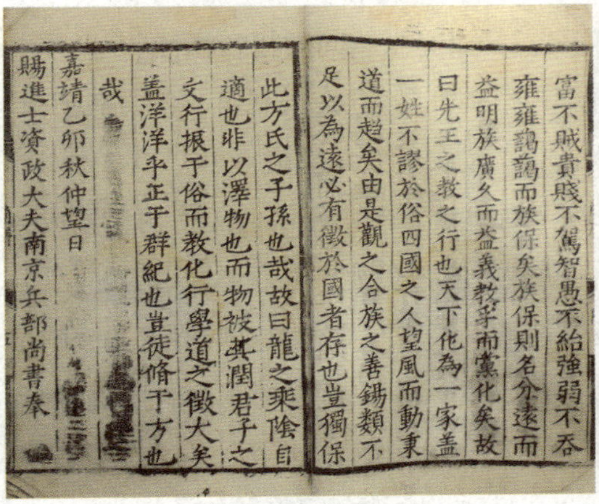
富不賊貴賤不篤智愚不給強弱不吞
雍雍藹藹而族保矣族保則名分遠而
益明族廣久而益義教孚而熏化矣故
曰先王之教之行也天下化為一家蓋
一姓不謬於俗四國之人望風而動秉
道而起矣由是觀之合族之善錫類不
足以為遠必有徵於國者存也豈獨保
此方氏之子孫也哉故曰龍之乘陰自
適也非以澤物也而物被其潤君子之
文行振于俗而教化行學道之徵大矣
蓋洋洋乎正于群紀也豈徒脩于方也
哉
嘉靖乙卯秋仲望日
賜進士資政大夫南京兵部尚書奉

《方氏统宗谱》之二

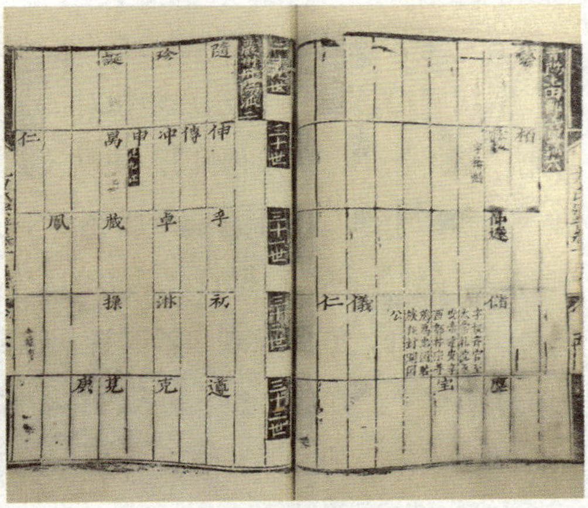

《方氏统宗谱》之三

二、方腊其人其事

方腊，又名方十三。淳安威坪人，出身佣工。北宋宣和年间，宋徽宗喜花石竹木，在江南设“苏杭应奉局”，派朱勔等到各地搜刮民间花石竹木和奇珍异宝，用大船运往汴京，每十船组成一纲，时称“花石纲”。青溪多产竹木漆，是应奉局重点酷取之地。据《桂林方氏宗谱》卷四《忠义彦通方公传》载，北宋宣和年间，“朱勔以花石纲媚上，人多出其门，竞为刻剥，深山穷谷之民，罔克奠居”。这种沉重负担都转嫁到靠出卖劳动力度日的赤贫者身上。方腊身为佣工，更痛感这种剥削压迫之苦，因而对宋王

① 《方氏会宗统谱》卷十一《苏分派世系》。

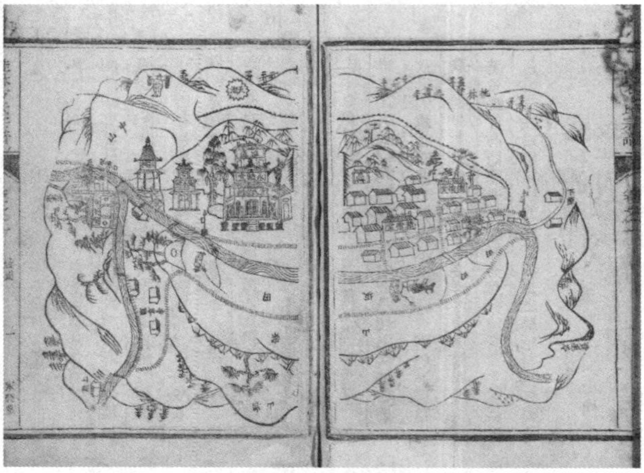

《桂林方氏宗谱》

朝的反动统治怀有刻骨仇恨，遂起反抗之心。当时，浙西山区流传着一种主张平等、互助的“食菜事魔教”，该教由摩尼教演变而来。唐时，摩尼教从波斯传入中国，后被统治者禁止，但民间仍秘密流传，信徒大多是贫苦农民。他们断荤酒，不事神鬼，故俗称“食菜事魔教”，教首称魔头、魔母。方腊家乡是贫困山区，入教者众多，该教教规之一是“不事神佛祖先”，而主张“同党相亲相恤”。以“同党”取代同祖，直接与宗法观念相对抗。方腊被教徒拥戴为魔头，利用“食菜事魔教”，所谓“腊得妖书，藉以倡乱”。便以教义为纽带，动员、组织农民。

宣和二年(1120)十月，方腊在万年乡洞源村里正方有常家做佣工，洞源便成为“食菜事魔教”的活动据点。他们的秘密活动被方有常发觉，便派次子方熊向县告发。十月初九，方腊发现事泄，遂在洞源村杀了里正方有常一家(唯三子方庚越墙逃脱)而举义。方腊集合千余人，在洞源村东方有常家的漆园誓师。方腊慷慨陈词，愤怒地揭发宋王朝的罪恶统治，号召大家仗义而起。这段史实在《方氏会宗统谱·佘坡分派世系》方有常小传中有记载，曰：“邑人方腊者向佣于家。宣和初，腊得书，藉以倡乱，因令次子世熊首于县大尹。陈公光不察，反坐诬系世熊于狱。腊觉，即杀其家人四十余口，惟第三子庚及孙文忠、文毅，并在狱之世熊得免。”方有常系自苏村始迁淳安帮源桂的曾孙。《佘坡分派世系》方桂小传载其“承父遗业，服贾青溪万年镇，即今威平。得膏腴产于帮源，曰姑婆宅。因挈家帮源居焉，时宋仁宗天圣癸亥岁也”。方桂因经商致富，购地迁居帮源，这是方氏大派中唯一以经商始迁，又以战乱再迁定居的派系。三传至有常已是帮源的大地主了。

宣和二年秋，方腊杀方有常一家后，“数日之间，啸众至数万人”。不久，便“众殆百万”，席卷东南。方腊的政治主张和革命行动，深受贫苦百姓拥护，数日间聚众数十万。自号圣公，改元永乐，置偏裨将，以巾饰为别，自红巾而上，凡六等。方腊率众镇压帮源一带地主武装的反抗，占领青溪县西北重镇——万年镇，随即向县城进发。朝廷派两浙路都监蔡遵、颜坦带领5000官兵前往征讨。十一月二十八日，方腊将他们一举歼灭于息坑，这是方腊义军旗开得胜的首仗。次日，方腊打下青溪县城。十二月，打出青溪县。十二月四日，攻占第一座州城——睦州，随后攻下睦州各县。方腊率主力部队西攻歙州，十二月二十日攻克，击毙东南守将郭师中。接着回师东线，向杭州进发。十二月二十九日占领杭州，义军力量发展至“众殆百万”。各地百姓纷纷揭竿而起，响应方腊起义。浙北有苏州石生和湖州陆行儿，浙东有剡县裘日新，浙南有仙居吕师囊、永嘉俞道安，浙西有婺州东阳霍成富、方岩山陈十四、兰溪灵山朱言和吴邦。其时在浙西的方腊部将郑魔王、洪载和响应部队已占领婺州、衢州、处州等地，凡6州52县。方腊在杭州作出分兵“尽下东南郡县”决策，派方七佛率领6万人马进攻秀州（嘉兴），以图北上，攻取金陵，实现“划江而守”的计划。此时，童贯率领15万精兵赶到秀州。方七佛攻州不下，退回杭州。宣和三年(1121)二月，方腊退出杭州，由富阳、新城、桐庐、建德时战时退，最后退守青溪帮源。四月二十四日，宋军从东西两面包围帮源。方腊在帮源的严家溪滩与宋军决战败北，被迫带亲信退往洞源村东北的石洞中躲藏。石洞分上中下三窟，极为隐蔽，官军无法找到。四月二十五日，统制官王禀下令搜山。宣和三年（1121）四月，方腊被韩世忠部俘获，起义失败。

《桂林方氏谱序》有方庚助韩世忠破方腊的记载：“有常季子庚公乃奔命江淮，逆王师为韩忠武先导，诱擒腊并其党羽，东南以平。余读宋史尝观腊寇之变起于仓卒，聚群不逞之徒，伪据吴越，欲凭江为阻窥视中原。已而王师直指，忠武为王渊裨将，以素未经涉之地，独能卷甲疾趋，攀崖渡谷，不浃旬而捣其巢穴，意必有卓荦非常之士，奋忠义以为先者，今乃知皆庚公力也。”韩世忠由方庚做向导，收买叛徒方京，才寻得方腊躲藏的石洞。四月二十七日，经过一番殊死搏斗，方腊和妻邵氏、子方亳、宰相方肥等52人被俘。宋将辛兴宗随后赶到，截洞掠俘，方七佛等人乘机逃脱，实俘39人，被解往汴京。八月二十四日，方腊在汴京就义。方腊余部坚持斗争，直到宣和四年(1122)三月，起义才被镇压下去。方腊起义打下6州52县，威震东南半壁。

关于方腊的出身和历史，过去一般史书中，多说他“家有漆园”，或“家有漆林之饶”，是个“中产”者，即有相当钱财的富户。随着有关方腊的新资料陆续发现，方腊生平逐渐明晰。《方氏会宗统谱·佘坡分派世系》方有常小传中有记载：“邑人方腊者向佣于家”。“中产说”渐被“佣工说”所替代。关于方腊的乡贯问题，至今说法不一。据淳安佘坡派《桂林方氏宗谱》说方腊是“歙人”。就近代的地域名称而言，“歙”是徽州歙县的简称。但就古代来说，则概念与近代有异。据歙县《歙淳方氏会宗统谱》称：歙淳汉时属丹阳郡，“置新都郡，县名始新县。晋平吴，改新都郡为新安县，而置歙州。仁寿三年(603)，即新安故城置睦州，县曰新安。大业(605 ~ 618)初，改睦州为遂安郡，县改雉山。唐武德四年(621)，复改遂安郡为睦州，县仍雉山。文明元年(684)，又改雉山为新安县。开元二十年(732)，改新安曰还淳。永贞元年(805)，改还淳曰青溪。宋宣和三年(1121)，改睦州为严州，青溪为淳安，改歙州为徽州。昔歙之东乡始裂而分矣。淳祐十年(1250)又升严州为建德路。盖徽之下，严之上，皆歙之东乡。而歙乃丹阳属邑，淳安未有县名，至吴始置始新、新安县，故曰纮祖避地江左，卜居歙之东乡也”。[①] 方逊志谱序云：“江南之方皆纮后，而歙其宗邑也。今歙山间犹多有方氏祖庙云”。[②] 那么，歙山间的方氏祖庙在哪里？《歙淳方氏会宗统谱》卷十八“茔志条”云：“河南太守纮公夫人蒋氏墓在淳安县东二里，地名雉山。西河太守雄公暨夫人胡氏墓在淳安县西北迈山；黟侯储公暨夫人王氏墓在淳安县东郭内城隍庙画首；尚书操公暨夫人胡氏王氏墓在淳安县东三十里进贤乡二十都八保沙南上。”这里说的“歙山”与南宋初陈公容编写的《严州图经》说“方腊起歙岭”的“歙岭”是同一地名，系天目山脉南段，即歙县、淳安、遂安三县交界处，统称歙岭山脉，而且大部分山脉在淳安境内。

由此，可以比较清楚地看出，淳歙在历史上的沿革关系，即淳安原隶属于歙州，因位置偏东，故称“歙之东乡”。不可以把“歙”简单地理解为徽州歙县，把“歙人”简单地理解为今之歙县人。“歙山”“歙岭”更是几县交界处的山岭，不能视为歙县。弄清了“歙”字的正确含义，就可进而讨论方腊到底是哪里人的问题了。歙县金川山郭里发现的一本手抄宗谱，记载了方腊出身的重要资料。该宗谱序文中说：“方氏远祖，迄东汉时，传至储公，镇守河南，位在开封。生钦阁老，殁赐仙翁。夫人王氏，三子位尊。真应祖庙，连表夫功，分支启族，洞源祖宫。四拾六世，至应细公。时衰命蹇，有始无终。因出方赖，无德无功。大逆犯上，遂失彝伦。无辜连

①《歙淳方氏会宗统谱》卷一《郡望》。
②《歙淳方氏会宗统谱》卷一《族属》。

累，避乱逃生，移寓长（昌）溪，未迁正龙，安居陋巷，天不灭根，流芳拾世，传至兴宗，迁于红飞，不得兴隆。单传七代，至庆老公，数奇落魄，负载为生，明末清初，迁居山峰……”（山峰就是山郭里）。这段序文讲到方储三个儿子，“分支启族”，有一支就成为他们的“洞源祖官”。考《歙淳方氏会宗统谱》，东汉时，方储的第三子洪是迁居淳安雉山叶乡碣头的，则序文中讲的“洞源祖宫”就是指的方洪了。方洪传至方腊已繁衍了四十多代，序文中的“方赖”应就是方腊。据淳安当地人传说，方腊是癞痢，别号叫“方荆”。按“癞”“赖”二字的韵母与“腊”字相近，在淳安方言中，三字几乎完全同音，序文中提到的“大逆犯上”的“方赖”无疑就是方腊。方腊造反，以致其近亲无辜受连累，不得不“避乱逃生”。山郭里人自称是从洞源迁昌溪，又迁红飞，再迁山郭里的。他们承认自己的“祖宫”是洞源，并说是方腊的后代。在旧社会，方腊被认为是“大逆犯上”的“大盗”，如果山郭里方姓群众不是方腊后代，决不会轻易承认的。作为旁证，淳安的群众也承认山郭里方姓是方腊的嫡系子孙。传说，他们本来改姓“芳”，直到辛亥革命后才恢复方姓。由此可见，方腊确系出生洞源，山郭里方姓是方腊的后裔。

另外，颇有意思的是，淳安的方氏家谱中提到方腊都称为“歙人”，不说是“淳安人”。《桂林方氏宗谱》提到方腊为“歙人”的有两处：一是元人徐直之的《忠义彦通方公传》载：“有佣人方腊者，其初歙人，来隶公家。”二是同时代的刘彭寿的《宋故承信郎彦通公墓亭记》称：“有歙人名腊者，来佣于家。”而歙人主修的《歙淳方氏会宗统谱》在提到方腊时，则说是“邑人”。该谱卷之十二“方有常条”说：“有常，字奋发。邑人方腊者，向佣于家。”两者比较，《桂林方氏宗谱》与《歙淳方氏会宗统谱》有一个共同点，都说方腊为“佣人”；但有一个不同点，就是前者说方腊是“歙人”，后者说是“邑人”。该怎样解释这个不同点呢？笔者认为，一定是和当时对方腊的评价有关。《桂林方氏宗谱》说方腊是“歙人”，原因有二：一是淳安属歙，早有“歙东”之称，讲方腊是“歙人”也可以；二是修谱者出于他们宗族利害关系的需要，企图用含糊其词的手法，把方腊这个“大逆犯上”的人抛得远远的。到各派方氏会宗时，由于利害关系的激化，含混其词的矛盾就暴露出来了。淳安方氏企图把方腊一脚踢到歙县，歙县方氏不答应，要求实事求是，结果定下的是“邑人”。《歙淳方氏会宗统谱》是歙淳方氏各族各派“会宗”的统宗谱，此谱所记方腊之为“邑人”，代表着歙淳方氏各族各派的共同看法。《歙淳方氏会宗统谱》对方腊的出生地用了“邑人”，而不用“歙人”，可见是煞费推敲的。

三、淳安方氏著述考略

淳安方氏自方储以降，人才辈出。本文仅从各种文献史料中钩沉有文献著述存世的方氏人物，自唐到清，44 人，著述 135 种。另如北宋方闾、方闳和方闻，学识渊博，被时人誉为“两浙三方，天下无双”。可惜兄弟三人著述，均无可考。

淳安方氏作者、著述统计一览表

朝代	作者	著述
唐	1	1
宋	5	21
元	1	5
明	7	23
清	30	85
合计	44	135

唐代淳安方氏最著名的人物是方干。方干，唐懿宗咸通元年（860）前后在世，字雄飞。淳安人。幼有清才，徐凝一见器之，授以诗律。尝携诗谒钱塘太守姚合。合见其貌寝兔缺，甚卑之。坐定阅卷，乃骇目变容，深加礼待。大中年间，举进士不第，隐居镜湖。家贫，日以诗酒自娱。方干为人质朴多礼，见人则三拜，时人称其“三拜先生”。又因貌陋兔缺，人又称其“补唇先生”。[1]咸通年间，浙东廉访使王龟慕名邀请，一经交谈，觉得方干不仅才华出众，且为人耿直，于是竭力向朝廷推荐。终因朝廷腐

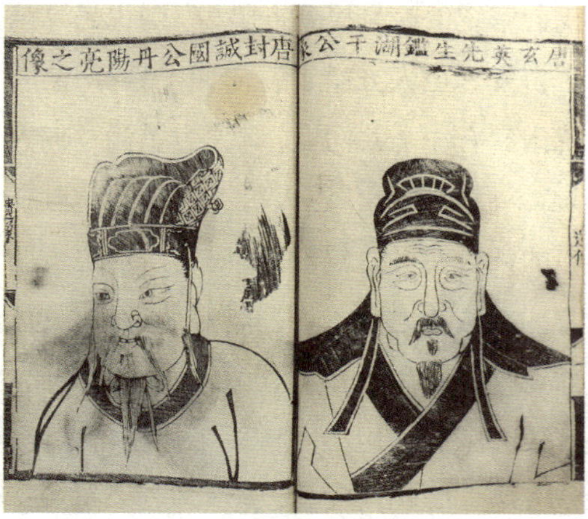

玄英公像

①《新唐书志 唐才子传》。

败，嫉贤妒能，不被起用。文德元年（888），方干客死会稽，归葬桐江。门人相与论德，谥曰玄英先生。宋景祐年间，范仲淹守睦州，绘方干像于严子陵祠配享。方干虽相貌丑陋，一生未仕，却是“官无一寸禄，名传千万家”的布衣诗人，也是“睦州诗派”的领军人物。其诗有的反映社会动乱，同情人民疾苦；有的抒发怀才不遇，求名未遂的感怀。宋代编《全唐诗话》,选录方干诗数首,并对方干作出很高评价:“干为诗，齐梁以来，未之有也。”《四库全书提要》称“干为诗炼句，字字无失，咏系风雅，体绝物理”。方干遗诗370余篇，门人编成《玄英先生诗集》10卷，流行于世。

宋元是淳安方氏的辉煌时期，以淳祐状元方逢辰家族为代表。因为在科举考试上的成功，家族大批人员读书仕进，著述丰富，形成文化世家。是为淳安方氏家族繁荣的第一个高峰。

方逢辰（1221 ~ 1291），宋淳安人。初名梦魁。淳祐十年（1250）进士第一，理宗赐改今名，便以君锡为字。其父方镕，字伯治。尽心圣贤之学，历官奉直大夫、两淮制置司参谋官。二子逢辰、逢振先后进士及第。逢辰自幼随父习字学文，尤以理学为旨归，尝与黄蜕、何梦桂等人肄业于石峡书院。始补承事郎、佥书平江军节度判官厅公事。宝祐（1253 ~ 1258）间，历官秘书省正字校书郎、著作佐郎，因上疏条陈海州丧师的丑闻及战守计，言辞激烈，理宗不悦，遂称疾求去。开庆元年（1259），又召为著作郎，代尚书左郎官，不久被罢。受聘至婺州书堂讲学，生徒从游者数百人。景定二年（1261），任婺州知府，不久又罢。回乡创办家塾，以理学授门徒。后出任嘉兴知府，改任瑞州，任期未满又被罢官。咸淳元年（1265），度宗即位，召为司封郎官兼国史院编修、实录院检讨官兼直舍人院。不久调任秘书少监、起居舍人，其后历任秘书阁修撰、江东提刑、江西转运副使、兵部侍郎、国史实录院修撰兼侍读、吏部侍郎等职，累官至户部尚书，后改礼部、吏部尚书，俱不受。宋亡，元世祖遣御史中丞崔彧起用，遭拒不起。

方逢辰读书有法，劝诫有条，所至无不以教务为先，如吴中和靖书堂、金华婺州书堂、东阳义学，江西鄱江书堂、东湖书院、宗濂书院等，皆公余讲学之处。人称“蛟峰先生”。[①] 方逢辰是南宋著名教育家。著有《孝经解》1卷、《孝经章句》1卷、《易外传》1卷、《易外传图说》5卷、《尚书释传》4卷、《大学中庸释》3卷、《格物入门》

① 《全宋文》第三五三册卷八一七〇，第148页。

1卷、《蛟峰文集》8卷外集4卷、《蛟峰奏札》1卷、《名物蒙求》1卷等。何梦桂《蛟峰赞》："大原孔孟，嫡派朱张。忠恕宏毅，刚大正方。义存出处，道系存亡。立言垂训，德久弥光。"① 方逢辰之弟方逢振，字君玉，号可斋。宋理宗景定三年（1262）进士，历官国史实录院检阅文字，迁太府寺主簿。宋亡居家，退隐凤潭。元朝延召为淮西宪佥，抗节不赴。逢辰卒，嗣主石峡书院讲席，申明逢辰之学，学者称其为山房先生。终于家。著作有《山房遗文》1卷、《山房先生外集》1卷，皆附方逢辰《蛟峰文集》卷八后。②

方逢辰侄子方夔（1253 ~ 1314），又名一夔，字时佐．富山人。幼承家训，壮与何梦桂诸老游。因屡举不第，由有司推荐，领教郡庠，续荐为考试官。不久，退隐富山之麓，自号知非子。授徒讲学，门人称为"富山先生"。匾其堂曰"箓猗"。元至元十五年（1278），浙西廉访佥事夹谷之奇亲临拜访，一夔越墙避而不见。族叔蛟峰（逢辰）得元恩命，一夔以《贺方逢辰得元恩命》诗竭力劝阻。后蛟峰坚卧不出，亦见其责善之力。一夔工诗，尤长五言，与洪震老、吴暾、夏溥、徐夔叟、翁民瞻、余炎叟6人友善，编所倡和诗为《七子韵语集》。所著《知吾汶稿》10卷、《汉论》10卷、《富山懒稿》30卷、《富山遗稿》10卷、《七子韵语集》《梅边稿》。《富山遗稿》10卷入选《四库全书总目》。③

蛟峰先生曾孙方道睿，字以愚，号愚泉。元至顺二年（1331）进士，授翰林编修官。所撰后妃、功臣诸列传，笔削大义，独断于心，无能议者。调嘉兴推官，凡谳狱囚，必挽其桎梏，赐之饮食，温言和气以探真情。再调杭州判官，遂引疾归。累转奉政大夫江西行省员外郎。入明，屡召不出，隐居以终。著有《春秋集释》10卷、《愚泉诗稿》10卷、《诗说》1卷、《文说》2卷、《选唐诗》1卷。④ 时人赞之曰："豪杰之才，云汉之章。裨补帝衮，金马玉堂。学淹麟笔，心契羲皇。文章道德，千载耿光。"⑤

宋代淳安方氏还有进士方仲谋、方有开，著述颇多。方仲谋，北宋时人，约1057年前后在世，字公辅。仁宗嘉祐二年（1057）登进士第，为歙州推官，擢大理

① 余利归：《淳安古籍文献丛书》，《光绪淳安县志·理学》，淳安县政协文史和教文卫体委员会，2011年，第44页。
②《全宋文》第三五六册卷八二四七，第172页。
③ 余利归：《淳安古籍文献丛书》，《光绪淳安县志》卷十《儒林》，淳安县政协文史和教文卫体委员会，2011年，第46页。
④ 万历《严州府志》卷十五《人物志·儒林》，第357页。
⑤《淳安县志》，汉语大词典出版社，1990年，第730页。

丞，累官殿中丞。秉性贞介，而文采蔚然。著有《雉山集赢》20卷行世，“其为诗不事雕镂而声律浑成，绝无纤秾华媚之态”。[①]方有开，约1163年前后在世，字躬明，号溪堂．淳安永平人。隆兴元年（1163）进士，官至户部侍郎。每奏对，辄陈恢复大计。后著《屯田详议》32篇以献，当国者沮之，遂归。朱文公尝为书“万溪书堂”4字，故自号溪堂。[②]有《奏议》5卷、《诗文》11卷、《屯田详议》32篇传世。

明清时期，淳安方氏有两大家族，并驾齐驱。一为淳安赋溪方氏，一为遂安四隅方氏。淳南进士村赋溪方姓有方尚恂、方一镳、方士颖、方椝如祖孙四代，衣冠蝉联，文风昌盛。方尚恂，字成侯，号菉阿。明万历四十一年（1613）进士，授刑部主事，历员外郎中。出知建宁府，有政绩。升湖广副使，办事精悍果断。后告老还家。著有《玉磬斋诗集》《麟旨》12卷、《牖慈录》《黔楚笔乘》《敝帚》《騑騑草》《留耕堂文集》《闽况客路吟尺牍》行世。[③]

方一镳，字野闲。方尚恂子。于学无所不窥，每有会意，即更手写，自五经四部，下逮杂家，录成帙者以百数。清康熙元年（1662）贡生。诗不多作，作则惊人。诸古文亦往往散佚，仅存十之一。有《羼提道人集》，又著《文屙七砭》1卷藏于家。[④]

方士颖，字伯阳，号怒斋。一镳长子，县学生。始就外傅，即学为诗。年11，应邑童子试。既归，父展其行笈，得诗章，中有句云“野渡舟难觅，沙汀客屡呼”。父微吟良久，问谁与作者，跪以实对，遂以手抄杜诗一快乞之，于是益大为诗。诗雅润为本，论者谓不减中唐钱刘辈，得一事有助风教者，则指事类情，铺陈始终，如白公讽谕诸篇尤妙。楷则每试有司高等，赏其文者即并其笔迹，嗟诵之，以为“二宝”。事亲以孝闻。康熙甲寅乙卯间，山贼溃发，居民四窜，而父不幸失明。士颖回沿登顿，则负之以趋，如是者一年所。父卒，士颖年开60矣，哀踊如孺子慕者。所著有《恕斋偶存》6卷、《骈俪杂文》3卷、《类钞》50卷，以睦州诗派之无存也，为严陵诗选以补续之，甫成《严陵诗选》24卷而卒。[⑤]一镳次子方士荣，字

① 余利归:《淳安古籍文献丛书》,《光绪淳安县志·文苑》,淳安县政协文史和教文卫体委员会,2011年,第53页。
② 余利归:《淳安古籍文献丛书》,《光绪淳安县志·文苑》,淳安县政协文史和教文卫体委员会,2011年,第54页。
③ 余利归:《淳安古籍文献丛书》,《光绪淳安县志》卷九《循吏》,淳安县政协文史和教文卫体委员会,2011年,第36页。
④ 余利归:《淳安古籍文献丛书》,《光绪淳安县志》卷十《文苑》,淳安县政协文史和教文卫体委员会,2011年,第60页。
⑤ 余利归:《淳安古籍文献丛书》,《光绪淳安县志》卷十《文苑》,淳安县政协文史和教文卫体委员会,2011年,第62页。

仲阳。幼即能诗，短咏长吟，淋漓跌宕，壮年所作格益高。著《萤芝园集》3卷行世。[①]

方棨如，字若文，一字文辀，号朴山。士颖之子。曾受业于毛奇龄，笃信好学，博览群书，以文章名天下。清康熙四十五年（1706）进士，授顺天丰润（今河北丰润）知县，历官三年，以"烧锅失察"去官。从此家居不仕，清严律已，教书自给。曾应邀赴敷文、嶯山、紫阳等书院讲学。其教必以正心术、端品行为本，门下多出高足，如梁文庄、陈兆仑等。讲学之余，与秀水朱彝尊、桐城方苞等，商榷文史及砥节砺行、修身体道之事。乾隆二年（1737），以经学被荐举，召修三礼，坚辞不就。闭户著书，深究经学，潜心理学，擅长古文辞。为文朴茂古奥，事例能阐发性道，有济世之教，时人称之为"朴山先生"。仪表丰伟，年80，声如洪钟，世比之欧阳永叔。工诗及古文辞，与方舟、方苞并称"三方"。著述丰富，有《离骚经解》1卷、《集虚斋学古文》12卷、《十三经集解》40卷、《四书考典》45卷、《读书记》8卷、《五经说疑》4卷、《诗集》6卷、《四书大全》80卷、《家塾晚课》《读礼记》《朴山存稿》《续稿》《周易通义》14卷、《尚书通义》14卷、《毛诗通义》14卷、《集虚斋学古文》12卷、《郑注拾沛》12卷、《四书口义》。[②]

方棻如，字若远。士颖长子也，方棨如弟。善事父母，《曲礼》《内则》无违者。书无时离手，僻耽佳句。蜀阜徐氏有石琴，属咏者如牛腰束，独棻如四韵擅场，其诗有云："响寂涵真意，名孤耐后知。翻嫌陶令蓄，斧凿未全离。"遂安方渭仁太史叹其寄托深远，学杜而得其骨也。填词豪荡，感激，有苏辛之一体，而尤工书法。手抄《史记》、杜诗、韩文，成数十卷，并及唐归金陈诸先辈时文笔语，即宗师之。不幸短命，29岁卒矣。[③] 著《尚书通义》14卷。

方莱如，字药房，号荔帷。县学生，工诗。授徒课子渊源伊洛。事父母以色养，湿如孺子。然立身有本末，人敬惮之。工诗。钱唐吴征君星叟先生于人慎许，可独折简写其诗入所撰《惊喜集》中，而尤沉潜经训，授徒课子，率渊源伊洛人来质疑，开导即莫不爽然四解以去。康熙五十年（1711），与兄佐学使者张公谕文于江南，公熟视其质行及所论著，倾倒甚至，以元方季、方相目也。尝举诸经义蕴，与四子书

① 余利归：《淳安古籍文献丛书》，《光绪淳安县志》卷十《文苑》，淳安县政协文史和教文卫体委员会，2011年，第62页。

② 余利归：《淳安古籍文献丛书》，《光绪淳安县志》卷十《续纂儒林》，淳安县政协文史和教文卫体委员会，2011年，第52页。

③ 余利归：《淳安古籍文献丛书》，《光绪淳安县志》卷十《文苑》，淳安县政协文史和教文卫体委员会，2011年，第63页。

关通者，纷罗笺注，成书 32 卷，名曰《经书通解》。又有《缘情诗略》《仪礼句读》2 卷、《性礼本义》3 卷、《诗经类对赋》1 卷、《古赋》1 卷、《自咏诗》8 卷、《下学斋杂着》2 卷。① 其子方宽然，字栗甫。年 17 补博士弟子，年 30 以母亡而咯血病死。有《铸古斋集》3 卷、《三峡词源》12 卷。②

方集如，字若虞。幼知向学，为文敏捷。年 20 补博士弟子，学使张石虹、彭直上皆以国士遇之。踬于场屋，以明经老，士林惜之。有《环中集》《遥村诗》。③

方棠如，字若召，号憩亭。敦厚周慎，数十年书史略皆上口。其为文计炊，五斗黍时可七八，艺皆披文相质，精讨锱铢。于诗亦然。尝依平水韵次赋落花诗三十章，不终日而毕。弱冠游乡校，傲兀试席，而在举场辄有物败之年。五十墨史丹经著书，以送余齿，所存有《五经义》《憩亭诗草》。④

遂安四隅方氏以方逢年、方象瑛祖孙进士为代表，家族亦是人文蔚起，著述良多。方逢年，字书田。明万历进士。天启初，典试湖广，发策忤魏忠贤，削籍归。崇祯间，累迁礼部尚书、东阁大学士。明亡，鲁王航海，逢年追不及，降清。已而以蜡丸书通闽，事泄被杀。有《雪涤斋集》存世。⑤

方象瑛，字渭仁。方逢年之孙，生卒年不详。天资颖异，9 岁能诗，13 岁作《远山净赋》，见者惊异。康熙六年（1667）进士，授内阁中书。充顺天乡试同考官。康熙十二年（1673），与其兄方象璜完成《遂安县志》的编纂工作，并为之作序。康熙十八年（1679），因荐试考中“博学鸿词科”二等，授翰林编修，与修《明史》。历迁侍讲，告归。象瑛自号“金门大隐”，与毛际可等友善，经常切磋诗文。著有《健松斋诗文集》34 卷、《封长白山记》1 卷、《松窗笔乘》30 卷、《方氏先贤考》。⑥ 其子方引禩，号安洲。砥行读书，无贵介气。以明经任武康训导。其训士，先器识而

① 余利归：《淳安古籍文献丛书》，《光绪淳安县志》卷十《文苑》，淳安县政协文史和教文卫体委员会，2011年，第65页。

② 吴仲平：《淳安著述录》，第153页。

③ 余利归：《淳安古籍文献丛书》，《民国遂安县志》卷七《文苑》，淳安县政协文史和教文卫体委员会，2011年，第66页。

④ 余利归：《淳安古籍文献丛书》，《民国遂安县志》卷七《文苑》，淳安县政协文史和教文卫体委员会，2011年，第64页。

⑤ 孙平：《淳安县志人物》，1990年，第736页。

⑥ 余利归：《淳安古籍文献丛书》，《民国遂安县志》卷七《廉介》，淳安县政协文史和教文卫体委员会，2011年，第27页。

后文艺，洁己做人。即景赋诗，宴如也。有《安洲文集》。[①] 方引祒，字子超。方象璜子。少颖悟，多神解，十岁即详辨音律，凡《钩元》《素问》诸书，寓目辄了了。尤精于《易》。著《读易凡例》《天心集》。[②]

方象琮，字玉宗。孝友性成，端方慷慨，为文力崇雅正。康熙五十三年（1714）贡入成均廷试第二人，得邑丞，弃之而归。有《沁园偶吟》行世。[③]

方引彭，字商贤。乾隆时岁贡，候选训导。早失怙恃，体羸弱，唯继母与兄是依。比长，潜心经史，虽卧病床褥，仍手不释卷。为文雄深雅健，人多异之。康熙五十九年（1720），朱中丞观风，录入书院肄业。雍正元年（1723）乡试，房考呈荐以溢额见遗。生平端重寡笑，言严取予。临终无一言及他事，只以孝友勉后人，更嘱丧事不用浮屠。著《语石庵记》《纂易讲语》。[④]

方引降，[⑤] 字雇三。甫四岁而孤，家值中落。比长，训徒为生，孝养节母，补县学弟子员。无声色货利博弈之好，惟以诗文自娱。凡征诗索文，挥毫立应。著《诗古文词》、《唐诗集联》。[⑥]

方锡绅，字颛书。方引禩季子，邑诸生。为文悉本经史，而气势磅礴，深入韩苏堂奥。生平工书法，逼肖钟王。所著《巽斋文集》《性理解》。[⑦]

方锡纲，字孟常。清遂安四隅人，明少傅大学士方逢年五世孙。秉性刚正，而接人谦和。幼承家学，长益励志下帷，书斋坐榻辄为之穿，行文原本六经，运以理法。岁科两试，动辄冠军。雍正七年（1729），中副车。雍正十三年（1735），领乡荐。会试后，奉旨拣选知县，在籍授徒，从游甚众。自淳、遂外，宣歙之士不惮数百里，负笈而至。一经指示，为文皆有尺度，后先获隽者百余人。生平著作极富，有《尊

① 余利归：《淳安古籍文献丛书》，《民国遂安县志》卷七《廉介》，淳安县政协文史和教文卫体委员会，2011年，第28页。

② 吴仲平：《淳安著述录》，第92页。

③ 余利归：《淳安古籍文献丛书》，《民国遂安县志》卷七《儒林》，淳安县政协文史和教文卫体委员会，2011年，第39页。

④ 余利归：《淳安古籍文献丛书》，《民国遂安县志》卷七《儒林》，淳安县政协文史和教文卫体委员会，2011年，第51页。

⑤ 吴仲平：《淳安著述录》136页，作“方引隆”。

⑥ 余利归：《淳安古籍文献丛书》，《民国遂安县志》卷七《文苑》，淳安县政协文史和教文卫体委员会，2011年，第72页。

⑦ 余利归：《淳安古籍文献丛书》，《民国遂安县志》卷七《儒林》，淳安县政协文史和教文卫体委员会，2011年，第44页。

云楼杂著》《左传类编》等集藏于家。[①]

明代淳安还有茶园方定、方渊父子相承。方定，字志安，号止轩。博学，善吟咏。洪武间，以诗经领京闱乡荐，分教东平州转海州。预修《永乐大典》，升长泰县学教谕，所至造就有方，足范后学。著有《止轩集》1卷、《听松集》1卷。[②]

方渊，字宗源。方定子。赡词藻，累试场屋弗利。每遇门人先着鞭，必喜形于色，若已有之。人有难之者，辄引范鲁公语曰："赋命有疾徐，青云难力致。"非矫也，素性如此。后以太学生授凤阳蒙城令，慈祥恺悌，一以爱民为主。其厅事四壁遍书先正格言以自警，民多德之。秩满引年致仕，卒于家。著有《龟鹤山人吟稿》2卷、《始哂稿》3卷。[③]

另外，遂安十六都清代方儒林、方词林兄弟，方庶、方名辅父子，亦是文献名家。方儒林，字需人。幼颖异，9岁游庠，选拔入太学。博览群书，善诗古文。授徒，门多名俊。著《漱石园集》《舆图纬考》《新韵考》诸书。里人奉以从祀瀛山朱子祠。[④]

方词林，字文山。儒林从弟。康熙间选贡，教授生徒，多有造就。著《诗说》《春秋类言》《易想》《尚书节注》《礼记纂要》诸书，从祀朱子祠。[⑤]

方庶，字以蕃。性嗜学，善诗画。谨饬端方，高隐不求仕进。著有《砚樵前集》1卷、《砚樵后集》1卷。[⑥]

方名辅，字仁亭。方庶次子。乾隆十六年（1751），圣驾南巡，成《迎銮连珠十咏》，钱塘桑调元评刻行世。著《迎銮连珠十咏》《月窟诗集》。[⑦]

考诸史籍，明清之际，学识深厚，有著述传世的还有：方应时，字以中。锐志潜修，一宗紫阳之学。故在诸生即复力请邑侯复瀛山书院，建格致堂，以礼文公。举孝廉，则延钱塘王先生汝止登格致堂，讲学不辍。迨令长泰，故朱子所治邑初也。旧有祠

---

① 余利归：《淳安古籍文献丛书》，《民国遂安县志》卷七《儒林》，淳安县政协文史和教文卫体委员会，2011年，第53页。

② 嘉靖《淳安县志 · 文苑》。

③ 嘉靖《淳安县志 · 宦迹》。

④ 余利归：《淳安古籍文献丛书》，《民国遂安县志》卷七《儒林》，淳安县政协文史和教文卫体委员会，2011年，第41页。

⑤ 余利归：《淳安古籍文献丛书》，《民国遂安县志》卷七《儒林》，淳安县政协文史和教文卫体委员会，2011年，第41页。

⑥ 吴仲平：《淳安著述录》，第127页。

⑦ 吴仲平：《淳安著述录》，第128页。

祀，会时宰议废宇内书院，是祠亦属毁中。乃请当道特留，修祀不缺。比以治邑有声，擢丞肇庆，防江缉盗有奇绩。上降玺赐金旌之，升南缮部郎。肃清榷政，以劳瘁告归。捐资创宗祠，置田百亩供祭。仍仿文公家礼，著《复古维风录》《瀛山书院志》《读书漫兴稿》。崇祀长泰名宦。雍正二年（1724），祀乡贤。载通志儒林。①

方汉，明淳安县进贤人。字孔殷，号寿山。景泰元年（1450），浙江乡试第二。天顺二年（1458），“五经”单科第一，授山东道察御史。次年，巡按陕、甘等地，边境诸番帖然畏服。成化三年（1467），巡按四川，时朝廷派兵镇压川、贵少数民族起义，命方汉督军行事。后迁南通政司右参议，官至南京太仆寺卿，卒于任。平生博学多才，慷慨有节，从政之前尝讲学严陵，尚书徐贯、参政邵新副使方中为其得意门生。著有《寿山文集》。②

方天雨，字济甫，号三峰。方中之子。明弘治十五年（1502）进士，授工部主事，升郎中。时兴大工多不急之役，为奏止之至于三，擢贵州左参议。著《三峰集》行世。③

方元亮，字干一。进贤里人。康熙十七年（1678）亚魁，任平湖教谕，其教以白鹿洞规为宗。康熙四十四年（1705）分校楚闱，所举多知名士。擢迁宁波教授，卒于官。著有《下学浅严》8卷、《讲课条约》《经义事铨》。④

方岳觐，字二崧。舒溪人。于学无所不窥，而于诗尤工，脱尽铅华，独标清质。有《霁园集》行世，书画琴亦绝人。⑤

方一相，字用三。舒渡人。读书好核典故，于儒先经注笺疏及类苑稗史，搜揽辨析，不留毫发憾，从游多淹博士。相虽以一衿老，诸名宿皆奉为文章金镜焉。所著有《自怡集》藏于家。⑥

方觐殷，字质中。诸生，翘云次子。厚重谦和，幼聪颖，年13入庠，屡试一等。

① 余利归：《淳安古籍文献丛书》，《民国遂安县志》卷七《理学》，淳安县政协文史和教文卫体委员会，2011年，第8页。

② 万历《严州府志》卷十三《人物志·乡达列传》，第324页；《淳安县志》，1990年，第732页。

③ 余利归：《淳安古籍文献丛书》，《光绪淳安县志》卷九《循吏》，淳安县政协文史和教文卫体委员会，2011年，第31页。

④ 余利归：《淳安古籍文献丛书》，《光绪淳安县志》卷十《儒林》，淳安县政协文史和教文卫体委员会，2011年，第49页。

⑤ 余利归：《淳安古籍文献丛书》，《光绪淳安县志》卷十《文苑》，淳安县政协文史和教文卫体委员会，2011年，第64页。

⑥ 余利归：《淳安古籍文献丛书》，《光绪淳安县志》卷十《文苑》，淳安县政协文史和教文卫体委员会，2011年，第64页。

行文题无难易，出语天成，如初日芙蓉可爱。雍正七年（1729），与从弟觐誉同年食饩。乾隆十八年（1753），同膺岁荐。称大墅二方。胞兄觐夏罹奇祸，殷为力剖其冤。著《朴庵存稿》《家乘琐节》。①

方滴，初龙人，乾隆间岁贡生，乐清县训导。著《四书读法》《周易三直六官图》《诗韵三声汇谱》《字母反切图考》。②

方大壮，字履占。石壁塔人。少颖悟嗜读，为文博大昌明。弱冠补诸生，屡列高等。以家政中落，专事教学，一时从游者皆知名士。有叶之德从学岩阳，同学忌其才，增束修以难之。大壮携馆东镇，尽得其传。生平鼓励后进，老而弥笃。年 70，犹受淳安孝廉邵曾书聘，教诲不倦。著有《石空山房诗集》。③

方汝霖，字筑岩。邑增生，初龙人，诸生新国长子。幼承家学，淹贯经史，事亲曲尽孝道，苦志上进，卒不遇。尝慰其亲曰：吾不能禄养，愿以色养。居恒教授生徒，设帐貂山鲁村，出其门者俱学行兼优，无佻达轻浮习气。晚年益癖经学，著有《春秋摘要》《毛诗删约》诸篇，藏于家。④

方叔元，字纯之，金阪人。博学能文，必求有用。邑令、丞皆折节下交。虽以诸生老，乡先辈无不北面称弟子，存有《瓿余集》一部。⑤

四、价值评述

淳安方氏著述 135 种，经史子集无所不包。很多的著述都有很高的学术水平，甚至有的著述代表着一个时代的学术水平。以《四库全书》为例，四库全书总目收入严州府作者著述 39 种，淳安籍作者著述 29 种，占比 74.3%，占据绝对的优势。其中，方氏又据有 10 种著述，占比 25.6%。以一个姓氏占据整个府县的四分之一强。我们再看由宋慈抱、项士元编纂的《两浙著述考》收录严州府作者著述 144 种，而其中淳安方氏作者著述 19 种。占比 13.2%，一县一个姓氏占据全省的十分之一强。

---

① 余利归：《淳安古籍文献丛书》，《民国遂安县志》卷七《文苑》，淳安县政协文史和教文卫体委员会，2011年，第77页。

② 吴仲平：《淳安著述录》，第132页。

③ 余利归：《淳安古籍文献丛书》，《民国遂安县志》卷七《儒林》，淳安县政协文史和教文卫体委员会，2011年，第63页。

④ 余利归：《淳安古籍文献丛书》，《民国遂安县志》卷七《文苑》，淳安县政协文史和教文卫体委员会，2011年，第83页。

⑤ 余利归：《淳安古籍文献丛书》，《光绪淳安县志》卷十《文苑》，淳安县政协文史和教文卫体委员会，2011年，第60页。

《四库全书》收入淳安方氏著述统计表

序号	部	类	书名	卷数	朝代	作者	籍贯	卷/页	说明
1	经	易/存目三	周易通义	14	清	方棨如	淳安	9/77	“棨”《四库全书》误为“綮”
2	经	书/存目二	尚书通义	14	清	方棨如	淳安	14/116	
3	经	诗/存目二	毛诗通义	14	清	方棨如	淳安	18/145	
4	史	杂史/存目三	封长白山记	1	清	方象瑛	遂安	54/491	
5	集	楚辞/存目	离骚经解	1	清	方棨如	淳安	148/1270	
6	集	别集四	元英集	8	唐	方　干	淳安	151/1302	
7	集	别集一八	蛟峰文集8卷 外集4卷	12	宋	方逢辰	淳安	165/1412	
8	集	别集一八	富山遗稿	10	宋	方　夔	淳安	165/1416	
9	集	别集/存目九	恕斋偶存	7	清	方士颖	淳安	182/1653	
10	集	别集/存目十	健松斋集24卷 续集10卷	34	清	方象瑛	遂安	183/1655	

《两浙著述考》收入淳安方氏著述统计表

序号	部	类	书名	卷数	朝代	作者	籍贯	卷/页	说明
1	经术考	易	易外传	5	宋	方逢辰	淳安	82	淳祐十年状元
2	经术考	易	周易通义	14	清	方粢如	淳安	153	《四库全书》存目
3	经术考	易	纂易讲语		清	方引彭	遂安	164	乾隆间岁贡
4	经术考	尚书	尚书通义	14	清	方粢如	淳安	221	康熙四十五年进士
5	经术考	诗	诗记		元	方道叡	淳安	245	至顺二年进士
6	经术考	诗	毛诗通义	14	清	方粢如	淳安	263	
7	经术考	礼记	中庸大学释传	3	宋	方逢辰	淳安	326	
8	经术考	春秋	春秋集解	10	元	方道睿	淳安	394	至顺二年进士
9	经术考	经总	诗说		清	方词林	遂安	582	
10	经术考	经总	春秋类言		清	方词林	遂安	582	
11	经术考	经总	尚书节注		清	方词林	遂安	582	
12	经术考	经总	礼记纂要		清	方词林	遂安	582	
13	经术考	经总	春秋摘要		清	方汝霖	遂安	583	
14	经术考	经总	毛诗删约		清	方汝霖	遂安	583	

续表

序号	部	类	书名	卷数	朝代	作者	籍贯	卷/页	说明
15	史籍	杂史	封长白山记	1	清	方象瑛	遂安	711	《四库全书》存目。康熙六年进士
16	史籍	纪言	蛟峰奏札	1	宋	方逢辰	淳安	736	淳祐十年状元
17	地志	方志	遂安县志(康熙)	10	清	方象瑛	遂安	1037	康熙十二年修
18	地志	古迹	瀛山书院志		明	方应时	遂安	1071	隆庆四年举人
19	儒说		复古维风录		明	方应时	遂安	1264	

通过统计分析，淳安自唐宋以来，虽弹丸之地而为文献之邦。明朝万历九年(1581),淳安知县萧元冈就在县治前建立了文献名邦坊。清代淳安知县刘世宁在《重修文献名邦坊记》中曰："若淳邑之以文献名邦竖坊也，有古意焉。……盖睚直文毅之三元宰相，接武沂公；而唐之皇甫，称韩门弟子；宋之蛟峰，绍程朱绪言，皆对策第一者也。融堂妙语，潜斋诗歌。以逮元明之交，而鲁道源、徐大年辈，率能近文章，砥砺廉隅，有儒者之规为焉。以故积水成渊，至明中叶，如原之仰浦而益大，坛宇坊表，东西极望，信其为文献林立之邦，而称斯名也，可以不愧矣！"[①] 而文献名邦又以方氏为代表，方氏一族，人才辈出，著述林立，学养深厚，价值精深，文献名邦之皇冠非方氏莫属。

第三节 《新安名族志》考述

一、《新安名族志》的编纂

《新安名族志》是徽州宗族研究的一部经典著作，成书于明嘉靖三十年（1551），由戴廷明、程尚宽等数人历十年之功，才编纂成书。程尚宽在《引》中说："新安，天下望郡也。《名族志》，所以别嫌明微，缘人情而起以义者也。元儒陈氏定宇尝编有《新安大族志》，其书惜未盛行者。双溪郑公、觉山洪公因其遗编增益而梓布之。彬彬乎可以观新安人文之盛矣，骎骎乎可以占世道享昌之机矣，猗欤休哉！而为之采录者，则始于祁之叶本静，继以休之戴廷明辈，勤勤搜辑，垂十年矣。阅其名家，尚多缺略，此盖情限于力之所弗及，而义睽于势之所弗能故也。宽谨谋之六邑名公及诸同志者，仍其旧本而续补之，考其姓氏迁次而更定之，校其讹谬出没者而厘正之。约其异而归之同，非故于其同而求之异，盖欲行吾义而情有不得不然者耳！若夫限于力而睽于势者，亦安如之何哉！噫！是知沧海信有遗珠矣！然而豪杰无自身游迹者乎？今之视古，犹后之视今也。补续之责，予于后之君子，端有望焉。"[②]

① 余利归：《淳安古籍文献丛书》,《光绪淳安县志》上，淳安县政协文史和教文卫体委员会，2011年，第2页。
② 朱万曙、胡益民：《徽学研究资料辑刊·明〈新安名族志〉》，黄山书社，2004年，第14页。

编纂此书的目的是“别嫌明微”，排除宗族的猜测嫌疑，理清家族流派传承。编纂此书的底本是元代休宁大儒陈栎有过一个未予“梓布盛行”的《新安大族志》。到明代，郑佐和洪垣“因其遗编增益而梓布之”。[①] 参与采录的有祁门叶本静、休宁汪孟沚、戴廷明等人，他们复以十年的时间进行了采辑、编纂工作，《新安名族志》于嘉靖二十八年（1549）完成、嘉靖二十九年刊刻。程尚宽认为这个本子还不够完善，又进行了“续补增补了大量的内容，于嘉靖三十年（1551）完成。郑佐的序言说得很明白：“为此编者，汪孟沚、戴廷明、方德卿、程子璇、王克和、吴信夫辈，独廷明始终弗懈者。”[②] 看来，在这些编纂者里，戴廷明出力最多。

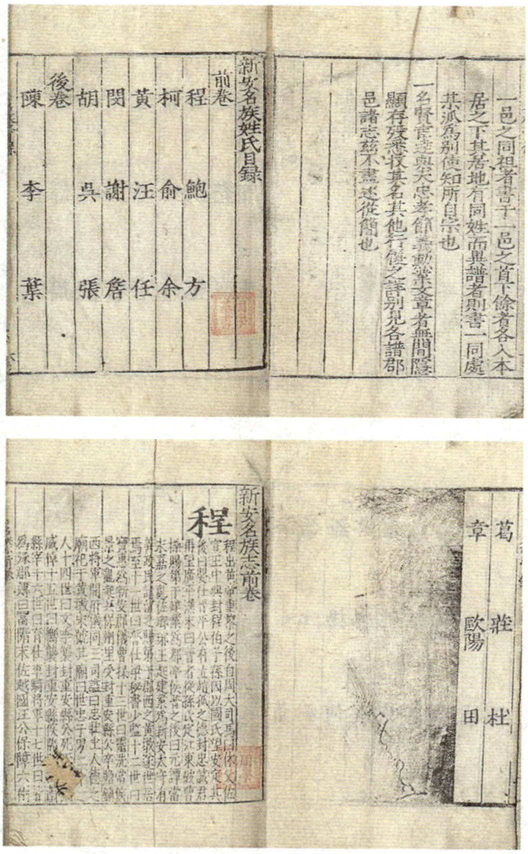

新安名族志

二、《新安名族志》的版本

关于《新安名族志》的版本，朱万曙教授有详细论述，他说：“《新安名族志》的版本，据我们初步调查，一共有十二种：它们都分为上卷和下卷，或前集和后集，但各本间的篇幅却有较大差异，现存本中有八册、四册和二册三种。八册本，国家图书馆和上海图书馆各藏一部。四册本，国家图书馆藏二部；另有台北‘中央图书馆’藏本一部，其内容与该本基本相同。二册本，国家图书馆、北京大学图书馆、北京师范大学、南京图书馆、浙江图书馆、安徽省图书馆、日本东洋文库各藏一部。这几种本子的结构框架是一致的，都是按照姓氏、县名、村镇名为序编排的。但是，

① 朱万曙、胡益民：《徽学研究资料辑刊·明〈新安名族志〉》，黄山书社，2004年，第14页。
② 朱万曙、胡益民：《徽学研究资料辑刊·明〈新安名族志〉》，黄山书社，2004年，第2页。

它们之间的文字差异却很大。几乎每个本子之间都有或大或小的差异。在二册本里，北京师范大学藏本和国家图书馆、南京图书馆的差异比较大；四册本与二册本有明显差异；而八册本的文字比四册本多出三分之一。”[①]

三、《新安名族志》的内容

《新安名族志》前卷 21 个姓氏，后卷 71 个姓氏，共记录 92 个姓氏。据统计，明代以前迁入徽州的有 57 个，按照“所迁新安朝代先后为次”，[②] 同姓之间“亦据其朝代世派先后为次”。[③] 根据徽州名族大姓的家谱，整理出。各姓迁徙的时间，源流。为了直观地再现新安大族的传承，我们做了所有姓氏在各县传承分布的统计如下：

程氏

歙县：槐塘、虹梁、潜口、元里村、宣明坊、表里、冯唐、褒嘉坦、岩镇、云雾塘、堨田、唐贝、方村、托山、临河、郡城、荷花池、南市、岑山渡、竦口、东山、刘村、五里牌（后三村有名无传）。

休宁：汊口、塘尾、溪西、屯溪、会里、陪郭、闵口、富溪、阳村、鬲山、瑶关、油潭墩（又名高枧）、珠光、率口、汪祁、溪头、五城溪口、中泽、苏田、浯田、芳关、北村、金川、临溪、泰塘、隐冲岭上、低山、东关口、文昌坊、率东、仙林、临溪街、剑潭、瑶溪、霞阜、富戴、蟾溪、汪干、山斗、西管（后四村有名无传）。

婺源：高安、龙头山、枧溪、彰睦、香田、香山、城东、西湖、种德坊、韩溪、龙陂、溪源、新溪、符竹、渔潭、兴孝坊、中平、斤竹、箬岭、临河、凤腾、长径（后五村有名无传）。

祁门：善和、程村。

黟县：南山、城南、淮水门。

绩溪：中正坊、程里、仁里、大谷、小谷。

鲍氏

歙县：棠樾、鲍屯、大址村階簷上、蜀源、古溪、上洋村、新管。

祁门：狮子桥。

---

① 朱万曙：《〈新安名族志〉的版本及史料价值》，《文献》2005年第1期。

② 朱万曙、胡益民：《徽学研究资料辑刊·明〈新安名族志〉》，黄山书社，2004年，第15页。

③ 朱万曙、胡益民：《徽学研究资料辑刊·明〈新安名族志〉》，黄山书社，2004年，第15页。

方氏

歙县：联墅、临河、岩镇、一同里、陵村、潜口后市、寒山、罗田、澄塘、忠堂、镇西、棠源、石壁、灵山、郡城、柘源（前六村有名无传）、结林、瀹坑、瀹潭、环山、潜口上市、磻溪、问政、信行、上方村（后两村有名无传）。

休宁：东山、上山、住紫巷、山坑、鄣源、大川口。

婺源：方村、大麓、王封镇头、荷田、枧溪、镇头。

祁门：伟溪、荷嘉坞、赤桥、省状元坊、胡村、城西、英才坊。

绩溪：庆丰坊。

柯氏

歙县：郡城。

绩溪：八都。

俞氏

歙县：岩镇。

休宁：溪西、万安、山斗。

婺源：钟吕、汪口、丰洛、新源、沱川、丰田、石兀、鸡田、岩溪、鹄溪、大源、沙城、古坑源、张文坑、亭子岭、大源坞四都东岭下。

余氏

歙县：余岸、汝溪、余家山。

休宁：余头村、蓝田。

婺源：沱川、绮川。

祁门：龙源。

黟县：城西、霭山。

黄氏

歙县：潭渡、向杲柏枝树下、东门、黄屯、虬村、瑞野黄村、税者黄村、官塘黄村、竦塘、石岭、新馆黄村、黄家坞。

休宁：五城、五城溪口、岭南、居安、汊口、星洲、黄村、西溪、古林、约山、高源、龙湾、黄川、五城溪口、商山。

婺源：横槎。

祁门：左田、在城。

黟县：石山、横冈。

绩溪：市东、翚岭。

汪氏

歙县：唐模、古唐、葛山、岩镇、潜口、水界山、上路、松明山、崇明、东关、郭祁、古城关、西沙溪、堨田、黄墩、斗山、环山、岩镇、富堨、竦口、竦川、丰溪、稠墅。

休宁：西门、旌城、溪口、石田、山背、当坑、首村、方塘、渠滨、南溪、芳塘、潜阜、罗墩、资村、上资村、梅林、石岭、兖山、长丰、东丰、南街、万安、中泽、汪干、居安、蒲溪、阳湖、石门、石砘、藏溪、富昨、隐冲、汊口、汪村、陈村、竹林。

婺源：大畈、回岭、凤砂、官源、冲山坞、高安汪村、五镇、石田、符竹、环珠平乐、武口、符村、西门、集贤坊、冲山、石井。

祁门：井亭、崇善坊、东街、西关、桃墅、舜溪、侯潭、北关、朴墅、大坦、龙溪、韩溪、抗溪、石潭、横街。

黟县：黄陂、黄陂头、霞阜、李村、玛川、韩村、横冈、蓬下村、北关、善和、西园、登源、上田、坦头、德锦、西坑、孔溪、汪村、周村、环川、古墙、孔灵、闾坑。

邵氏

休宁：西街、龙源。

闵氏

歙县：岩镇。

谢氏

歙县：曹溪、芳村、岩镇、汪村、安岐。

祁门：王源、上山、前山、中山。

查氏

休宁：西门、北街、凤湖、查村。

婺源：凤山、沱口。

夏氏

休宁：南门。

仇氏

歙县：王充。

宋氏

歙县：葛塘、上丰、宋村、岩镇。

祁门：宋家山。

陆氏

歙县：贵溪。

詹氏

歙县：潜川。

休宁：五城、流塘。

婺源：庐源、庆源、秋湖。

胡氏

歙县：路口、方塘、潜口、岩镇、堨田、佳源、槐源、琶塘、胡村、高山、东关。

休宁：演口、剡川、霞富。

婺源：清华、梅田、考水、高安、横槎、大坂、黄柏田、集贤坊、邑北、清华下街、大院口、平乐上村、玉川、城东、东溪、登瀛坊。

祁门：贵溪、城东、南门、椿莊、溶口、平里、山亭。

黟县：横冈、牌楼里、潭口、忠信坊、西递、南山。

绩溪：市东、遵义坊、东门、石京、十四都、上庄、宅坦、皆八都、龙川坑口、东街、上川、湖里镇、西街。

臧氏

婺源：疆溪。

张氏

歙县：汊口、岩镇、黄备、佳口、绍村、张家村、定潭、良干、漳潭、左汊、右汊。

休宁：岭南、张村、古楼巷、石蹬张村、杭溪。

婺源：甲路、游汀、临溪、绯塘、邑中。

祁门：塘头、宣化坊、东南隅、石坑、长培。

绩溪：北门。

陈氏

歙县：石门、黄坑、东关、陈村、文昌坊、蓝渡。

婺源：陈家巷。

祁门：竹源、石墅、正街。

绩溪：蜀马。

李氏

歙县：东山、郡城、槐塘。

休宁：阳湖、流口、中街、李村、易村、渠口。

婺源：严田、种德坊、李坑。

祁门：孚溪、李源、福洲、城市。

黟县：李村、叶村。

绩溪：美俗坊。

吴氏

歙县：向杲、岩镇、祊塘、石岭、古溪、澄塘、茆田、石潭、埸田、泽富、冲山巷、溪南、昌溪、黄墩溪、葛塘、吴村、金山、富饶、岩镇、石岭篁坞、石岭、莘墟、石桥 北岸、石潭。

休宁：凤山东村、凤山、万安、流口、石岭、江潭、和村、太溪、长丰、上山、吴田、璜源、稍云吴田、临溪、油潭、上溪口、博村、大溪上村、朱塘、雁塘、茗洲、石川、山背、和村蓝湖、吴田干、瑯斯、乾滩、富寮、黄冈磻溪、水潭、大连、留村、埸田。

婺源：梅溪、赋春、环溪、中云。

祁门：墩上、仙桂坊、长洲、西都。

黟县：横冈、东山。

绩溪：县前、县后。

叶氏

歙县：蓝田、新州北门、叶村、梅村、官塘。

休宁：南街、叶村、闵口、陪郭、南街、星洲、朱村。

婺源：中平、外莊、牌前、儒学榜、西关、石马山、叶村、沙提、叶家坞。

黟县：叶村。

孔氏

绩溪：八都。

邓氏

休宁：黄土岭。

巴氏

歙县：河西。

朱氏

歙县：浯村、义城、石门、溪南三坪。

休宁：北街、阳村、首村、渭南胡村、回溪、星州、月潭、双溪、资口岭、新屯、长丰、伦堂、杨冲、阙里、香田。

祁门：赤溪。

殷氏

歙县：上里。

郑氏

歙县：郑村、律村、岩镇、琶村、诸郑、宋村、清流、长龄里、丰口、跳石、堨田。

休宁：新屯。

祁门：奇岭、湘源。

绩溪：东街。

史氏

黟县：马川。

萧氏

歙县：梁下林村。

桂氏

歙县：岩镇。

戴氏

休宁：隆阜、新屯、上溪口、河村、油潭、万安、西管、和镇。

婺源：桂岩。

绩溪：东街。

许氏

歙县：东关、唐模、许村、潭渡。

休宁：东阁、孚潭、文溪、许村。

祁门：官塘、五溪源、忠庄、屏山、城南。

绩溪：涧洲。

孙氏

歙县：岩镇、石际、黄墩、溪南、岩镇。

休宁：坑口、草市、阳湖、埜山、溪东、汊口、麻林、沙园、文昌坊、浯田。

婺源：湖溪、绣溪、兴孝坊。

祁门：正街。

黟县：北街、古筑、横冈。

周氏

歙县：东门。

婺源：下槎。

祁门：南门。

黟县：南街、忠周、大石门。

绩溪：市东、坊市、竹里。

洪氏

歙县：棠坞、中村、王干 中村、洪源、上路口、盛塘、叶村、桂林、翠塘、三崑。

休宁：黄石、回溪、洪家山。

婺源：官源、轮溪、丰乐。

祁门：桃源、柏源。

江氏

歙县：峻街、黄墩、江村、上临河、岑山、岩镇、溪南、路口、江家山。

休宁：石佛。

婺源：旃坑、梅林、店埠、谢源江村、洪椿下湖村、水路、虎溪、谢源上村、长田、澄源、碧山。

祁门：浯嘉潭。

黟县：大星、江村、蓬下。

绩溪：在城。

高氏

绩溪：中正坊。

谭氏

歙县：小北门。

梅氏

婺源：槎川。

阮氏

歙县：岩镇。

项氏

歙县：富溪、小溪。

休宁：溪阳、闵口。

刘氏

歙县：刘村、古城关。

休宁：凤湖。

罗氏

歙县：呈坎。

杨氏

歙县：郡城、洪勤、结林、杨村。

休宁：芳溪（又名板桥）。

绩溪：横塘。

康氏

祁门。

凌氏

歙县：沙溪、白石、古溪。

唐氏

歙县。

曹氏

歙县：叶西、雄村、佳源、岑川。

休宁：曹村、南街 草市。

婺源：谢坑、大鳙、小鳙。

祁门：曹村。

王氏

歙县：王村、岩镇、一同里、蔡坞、官塘黄村、古溪、岩镇溪北朱吴村、芭蕉坦、西王村、路口、结林。

休宁：藤溪、万安。

婺源：武口、古池、海川、中云、范溪、城北、丰洛。

祁门：高塘、栗木、历溪、平泽、城西、王家山。

黟县：八角亭、南郭、珠川、丰溪。

绩溪：周川。

蒋氏

歙县：蒋村。

祁门：白塔。

奚氏

黟县：北街、谢街村。

范氏

休宁：博村、汊口、林塘。

舒氏

歙县：舒塘。

黟县：屏山。

绩溪：城后。

沈氏

休宁：闵口。

林氏

祁门：章溪

倪氏

休宁：倪干。

婺源：大田五镇、五镇。

祁门：渚口。

徐氏

歙县：徐村、路口、朱方。

休宁：西街、资口、大塘、叶村。

祁门：塘头、富业坊、北关。

万氏

黟县：东街。

吕氏

歙县：向杲、岩镇、方加山、李村。

婺源：沣溪、丛溪。

毕氏

歙县：嘉田、石耳、长陔、清流。

休宁：毕村。

婺源：严溪、白石。

廖氏

祁门：鸟门、北关。

潘氏

歙县：甸川、潘村、岩镇。

休宁：南极、芳田、岩镇、大佛、水坑口、屯溪、东亭。

婺源：桃溪、太白。

顾氏

婺源：高安。

金氏

休宁：峡东、潜阜、洲阳干、珰溪、棠源、汪溪、协路、杯坑、西克、上洲、南街、西山、白茅、坞里、永南、五城、方田。

婺源：龙槎。

董氏

婺源：游山。

冯氏

婺源：绣溪。

绩溪：冯村。

游氏

休宁：万安。

婺源：济溪。

何氏

歙县：永丰褒嘉坦。

休宁：率口、万安、上北。

婺源：尚田源。

严氏

歙县：岩镇。

赵氏

歙县：岩镇。

休宁：龙泉、汊口。

婺源：湖源。

姚氏

歙县：新民桥。

休宁：小贺。

施氏

婺源：施村。

韩氏

休宁：韩家巷、断石村。

婺源：韩家巷。

黟县：韩村、篁岭、奇墅、万村。

佘氏

歙县：岩镇、岩镇樟森塘。

休宁：佘家坞。

马氏

婺源：马家巷、甲路。

祁门：东街。

饶氏

祁门：胥山、饶家坞。

齐氏

婺源：山头、冲田。

祝氏

婺源：中山。

仰氏

祁门：锦溪、东溪。

卢氏

黟县：卢村。

滕氏

婺源：江湾、汤村。

苏氏

休宁：苏家巷、瑞芝坊、迴口、化生桥、城北、东门、西门。

葛氏

绩溪：双古井、泉塘。

庄氏

歙县：阳亨。

杜氏

婺源：崇化坊。

章氏

歙县：棠坞。

祁门：云栈。

绩溪：瀛川、西关。

欧阳氏

黟县：欧村、榔木岭。

田氏

歙县：东关。

根据以上统计，截止到明嘉靖年间，徽州汪氏在六县就有114个聚居点：歙县

20，休宁38，婺源14，祁门17，黟县11，绩溪14。徽州程氏在六县有81个聚居点：歙县20，休宁34，婺源16，门2，黟县4，绩溪5。徽州方氏在五县有34个聚居点：歙县25，休宁6，婺源6，祁门7，绩溪1。徽州黄氏在六县有34个聚居点：歙县12，休宁15，婺源1，祁门2，黟县2，绩溪1。徽州胡氏在六县有57个聚居点：歙县11，休宁3，婺源17，祁门7，黟县6，绩溪13。徽州李氏在六县有19个聚居点：歙县3，休宁6，祁门4，黟县2，绩溪1。徽州吴氏在六县有70个聚居点：歙县25，休宁33，婺源4，祁门4，黟县2，绩溪2。徽州王氏在六县有31个聚居点：歙县11，休宁2，婺源7，祁门6，黟县4，绩溪1。由此可见，汪、程、方、黄、胡、李、吴、王徽州八大姓遍及徽州六县。

在《新安名族志》记录的92个姓氏中，在康氏和唐氏这两个姓氏条目下只有所属县名。康氏在祁门，唐氏在歙县。据书载“康之先世居京兆，再迁会稽，唐有讳先者避乱居歙之黄墩。未几，复迁浮梁化鹏乡。发京都之曲溪，其子曰新，始迁祁门武山乡尤昌里之康村。四世曰守荣，兄弟迁板石之笙竹坞。至五世曰坦，迁孝上乡儒教里之双溪。今有迁本里之白桃”。[①] 白桃村，宋代有武举进士康泽民、康霆，绍兴庚辰（1160）进士康景杰、嘉定丁丑（1217）进士康诠，出入仕宦者康卓、康人杰、康人鉴、康侔、康倏、康润、康师尹、康必厚、康应雷。元代有康桂、康南龙、康宁、康海、康诚、康廷森出仕。明代有正统丙辰（1436）进士康汝芳，有功名入仕者康华、康怀、康永韶、康宁、康大韶、康闻韶、康泰宁、康墀、康弼、康衢、康佑、康载、康章。祁门白桃康氏自宋以来科举发达，人才显赫。据此推测，不应该只有县名没有单列村名，而应该是有名有传。

歙县唐氏，主要记录“龙兴独对”的唐桂芳家族，“桂芳，号白云，荐授崇安教谕。……我高庙驻徽，以耆儒召问，有不嗜杀人之对”。[②] 桂芳长子唐文虎，“举授四川江安县丞”；[③] 次子唐文凤，“荐授兴国知县”；[④] 四子唐文奎，“号拙庵。以善楷书征入文渊阁，纂修《永乐大典》。著有《拙庵集》，迁居岩镇”。[⑤] 唐文奎因为善

① 朱万曙、胡益民：《徽学研究资料辑刊·明〈新安名族志〉》，黄山书社，2004年，第555页。
② 朱万曙、胡益民：《徽学研究资料辑刊·明〈新安名族志〉》，黄山书社，2004年，第558页。
③ 朱万曙、胡益民：《徽学研究资料辑刊·明〈新安名族志〉》，黄山书社，2004年，第559页。
④ 朱万曙、胡益民：《徽学研究资料辑刊·明〈新安名族志〉》，黄山书社，2004年，第559页。
⑤ 朱万曙、胡益民：《徽学研究资料辑刊·明〈新安名族志〉》，黄山书社，2004年，第559页。

楷书，而被征召参与誊写《永乐大典》。《永乐大典》皇皇巨制，共计22937卷、目录60卷，分装成11095册，全书约3.7亿字。参与抄写的写手众多，都不能留名。这段史料因为《新安名族志》的记载得以保存。

四、《新安名族志》的价值

《新安名族志》一书，从将近800种徽州家谱或宗谱中采录资料而成的，比起一家一姓的谱牒，其涉及面十分广泛，所传载的历史人文信息也极为丰富，具有重要的史料价值。

(一)徽州各宗族迁入和繁衍的历史记录

徽州地区形成一个相对独立的文化发展区域。但是这一片宁静、和谐与外界隔绝的地方，“自昔战乱，中原衣冠多避地来此”。由于中原地区的士族在战乱时期不断迁移到这个“世外桃源”，尤其是晋、唐、宋时期、形成了北方氏族迁居徽州的三大高潮。

第一次迁在两晋之际，当时北方遭“永嘉之乱”，形成了北方人口南迁的第一次高潮，来徽定居的有程、鲍、俞、余、黄、谢、詹、胡、郑9族。唐代中原发生两次大的战争，中唐的“安史之乱”与唐末的农民战争，造成了连年兵战，出现第二次北方人口南徙的高潮，来徽定居的有陆、陈、叶、孙、洪、罗、舒、姚、赵、戴、康、施、冯、夏、李、朱、潘、刘、曹、毕、王、江、许、廖24族。两宋之际，北方“靖康之乱”，形成第三次人口南徙高潮，此阶段来徽州定居的有柯、宋、张、周、阮、杨、蒋、刘、饶、马、滕、孔、徐、吕、韩15族。徽州各宗族的迁入和繁衍，情形各异。《新安名族志》记录了各个宗族迁入和繁衍的历史。通过该书可以看出，从明代中叶开始，徽州各宗族已纷纷修撰族谱。但是，一姓族的谱牒只是记载一姓一族的历史及其繁衍情况，而《新安名族志》汇集了各姓各族迁入徽州及其迁徙演变的情况，从而使我们能更全面地了解徽州各宗族的历史面貌。这一点，正是《新安名族志》区别于一姓族的谱牒的地方，也是其最有价值的地方。

《新安名族志》还描述了徽州各宗族迁入徽州后繁衍和发展的情况。它的材料当采撷自当时各族的家谱。因此，对于宗族的源流和繁衍情况就有着比较充分的记载。明代，徽州人虽然修撰了大量的族谱、家谱，但是留存至今的毕竟较少，因而《名族志》在这方面的价值也显得特别突出。

(二)徽州名族勋业文章的史料记录

程光显在《新安名族志》序中曰：

名族志，志名族也。志云何？述先德也，而迪后之机寓焉。迪后之机活，则夫兴于仁让者益久而不替矣。仁让之风旁以流，而新安之望加重于天下矣。新安，紫阳夫子乡也。以仁让教天下者，紫阳夫子之学也。兹欲执其机，溥其化，以推其教于无穷，此则生紫阳之乡者皆有责焉。是故斯志也，虽所以续定宇陈氏之编，亦所以翼紫阳夫子之教于万一也。何也？夫合分殊而示一本之义，广亲亲也。亲亲则爱自我立，而仁昭矣。揭其人而考其当世之实，广贤贤也。贤贤则敬自我立，而让行矣。亲亲贤贤，孰无是心哉！①

王讽在《新安名族志》序中说："名族志者，苟其借名族之志，以厘正新安风俗，以寓观感警劝之机"。②《新安名族志·凡例》开宗明义即说："名族志因元陈氏定宇旧本补辑之者也。观者于此，不惟见新安礼乐文物之盛，抑以彰国家化民成俗之意，相与庆甄陶之有自，以保乐利于无涯者，不为无助也。"③他们认为，"高下失均，锱铢共竞；互相凌夺，各自张皇""贸易纷纭，诛求刻核；奸豪变乱，巨滑侵牟"；④诈伪欺骗，讦争词讼，是一种不正之风。要厘正这种社会风气，最重要的是强化封建纲常。《新安名族志》编纂者为了达到这一目的，采取的基本编纂原则是："名族实迹，其忠、孝、节、义，助业文章有关世教者，不拘隐显存，悉在必录。"⑤大力宣扬名宗名族中的忠、孝、节、义和勋业文章，加强宗族凝聚力，巩固宗族统治。

《新安名族志》科第仕宦、儒林著述统计表

宗族名称	科第仕宦（人）	儒林著述（人）
歙县槐塘程氏宗族	33	5
休宁汊口程氏宗族	52	5
歙县棠樾鲍氏宗族	37	3
婺源汪口俞氏宗族	30	25

① 朱万曙、胡益民：《徽学研究资料辑刊·明〈新安名族志〉》，黄山书社，2004年，第13页。
② 朱万曙、胡益民：《徽学研究资料辑刊·明〈新安名族志〉》，黄山书社，2004年，第15页。
③ 朱万曙、胡益民：《徽学研究资料辑刊·明〈新安名族志〉》，黄山书社，2004年，第11页。
④ 朱万曙、胡益民：《徽学研究资料辑刊·明〈新安名族志〉》，黄山书社，2004年，第11页。
⑤ 朱万曙、胡益民：《徽学研究资料辑刊·明〈新安名族志〉》，黄山书社，2004年，第11页。

续表

宗族名称	科第仕宦（人）	儒林著述（人）
婺源沱川余氏宗族	12	7
黟县城西余氏宗族	10	4
歙县结林方氏宗族	9	20
歙县潭渡黄氏宗族	23	20
祁门左田黄氏宗族	16	16
婺源大畈汪氏宗族	45	24
婺源凤砂汪氏宗族	33	12
休宁县龙源邵氏宗族	9	1
歙县岩镇谢氏宗族	5	10
婺源庐源詹氏宗族	28	
婺源庆源詹氏宗族	9	7
婺源考水明经胡氏宗族	22	5
黟县横冈胡氏宗族	43	8
黟县西递明经胡氏宗族	7	12
绩溪市东胡氏宗族	29	5
绩溪龙川胡氏宗族	55	19
绩溪北门张氏宗族	11	22
歙县向杲吴氏宗族	7	10
休宁县临溪吴民宗族	21	8
黟县横冈吴氏宗族	18	11
休宁县南街叶氏宗族	8	2
婺源县香田朱氏宗族	24	5
歙县郑村郑氏宗族	23	11
婺源桂岩戴氏宗族	51	5
绩溪涧洲许氏宗族		3
绩溪坊市周氏宗族	20	10

续表

宗族名称	科第仕宦(人)	儒林著述(人)
婺源官源洪氏宗族	24	9
歙县桂溪项氏宗族	15	14
歙县呈坎前罗氏宗族	10	20
歙县呈坎后罗氏宗族	14	
歙县郡城杨氏宗族	9	8
祁门白桃康氏宗族	32	2
歙县表城门唐氏宗族	30	8
祁门白塔蒋氏宗族	20	19
黟县屏山舒氏宗族	20	7
婺源桃溪潘氏宗族	69	33
总计	933	415

考察《新安名族志》的40个大族，发现姓氏村落记录的内容都是各大家族的科举仕宦、勋业文章。从进士及第、高中举人；抑或考中秀才，踏入黉宫；入太学生，举乡饮宾。或儒林著述，文章传世。都是家族的荣光，值得大书一笔。40个大族记录的科第仕宦人数就有933人，儒林著述有415人。据笔者对全书的统计，见于著录的进士就达740名；另一方面，其对各个宗族的传述又显示出一个规律：一个家族或宗族的兴旺，往往是与该族出仕的人数多少和地位的高低联系在一起的。“故族之名，名于人也”。[①] 想必这是列入名族志的基本资格。

① 朱万曙、胡益民:《徽学研究资料辑刊·明〈新安名族志〉》,黄山书社,2004年,第8页。

第四章　新安医学文献

第一节　新安医学概述

一、新安医学定义

新安医学肇自北宋，盛于明清。“儒之门户分于宋，医之门户分于金元”。[①] 新安医学源远流长，自宋而下，代不乏贤，至明代已形成独立的医学流派。新安医家均能以《内经》为本，重视《伤寒论》的基础研究。他们普遍受金元四大家的学术思想影响，并能融合诸家说，构成了“外感宗仲景，内伤法东垣，热病用河间，杂病师丹溪”[②] 的明代医学发展的主要态势，并以丹溪学说“贯通于诸君子，尤号集医道之大成者也”。[③] 简言之，丹溪学说对新安医学的影响较大。

新安医学是中国中医学宝库的重要组成部分。据史料考证、统计，自宋代至1949年前，新安医学有史料可查者820人，其中421人撰辑汇编医籍约730种。医家之众，医籍之多，“在以地区命名之中医学派中，堪称首富”。新安医学著述涉及经典著作的注释整理，临床整治经验的总结，古医著的辑复，类书与丛书的编纂，医学普及读本的撰写，以及各种医案、医话，内、外、妇、儿、喉、眼、伤、针灸、推拿等临床各科专著，还有脉学、诊断、治法等理论专著。

近20年来，大量的专家、学者通过对新安医学发掘、研究、整理、发表的文献资料，证明了新安医学在中国医学史、中医学说发展史上有着举足轻重的地位。故有学者称新安医学是明清时

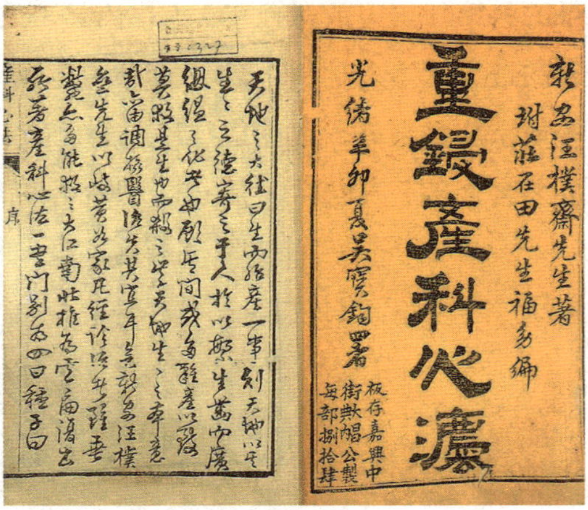

新安医籍之一

---

① 《新中医》1984年12期。

② 王纶：《名医杂著》。

③ 丹波元胤：《中国医籍考》。

期中医药学的“硅谷”，这是对新安医学历史地位恰如其分的评价。新安医学又是新安文化的重要组成部分，新安医学的繁荣有明显的地域特色。新安医学受新安文化的影响，其发展、兴盛又拓展了新安文化的内涵，弘扬了新安文化。

新安医家在古新安的医事活动中，根据新安地理环境、气候特征、生活习性，提出了一整套辨证的治疗学说，尤其重视脾胃肝肾和气血的调养，用药平正中和，世人称之“新安医学”。

总之，新安医学以其独特的风貌出现在海内外学人面前，影响深广。正如中国中医研究院专家余赢鳌评说：“新安医学的影响至为深广，所遗留的著述，与历史上其他一些以名医所在地命名的医学法派相比，在名医人数上处于领先地位；在医学法派所涉及的医著内容方面，亦更丰富多彩。”

二、新安医学的发展过程

源远流长的新安医学经历了三个发展阶段：

第一阶段，是新安医学兴起时期，约自南朝至明中叶

新安地处中亚热带北缘，境内土肥雨沛，自然条件适宜多种药材生长繁殖，因而药物资源，如植物药、动物药、矿物药等，富足多样，堪称一座天然药材宝库。种类繁多的常用中草药白石英、麦冬、黄连等曾经被南朝梁时著名医药家陶弘景等人列为佳品，《新唐书·地理志》中就有新安郡贡黄连的记载。自唐代陆宣开始，新安最早的也是经营时间最长的药店之一——陆氏“保和堂”，该药店用丸散施医济助时人由来已久，到了宋代已经盛行各州。五代时期，新安休宁凤山吴氏某君因为得到异人所授《金匮玉函经》后，从业医务。这些是新安医家活动的零星历史痕迹。

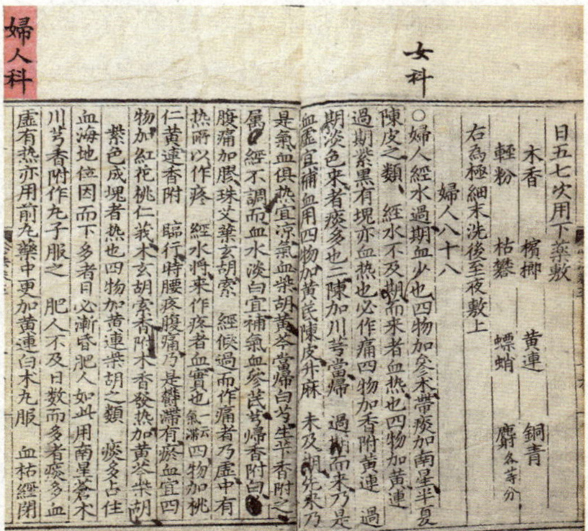

日五七次用下藥敷
木香 檳榔 黄連 銅青
輕粉 枯礬 螵蛸 麝各等分
右為極細末洗後至夜敷上
婦人八十八
女科
○婦人經水過期血少也四物加參术帶痰加南星半夏
陳皮之類 經水不及期而來者血熱也四物加黄連 過
過期紫黑有塊亦血熱也必作痛四物加香附黄連 過
期淡色來者痰多也二陳加川芎當歸 過期而來乃是
血虛宜補血用四物加黄芪陳皮升麻 未及期先來乃
是氣血俱熱宜涼氣血柴胡黄芩當歸白芍生芐香附之
屬 經不調而血水淡白宜補氣血參芪芎歸香附白
腹痛加膠珠艾葉玄胡索 經候過而作痛者乃虛中有
熱所以作疼 經水將來作疼者血實也一云氣滯四物加桃
仁黄連香附 臨行時腰疼腹痛乃是鬱滯有瘀血宜四
物加紅花桃仁莪术玄胡索香附木香發熱加黄芩柴胡
紫色成塊者熱也四物加黄連柴胡之類 痰多占住
血海地位因而下多者目必漸昏肥人如此用南星蒼术
川芎香附作丸子服之 肥人不及日數而多者痰多血
虛有熱亦用前丸藥中更加黄連白术丸服 血枯經閉
婦人科

新安医籍之二

北宋歙县人张扩，从湖北蕲水庞安时学医，后又师从四川王朴，善脉诊，治病有良效，名扬京、洛。其侄孙张杲，潜心医学五十年，博采宋以前古代医书、医案，

于南宋淳熙十六年(1189)撰成《医说》10卷，人称“医林之诊海”，是第一部较为完整的新安医学著作。此后，婺源人王炎又撰《伤寒论》。新安区域涌现出歙县黄孝通、休宁吴源、婺源马荀仲等名医。这些医著和名医的出现，标志着新安医学的兴起。从北宋至南宋末年，新安有名医25人，有7人写了16部医学著作。

元代，新安医学得到进一步的发展。休宁徐道聪，精儿科。其子杜真精内科，撰《杜真方书》行世。歙县鲍同仁精研针灸，著《通玄指要》等。婺源王国瑞亦精针术，撰《扁鹊神应针灸玉龙经》一卷行世。元代，共有名医17人，有7人撰成8部医著。在明前期的150多年中，新安医学较宋、元时期，稍有发展。

第二阶段，是新安医学全盛时期，自明嘉靖年间至清末

明代新安医学进入兴盛时期，名医辈出，医籍宏富，取得了许多令世人瞩目的成就。祁门人汪机毕生研究医学，撰《石山医案》等医书13部76卷。他精于望诊、切脉，“治病多奇中”“活人数万计”，被誉为明代四大医家之一。歙县江瓘著《名医类案》12卷，是我国第一部总结历代医案的专著。祁门人徐春圃撰《古今医统大全》100卷，与清代歙县人程杏轩的《医述》16卷同被列入中国十大古代医学著作。徐春圃于明隆庆二年(1568)发起组织“一体堂仁宅医会”，是我国最早的医学学术团体。休宁人孙一奎曾以医术游于公卿间，并在三吴、徽州、宜兴等地行医多年，撰《赤水玄珠》，30卷，引录历代文献273种，以明证和论治有条理见长，深为后世医家推重。歙县人方有执撰《伤寒论条辨》8卷，首倡错简说，开错简重订一派之先河。歙县人吴昆所撰《医方考》，则是我国首部注释医方的专著。明代的名医还有程充、吴正伦、程玠、程衍道、余午亭、汪宦、陈嘉谟、江时途、方广、丁瓒等。清代，徽州又涌现了程敬通、程林、程应旄(程郊倩)、汪昂、郑重光、程国彭、程云来、吴谦、郑梅涧、郑枢扶、汪文琦、许豫和、汪线、程杏轩、许佐廷等医学名家。其中休宁人汪昂著有医书多种，简明实用，浅显晓畅。其《汤头歌诀》等书，至今仍是中医院校重要的入门教材。歙县吴谦官至太医院判，以高超的医术和渊博深厚的理论知识而著名。这一时期，新安医家在医学理论、临床医学和药物学等方面皆多有建树，在全国具有相当大的影响。尤其是汪机、吴谦分别被誉为明清中国四大名医之一。同时，内、外、妇、儿、伤、喉、眼、针灸、推拿等科，无不具备。明代共有名医217人，其中有88人写了178部医著。仅清一代即有名医527人，其中286人著书立说，撰写了498部医著可谓汗牛充栋，几近“井喷”之势。大量的医学著

作问世，使新安医学史上进入了一个光辉灿烂的时期。

第三阶段，是新安医学衰微时期，约清末至1949年

这一时期，新安医学乘着清代前期和中期昌盛的余绪，仍在滚动发展。近代有名医3人，有12人撰写医著29部。业已刊行的名医著作中，有不少精品对于新安医学乃至中国中医学的发展起到了积极的作用。

三、新安医学的流派及代表文献

新安医学不仅以从医人数和医学著作众多著称于世，而且新安医家不限一科，不偏一家，百花齐放。他们在家传师承的基础上，从经典医论的注释阐发，以及对方书、本草、诊断、《伤寒论》、温病的探讨发挥，到临床实践，从通论至各科，从提高到普及，均精研深求。其学术思想活跃，医学流派纷呈。就其影响深广来说，新安医学主要流派有错简重订派，固本培元派，以及时方家中的平正中和派等。

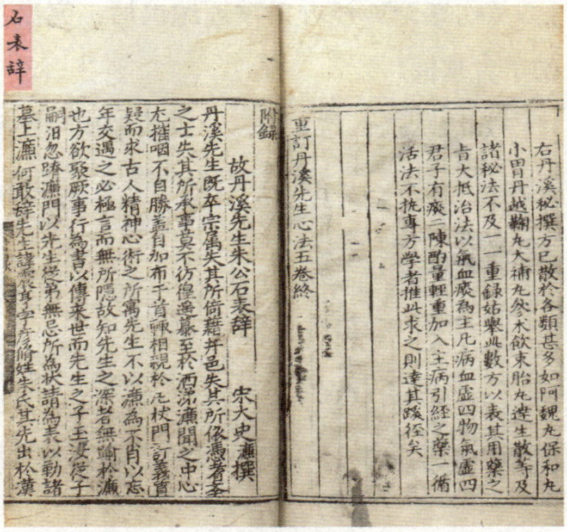

新安医籍之三

(一)错简重订派

错简重订派，是明清时期研修《伤寒论》的重要医学流派，创始人为明代新安名医、歙县人方有执。《伤寒论》，系汉张仲景所撰《伤寒杂病论》的一部分。原书在晋代时已散佚，经晋代王叔和收集整理，载于《脉经》卷七中，才得以流传下来。目前，《伤寒论》的通行本是明赵开美的复刻本和金成无己的注本《注解伤寒论》。经王叔和整理的《伤寒论》，共分10卷，22篇，113方。其卷一分“辨脉法”和“平脉法”两篇。前者主要论述伤寒病的脉、证及预后，后者则以讨论内伤杂病的脉证为主。卷二分“伤寒例”“辨痉湿暍病脉证并治”“太阳脉证并治”三篇，主要论述伤寒病的病因，发病机理，传变与温、暑诸病的分辨。卷三至卷六，共7篇．论述六经病脉、证的治疗。卷七至卷十，共10篇。除霍乱、阴阳易、差后劳复病外，还从正、反两方面论述伤寒病的可汗不可汗、可吐不可吐、可下不可下等治法。

方有执，字中行。其先后两任妻子于青壮年病故，五个子女死于惊风等急性病，

于是其乃发奋攻医。方有执在深入钻研《伤寒论》的基础上,通过多方博访,广益见闻,搜集大量资料。在深入研究《伤寒论》时发现,《伤寒论》条文竹简经王叔和编次后已有改移，至金成无己注释又有窜乱。而后人予以注解，仅依文顺释析，多有悖于张仲景本义者。他认为要想彻底研究《伤寒论》，首先要“心仲景之心，志仲景之志，以求合乎仲景之道”，而使其“协陟重明”。故他重加整理、编订，呕心沥血二十年，完成《伤寒论条辨》8 卷，开《伤寒论》“错简重订派”之先河。

《伤寒论》经方氏整理编次后，突出了重点，条理性和系统性有所加强，便于初学者掌握。

方氏以“错简”为言，重新编次《伤寒论》，是大胆的创举，影响很大。近人称之为“错简派”。清代，不少伤寒学家均宗其法研究《伤寒论》，如喻昌、张璐、章楠、程应旄等。

程应旄推崇方有执的观点，撰《伤寒论后条辨》。全书分礼、乐、射、御、书、数 6 集，计 15 卷。礼集不入卷，为张仲景自序、辨伤寒注 5 篇、王叔和序例贬伪；乐集卷一为辨脉法，卷二为平脉法，卷三为痉、湿、脉证篇；射集卷四、卷五为辨太阳脉证篇第一、第二；御集卷六为辨太阳脉证篇第三，卷七、卷八为辨阳明脉证第一、第二；书集卷九为辨少阳脉证，卷十为辨太阴脉证，卷十一为辨少阴脉证，卷十二为辨厥阴脉证；数集卷十三为辨霍乱病脉证、辨阴阳易病、辨差后劳复病脉证，卷十四为辨不可发汗病脉证、辨可发汗病脉证、辨发汗后病脉证、辨不可吐病脉证、辨可吐病脉证、辨不可下病脉证、辨可下病脉证，卷十五为 113 方。最后附王叔和原注编次、方有执《伤寒论条辨》。

(二)固本培元派

明清时期,新安医家重视医论之研究,蔚成风气。他们结合行医,上自《内经》《伤寒论》，下至金元四大家，其学术效法李东垣，师亲朱丹溪，在新安医界中影响深广。李东垣，名果，字明之，号东垣老人。河北真定人，金代医学家。李氏重视“调理脾胃和培补元气以及扶正祛邪”的临床治法，丰富了内伤脾胃学说。著有《脾胃论》《内外伤辨感论》等。

朱丹溪,名震亨,字彦修。浙江义乌丹溪人。著《格致余论》创论多种疾病的病机，是由“阳有余、阴不足”所致，治法主张“滋阴降火”。李、朱学说在新安流传甚广，影响最大。新安不少名医阐述李、朱二氏医理，旁及诸家精粹，用之临证而独具心得。

明代祁门名医汪渭、汪机父子皆私淑丹溪养阴之学。汪机医术胜于其父，他所著《营卫论》阐述丹溪学说用力至深。休宁程充编校有《丹溪心法》，方广著《丹溪心法附余》24卷。其书删赘录，别以诸家方论，凡与朱震亨相发明者，分列各门之末。另有婺源名医江时莲撰《丹溪发明》5卷。这些医学著作对新安丹溪学说的发展均起到一定的推动作用。"固本培元派"的代表人物是祁门汪机。

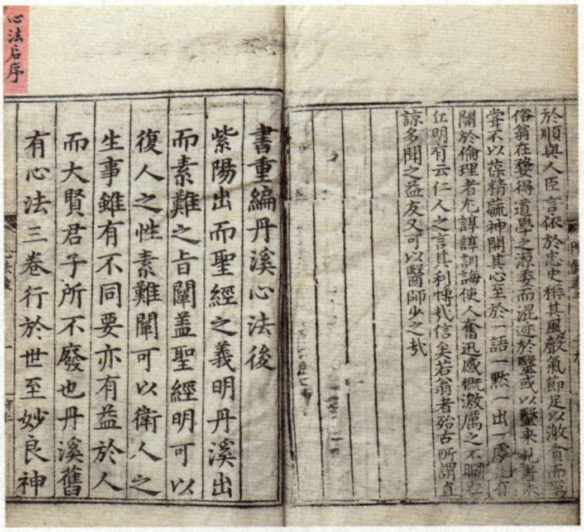

新安医籍之四

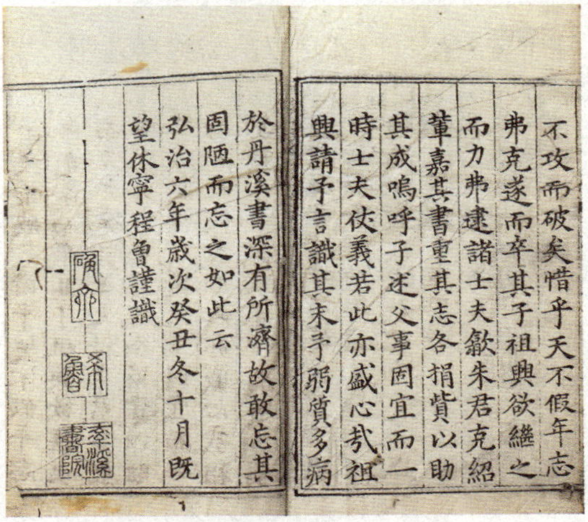

新安医籍之五

汪机，字省之。汪渭之子，其生平事迹各种文献多有记载。《石山居士传略》有："石山先人从外地移居祁门县石山定居，元末由石山迁居石山之南朴墅""乡人本其所自出，尊之曰石山居士。"汪机早年学习《春秋左传》，为庠生，后"弃去科举浮文，肆力医家诸书，参以《周易》及先儒《性理奥论》而融会于一，皆余医所未闻也"。①

《医学原理·自序》："余幼习举子业，寄名邑庠，后弃儒业医，越二十年，得以医道名世。编订《素问钞》《本草会编》《运气易览》《外科理例》《痘治理辨》《针灸问答》《推求师意》《脉诀刊误》《伤寒选录》等书。"徐春甫《古今医统大全·历世圣贤名医姓氏》云："石山居士，姓汪氏，字省之。渭之子。业《春秋》，补邑庠生。习父医，尤得其精妙。郡人求治，多效，日益众，居士弗容辞。既而曰：'士不至相，则其泽之所及，不若医之博也。'遂弃儒就医。大肆力于《素》《难》诸书，罔不考订。历记所疗为《石山医案》，编次《素

① 李镜山：《石山居士传略》附《石山医案》后。

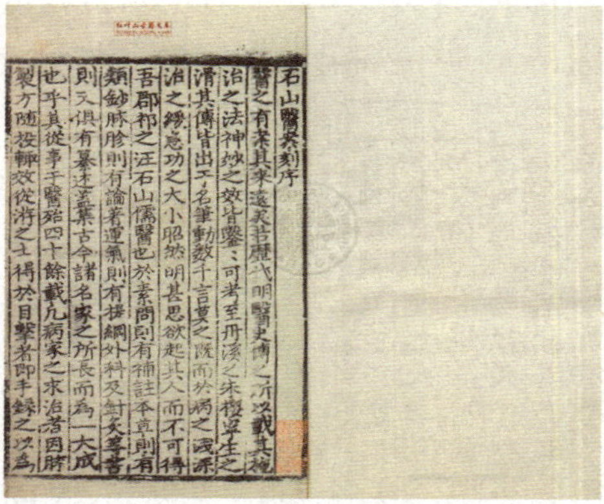

《石山医案》之一

问抄》《运气易览》《推求师意》《痘治理辨》《本草会编》等书数十卷行世。”

道光七年（1827）《祁门县志》及民国三十三年（1944）《祁门县志》对石山事迹均有所载。《祁门县志》云：“汪机幼尝为邑诸生，母病呕，遂究心医学，凡岐黄扁仓诸遗旨，靡不探其肯綮，殊证奇疾，发无不中。名高难致，病者有听咳，顿喜遂瘥，所全活甚众”。

从记载汪机事迹的诸多史料中，可以得见其生平家世。其一，汪机出身于儒医世家，弃儒从医。汪机早年学习儒学，为生员，精《春秋左传》。其父汪渭、族人汪宇皆习儒，而其父以医为终身之业，当邑名医。汪机弃儒从医后，成为有明一代名医是有多种原因的。

其一，《汪石山传略》中说：汪机“早岁习《春秋》诸经，补邑庠弟子员，屡试不利。”其父汪渭开导他说：“昔范文正公尝自祷曰：不为良相，愿为良医。意谓仕而不至于相，则其泽之所及，故不若医之博耳。盖翁尝以医活人，至数千指，故以此喻。居士悟，即弃去科举浮文，肆力医家诸书，参以《周易》及先儒《性理奥论》而融会于一，皆余医所未闻也。”可见，汪机是在父亲的开导下放弃儒学从事医学事业。

其二，汪机是在30岁以后才开始全身心投入医学，可谓大器晚成。汪机出生于明景泰七年（1456），卒于嘉靖十八年（1539），享年77岁。《石山医案》程曾序云：“其从事于医殆四十余载。”以从医47年算，则30岁前皆致力于儒学。但汪机从医以后，意志十分坚定。这与他的家庭出身，以及自身医疗水平卓著受到患者赞誉有密切关系。其父汪渭、叔伯汪宦俱为名医。这样的家庭出身对汪机的一生产生深远影响。汪机在《自赞》中言：“心存仁术，主好儒书，颠已垂白，手不停披。平居不敢于名而犯义，交际不敢口是而心违。事求免于流俗，礼求合于先儒。宁为礼屈，勿为势拘。”这是他一生行医处世的思想基础，充分地反映了其思想主流是以儒家思想为主导的。《石山居士传略》云：“其母孺人病头痛，呕吐十余年，居士起之如故。以望公晚年三染疾，亦三起之。公曰：‘医力如此，性鼎何足义哉！’于是益加研究，诊治病者，百试百中，捷如桴鼓，声名益彰。”

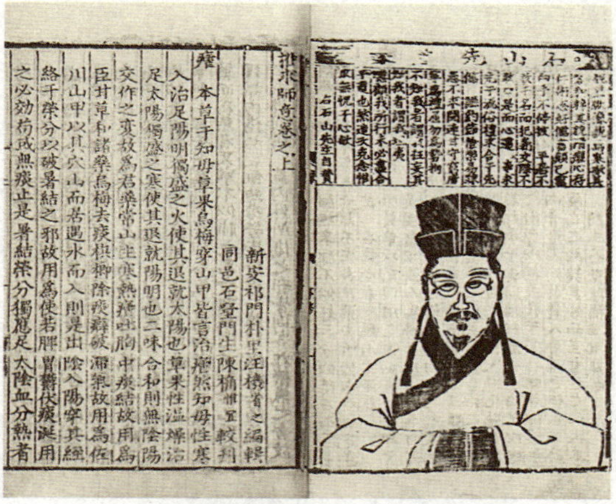

《石山医案》之二

其三，汪机在明代中期政治环境非常恶浊的形势下，独能清廉自守，以百姓之心为心，以庶民之夷为痍，不攀缘权贵，不求闻达诸侯，充分体现了其高风亮节的人格。程文杰称赞汪机曰：“咀英华以充日用之强，耻奔竞而却云霄之步。”弟子陈桷也赞道：“栖情于烟霞泉石，却步于云路鹏程。”这与汪机积极用世，厌恶明代中期生员的丑恶行径有密切关系。

其四，汪机精《内经》《本草》《伤寒》《脉经》运气学说，以及临床各科，如针灸、按摩、推拿及外科等，可谓是全科医生。尤其值得注意的是，汪机对朱震亨的医学思想既有继承又有发展。因此，汪机宝贵的医学思想及精妙医术是中医界宝贵的传统遗产。

汪机不仅是一位著名的临床医家，而且还是一位成就卓著的著述家。著作如下：

《读素问抄》3卷，在元代滑寿《素问抄》的基础上又有补充。首刻于嘉靖五年(1526)，时石山63岁。

《运气易览》3卷。成于嘉靖七年(1528)，刊刻于嘉靖十二年(1533)，时石山70岁。

《医读》7卷。首刻于清康熙八年(1669)，距石山卒年有130年。

《伤寒选录》8卷，成于壮年，年逾70尚在修改，后由弟子陈桷、程子镝整理成书。

《补定脉诀勘误》2卷。明戴启宗撰《脉诀勘误》，石山续有补订。石山在《序言》中对得到《脉诀勘误》一书之艰难状况有感人的回忆：“余始闻是书于歙之旧家，彼视为秘典，不轻易示人。余备重资，不远数百里，往拜其门，手录以归。然而传写既久，未免脱误。余于是补其缺而正其讹，又取诸家脉书要语及余所撰《矫世惑脉论》附录于后，以扩《勘误》之旨，诚诊家之至要也。”明嘉靖二年(1523)首刻。时石山63岁。

《矫世惑脉论》1卷；《诊脉早宴法》1卷。

《本草会编》20卷，此书已佚。李时珍《本草纲目》曾引用之，认为此书“以类相从”，便于实用。

《针灸问对》3 卷。首刻于明嘉靖十一年 (1532)，时石山年 67。这是一部穷搜博考《素问》《灵枢》《难经》及后世针灸诸家的针灸集成之作。

《推求师意》川 2 卷，明嘉靖十三年 (1534) 首刻，时石山年 71。通过这部著作，可以考知石山的医学渊源与朱震亨有直接关系。此书之渊源传授、撰写、刊刻有一个曲折的过程。朱震亨的高足戴原礼得其师心法，推阐师意，成《推求师意》一书。石山于歙县一位医学名家见到此书，抄写而归。认为“观其中所语，皆本丹溪先生之意，门人弟子推求其意而发其所未发者”。于是将手抄本出示给陈桷、项恬两位弟子，题名为《推求师意》，由二位弟子主持刊行。《四库全书总目提要》对此书评价甚高 ：“原礼本亨高弟，能得师传，故所录皆秘言微旨，非耳剽目窃之可比。震亨以补阴为主，世言直补真水者，实由此开其端。书中议论，大率皆本此意。”在《石山医案》提要中又指出，“机所校《推求师意》一书，实由戴原礼以溯震亨，故其持论多主丹溪之法。然王氏《明医杂著》株守丹溪，至于过用苦寒。汪机复为论以辨之，其文今附《医案》之末，则机亦因症处方，非拘泥格者矣。其随试辄效，良有由也。”

《医学原理》13 卷，这是石山晚年的医学理论著作，在所有石山著作中，石山对此书特别着意推荐。他认为关于治疗内科杂病、妇科、儿科诸病的经验、理论、得失、心法等皆汇集于此。他说 ：“《医学原理》所论病机、药性悉本《内经》《本草》，治方、脉法皆据名贤格言。朝究暮绎，废寝忘食，经历八春而始克就，唯欲吾之后人乐守是道，以承吾志。观病机即知病源之始终，阐脉法即知病症之生死，读方旨即知立方之主意。各条端绪，涣然于心，底不负吾平生之所好也。果若吾言，则是集非为虚文，可以事亲，可以养身，可以活人，其为利也实溥矣。又何羡于良金腴产之是遗，以损其志而益其过耶。”

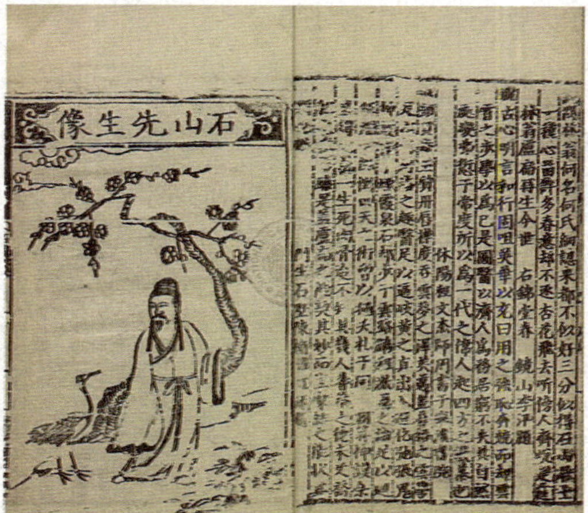

《石山医案》之三

《外科理例》7 卷。成书于嘉靖十年（1531），首刻于嘉靖年间祁门朴墅汪宅。《序》称 ：“辑已成编，复得新甫薛先生《心法发挥》读之。观其论治，亦皆一本于理，而余窃喜暗与之合。于是复采其说，参于其说中，庶得以为全书，而学者无复有遗憾矣。”《四库全书总目提要》对石山大量引用薛己《心法发挥》一书给以很高评价，认为石山已是自立家门、名望显赫的大医学家，竟然对年龄小于自己的医家著作予以赞许与引用，证明石山非常谦虚。《四库全书总目提要》指出：“考新甫为薛己之字，己父铠为弘治时太医，则为弘治、正德间人。是书杖疮门中，记疗治武宗时，廷杖谏官事。则机在正德中，早以医名，二人同时，而虚心从善如是，持论平允。”

《痘治理辨》1卷，成书于嘉靖十年(1531)，首刻于嘉靖十三年(1534)，时石山71岁。

《石山医案》3卷，嘉靖十年(1531)陈桷编辑成书，程曾序，时石山71岁。始刻于明嘉靖年间祁门朴墅汪氏祠堂。

总之，汪机医著凡14种，74卷。后精选以下8种著作，计29卷，汇刻成《汪石山医书八种》，包括《石山医案》3卷，《读素问抄》4卷，《运气易览》3卷，《针灸问对》3卷，《外科理例》7卷、附方1卷，《痘治理辨》1卷、附方1卷，《推求师意》2卷，《脉诀勘误集解》2卷、附录2卷。

汪机既是实干家也是理论家，为明代四大名医之一，在我国中医药界具有极高的地位。《明史·方技传》中《李时珍传》有：“吴县张颐、祁门汪机、杞县李大可、常熟缪希雍，皆精通医术，治病多奇中。”青史留名，可谓不朽。

固本培元派还有其他名医名著。程从周，行医于扬州，诊治多奇验。后出其诊籍，编为《程茂先医案》4卷、涉及内、妇、儿、外各科病种，记载翔实，有分析有讨论，学术价值较高。是书录案90余则，其中用温补而效者占三分之一。综观其温补之法：一是从李东垣以益气与升阳药配伍健脾胃，一是仿汪机人参、黄芪同用补元气，一是效孙一奎用益气与温阳药组方温补脾肾。程氏是一位由儒而转攻岐黄的名医，对阴症伤寒、真中、类中颇有研究，临证善用温补，在当时扬州医界影响较大。

郑重光强调阴阳和调，主张阴阳之中，阳为阴主。对刘河间的寒凉说、朱丹溪的滋阴说颇有异议，倾向张景岳的“刘朱之论不息，轩岐之泽不彰”的观点，偏于温补培元。郑氏定居扬州三十余年，治验效案繁多，以遵《内经》之旨，补专事苦寒之偏，专拣“亢害疑难之症”，汇成《素圃医案》4卷。故是集所选医案多以温补见长，尤多用姜附起病，形成了《素圃医案》鲜明的温补培元的诊治特色。

吴楚，历起沉疴，其效如神，所著《医验录》，用寒凉而验者十之四，用温补而验者十之五六，被誉为救治专集。吴楚出生在医学世家高祖吴正伦，叔祖吴昆，代不乏人。据《医验录 · 自序》云，其幼攻儒学，通晓诗文。康熙十年(1671)，74岁的祖母食后拂郁，胸膈日渐不舒，日只饮汤半碗，粒米不下，遍求名医，愈服愈剧，人事昏沉。乃穷昼夜之力，翻阅高祖遗书，以扶脾抑肝之剂，一剂而效。

汪文绮，求诊者户限为穿，活人无数。著《杂症会心录》，推崇张仲景温补法。他说：世人之病，百不一实。“是实而误补邪增，尚可解救，虚而误攻气散，不可救药”。故其临证中即外感百病，也以扶正祛邪着手。其兄汪文誉同传其父汪十洲医术，也认为今人体质健壮者十无一二，临证主张固本，即使饮食所伤者，亦倡扶正以祛邪，断不可治标而忘本。

吴澄，沉疴经年，多能取效，医名噪甚。著《不居集》，专论虚损，也擅用温补培元之法。书中称：“凡本体素虚，有仲景正伤寒法不能用者，故立解托之法，不专于解而重于托也。盖大汗大下，邪反增剧，一解一托，病势顿减。其中意义，总以培护元气为主。元气一旺，轻轻和解，外邪必渐渐托出，不争而自退矣。”①

(三)时方家中的平正中和派

中医临床有经方和时方之分。后世称汉张仲景《伤寒论》《金要略》等书中的方剂为经方，而宋元以后所通用的方剂称为时方。时方家中善用药平正中和首推清代叶桂，字天士。临证用药轻灵，人称“叶派”。叶氏祖籍新安，自迁居吴地，祖父叶时、父叶朝采皆精医术。叶天士受师门之秘传，其临证经验丰富，精内科杂病，所创“卫、气、营、血、辨治温病”学说影响新安一代医家。其用药选择精审，以平正轻灵取胜，为药性学家。著《温热论》《本草再新》。

歙县程国彭，精医术，“活人甚众”。著《医学心悟》，着重阐述疾病的“寒、热、虚、实、表、里、阴、阳”之辨证，以及“汗、吐、下、温、清、和、补、消”八法施治。其治方简明清断，不泥成法而轻灵多变，切实可用。为后世医家临床应用所推许。

歙县名医吴谦，著《医宗金鉴》，其治医著述重证验，执中不偏，平正通达，用药轻灵。

歙县程文囿（杏轩），治医能贯诸家，遣药灵活多变。著《医述》16卷，“搜罗甚广，取舍精当”，为医界称道。

程有功，撰《冯塘医案》2卷传世。程氏医学精邃，擅治杂病、虚劳，用药平和轻变，

---

① 吴澄：《不居集》，人民卫生出版社，1998年。

闻名清嘉、道间。曾“著书数十卷，皆毁于兵燹”。受族人程杏轩推重。弟子王学继、叶馨谷皆歙县人，传其术，有声名。

王学继，治医名闻江、浙、皖、赣，时张文毅、左文襄常邀其诊治。诸子皆传其学，治业有成。曾孙仲奇独承衣钵，以治内伤杂病而称誉海上，名播徽沪间，人称“新安王氏医学”。

叶昶，字馨谷，得程有功薪传，熟谙叶（天士）、王（孟英）诸家心法，善治温热病及内伤杂症，行医三十余年，于咸丰十年(1860)撰成《红树山庄医案》12卷，用药平淡，取效神奇。惜未能付梓，仅抄本流传。长子叶熙钧，字韵生，知通山（属湖北）县事。晚年归里，寓海阳东山，著《东山别墅医案》；四子熙锋，字卓民，著《种蕉山房医案》。孙光祖，字伯武，校订《红树山庄医案》；曾孙孟辄，著《两梅庵医案》。皆未刊。

平正中和派，还有歙县程芝田，字瘦樵。家世业医，行医衢州有声名，用药平和。著《医博》40卷、《医约》4卷。弟子雷少逸为之辑成《医法心传》，又辑有《时病论》，流传很广，承芝田薪传。

另外，现代徽州名医程道南，擅治寒热杂症，其辨证论治详明。程氏以滋养肝肾，清营宁络，降逆止血诸法施人，用药虚灵玄妙。

第二节　十大新安医学文献

新安医学文献多达数百种，有学者根据主要内容、编排体例、发明创新、学术价值、历史地位和作用等，遴选出《名医类案》《古今医统大全》《赤水玄珠》《伤寒论条辨》《医方考》《本草备要》《医学心悟》《医宗金鉴》《重楼玉钥》《医述》，为“十大新安医著”。[①]“十大新安医著”分属医学丛书、医经整理、综合临床、专论、医案、本草、方论等医籍门类，涉及面广，理论学术和编撰风格各具特色，在中国医学史上写下了辉煌灿烂的篇章，对中医学的传承和发展产生了深远影响，至今仍有很高

① 王键：《中华中医药杂志》2013年第28卷第4期。

的学术价值和临床指导意义。

一、《名医类案》

《名医类案》是我国第一部中医全科医案专著，既是明代以前著名医家临床经验的总结，也是中医基础理论和临床实践密切结合的成果。《名医类案》具有较高的学术水平和实用价值，颇受历代医家的推崇。当今中医高校教材《中国医学史》赞扬《名医类案》"是一部资料空前丰富的医学专辑，具有相当高的参考价值"。

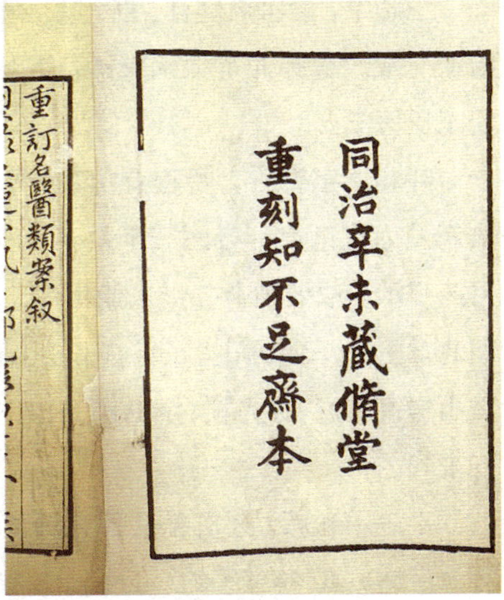

《名医类案》之一

《名医类案》，由我国明代医家江瓘及其子江应元、江应宿编辑而成。书成于明嘉靖三十一年(1552)，后经清代名医魏之琇(玉璜)等人重订，流行甚广，影响甚大。

江瓘，明代安徽歙县人，生于明弘治十六年(1503)，卒于明嘉靖四十四年(1565)，享年63岁。由于江瓘"世家篁南"，[①] 所以也以"江篁南"，或"篁南子"称之。江瓘"幼负奇气，顾犹跳梁"，大约自幼便与群儿不同。14岁时，其母去世，江瓘"拊棺号哭"，说："母其以二三子未树耶？所不夙夜以求无忝者，有如此木！"可见其性格之激切。此后的江瓘专意于科举，但"初试县官，不利"。此后，江瓘曾依从父命有过一段经商的生涯，并"孜孜务修业"。后来，一位名叫萧子雍的督学使者来到歙县，选拔江瓘、江珍(江瓘的四弟)为"县诸生"，江瓘取得了科举之路的起步身份。但在其后的"乡试"中，江瓘"复不利"。二次"不利"后的江瓘益加勤苦，"下帷读书，历寒暑，穷日夜，不遗余力"。江珍劝他珍重身体，他百感交集地说："纵自爱，而忘而母不禩耶。"太过的勤苦损伤了他的健康，乃至"一夕呕血数升"。就这样，"递病递瘳，盖十年往矣"。但仕宦之门到底没有为他第二次打开。个性的执着终究不能改变命运的多舛，江瓘不得不面对与仕途无缘的事实。从此，江瓘"谢学官，罢举子业"，对家事也"终不入于心"，《离骚》和《素问》成了他每日必读的

① 汪道昆：《太函集》，《明处士江民莹墓志铭》。

书。江瓘是一位想要有所作为的人，但也是个性执着与激切的人，连连“不利”后，他的心中不能不弥散着屈原曾经的失落与惆怅。而兼合着道家与儒家思想的《素问》，对他憔悴的身体和疲惫的心灵当有双重的慰藉作用。明嘉靖二十三年(1544)，与江瓘兄弟情深的江珍考中了进士，江瓘的生活从此有了改观。江珍很敬爱这位怀才不遇的兄长，以至每任职一地，总要邀请兄长同住，或者与自己同行。于是，江瓘“操舟东游登禹穴，入浙观海潮，浮于五湖，问阖闾、春申故址，遂杖马箠之秣陵，朝故都焉。入郢，听歌郢中望高唐，泛云梦而下。其游知交倾东南之美矣”。[①] 他回到歙县时，“郡中诸儒宿学，争愿交山人欢”，[②] 他的才学与见识愈加得到士人的肯定。但是，早年的艰辛损伤了他的健康，就在他又一次出游时，由于身体不支便不得不“负病西归”。[③] 尽管其子江应宿、江应乾等“封股”进之，但终未留住他们多才而抑郁的父亲，是年，江瓘 63 岁。江应宿说“先君子清修力学，不偶于时”，[④] 很为自己的父亲惋惜。江瓘的同乡好友，曾任兵部左侍郎的汪道昆曾撰《江山人传》，并应江瓘遗托，撰《明处士江民莹墓志铭》。铭文不过 52 字，却表达了对江瓘的深切感情。其文曰：“相彼良玉，胡然而终疲？尔有文德，恶用乎珪璋？相彼梁木，胡然而先拨？尔有令名，恶用乎黄发。渐江东渐，厥有新阡，君子归止，是日九原。”[⑤] 所谓良玉终藏，梁木早拨，不仅是江瓘的不幸，也是时代的悲剧。

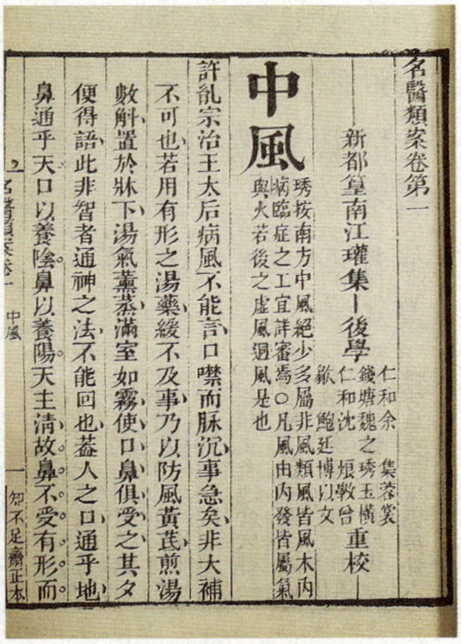
名醫類案卷第一
新都篁南江瓘集　後學　仁和余集蓉裳　錢塘魏之琇玉横　仁和沈烺敎曾　重校
歙鮑廷博以文
中風
琇按南方中風絕少多屬非風類風皆風木內
病臨症之工宜詳審焉○凡風由內發皆屬氣
與火若後之虛風迴風是也
許胤宗治王太后病風不能言口噤而脉沉事急矣非大補
不可也若用有形之湯藥緩不及事乃以防風黃芪煎湯
數斛置於牀下湯氣薰蒸滿室如霧使口鼻俱受之其夕
便得語此非智者通神之法不能回也蓋人之口通乎地
鼻通乎天口以養陰鼻以養陽天主清故鼻不受有形而
名醫類案卷一　中風　一　知不足齋正本

《名医类案》之二

江瓘对南齐褚澄《褚氏遗书》中“博涉知病，多诊识脉，屡用达药”等论颇为推崇，认为前人的医案对后学提高医术、解决疑难疾病的诊治问题，具有重要的意义，遂广泛搜集历代名医医案，上自《史记·扁鹊仓公列传》，下至明代有关文献，靡

① 汪道昆：《江山人传》。
② 汪道昆：《江山人传》。
③ 汪道昆：《太函集》，《明处士江民莹墓志铭》。
④ 江应宿：《名医类案跋》。
⑤ 汪道昆：《太函集》，《明处士江民莹墓志铭》。

不详加搜罗，精心遵选，前后历时凡二十年，终于撰成《名医类案》一书。书成未及刊行而江氏殁，后由其子江应宿增辑问世。

《名医类案》现存的主要版本约有20余种之多，除明清两代刻本之外，尚有多种日本刊刻本，以及与《续名医类案》的合刻合印本，足见其对后世的影响之大。在《名医类案》的诸多版本中，清乾隆三十五年(1770)新安鲍氏知不足斋刊本，据原刻时间不远，且经当时名家余集、魏之琇、沈烺、鲍廷博等校正，错讹较少。《名医类案》全书12卷，共分205门，辑录明代以前历代名医临床验案240余件。其所集医案不仅时间跨度大，而且不止于医书案例，凡经、史、子、集所藏，前贤论治卓越、辨证精详、足以示范者，以及江氏本人的家传秘方和个人医案也收罗其中。其内容包括急性传染病、内科杂病，以及外科、五官、妇科、儿科、精神狭病等，是对明代以前中医医案的系统整编。所载病案，大致有姓名、年龄、体质、症状、诊断、治疗等项，个别重要病案，还附有编者按语，提示本案要点。《名医类案》以病症为门分类，门下分列各有关医家所治属于该类病症的医案。每案所录，或详于脉，或详于症，或详于因，或详于治，所叙病因病机清晰，诊断要点明确，辨证方药明晰妥帖。每位医家类案前，冠以该医家通名，案后间列出处。如中风、虚风、伤寒、疫、痹疟喘、中毒等门下，各按年代顺序，选择有关医家验案分列。每一具体医案，并不出病症名。各病症相类的门，大致编为一卷。其第一卷主要为伤寒、瘟疫病医案，二至六卷为内伤杂病医案，七卷为五官皮肤病医案，八卷为肛肠、血证医案，九至十卷为外科疮疡病医案，十一卷为妇科医案，十二卷为小儿科医案，内容相当丰富。

《名医类案》汇集了明代以前医家相当数量的验案，不仅反映了所辑前贤的精湛医术及其临证经验，而且也反映了他们的学术特点。在临床上具有重要的指导意义，同时也可作为研究有关时代及有关医家学术思想的参考资料。其价值主要体现在以下四方面：

其一，为研究明代以前医学的临床成就提供了新的视角。明代以前是中国医学发展史上的一个重要阶段，这个时期的医案浅实质朴、方药简陈、治法特异，客观地展示了渐趋成熟时期的医学成就。《名医类案》首次将跨时两千余年的明代以前医案归于一统，为研究明代以前医学的临床成就提供了新的视角，虽然数量不多，实属弥足珍贵。

其二，为研究中风等疑难疾病提供了经验和借鉴。通过对《名医类案·中风》

一章的研究可以看出，我国明代以前的医家治疗中风病，有三点经验可以启示临床：一是细心体认中风的临床全过程，重视先兆期的辨识和治疗；二是强调辨证施治，不忽略外风引动内风的发病机制，温散祛风仍可适时运用；三是汤、散、丸、丹、灸、针等多种治法的优化组合，有助于临床疗效的提高。其他如热病、肝病、肾病、妇儿科疾病、老年病等，都能在(《名医类案》中找到成功的经验和有益的借鉴。

其三，为研究江氏父子医学提供了重要的资料。按语是《名医类案》的重要内容之一，《名医类案》中的按语，大部分为江氏父子所作。其中既有夹杂于医案中的简约提示，也有附于医案末尾的小结，其内容包括分析病因病机、提示论治要点、介绍用药心法等，每能起到画龙点睛的作用。《名医类案》中还收江氏父子医案159例，深入研究这些按语和医案，对于探讨江氏医学学术思想，进而把握我国明代以前临证医学发展的脉络，具有相当重要的现实意义。

其四，在开发新一代中医治疗技术和药品方面具有重要的指导意义。据统计，《名医类案》收载方剂416首，计1952次；收载药物461味，计17727次，其中应用频率最高的为甘草与人参；收载敷贴、熏蒸、热熨、薄贴、搐鼻、熨脐等治疗技术19种，涉及医案78例，约占全部内科医案的7%。深入研究这些方药和技术的使用规律，对于我们今天开发新一代中医治疗技术和药品，具有重要的指导意义。

《名医类案》，是被列为中国第一部总结历代医案的新安医学专著。该书的编纂，实开我国医案类书编纂之先河，为后世提供了宝贵的借鉴。《四库全书总目提要》说此书案例“可为法式者，固十之八九，亦医家之法律矣”。因此，该书一问世，就受到医界的重视，被多次翻刻刊印，并东传到日本。

二、《古今医统大全》

《古今医统大全》，明代祁门人徐春圃经历寒暑凡三十年编著。该书搜集了上自轩岐《灵》《素》，下及汉唐金元以来各种医著及经史子集近400部，计100卷，约250万字，既有引用古代圣贤之说，又有本人的理论阐发，内容包括《内经》旨、历代医家传略、各家医论、脉法、运气、

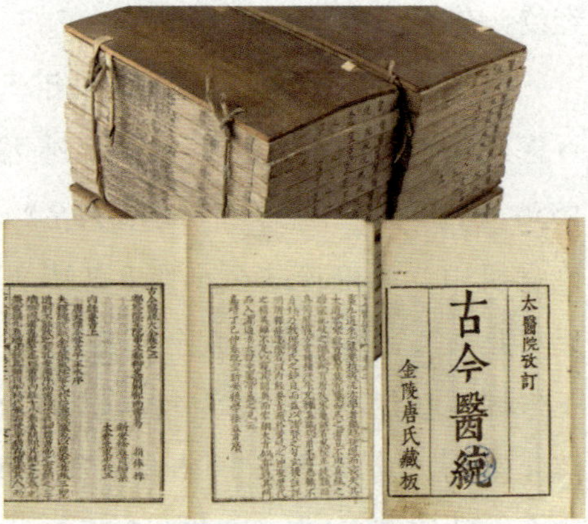

《古今医统大全》之一

经络、针灸、本草养生、历代医案、验方等，内容十分丰富，是一部卷帙浩繁的大型医学全书，概括了明代以前我国重要医学典籍和医学成就。初刊于明嘉靖三十六年(1557)，隆庆四年(1570)重刊，以后刻本繁多，至今中医界仍然公认其是“融古通今、博大精深的皇皇巨著”，对于临床应用和理论研究具有很高的参考价值。该书还曾经东传到日本，影响深远。

徐春甫，生于明正德十五年(1520)，殁于万历二十四年（1596)。字汝元，号东皋，又字思敏、思鹤。祁门东皋人。徐氏从小随太学生叶光山习诗文，由于聪明颖悟，学习刻苦，少年时儒学已达到较高水平。后来因为经常生病，决定弃儒学医，在祁门名医汪宦的精心指导下，认真钻研《内经》《难经》等医学经典书籍，广泛涉猎各家医学著作，加上勤于实践，融会贯通，遂寓居京师，设“保元堂”业医。因其医技达到了超凡境界，被授予太医院吏目。隆庆二年(1568)，他倡集在京名医46人（其中新安医家21人）成立了我国历史上第一个民间医生学术团体“一体堂宅仁医会”。立会款会规22项，提出为医者应具备的职业道德修养。要求医生诊疗病人应认真审证辨脉，细心处方遣药；提倡医生努力学习医学理论，勤于探索医学规律，特别是《内经》和金元四大家的奥妙之处，务求明白医理。通过讲学活动，互相交流心得，达到提高医疗水平的目的。徐春甫还著有《医学入门捷径六书》4卷、《医学未然金鉴》等，均存。

《古今医统大全》包括《历代圣贤名医姓氏》《内经要旨》《医通考》《内经脉候》《经穴发明》《针灸指直》《妇科心镜》《螽斯广育》《老老余编》《幼幼汇集》《痘疹泄密》《养生余录》等。内容涉及《内经》旨义，历代名医传略、各家医论、脉学运气、针灸经络、养生、本草、临床。

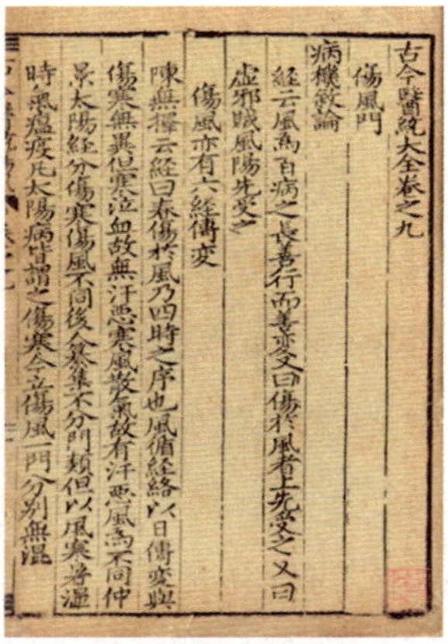
古今醫統大全卷之九
傷風門
病機敘論
經云風為百病之長善行而數變又曰傷於風者上先受之又曰
虛邪賊風陽先受之
傷風亦有六經傳變
陳無擇云經曰春傷於風乃四時之序也風循經絡以日傳變與
傷寒無異但寒泣血故無汗惡寒風散氣故有汗惡風為不同仲
景太陽經分傷寒傷風不同後人纂集不分門類但以風寒暑濕
時氣瘟疫凡太陽病皆謂之傷寒今立傷風一門分別無混

《古今医统大全》之二

关于《古今医统大全》的成书年代，一般据徐春甫《古今医统大全 · 自序》中落款“嘉靖丙辰”而认定成书于1556年，其实不然。《古今医统大全》卷五十八《腰痛门》论病机中，明确说“至辛酉（嘉靖辛酉年为1561年）之后集此书”。《古今医统大全》卷九十六采辑摘录明代周定王朱橚《救荒本草》编为《本草御荒》，其中徐氏自序所落年款为“嘉靖甲子”(1564)，说明直到1561年尚未完成全书的编撰，1564年尚未全部完成出版。《古今医统大全》总序与各分卷书之分序跨时数年，说明全书尤其是临床各卷的编撰是在持续进行中的，直至最后直接采录他人的本草著作而集成百卷之数，方才完成全部的编撰工作。结合徐春甫早年“挟书多”“于医书无所不窥”的事实，可知其在1556年前已有平素整理医籍的积累和全书的规划大纲，编辑工作一直持续到1564年方才完成，自1556年的后期编撰历时至少有八年之久。《古今医统大全·汤序》记有徐氏“潜心斯道殆三十年”，虽未落年款，但根据徐春甫1534年习医推算，《古今医统大全·汤序》当在1564年左右；《古今医统大全·王序》记载“往岁”（至少2年前）侍御郝少泉患郁证为徐春甫所治愈、愈后向序作者推荐《古今医统大全》一书，落款为“隆庆庚午(1570)”，表明此事发生在1568年以前，大约为1567年。以上两点与1556年成书或1564年成书均不矛盾，但显然更支持1564年成书的结论，可为佐证。《古今医统大全·汤序》中还引用徐春甫“此《医统》之编所以不容已也”，强调该书编撰刻不容缓，也证明全书编撰过程历时较久。以徐春甫1513年生为依据，后期编撰八年正当其四五十岁的不惑至知天命之年，也更符合情理。

关于《古今医统大全》的出版年代，其最早刻本为明“嘉靖三十六年”(1557)古吴陈长卿刻本，然其时全书尚未编全，此刻本不可能是集成百卷之数的《古今医统大全》。《古今医统大全·王序》所署“隆庆庚午”为时间最晚的落款，现存有明“隆庆庚午”刻本校点说明，可视为全书出齐之本。《古今医统大全》卷三《翼医通考》有太医院“习业分十三科”“自宋元以来，止用十三科”“国朝亦惟取十三科而已”的记述，而隆庆五年(1571)太医院十三科又改作十一科，这等大事在全书中均没有留下任何痕迹，这可以支持1571年前全书确已全出齐的判断。

有学者根据《古今医统大全》校正人员多是“一体堂宅仁医会”会友这一事实，提出“一体堂宅仁医会”可能成立于《古今医统大全》编撰出版之前。但《古今医统大全》及《医学捷径六书》在其校正人员记录中，并没有明确标明“会友”二字，更没有“一体堂宅仁医会”只言片语的记载，而《一体堂宅仁医会会录》中却有《古今医统大全》卷之三《翼医通考》的内容，如《一体堂宅仁医会会录·医会条款》与《古今医统大全·翼医通考·医本仁术》等篇的医德论述大体相同，《一体堂宅仁医会会录·医有名实之异》与《古今医统大全·翼医通考·医道》内容中关于良医、明医、时医、巫医及庸医的论述如出一辙，互有补充。说明“一体堂宅仁医会”立会前，性格豪迈、善于言谈、“志友天下”的徐春甫，团结太医院的同僚，早已网罗了京师的一大批名医和门生,其志同道合的同僚、门生和好友参与到《古今医统大全》的校正工作中，在共同的著书学习讨论中酝酿成立医会，则更显得顺理成章。

徐春甫在京城组织成立“一体堂宅仁医会”的时间,根据《一体堂宅仁医会会录》序文署“隆庆二年正月上浣闽人维石高岩书”，序文中言：“今岁来京师，就试南宫，偶以疾受之新安徐东皋公。间持一帙示余，曰‘此某集天下之医客都下者，立成宅仁医会，是以有此录也，愿得一言惠之。’”明确表明隆庆二年(1568)正月之前，成立“一体堂宅仁医会”。《一体堂宅仁医会会录》应当及时记录，为之作序也不可能时隔太久，基本可以判定“一体堂宅仁医会”成立于隆庆元年(1567)。《一体堂宅仁医会会录》明确记载徐春甫被授予太医院吏目之职，列为“太医之官”。一般认为，明清太医院吏目官阶为从九品，是低于御医的小吏，这与徐春甫在《古今医统大全》卷二十三《脾胃门》自言学术上“超脱凡俗,极登万仞”“治病不察脾胃之虚实，不足以为太医”等行文语气极不相称。根据《古今医统大全》卷三《翼医通考·大明会典医政官制》记载，太医院“洪武十四年，定为五品等衙门，更设太医院令、丞、吏目及御医，始依文职授散官。二十二年复改院令为院使，丞为院判”。其中吏目排序位列于御医之前且以“及”字相区别，说明当时吏目地位远高于御医，当为院使、院判之下的六品或从六品医官。而且，明代永乐十九年(1421)迁都北京后，太医院有南北两制，北京太医院统管全国医政、医疗和教学的功能得到加强，吏目设置之初与令（院使，正五品）、丞（院判，正六品）一样，人数是有限的，作用特殊。万历十五年(1587)重修《大明会典》，御医方置于吏目之前，人数同为20员。

再结合徐春甫的作为来看：《古今医统大全》卷九十六《救荒本草》选编的是明代周定王朱橚（朱元璋第五子）的著作，且于一奉议大夫（正五品）之后为之作序，明确落款自称“太医院臣”，当属高级官员，可为佐证。《古今医统大全》徐春甫画像所穿官袍中的补子（鹭鸶图案）和所戴官帽亦为直接证据。另有《一体堂宅仁医会会录》记载该会会友名单，其中虽标明一位御医姓名排在三位吏目（包括徐春甫本人）之前，但其所列系“尚齿也”，是按年龄排序，与身份地位无关。古代传统知识分子为人处世比较内敛自谦，从徐春甫组织“一体堂宅仁医会”，南北太医院院使、院判等四位正五品、一位从五品官员参加，以及编撰《古今医统大全》并且全书出版得到38位上至一品、下至五品以上官员的“捐俸助梓”等言行和影响来看，徐氏也应当是一位有身份、有地位的医官，不可能只是一位从九品的小吏。

三、《赤水玄珠》

孙一奎，生于明嘉靖元年(1522)，殁于万历四十七年（1619)，字文垣，号东宿，别号生生子。休宁县人。其父以儒术起家，为诸生，素质孱弱，攻读过苦，加之屡试不第，心情不悦，体质愈差。使少年时的孙一奎便抱有“为人子者不可不知医，何得究竟秘奥，俾葆和吾亲无恙之心”。稍长，随堂兄往括苍（今浙江丽水）经商。遇当地士人传授“禁方”，用之多验，激发学医的信心和决心。即刻返回休宁，禀明父亲，得到父亲的支持。于是找来《内经》及诸大家的医籍，在名医黄古潭指点下，“下帏诵读，口玩心惟，无间寒暑”。学有所得，总觉得徽州地方偏僻，见识不广，应到外面去见见世面，检验自己的学识。于是“游彭蠡，历庐浮沅湘，探冥秦淮，钓奇于越，卒掩迹三吴矣”。所到之地，遇有所长，即往请益；偶遇明哲，则折服其前。经三十年游学勤访，虚心求教，学验俱丰，为人治病“决死生多验，诊视鲜戾，投剂靡乖”。医名由是闻达远近，官吏缙绅竟忘年与之相交，并捐资助其刊刻《赤水玄珠全集》。

《赤水玄珠》乃《孙氏医书三种》之一，全称《赤水玄珠全集》辑刊《赤水玄珠》《医旨绪余》及《孙氏医案》3 种。“赤水”是古代传说中南方的水名，“赤者，南方明色”“水出昆仑山下”“玄珠”即玄妙的珠宝，此处“喻道也”。典故出自《庄子·外篇·天地》：“黄帝游乎赤水之北，登乎昆仑之丘而南，还归，遗其玄珠。使知索之而不得，使离朱索之而不得，使吃诟索之而不得也。乃使象罔，象罔得之。”

《赤水玄珠》是一部约有 138.5 万字的著作，从其所采书目，即“采用群书目”中可以看到，从《河图》《洛书》《周易》……到《参同契》，约共有近百种书名；在采用历代医家书目”中可以看到，从《神农本草经》《黄帝素问》《灵枢经》《雷公炮炙》《伤

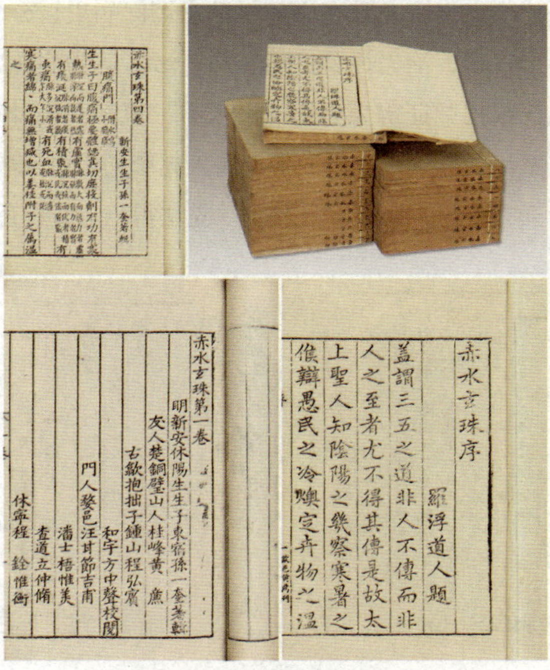

《赤水玄珠》之一

寒论》《金匮要略》到《保赤全书》、有近200种。这些引用的书目中，有些是各历史时期的名著，但有的书已遗佚失传。在当时条件下，能见到如此众多各种书籍的医生，的确也并不多见。该书共三十卷，分为76门，论述内、外、妇、儿各科病症，每门又条分缕析，分因、证、方，并附诸家治验。本书以明“证”为主，引录历代文献，结合孙氏经验，对寒热、虚实、表里、气血八者，辨析详细。对于古今病名相混之处，论亦细密、多为后世医家所推崇。是书以明证见长，历来为医家称颂，刊行后多次刊刻，并先后东传朝鲜、日本等国。

《医旨绪余》2卷，计70篇，主要论述太极、阴阳、五行、脏腑气血、三焦包络、命门相火、经络腧穴、疾病诊断及内伤杂病等问题。其中对命门、相火、气、火等概念，用易学的原理、理学的观点和医学理论结合起来，提出了新的见解，对咳、喘、哮的鉴别诊断和治疗都有自己的体会。其对诸家学说的评价，被后人认为是千古持平之论。

《孙文垣医案》(又称《生生子医案》)5卷，由其子朋来、泰来及门人选编而成。内含《三吴医案》2卷、《新都医案》2卷、《宜兴医案》1卷，计398案。内容涉及温热时疫、内科杂症、妇人胎产、幼童虫麻，以及耳目诸疾。对许多奇疾怪病辨治有法，疗效突出，尤其在诊病时注意询问病史，分析脉证，不落俗套。如《三吴医案》第十二案，治先禄公跌后胁痛，诸医认为瘀血，服活血行血之剂二百余帖而未效，孙氏根据脉证辨为痰饮，用瓜蒌、枳实、贝母等二剂泻去痰饮而痛瘳；又如第九十八案治少男颊车浮肿而痛，清人赵彦初经临床验证后谓“以见古人对症发药效如桴鼓”云云。足见孙氏辨证精详，立法得当，遣药合理、经得起验证。因此，《孙文垣医案》是一部很有价值的临床医学参考书。

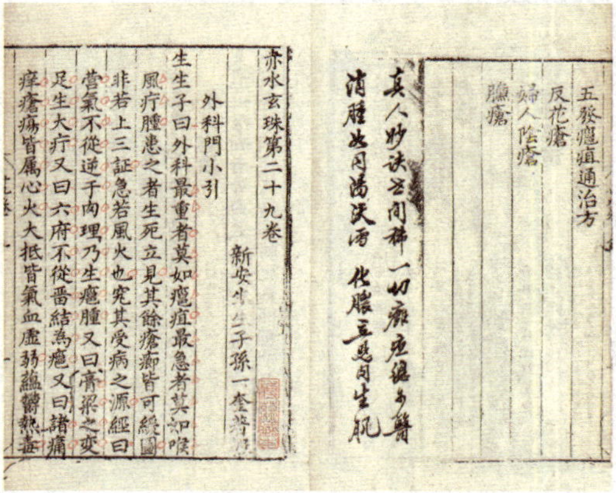
五發癰疽通治方
反花瘡
婦人陰瘡
臁瘡

赤水玄珠第二十九卷
新安生生子孫一奎著
外科門小引
生生子曰外科最重者莫如癰疽最急者莫如喉風疔腫患之者生死立見其餘瘡瘍皆可緩圖非若上三証急若風火也究其受病之源經曰營氣不從逆于肉理乃生癰腫又曰膏粱之変足生大疔又曰六府不從畱結為癰又曰諸痛痒瘡瘍皆屬心火大抵皆氣血虛弱蘊鬱熱毒

《赤水玄珠》之二

另外，孙文垣尚撰有《痘疹心印》2卷，为孙氏节录诸家痘疹方书汇编而成，间或参以己见。孙文垣门人除两个儿子外，尚有余煌、程铃、徐景奇和婺源的汪甘节、潘士梧、查道立等人。

《赤水玄珠》有极其丰富的学术特色，主要有以下几点：

其一，《赤水玄珠》博采各家众说，

不存偏见，而是择善而从，取其长而含其偏。他对各家："谓仲景不徒以伤寒擅名，守真不独以治火要誉，戴人不当以攻击蒙讥，东不专以内伤奏绩，阳有余阴不足之论，不可以管丹溪而宁生（滑寿）之技，亦可并垂不朽。"这种评论，是公正平允的。由于孙氏对《内经》并以下诸家学说所持态度比较客观，所以他说"因古人之法而审其用法之时，斯得古人立法之心，不能窥其一斑而议其偏长"。

其二，对人身内景，有细致实际的思考和独特的见解。他对命门的看法，在继承《难经》到金、元和明代各种学说的基础上，提出了自己的意见：认为命门即"先天之太极，实即两肾间的动气，以其察生于有生之初，故又称作'原气'，为生生不息之机。此原气者，即太极之本体也。名动气者，盖动则生，亦阳之动也"。① 由于动静无间，阳变阴合，五行由此而生，脏以继而成。为"造化之枢纽，阴阳之根带"，故称作命门。他反对左肾右命门之说，认为命门既是原气，则其非水，亦非火。因为水火都是有形的，原气则无形质可言；气属阳，故谓之阳则可，谓之火则不可，谓之相火则尤属妄论。命门原气是推动激发诸气流行之动力，生生不息，无时或止，故为生命活动之根本。孙一奎还认为三焦是"原气之使"，充沛于上、中、下三部，无所不至，在人体气化功能上居首要地位。他赞同《难经》三焦"有名无形"之说。他对命门、三焦的见解，确切而实在。

其三，认"证"真切扼要。孙一奎对"证"的分析很重视。他将噎膈、翻胃明确分为两证，澄清了历来含混不清的说法。他辨、狂痫之异治，皆有其特色。他在《赤水玄珠·凡例》中明确指出："是书专以明证为主""盖医难以认证，不难于用药。凡证不拘大小轻重，俱有寒、热、虚、实、表、里、气、血八个字。苟能于此八个字认及真切，岂必无古方可循，即于十二经药性中，表里寒热温源间，摘出治之，自然权变合宜，不失胜算。故古谓审证犹审敌，知己知彼，百战百胜矣。"孙氏辨证之重，在于寒、热、虚、实、表、里、气、血八个字。实际上，做到辨证是"认证必合色脉，问动止，聆音声，察饮食。投剂则按寒暑，因虚实，定君臣佐使之宜，协七方十剂之妙"，才能达到要求。

其四，孙氏重视医生与病家的沟通。从孙氏的著述中可以看出，他重视和病人交流思想。他说："医者精神必须与病者通而能以起病。"耐心细致地开导病人接

---

①《医旨绪余·上命门图说》。

受治疗，其立意是美好的。由于孙一奎重视肾、命门和脾胃学说，后人论述孙氏时，往往将之归入温补派。综观孙一奎统览群书、博采众说、立论平允的治学精神、治学方法；从医学理论到临床实践，从医术到医德，的确有许多值得学习之处。

该书是孙一奎数十年治学所得和临证经验的总结。医理有阐发，论证有独见，治病有特色，确可承受“出独见而著《医绪》，辑试方而成《玄珠》”的称誉。《孙氏医案》虽由他两个儿子和门人集编，实是孙一奎本人临床经验的随时辑录积成。不少病例，疗效卓著，且叙述色脉病形，历历如绘。三书合集，可以相互参证。从该书诸家书目近 300 种来看，孙氏读书之广博可以想见。后人对该三书的评价曰：“融三教之说荟萃于医”“融《素》《难》于方寸，辨众论归于中”。《四库全书提要》说：“于寒热虚实表里气血八者，谆谆致意。其辨古今病证名称相混之处，尤为明晰。”这些总的评价是基本不错的。

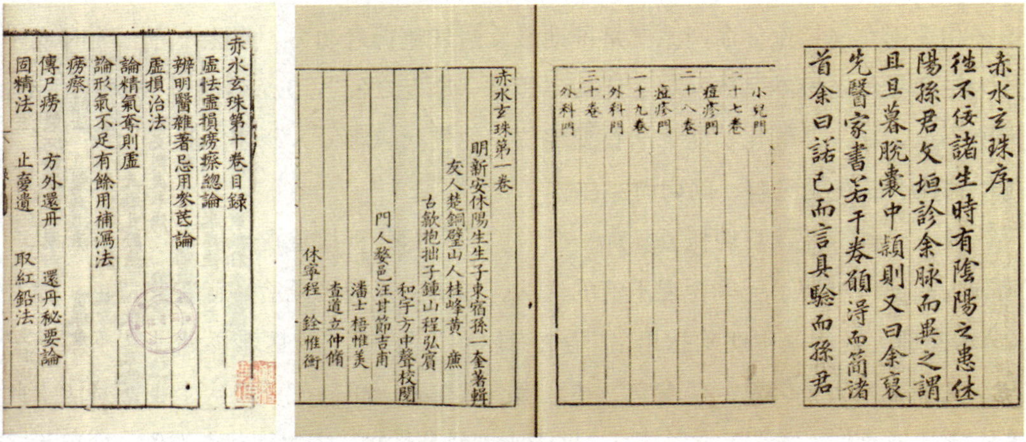
赤水玄珠第十卷目録
虚怯虚損癆瘵總論
辨明醫雜著忌用参芪論
虚損治法
論精氣奪則虚
論形氣不足有餘用補瀉法
癆瘵
傳尸癆　方外還丹　還丹秘要論
固精法　止夢遺　取紅鉛法

赤水玄珠序
㣲不佞諸生時有陰陽之患休陽孫君文垣診余脉而異之謂且旦暮脫囊中穎則又曰余褎先醫家書若干卷頟浮而簡諸首余曰諾已而言具驗而孫君

小兒門
二十七卷
痘疹門
二十八卷
痘疹門
一十九卷
外科門
三十卷
外科門

赤水玄珠第一卷
明新安休陽生生子東宿孫一奎著輯
友人楚銅壁山人桂峰黄　廉
古歙抱拙子鍾山程弘賓
和宇方中聲校閱
門人婺邑汪甘節吉甫
潘士梧惟美
查道立仲脩
休寧程　銓惟衡

《赤水玄珠》之三

四、《医宗金鉴》

《医宗金鉴》90 卷，清代歙县人吴谦编著。吴谦，字六吉。清代著名医家，生活于康乾时期。安徽歙县人氏，与张璐、喻昌并称为清初三大名医。清乾隆年间，吴谦为宫廷御医。乾隆元年（1736）之后任太医院判（太医院副院长，官阶正五品）。由于吴谦医术精湛，医德高尚，受到朝廷上下广泛赞誉，加之又屡屡治愈皇亲国戚们的顽疾，乾隆皇帝对其十分地赏识和器重。乾隆帝曾经对身边的大臣们说：“吴谦品学兼优，非同凡医，尔等皆当亲敬之。”吴谦博学多才，临床经验丰富，德艺双馨。

他一贯谦虚好学，熟读古今医籍。善于总结经验。相传吴谦早年行医曾遇一骨折病人，由于久治不愈，吴谦深感歉疚。后来吴谦听说一位民间医生治愈了其疾，便不辞劳累，几次翻山越岭步行 50 多里地登门求教，学习治疾的技艺。一般来说。医疗技艺是不外传的，但吴谦的谦逊与好学感动了那位山间医生，于是授之于整骨手法及药方。此后。吴谦受到启发，又先后师事十多位民间医生，博采各家之长，从而练就了自己娴熟的技法。为他后来进入太医院及主持编纂《医宗金鉴》大型系列丛书奠定了扎实的基础。

乾隆四年（1739），乾隆帝诏令编纂医书，命吴谦、刘裕铎为总修官。吴谦和刘裕铎都是当时朝廷里的著名御医。刘裕铎还是服务过康熙、雍正、乾隆三朝皇帝的资深御医，两人无论是医学造诣，还是威望资历，都是当仁不让的人选。吴谦接旨后不敢怠慢，经过严格选择或考试，遴选了 70 余人，其中有编书的，誊录的，画插图的等。医书编撰中，不仅选用了宫内所藏医书，还广泛征集天下新旧医籍、家藏秘籍和世传良方。经过三年的精心编写，这部大型的医书终于完成。吴谦第一时间将其呈献给乾隆帝，乾隆帝看后大悦，亲自为其赐名《医宗金鉴》，取天下医生都要借鉴这本书的意思。

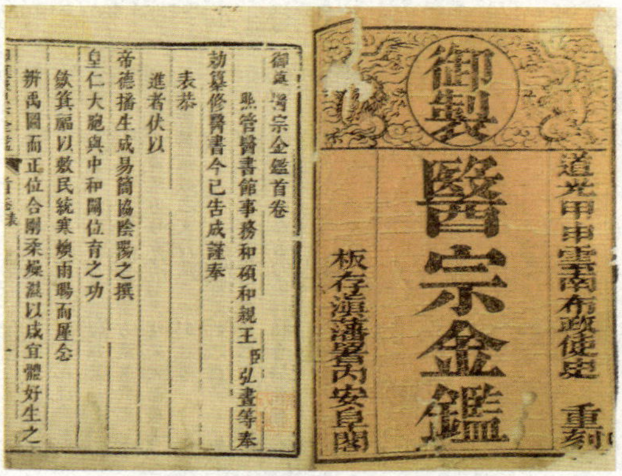

《医宗金鉴》

乾隆七年(1742)成书，钦定书名《医宗金鉴》。该书分 15 门，订注释义，简明扼要，有法有方，切合实用，并附有歌诀，便于记忆，深受学医者推崇。

吴谦为《医宗金鉴》的成书作出了重要贡献。吴谦认为，医经典籍及历代各家医书，存在着“词奥难明，传写错误，或博而不精，或杂而不一”等问题，应予以“改正注释，分别诸家是非”。

《医宗金鉴》被《四库全书》收入，在《四库全书总目提要》中对该书有很高的评价。自成书以来，这部御制钦定的太医院教科书就被一再地翻刻重印。

《医宗金鉴》全书共分 90 卷，是中国综合性中医医书中，比较完善而又简要的一种。全书采集了上自春秋战国，下至明清时期历代医书的精华。图、说、方、论俱备，并附有歌诀，便于记诵，尤其切合临床实用，流传极为广泛。

《医宗金鉴》有15分册，即伤寒17卷、金匮8卷，名医方论8卷，四诊1卷，运气1卷，伤寒心法3卷，杂病心法5卷，妇科心法6卷，幼科心法6卷，痘疹心法4卷，种痘心法1卷，外科心法16卷，眼科心法2卷，针灸心法8卷，正骨心法4卷。

《医宗金鉴》有很明显的时代性，对于18世纪中国的流行疾病有很大的实用性。天花是当时最可怕的流行病之一，连皇族也深受其害，太医院在天花的防控与医治上压力很大。这在太医院的分科设置上也有明显的反映，如将痘疹作为一科从幼科中分立出来，在《医宗金鉴》中也单独成册，特别还将《种痘心法》作为一卷与幼科心法并列，可见对天花一病的专门研究与防治得到了高度重视，促成幼科被分解为三科。由于接种人痘的推广与普及，天花之危害明显降低，太医院又将痘疹一科合并回幼科。另外，对正骨一科整体水平的提高也十分明显，通过《医宗金鉴》的编纂，使中国历代相传的正骨理论与技术更加系统，将宫廷上驷院绰班（正骨）处的丰富经验融为一体，使太医院正骨科与上驷院绰班处合并一处，理论与技术均得到提高。

乾隆七年（1742），《医宗金鉴》以武英殿聚珍本与尊经阁刻本印行，在全国推广，影响巨大。乾隆十四年（1749），《医宗金鉴》即被定为太医院医学教育的教科书。

五、《医述》

《医述》116卷，清代歙县人程文囿编著。程文囿，字观泉，号杏轩。歙县东溪人，出身世医之家．少业儒，博学工诗。20岁始究心医学，24岁在岩寺行医。诊第一例病患为产后感邪、高热不退的危重病人，杏轩辨证施治，不囿于“产后宜温”之说，重用白虎汤合玉烛散清下，终使病愈。因此医名渐噪。到清嘉道年间，学验俱丰，而乃以内妇儿科见长。加之，为人和蔼，医德高尚，求诊接踵，医名显卓，时人谓：“有杏轩则活，无杏轩则殆矣。”其弟文畹、文荃均精医，其子光娜、光台及弟子倪榜、许朴、许俊、洪鼎彝、汪有容、叶光煦、郑立传等先后随

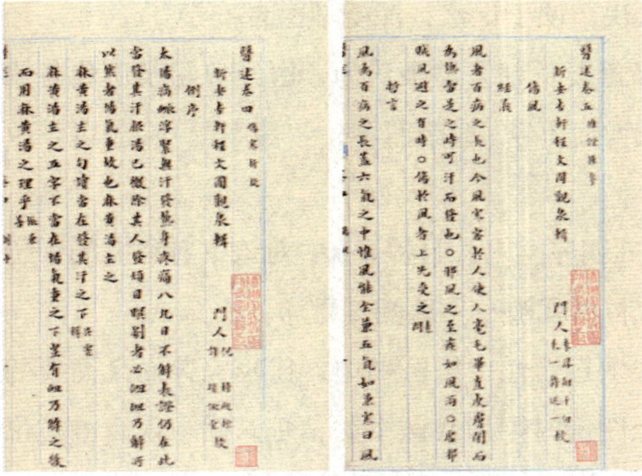

《医述》

其学医，并参与《杏轩医案》的编辑工作。程文囿积数十年之力，上溯轩岐，下逮汉、唐、宋、明古今医书320余家，经史子集40余种，每于临症之暇，反复批阅，并对记有精粹者，辄随时札记，历时三十四年，钩玄提要，采精撷微，于道光九年（1829），撰成65万余字的巨著《医述》。学者得此一篇，即可省涉猎群书之劳，而收取精用之效，为医家所重。

《医述》16卷，初刻于道光十三年（1833），后多次反复翻刻。《杏轩医案》为其一生临床经验之总结，分初集、续集、辑录3卷，选案192例，与《医述》合刊于道光十三年（1833），所载医案均边叙边议，文笔生动，不仅介绍验案，失治、误治案例也多收载，并注意追访治案，探奥求真。

这部《医述》以一半的篇幅，撰述“杂证汇参”，凡85种，内容翔实，有类书“以杂见称”之特点，可直接指导中医临床。该书还引300余家医言资料，涉猎诸家，对历代不同学派的观点，无门户之见，力主兼收并蓄，博采众长。“进古述古，而未尝泥古。上溯轩岐，下逮汉唐宋明清家绪论，无不融贯于胸”。以问题和疾病为经，以经义、哲言、总论、论治、脉候及选案为纬，相互交织，把300多部医著中的主要学术观点，有系统、有条理地展现出来，由博返约，缩龙成寸，达到了医学内容上的升华。

《医述》全书共分16卷，130门，570类，取材极为广泛，收录了上自春秋，下迄清初的“古今医书三百二十余家，经史子集四十余种”，[①] 并将超过亿万言的丰硕文献精选浓缩为65万余字，不仅文献采收种类在个人编撰的类书中位居前列，且宏富的资料并未使其内容庞杂冗长，而是真正做到了远绍旁搜、由博返约。吴庚枚曾盛赞：“是集厚不盈尺，而于古今诸书，揭要提纲，搜辑略备。俾学者读之，可以遵道得路，诚医林宝筏也。”[②] 全书在内容安排上兼顾系统全面，论述的范围几乎包括了中医学的全部组成，构筑成完整的医学体系。它既有基础理论体系中的阴阳水火、五行生克、五运六气、脏腑经络、四诊辨证和治法方药，又有临证的外感、杂病、妇科、儿科和痘疹专病；既有养生保健和医史、医家简介，又有从医原则和病家蔽言；既有一般的分类摘引，也有中医古籍的整理研究。就其涵盖面而言，涉及了除外伤

① 程文囿：《医述·卷一》。
② 程文囿：《医述·自序》。

和针灸专科以外的中医学各个领域，是19世纪以前，尤其是明代和清初时期，中医学术成就的缩影。与其他同类医著相比，《医述》以简约、全面、实用，自成体系而独树一帜。

六、《重楼玉钥》

《重楼玉钥》是清代影响最大的喉科名著，成书于道光十八年（1838）。作者郑宏纲，歙县郑村人，为“西园喉科”世家创始人郑于丰之子，是海内公认的喉科名家。他不但对喉科理论有深切的研究，且有丰富的临床经验。郑宏纲（1727～1787），字纪原，号梅涧，又号雪梦山人。郑于丰第五子，继承黄明生及其父之喉科秘授，以喉科为主，兼通内科、儿科。其治喉症，擅用汤药与针刺，对危重喉症则刺其颈，出血如墨，豁然大愈，求治者众。著有《重楼玉钥》《痘疹正传》《篷余医语》等。《重楼玉钥》是以道家《黄庭经》谓“咽喉为十二重楼”之语而命名，意为治咽喉病之钥匙。

郑于丰（1692～1767），字绥年，号训帝。弟郑于藩（1694～1765），字松屏，号仰山。歙县郑村人。其高祖郑赤山于明嘉靖年间始业医；父为左（1642～1726），字以相，号长虹。嗜医药。知药者代不乏人。康熙五十年（1711），于丰、于藩兄弟随父在江西南丰经商，遇闽人黄明生精喉科，轻者药石，重者针灸，随手取效，活人甚众，遂同师之。越三年，学成而归，专业喉科。康熙六十年（1721），兄弟分居，于丰住南园，人称南园喉科；于藩住西园，故称西园喉科。均世代相传。

《重楼玉钥》全书共分上下两卷。上卷17篇，先论“咽喉说”“喉科总论”，明确叙述咽、喉的解剖部位及生理上的重要性；次论喉科疾病的诊断和预后，作为临床治疗的准则；再次论述36种“喉风”，所列喉风36症，包括咽喉14症，口齿15症，面颈及其他7症，对咽、喉口腔、中耳等急性炎症有详论，并论述了以上各种疾病的症状和治疗。治疗上，又根据病情分别采用内、外治法。上卷末有“白缠喉”（类似白喉）的专编论述。本书条目清晰，编排有序。在上卷中，前连生理病理，后接方药，贯穿一气，顺理成章，体现出中医理论的系统性、完整性。首述咽喉的解剖部位及其在生理病理上的重要意义。文中指出：“咽喉者，生于肺胃之上。咽者，嚥也。主通利水谷，为胃之系，乃胃气之通道也”“喉者空虚，主气息出入呼吸，为肺之系，乃肺气之通道也”“故咽喉虽并行，其实异用也”认为“人之一身，为此最为关要”“若脏腑充实，肺胃和平，则体安身泰，一有风邪，热毒蕴积于内，传在经络，结于三焦，气凝血滞，不得舒畅，故令咽喉诸证种种而发”在《内经》的基础上，分析了咽喉的生理功能和病因病机，特别强调了咽喉与肺胃的密切关系，言简而有理。本书下卷，对针灸术在咽喉病的治疗做了专卷论述。以针灸疗法配合应用于耳鼻咽喉科等疾患的治疗，论述尤详。从取穴到进针、补泻手法、针禁忌法，都有简明的论述。列出喉风请症针刺要穴，对十二经脉中治疗咽喉疾病的主要穴位做了一一介绍。体现了作者用针灸疗法治疗咽喉疾病的潜心研究和实践。

《重楼玉钥》一书，在中医喉科学上居重要地位，为后世医家的临证提供了宝贵的经验，是研究和学习喉科理论及研究喉科疾病的宝贵文献之一。

郑梅涧长子郑枢扶(1746～1813)，名承瀚，字若溪。著述甚多，有《重楼玉钥续编》《喉白阐微》等。枢扶继承父业，对白喉研究颇深，很有心得。清乾隆六十年(1795)整理其父《重楼玉钥》时，大胆创制“养阴清肺汤”，为提高白喉的治愈率创出了有效的方法。

七、《伤寒论条辨》

《伤寒论条辨》，作者方有执。方有执(1523～1594)，字中行。歙县灵山人。方有执两次丧妻，五个儿女因病而亡，遂发奋研究医学。他通过研究发现《伤寒论》经王叔和编次后已有改移，至金代成无己注释后又有窜乱。认为要想彻底研究《伤寒论》，首先要“心仲景之心，志仲景之志，以求合于仲景之道，而使其协陟重明”。因此，他用了20余年时间，寻求端绪，重新编次，力求恢复仲景《伤寒论》原貌，辑成《伤寒论条辨》。《伤寒论条辨》8卷，草就于万历十年(1582)，定稿于万历十七年(1589)，由万历二十年(1592)始刻，至万历二十七年(1599)竣工，历时17年。是书卷首载自序，《伤寒论》诸辨引等篇；卷一至卷五论述六经证治；卷六论述温病、风湿杂病、霍乱、阴阳易、差后劳复等病；卷七载王叔和编次的“平脉”“辨脉”、痉湿暍三篇；卷八为汗、吐、下可不可诸症。书末附“本草钞”“或问”“痉书”各1卷。方氏将伤寒太阳病分为风伤卫、寒伤营、风寒两伤营卫三种类型，各有关条文以类相从，后经喻嘉言倡扬，成为“三纲鼎立”说。其他各篇内容也有所调整，并另立“辨温病风湿杂证并治篇”，还指出《伤寒论》不限于治伤寒。

《伤寒论》一书经方氏整理编次，加强了原书的系统性、条理性，突出了重点，使学者易于掌握。《伤寒论条辨》的问世，为研究《伤寒论》开辟了蹊径，对后世产生了重大影响，方氏被称为“错简派”的鼻祖。

方有执在《伤寒论》全书中，对“太阳篇”的改动最大。方有执认为风寒之邪，分别侵犯人体营卫。风则中卫，故将因卫中风而病的条文编为第一卷；伤寒伤营，故将因营伤寒而病和曾冠“伤寒”二字的条文编为第二卷；又将风寒同时侵犯营卫的条文编为第三卷。此即方有执所主张的外感风寒发病的三种类型。

方有执在研究《伤寒论》时，运用移、删、改、拆等方法，对篇、卷以及条文的位置根据情况做出调整，删去非仲景原著的“伪文”和衍文。对于原文中有误的地方也直接加以改正，并在后文加以说明。方式最多的是拆分，将一条原文改成两条；或是合并，将原文的两篇合成一篇，以求原著能够更加贴近临床实际，发挥辨证论治的作用。

在方有执错简重订《伤寒论》之后，其医学思想也随着其著作的传播而影响深远，其中具有代表性的当为清初的喻嘉言。喻氏著有《尚论张仲景伤寒论重编三百九十七法》（即《尚论篇》）宣扬方氏“三纲鼎立”说。先后还有常州张璐著《伤寒缵论》、歙县程应旄著《伤寒论后条辨》、郑重光著《伤寒论条辨续注》等。“三纲鼎立”说主要包括原发病证和误治病证。原发病证，即风伤卫证、寒伤营证、风寒二伤营卫证。而误治病证中，方氏认为风伤卫是表虚证，误汗是用麻黄汤峻发其汗，虚以实治，犯虚虚之戒，仅有虚证。寒伤营是表实证，误汗可用桂枝汤治之，实以虚治，犯实实之戒，以致实证。在“三纲鼎立”说的影响下，后世在伤寒的临床治疗上有了新的突破。

八、《医方考》

《医方考》是中国方论专著的最早代表。吴昆运用中医理论对所载的540个方剂进行多维模式的全面注解，影响深远。《医方考》收方广泛，重点突出，有91个首载方剂，后世众多方书均遵循《医方考》的思想和方法，对所收方剂进行全面注解。

吴昆，字山甫，号鹤皋山人，又称“参黄子”。生于明嘉靖三十年（1551），卒年不详，徽州歙县澄塘人。祖父吴正伦是明隆庆至万历年间的名医，伯父吴元昌、父亲吴文韬是当地士绅。吴昆青少年时受家学影响，攻举子业，熟读儒书。25岁时弃举子业，专攻岐黄术，拜当地名医余午亭为师。午亭乃勉其友天下士，于是由三吴，赴浙江，历荆襄，抵燕赵，遍访名师。“未及壮年，负笈万里，虚衷北门，不减七十二师”，医业大进。先后在宛陵、姑熟、和阳等地行医，所至活人无算，终成明代中医史上有影响的医家。

吴昆所著《医方考》6卷，是方论专著的最早代表。这部方论专著的出现，标志着方论已进入成熟期，起到了承前启后的作用。作为第一部全面注解方剂的方论专著，《医方考》本着“考其方药，考其见证，考其名义，考其事迹，考其变道，考其得失，考其所以然之故”的宗旨，对书中所载700余个方剂，从命名、组成用药、功效、适应证、配伍意义、加减运用、禁忌等方面，进行了详细的考证阐释。每则方解注的字数多少不一，最多者为“羌活汤”，有490余字；最少者为“苦参汤”，有39字。其逢方必解，并从多维角度，以脏腑、经络、阴阳、五行、药性、药味、标本、八纲辨证等中医药理论对方剂进行论述的方式，对后世产生深远的学术影响。书中每一例证，先叙本证的病因病机，次列现证，再论诸家治法。然后汇集各方，因证用方，发明方义，条分缕析，纲举目张，充分体现了辨证论治的原则。是我国第一部注释方剂的重要著作，对后世影响颇大。此书一问世，即东传朝鲜和日本刊行。

吴昆还著有《脉语》《黄帝内经素问吴注》《针方六集》《药纂》《十三科证治》《参黄论》《砭焫考》等。

九、《本草备要》

汪昂，字讱庵。明末清初徽州府休宁县人，生于明万历四十三年(1615)，从其年80撰《增补本草备要叙》来看，卒年当在清康熙三十三年(1694)之后。

据道光三年（1823）《休宁县志》记载，汪昂为休宁县海阳镇西门人，30岁之前寓居杭州，后曾寄籍浙江括苍。早年业儒，研习经史百家，为邑之秀才，长于文学，以“古今文辞知名乡里”，后为“一方辞学宗工”，以文才进取仕途“易如拾介”，著有《讱庵诗文集》。甲申之变后，汪昂深感“蹉跎世变”“著书作诗，无当人意”“著辑方书数种……或可有功前贤，嘉惠来世”。遂弃制举，潜心医药，前后达半个世纪，成为清初著名的医药学家。

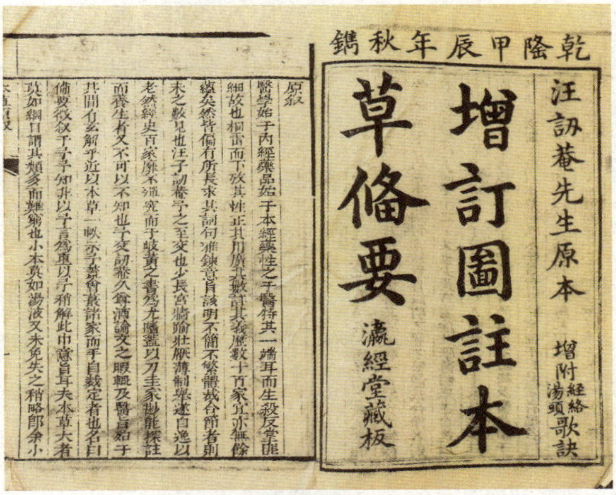

《本草备要》之一

汪氏以其雄厚的文辞功底，致力于医学理论研究，临床之余，勤于笔耕，著有《本草备要》《素问灵枢类纂约注》《医方集解》《汤头歌诀》《经络歌诀注释》《勿药元诠》等医书盛行于世。其中又以《本草备要》为其代表著作。

汪昂认为，《本草纲目》《神农本草经疏》《经史证类备急本草》等，皆属本草学巨著，内容详备，但要点不突出。《本草蒙筌》《药性歌赋》等书内容简略，但欠详备。汪氏采上述诸家之长，尊《灵》《素》《本经》之旨，编辑《本草备要》一书，于康熙三十三年（1694）刊行。

《本草备要》分上下两卷，按药物自然属性分为8部，共收药402味。其中上卷为草部，收药177味；下卷分为7部，收药225味，包括木部68味，果部25味，谷菜部29味，金石水土部46味，禽兽部19味，鱼虫部31味，人部7味。

卷首为“药性总义”，概论中药基本理论，包括五色五味，阴阳属性，升降浮沉，药物归经，五脏所欲及补泻总义，六淫主治所宜，五行生剋与五味所伤，药物炮制与用法大要等。

正文每药之下所述内容，大致包括性味、归经、功效、主治、适应证、禁忌证、产地、形态、品质鉴别、释名、炮制、七情畏恶及采收时间等，并以药物“十剂”分记于该药之首。对所载各药于主治之理，阐发无遗，于取用之宜，确切明示，并间附前贤诸论及成方举例。

著述过程中，汪氏以“昂按”形式对个人见解加以说明，对医药理论作出了一定的贡献。“或时附入鄙见，必加‘昂按’二字，以听时贤之论定”。如木部“辛夷”条下：“吾乡金正希先生尝语余曰：人之记性皆在脑中。小儿善忘者，脑未满也；老人健忘者，脑渐空也。凡人外见一物，必有一形影留于脑中。昂思：今人每记忆往事，必闭目上瞪而思索之，此即凝神于脑之意也。不经先生道破，人皆习焉而不察矣。李时珍云，脑为元神之府，其于此义，殆有暗符欤。”汪氏由此思出凝神于脑之意。又如，木部“猪苓”条下：“疟多由暑，暑必兼湿。经曰：夏伤于暑，秋为痎疟。”同时，在草部“香薷”条下：“暑必兼湿，治暑必兼利湿。若无湿，但为干热，非暑也。”在《医方集解》中，也多次提到“暑”与“湿”相兼，较之温病名家、祖籍徽州的叶天士首倡“暑必夹湿”早半个多世纪。由于该书选药精，阐述详，是一部既要且备的药学专著。可贵的是，汪昂遵古而不泥古，对“十八反”“十九畏”能提出个人见解，对某些药物阐述自己的认识，这种创新精神实属难得。该书在近代本草学著作中流传较广。

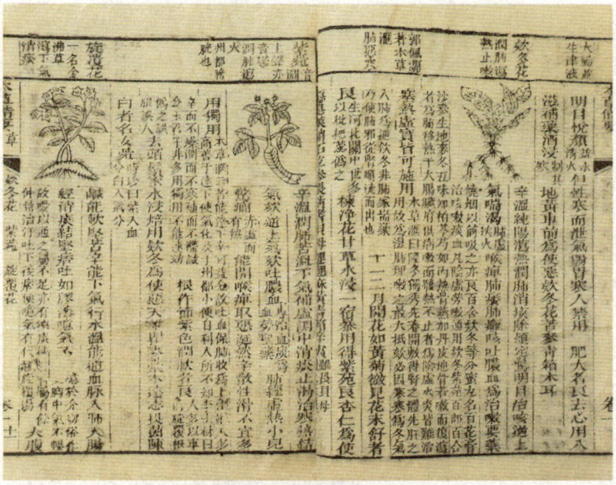
《本草备要》之二

此外，汪氏对明末传入我国的西洋医学经过接触了解，也持开明开放的态度。他认为西医虽不明中医气化之理，但在人体生理解剖方面比较精细，对形态方面的论述较为确实，故有上述“脑为元神之府”等思考。汪氏关于人体的论述被认为是中国最早传播西方医学思想的文章之一，对后世“中西汇通派”产生了一定的影响，也丰富了中医学的内容。

《本草备要》是清代流行最广的普及性本草著作，作为我国第一部普及性本草名著，其使用率远高于《本草纲目》，对清代及近代医药启蒙、中医教育的影响不言而喻。清代医家吴仪洛《本草从新》，即据《本草备要》考订删补而成，清代李文来合此书与《医方集解》分类编撰而成《李氏医鉴》，陈邦贤《新本草备要》亦以该书中的药物为主要框架。汪昂作为“医学启蒙派”的代表人物，为中医学术的继承与创新、普及与推广作出了突出贡献。

汪昂一生博览群书，勤于笔耕，著述颇丰。除《本草备要》外，其主要撰述的医书还有《素问灵枢类纂约注》《医方集解》《汤头歌诀》。

以上四种被后世合称为“汪氏四书”，皆简明扼要、便于记诵，言浅义深、切于实用。既为中医入门的必读之书，又是优秀的普及读物。成书以来，流传甚广，影响深远。

十、《医学心悟》

程国彭，字钟龄，号恒阳子，又号天都普明子。歙县人，附贡生。少年多病，酷爱医学，经多年刻苦钻研，临证卓有效验，四方求诊者众。对危重病人，只要有一线生机，均极力抢救，每能起死回生。晚年到当地普明寺修行，法号普明子。著有《医学心悟》与《外科十法》二书。《医学心悟》系程氏积30年业医心得，融会《内经》《难经》及历代名医精华编写而成。全书5卷，卷一载“医中百误歌经腑论”“内伤外感致病十九字”“寒热虚实表里阴阳辨“医门八法”等文40余则；卷二论伤寒，

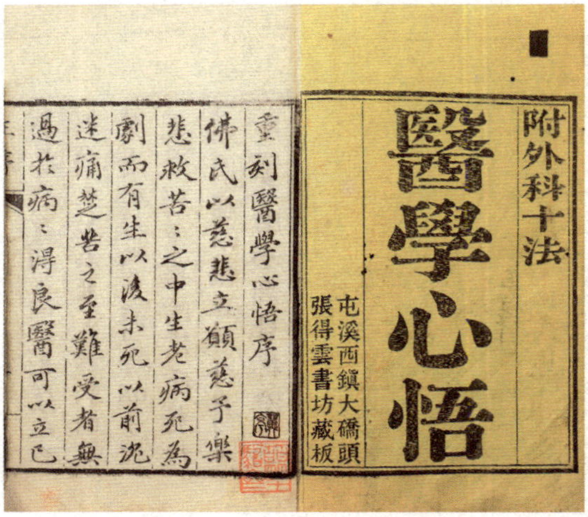
附外科十法
醫學心悟
屯溪西鎮大礄頭
張得雲書坊藏板
重刻醫學心悟序
佛氏以慈悲立願慈予樂
悲救苦之中生老病死為
劇而有生以後未死以前洗
迷痛楚苦之至難受者無
過於病病得良醫可以立已

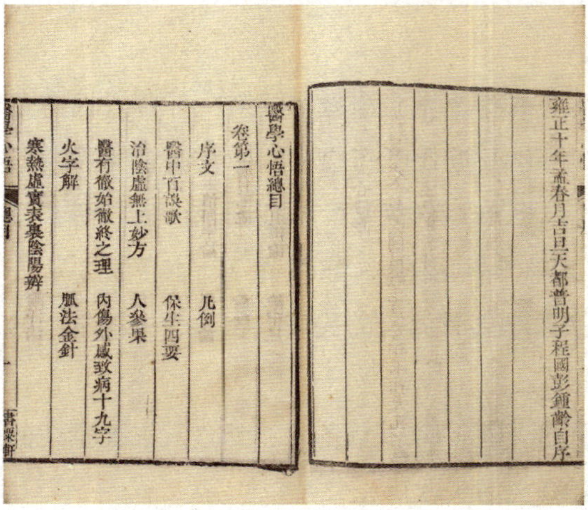
醫學心悟總目
卷第一
序文　凡例
醫中百誤歌　保生四要
治陰虛無上妙方　人參果
醫有徹始徹終之理　內傷外感致病十九字
火字解　脈法金針
寒熱虛實表裏陰陽辨
雍正十年孟春月吉日天都普明子程國彭鍾齡自序

《医学心悟》之一

分述《伤寒论》六经证治；卷三、卷四为内科杂症及五官诸疾；卷五为妇产科病症。

是书所列各科病证，先述病源、症状，次述诊断治疗，并附程氏自拟经验方。可谓分类清楚，论述简要，脉因证治，环环相扣。所选方药简便易行，内容丰富，切于实用，是一部理论联系临床的中医启蒙著作，流传甚广，被后世认为是中医入门的重要参考书。《外科十法》1卷，为程氏归宗普陀后，逢皇上拨款大修庙宇，前后寺僧及工作人等不下数千人，其中病患不一，有患背疽者，有患臁疮、疥癣者，投以膏散，不半月而收功。因思《医学心悟》未及外科，乃复会聚精神，参悟外科旨要，约为《十法》。其书言简而赅，方约而效，以之与《医学心悟》合刊而成6卷。程国彭的治学态度，在《医学心悟》自序中曾说：“历今三十载，殊觉此道精微。思贵专一，不容浅尝者问津；学贵沉潜，不容浮躁者涉猎。”他在医学心悟 · 凡例》中也说：“予读仲景书十数年，颇有心得，因著伤寒四字论，以为后学津梁云。”他的门人吴体仁说得好：“吾师钟龄先生，博极群书，自《灵》《素》《难经》面下，于先贤四大家之旨，无不融会贯通。……先生学弥精，心弥下，年来备极攻苦，常彻夜不寐，天未曙，辄剪烛揭管，举平日所心得者，一一笔之于书，间有未缜细者，必绳削之，至于尽善而后已。”由此可见，他治学态度主张“学贵沉潜，不容浮躁”。他著《医学心悟》之目的“以教吾徒，……读是书，而更加博览群言，沉思力索，以造诣于精微之域，则心如明镜，笔发春花。予以拯救苍生，而药无虚发，方必有功。程氏在《医学心悟 · 凡例》首条就指出：“医道自《灵》《素》《难经》而下，首推仲景，以其为制方之祖也。”他还说过：“仲景立法精粹，学者宜致思焉。”他希望后学者能“渐登仲景之堂而入其室”。《医学心悟》的每章每节之首几乎都冠以《内经》或仲景《伤寒论》的有关经文，盛赞“仲景用药之微权，而其用心亦良苦”。然而，他并没有停留在前人的现成理论上，他有取舍，有创新。他在《医学心悟·凡例》中说：“仲景论伤寒，而温热、温疫之旨有未畅。河间论温热及温疫，而于内伤有未备。东垣详论内伤，发补中、枳术等论，卓识千古，而于阴虚之内伤，尚有缺焉。朱丹溪从而广之，发阳常有余，阴常不足之论，以补前贤所未及。不知四子之书，合之则见其全，分之即见其偏。”这种集先贤之智，而又能纠其偏的特点，在《医学心悟》各章中随处可见。他的创新精神在书中也有体现，如在“伤寒主治四字论”“医门八法”“火字解”等章节中。这些可以说是程氏治学一生的结晶，是供学界研究中医学的好典籍。

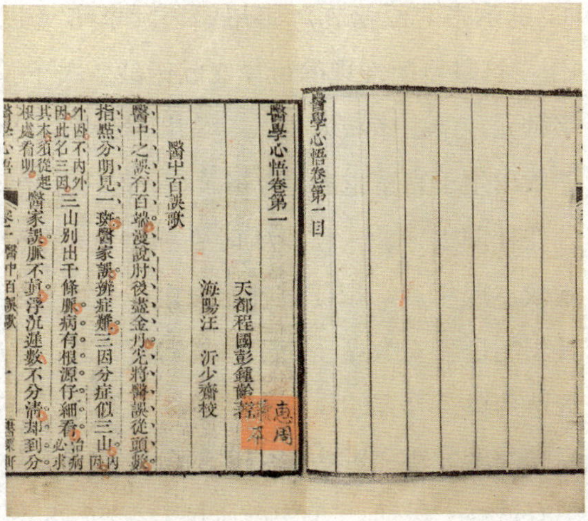

醫學心悟卷第一目

醫學心悟卷第一
天都程國彭鍾齡著
海陽汪　沂少齋校
醫中百誤歌
醫中之誤有百端漫說肘後盡金丹先將醫誤從頭數
指點分明見一斑醫家誤辨症難三因分症似三山三山內因
外因不內外因此名三因三山別出千條脈病有根源仔細看治病必求
其本須從起根處看明
醫家誤脈不真浮沉遲數不分清却到分

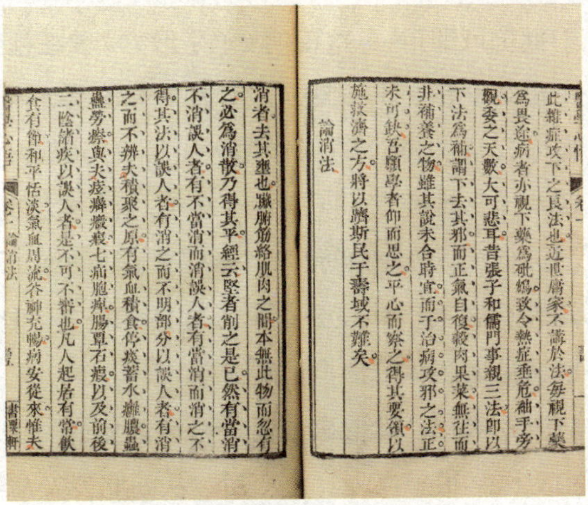

此雖症攻下之良法也近世醫家不諳於法每視下藥
爲畏途病者亦視下藥爲砒鴆致令熱症垂危袖手旁
觀委之天數大可悲耳昔張子和儒門事親三法即以
下法爲補謂下去其邪而正氣自復穀肉果菜無往而
非補養之物雖其說未合時宜而于治病攻邪之法正
未可缺吾願學者仰而思之平心而察之得其要領以
施拯濟之方將以躋斯民于壽域不難矣
論消法
消者去其壅也臟腑筋絡肌肉之間本無此物而忽有
之必爲消散乃得其平經云堅者削之是已然有當消
不消誤人者有不當消而消誤人者有當消而消之不
得其法以誤人者有消之而不明部分以誤人者有消
之而不辨夫積聚之原有氣血積食停痰蓄水癰膿蟲
蠱勞瘵與夫痃癖癥瘕七疝胞痹腸覃石瘕以及前後
二陰諸疾以誤人者是不可不審也凡人起居有常飲
食有節和平恬淡氣血周流谷神充暢病安從來惟夫

《医学心悟》之二

第三节　新安历代名医名著

历史上对新安医籍的著录，自《旧唐书·经籍志》有记载以来，历代史志、各类书目、诸家文集、论著、笔记等资料中，也多有记载。

《隋书·经籍志》引用梁·阮孝绪《七录》云：“《羊中散方》20卷，羊欣撰，亡。”这是目前发现的最早文献记载。关于羊欣《宋书》卷六二《羊欣传》云：“羊欣，字敬元。泰山南城人也。……出为新安太守，在郡四年，简惠著称，前后凡十三年。”羊欣出生于官宦世家，曾祖羊忱，曾任徐州刺史；祖父羊权，曾任黄门郎；父羊不疑，曾任桂阳太守。羊欣少年时喜静少语，酷爱读书，擅写隶书，其书法曾得到王献之指教。成年后，担任过辅园参军、平西参军、台殿中郎、新安太守等职，为官时间最长的是新安太守。由于他“素好黄老，兼善医术”，在新安为官时，就比较留意当地草药单、验方的收集和整理，并撰写医药著作。《羊中散方》原书已丢失，在其稍后的《经方小品》中曾引用部分内容。这一点在《经方小品》序文中得到证实。其中有这样一段话，“羊中散所撰方有30卷，是元嘉中于新安时所集，皆是江东得效者，于世仍可即用”。这说明《羊中散方》曾在社会上流传过，是新安医学最早的文献资料。

《黄帝八十一难经注》，作者杨玄操。该书《自序》落款为“前歙州歙县尉杨玄操序”。根据郭谔春《中国医史年表》记述，杨玄操著《黄帝明堂经》在619年，《黄帝八十一难经注》问世在626年，杨玄操应为隋唐时人。《中国医籍考》按：“杨玄操，不详何朝人。考开元中，张守节作《史记正义》，于《仓公传》采录杨序及说，则知为初唐人。其注全在于王翰林集注中，所谓亦是名亡实不亡”，以上是关于新安地域见诸医籍的最早记载。

到宋代，新安医家著作众多。张扩，字子充，歙县人。受族中医生的影响，从小对医学很感兴趣。成年后，从湖北庞安常学医，由于学习勤奋，时同学60人，安常独喜扩。后听说川中王朴精脉理，即前往学习太素之脉。数年后，临床施治能投剂辄效，以至于医技之高，名满京洛。著有《医流论》《伤寒切要》诸书，惜未见传本。

《医说》是现存最早的医史传记，系北宋新安名医歙县人张杲编著。张杲，字季明，张彦仁之子，秉承家学，以儒医著称，活人甚多。潜心医学五十余年，于宋淳熙十六年(1189)著成《医说》10卷。全书49门，记载了宋以前名医116人的医学传记，论述针灸、诊断等内容，涉及面广，内容丰富，所搜集的资料出处多有依据。诚如《四库全书总目提要》所说：“取材既富，奇疾险证，颇足以资触发。而古之专门禁方，亦往往在矣。”[①] 该书还有张杲评论及其临床体会附之于后，是我国现存

① 《新安医籍考·医说》，安徽科学技术出版社，1999年。

最早的医史传记，社会影响颇大，曾东传朝鲜、日本等国。

该书共有10卷,内分49门,总论名医116人。首七门为医书总叙、针灸诊视之类，记叙了从三皇到唐代名医的临床治验。次分杂证六门，次妇人、小儿两门，次疮及五绝、痹疝三门，而以医功报应放卷末。有评论和本人实践附后，取材较丰富。该书还收载了古代一些不太公开的处方，对保存和传播古代医籍起了一定的作用。该书博采宋以前历代医史传记和医案而成，是我国现存最早载有大量医史人物传记和医学史料的书籍，也是第一部较为完整的新安医学著作。明天启三年(1623)再版时，田启亮誉之为“医林之珍海”。该书东传朝鲜、日本,李氏王朝成宗十五年(1488)刊行，日本万治二年(1659)刊行。因此，《医说》也是最早流传国外的新安医学著作。

吴源,字德信。休宁凤山人。其祖上吴谅曾经遇到一位异乡的道士,赠送一部《金匮玉函经》,便悉心钻研医术,以医疗为职业。医术传至其父亲吴豫手里,已是很高明，再传给吴源，更是一代比一代精深，屡屡起死回生，人们称他是“神医”。宋绍兴时，吴源由枢密汪勃(黟县人)的推荐，参加国家组织的医生考试，考试内容为《内经》《难经》等7部医典。当时参加考试的数百人，吴源考了第一名，被选为御医，后来又被提拔为翰林院医官。他善治急症，尤擅长治疗慢性的虚劳病症。邑宰黄某的妻子得了急病，太医院的有名医生未能治愈，经人推荐，请吴源诊治，他看后诊断为“饥中伏暑”,服了3剂药就痊愈。某人腹痛难忍,在地上打滚,吴源正好路过那里，经过检查，诊断为虫症，用银针在那人肚子上扎了一针，吐出许多痰涎和虫子，病就好了。晚年，他辞去医官的职务，与当时的文人为伍，和竹洲二吴先生过从甚密，曾和他们一起游览了江南许多胜地。自号南薰老人，著有《南薰诗集》。

元代，值得称道的新安名医名著有:鲍同仁，字用良。歙县人。泰定元年(1324)试蒙古翰林院，授全州学正。旁通针灸之术，凡四肢之疾，痈疽疮疡，治无不中。著有《通元指要二赋注》《经验针法》行世，今佚。传其业给歙县洪徽甫。

程汝清，字正子。婺源弦高(今紫阳镇)人，名医程约之后裔。善太素脉，预言人祸福生死神验。闻归正人郭统领得魏城武师歧“补泻过注法”，自往师焉。于是疾无久近，应手取效。著有《医方图说》。

徐道聪，字士明。休宁南街人，遇术士传幼科。时值元末兵荒马乱，婴孩多受惊吓致病而死，道聪制方授药，全活数以千计。子徐杜真，继父学，复精大人科，著有《方书》行世。

吴以凝，字凝之。歙县人，工医，撰有《去病简要》27卷。

汪汝懋，字以敬，号斋，人号桐江野客。歙县人，徙居淳安县，官定海（属浙江）县尹五年，兼通医学，著有《山居四要》5卷行世。

李仲南，又名乃季，号栖碧。黟县人，曾居栖碧（今属浙江）山中，故为号。初因养亲寿老，修建道院，以求还丹之术。后悟丹之道远，明方脉才能寿母，遂汇集古人医书，择其精要，编辑成书，复钤以图。时有名士孙允贤者与仲南相友善，允贤以此书略于治法，故为补订加详。元至顺二年(1331)，撰写《锡类钤方》22卷。时仲南母殁，故改名《永类钤方》刊行于世。其书本于医经，详论各类外感、内伤及外科、折骨之疾，以脉、病、因、证、治则为五事，钤而为图，贯穿彼此，互为发明。其中尤以骨伤科内容为多，记载有骨折、脱臼整复和夹板固定法，并记有若干医疗器械及方药，为我国骨伤科史上重要的著作。

新安医学经过宋元时期的孕育，在明代达到鼎盛时期，出现了一大批全国著名的医学家和医学著作。

徐成章，字绍云。屯溪人。自幼颖悟，潜心研读《素问》，精于医尤以疡科见长，活人甚众，著有《写思素问》。

程琎，字文炳，号宝山。歙县槐塘人。琎通儒术，因母多病，遂业医。从婺源汪济凤讲明《素问》之旨，治人病如庖丁解牛，悉中肯綮。诊人脉，富贵贫贱天寿，洞鉴无遗。当时知名人士欲推荐于朝廷，辞不就。著《太素脉诀》《经验方》。

程玠，字文玉，号松崖。歙县槐塘人，程琎之弟。明成化丁酉(1477)科举人，成化甲辰(1484)进士，官至观户部政。因其父兄皆以医术驰名，乃好医济人，抢救许多危重病人，登进士后医名播京师。据民国《歙县志·方技》载：一日玠游途中，见丧车过，血从棺中流出，以指染而嗅之，止丧车曰："棺中人未死也，速开棺，吾能救之。"众大惊，置棺路旁，急启棺，玠以针刺妇胸，忽能言，家人相抱，悲喜交集。观者呼声如沸，以为神。程玠一生著述颇多，但仅有《松崖医径》《眼科良方》传世，尚有《论医集粹》《脉法指明》等未见梓行。《松崖医径》2卷，前卷为伤寒集，论述了伤寒病的诊治，并提出杂病可以按伤寒法进行辨证论治；后卷为内、妇、儿科，共载44症。本书详于脉证，将五脏及命门分为六图，各附脏腑，分浮、中、沉三候，浮沉之中又分退数、平，退数之中又分虚、实、寒、热，列主证、备治方。其所出治方多为前贤名方，还有不少秘传效方。论理详而有要，选方博而不杂，闻、法、方、药，内容简明扼要，为医学入门之径。

程充，字用光，号复春居士。休宁汉口人。初业儒，后以亲疾习医，熟谙《素问》《难经》诸书，尤为推崇丹溪学说。认为丹溪之学，诚医道之宗工，性命之主宰，而集先贤之大成者也。程氏在精研丹溪学说的同时，发现《丹溪心法》一书经后人整理、编辑，或有重出，或有遗漏而附以他治，使玉石不分，与丹溪原论、主旨悖爽。于是取《平治萃》及《玉机微义》《卫生宝鉴》《济生拔萃》、东垣、河间诸书校之，究尾会首，因证求方，积日既久，复得中书王允达先生以丹溪曾孙朱贤家藏本寄示，会而参考。其或文理乖讹、意不相贯者，详求原论以正其误；篇目错综、前后重叠者，芟去繁冗以存其要；此有遗而彼有载者，采之以广其法；论既详而方未备者，增之以便检阅。整理态度严谨，一言去取，不敢妄自损益，于明成化十七年(1481)刻成《重订丹溪心法》(又名《新刊丹溪心法》)5卷(100篇)行世。全书论理清晰、辨证确切、机圆法活、方药得当，是一部既有理论又有丰富临床经验的综合性著作，也是现存资料中反映丹溪学术成就较全面的主要著述之一，更是后世医家研究丹溪学术的重要参考资料。

陆彦功，歙县人。其先世知医，不乏名流，如宋陆安国，元陆文龙，并以陆氏“保和堂”药店而闻名大江南北数百年。历代箕裘其业，至彦功益著。诸科杂症，罔不究心，治病不拘成方，远近就诊者，门庭若市。明成化间召入京，官太医院，治愈中宫之疾，大显国手之功，医名日著。后因服母丧，力辞归里。弘治中，再召之，老不能赴。著有《伤寒类证便览》10卷，附方1卷。该书原本由其父陆晓山据黄仲理《伤寒类证》初编成册，因故未梓。彦功自幼研读手稿，成名后仍临证抽暇习之，后来参阅黄仲理之说、吴蒙斋《伤寒赋》、朱肱《活人书》、陈良辅《胎产药方》、曾世荣《小儿伤寒药方》，以及李东垣《此事难知》中的药方，对先父遗稿中缺疑之处，附会众说，增补经验药方而成。

吴显忠，字用良，号雪窗。休宁人。家世业儒，忠性好医，以名医张戴人的汗、吐、下法，而补以利温、和方，足以尽医道之妙。著《医学权衡》行世。

黄宰，字敬甫。明正德年间祁门县城人。弃儒业医，精研针灸，名闻遐迩。存心济世，不受酬答，贫者常施舍药品疗之。数千里外，咸来就诊，活人无算。著《针灸仅存录》。

程伊，字宗衡，号月溪。新安岩镇(今黄山市徽州区)人。世业医。自幼攻举子业，涉书史，通晓大义，因父母早亡，难以完成举子业，后改学医。著有《释方》4 卷、《脉荟》2 卷（存）、《释药》4 卷、《医林外传》6 卷、《史传拾遗》1 卷，均佚。

朱崇正，字宗儒，号惠帝。新安人。明嘉靖二十九年（1550）重刊杨士瀛所撰之《仁斋直指方论》时，每条之后加注前贤医论，续加遗方，名曰《仁斋直指附遗方论》，或《新刊仁斋直指医书四种》。

汪椿，字仲龄。歙县唐模人。学医于祁门汪机，卓著治效。著《本宗谱》10 卷，《颐斋医案》《医学先知》《八法针灸辨说》《子午流注图说》若干卷。

余傅山，歙县余家山人，曾为湖北钟祥县令。得隐者医术，工儒通医。明嘉靖二十二年（1543），余氏与新安名医汪宦、吴篁池、汪双泉等为弟子讲学，将当时讲稿或经验交流记录整理汇编成《论医荟萃》。该书是一部医话性质的著作，内容包括脉法、伤寒、杂证、妇科、儿科的临证治验等，虽无惊人之笔，然论述脉象、剖析脉理、阐述伤寒六脉分证与外感病传变等方面，深入浅出，颇有见地。

王琠，字邦贤，号意庵，别号小药山人，祁门历溪人，生于明弘治丁巳年（1497），卒年无考。父晚周，号虚谷，有子二：琠、玮。《古今医统大全·历代名医圣贤姓氏》载：王琠，字邦贤，号意庵。新安祁门人。笃志学古，肆力诗文，究《素问》诸子之书，得医之奥，治奸辄有神效，存济甚多。嘉靖中，擢太医院，入圣济殿，医太子有功，升御医，名益著。《祁门县志》称：医不泥古方，嘉靖间游学北京，适逢皇子病剧，经多位医生治疗无效，由中宫保荐，治之而愈。授直圣济殿御医，名传京师。据徐春甫《古今医统大全·采摭诸书》载，王琠著有《医学碎金》，还为祁门名医李楼的《怪疾奇方》做了校正，并添加附录。近时发现，王琠在京期间遗有内、外、妇、儿医案 84 例，已整理成《王意庵医案》。《王意庵医案》是王琠医学思想与成果的集中体现。其中约四分之一是王琠在祁门家乡为其宗亲、朋友治病的医案记录，有约四分之三是其在京师为当时的朝廷官员及皇亲贵族治病的医案。医案论断分明，理法方药切中辨证论治要点，体现出王琠在善用仲景等前人医法的同时，已自成一体。

汪宦，字子良，号心谷，又号寅谷。祁门人，居三迁堂。性颖敏，先从其兄汪宇学儒，后弃儒习医，潜心《素问》，有神领心得之妙。以医鸣世，从游者众，著有《医学质疑》《统属脉法》《证治要略》等。上述诸书已佚，但有部分内容保留在徐春甫《古今医统大全·内经脉候》中。

刘锡，新安人。自幼学医，擅幼科，其心法之妙，得于家传口授。著有《活幼便览》，为上、下两卷。上卷选择前贤诸书，参互祖训，首明保胎原本之理，次著随时养育诸法，书中写进了“胎教”的内容，是非常可贵的。下卷各究受病之原，随附经验急救之方，间有受亏欠，赋命短促，而夭折疲癃之患，素定于成形之初，亦非医疗所能全活，又皆备录于其间，使人知此，而不妄归罪于医也。

陈嘉谟，字廷采，号月明子。祁门县人。自幼颖悟，初习举子业，读书广博，多才多艺，后因多病，主攻医学。上自《灵》《素》诸典，下逮历代名家，无不悉心研究，推其至理，中医理论造诣颇深。特别于本草学潜心含脉，严违不苟，作出了贡献。晚年以七年之久，五易其稿编成《本草蒙筌》12卷。该书是继《大观本草》之后，《本草纲目》之前的一部重要的本草专著。全书载药800余种，对药物的产地，采集、辨别、贮癫、炮制、性味归经，主治运用，均有较详细的论述，并记载了应验诸方和作者按语，颇多发明。是书以对语写成，便于吟诵，利于初学。李时珍曰：此书“依王氏《集要》（王纶《本草集要》）部次集成，每品具气味、产、采、治疗方法创成对语，以便记诵。间附己意于后，颇有发明。便于初学，名曰《蒙筌》，诚称其实”。

方广，字约之，号古庵。休宁东山里人。因其母误于医，从此精研医学，弃儒从医。方氏习医广览博阅，能择善而从，尤崇丹溪之学，认为：“得医道之全者，丹溪一人；发丹溪之蕴者，《心法》一书。”方氏以医显名后，曾游学河洛，寓居陈留，常活人于危殆间，一时声著中原。著有《丹溪心法附余》《病源赋》《医指天机》《脉诀杂录》《本草集要》《重选药性类要》《陶氏伤寒节抄》等，仅存《丹溪心法附余》24卷。方广认为，程充重订的《丹溪心法》，各证的丹溪正法、正方“考索精确，为医门万世之规矩准绳者也”，但“附录”与丹溪本意或相矛盾。于是用了五年时间，削其附录，去讹存正，独存一家之言。鉴于程氏本详于证而略于方，方氏取《袖珍方》《全生余集》所载之群方，删繁就简、聚之以类，并附《明医杂著》方论分别列于“心法”之后，俾法不离方，方不离法。凡病症有欠发明处，或医方有疑难处，方氏则以己意以通之，并标明“广按”加以区别。本书基于《心法》，而有高于《心法》之处，是一部研究丹溪学术思想的重要参考资料。

吴正伦，字子叙，号春岩。歙县澄塘人，幼年丧父。资敏好学，家贫不能从师，乃养鸡售蛋以购书读，甚至典衣以补不足。青年时，从师浙江德清县名医陆声野（字鹤鸣）学医。出师后，负笈周游江浙一带，拜访名医，寻师交友，汲取各家之长，丰富临床见识，提高医技水平。后，到山东、北京等地悬壶。由于医术高，疗效好，闻名遐迩，王公贵族多求治于他。许多疑难、危重病症经他治疗多能应手取效，特别是治愈襁褓中的明神宗和穆宗贵妃的病，得到穆宗（隆庆帝）的赏识，更是名噪京华。不料遭到宫中太医的妒忌，竟以毒酒杀害正伦，年仅40岁。吴正伦著有《养生类要》2卷、《脉证治方》4卷及《虚车录》《活人心鉴》等书。《脉症治方》，附《医案》，是吴正伦的主要著作。他强调治病必须脉、症、治、方四者相承，脉明才能识症，症明才能论治，治法明才能议方。对《伤寒论》的病理，纲举目张地归纳为“表、里、寒、热、虚、实、阴、阳”8个字和“有表实、有表虚、有里实、有里虚、有表里俱实、有表里俱虚、有表热里寒、有表寒里热、有表里俱热、有表里俱寒、有阴症、有阳症”等12种类型，对后世研究《伤寒论》颇有启示。吴正伦认为温疫乃“杀厉之气，严寒之毒”，系四时不正之气，传染性强，对人体健康危害严重，应于春秋间服药预防。此外，他还提出了重用土茯苓治疗梅毒，可见其临床经验极为丰富。

朱日辉，字充美。婺源沱川人。天性温粹，笃志嗜学，于书无所不读，长于记忆。后弃举子业，专攻岐黄家言，按脉审方，一以儒理为权衡，所疗多佳效。著有《医学元要》1卷、《试验奇方》1卷、《加减十三方》1卷。子朱莹继其学，亦以医名世。

张守仁，字立仁。歙县定潭人。以农为业，遇隐士传授“伤寒末药方”，依方配制，治疗外感风寒、内伤饮食，效果颇著，致有医名。后经临床反复实践，并对原方剂量进行损益，将粗末改为粉末剂，疗效有了显著提高。此方由18味中药制成，故号“十八罗汉”方，且有疏风散寒、理气和营、健胃宽中、渗湿利水的功用，对农村劳力伤寒、寒热吐泻等常见病症具神效，往往一剂量，就能痊愈，渐有盛名，被冠以“张一帖”。

张凤诏，字以挥。张守仁之子。少攻儒学，长而习医，孜孜以求，寒暑不辍，终于青出于蓝而胜于蓝，成为新安著名医家。凤诏善治急性热病和疑难杂症，认证准确，药专力宏，往往一剂奏效，使“张一帖”的名声闻达皖、浙、赣交界数县。

陈双溪，字嘉麟。绩溪人。工医，善治痘疹，著有《青囊明辨》1卷，后附唐玄真《痘疹奇衡》一并出版。是书专述痘科各种症状的辨证治疗，对痘疹的治疗颇有参考价值。

余淙，字午亭．歙县余家山人。攻读儒学三十年，士际不遇。值堂兄余傅山任钟祥县令归，将所得医术传于午亭，并劝其弃儒从医，“诚能益世利人，亦不负所学”。遂发奋钻研医学，临床随机应变，不泥古方。又积百家之言，取古人不易之论、纯正之方，汇成《诸证析疑》4卷，载66症、875方。

吴文献，字三石。婺源花桥人。自幼爱好医学，仰慕古人不为良相即为良医之风范，遂弃仕途而专攻医药，精《素问》及诸大家之说，撰有《三石医教》40卷、《药性本草》10卷。

江时途，字正甫。婺源江湾人。因幼年多病，遂遍阅方书，悉心研习，偶得名师指点，医术大进，投剂即效。有一少年病，心悸危重，时途投一剂而病霍然而愈，由是名著郡邑，求医者门庭若市。著有《医学原理》30卷、《丹溪发明》5卷。

罗周彦，字德甫，号赤诚，又号慕庵．歙县人，后迁居泰州。祖父罗闻野官大中丞，家学渊源。周彦年幼多病，遂以儒通医，精研《素问》《难经》及诸名家之论，治病先论调理之法，再以汤药进服，疗效颇好。后挟技南游吴楚，北涉淮泗，结交医学名流贤士，讨论研究医学，议论精辟，见解独到，颇受同道赞许。罗周彦治病不取分文，每逢疫病流行，常施药救人，使许多病人摆脱疾病的磨难，在民众中声望颇高。著《医宗粹言》14卷，分别记述了“元气论”“脉语”“药性论”“用药准绳”“四时方论”及“四科备要”等内容，提纲挈领地集古圣贤之成而析类分章，凡经典及后世名家真知灼见择要胪列之，关键处偶发己解而予以佐证，内容精要。

鲍山，字元则，号在斋，自号香林主人。婺源人。性淡泊，平时饮食以蔬素相宜，曾以王西楼《野菜谱》所述，访探可食野菜种于家圃。万历庚戌年(1610)，筑室于黄山白龙潭上七年，见僧道多采植物根芽、实、茎叶供食用，因此访问品种，亲尝滋味，多数是以前不认识的。后来得到《救荒本草》和关中王府抄本若干种，阅后兴趣盎然。于是，按时采取，如法调食。虽性有温、平、寒、热之异，味有苦、辛、酸之殊，皆可清利爽口，医用以愈疾，备荒而充饥。遂将亲尝备试的435种植物绘图记用，纂成《野菜博录》3卷(16022种)，述其性味，详其调制，亦本草类著作也。

黄惟亮，休宁西丘人。著《医林统要通玄方论》4卷，卷一首论脉，五行妙论、五积五泻、标本病形、药性赋、诸药品性诗括、类集杂方等；卷二是观形察色、听声、辨阴阳、论寒热，表里虚实、三阴三阳、杂病内外奇方，医之生死悬阳倒阴之机捷等内容；卷三为小儿杂症，秘传小儿痘疹经验良方；卷四为外科，附录痈疽疔疮图论并方。

张遂辰，字卿子，号相期，又号西农老人。歙县人，随父迁至钱塘。少年体弱多病，医治无效，于是自检方书，刻苦钻研，上自岐伯、扁鹊，下逮刘河间、张子和、朱丹溪、李东垣诸医家，兼以成无已《注解伤寒论》，皆穷其旨，病遂已。人延之，治辄验，故有医名。明万历末，以国子生游南京，才名益显，著《湖上白下集》。明亡后，隐居乡里，以医自给，远近争相延诊，其悬壶处，人称“张卿子巷”。学术宗仲景，著《伤寒论参注》(俗称《张卿子伤寒论》10卷，立论平正，于《伤寒论》多有阐发。尚著有《张卿子经验方》,2卷传世,多切实用。还著有《易医合参》《杂症纂要》，未刊行。

孙文胤，字对薇、微甫，号在公，自号尊生主人。体宁人。年轻时，到镇江求学得了一场大病，“久之揣摩获中，病尽脱矣”。于是对医学产生了浓厚的兴趣，遂发古今人论著，穷搜博讨，考古征新……五运六气之微，五脏六腑之变，温凉生克之数，标本奇正之方，了然心中，所投辄效，求诊者络绎不绝。后迁居苏州，济物之暇，益致力于仲景、元素诸家秘旨，汇辑成编，著有《丹台玉案》《医经经方两家指诀》《伤寒捷径书》《蠡斯秘宝录》，仅存《丹台玉案》6卷。

吴邦宁,字惟和．休宁黎阳人。本姓施,因为继承当时名医吴云川医业,遂从姓吴。以医济世五十年，临危救危，活者甚众，尤精儿科。著有《痘疹心法》，佚。教子以圣贤之书，尝曰：“世事变化如浮云，惟读书明理，修身克己为究竟。”令长子璜复姓施，故璜勉承父志，以学见重于有道。

吴元溟，字澄甫。歙县岩寺人，吴道川之子，随父徙杭州。幼读诗文，因母病弃儒从父学医。道川悉心传授，随侍诊病，详求博考，医道日进，医理日精。万历十五年(1587)，天花流行，从父诊疗，日治数十人。认为小儿之病，缘由胎毒或外失调护所致，发病多端，治宜详慎，要以按候审气，据理察源，然后投以对症方药。晚年著书以叙父意，并附经历已验之见，撰《痘科切要》1卷、《儿科方要》1卷。

清代前中期近二百年的时间，是新安医学界最为活跃的历史时期，涌现了一批全国著名的医家和医著，把新安医学发展推向了又一个新的高潮，在中国医学史上写下了光辉的一页。主要名医名著记述如下：

程衍道，字敬通。歙县槐塘人。明代名医程玠的侄孙。程敬通鉴于《外台秘要》自唐问世以来，至宋孙中丞校刊后，及今将绝，于是穷十年之功，于崇祯十三年(1640)将《外台秘要》40卷重校出版。现今流通的《外台秘要》,即程氏重刊本。他还著有《迈种卷生司命》4卷，共载74症，采撷各说，搜集精粹，敷陈标新，参以己见，间附名贤验案验方于后,言简意赅,多切实用。仅有抄本流传。程敬通还著有《医法心传》

《心法歌诀》等，仅有抄本流行。

程林，字云来。休宁人。少从歙县槐塘儒医程敬通学习十余年，不仅精于医学，且于文史、金石、书画俱有所好。他以博雅大儒之才广游苏北、淮扬、武林等地，很少在新安活动。其平日诊疗所得，大多用于编辑、刊印医书。其著述颇丰，计有《伤寒抉疑》《金匮要略直解》《即得方》《医暇卮言》《一屋微言》《医学分法类编》《本草笺要》《难经注疏》《医学杂著》等，还删定《圣济总录纂要》，校刊《玉函经》，评定《医学传灯》。《伤寒抉疑》一卷，是程林早年著作，对仲景学术有所发挥，为医界所推崇，喻昌曾以之作为课徒教材。《即得方》2卷、《医暇卮言》2卷为程氏诊余杂记整理而成，体现了程氏的学识与思想，诚如陆定圃在《冷庐医话》中所说："新安云来博究群书，所著《医暇卮言》，乃深于格致之学者其他论气化、论物理，深得天人一理之旨。"《圣济总录》原书200卷，"靖康"之乱，汴京陷落，图籍随内府北行，南渡之人未见其本。金大定和元大德再刻两次，数量不多，此后近四百年未再刊行，加上战乱，流传极少。云来少年时曾在程敬通家见过，三十年后，在淮阳友人江郢上家见到此书抄本，尚缺"小儿方"5卷。以原书卷秩太多，类似方重出。程云来乃用一年时间进行整理，每类冠论一篇，撮其旨要，精选验证之方，汰除"神仙服饵"等内容，对原缺5卷，于秘阁内府及江、浙诸鉴古家遍访古之藏本，请同学项容睿搜求小儿古今方论，补全5卷，于康熙二十年（1681）编成《圣济总录纂要》26卷。这部宋代的医学巨著，经云来辑选、整理后，内容精要，临证适用，便于刊行流传，一直被医界作为医学重要著作。

朱本中，道名泰来，号凝阳子。歙县人，曾官洛阳。康熙二十二年（1683），到广州，为人治病多效。撰有《贻善堂四种须知》，包括《急救须知》《饮食须知》《修养须知》《格物须知》。

汪启贤，字肇开。歙县人，行医于吴越。撰有《应验神方》《明医治验》，并与其弟启圣（字希贤）、子大年（字自培），辑注《济世全书》。其子著有《中风瘫痪验方》、《虚劳汇选应验良方》《外科应验良方》《广嗣秘诀验方》《蛊膈汇选验方》《幼科汇选经验良方》《添油接命宗丹大道》《医学碎金》《脏腑辨论》《脉诀金机》《汤液须知》《食物须知》《明医治验》《醒世理言》等14种，并附《汇选方外奇方》《动功按摩秘诀》《悟真指南》《汇选增补应验良方》《女娲氏炼石补天》等5种。

胡其重，字易庵。歙县西溪南人。自髫年通读之余，即嗜轩岐之学，体求仁之旨，以精治人术。尝采萃诸家要旨，约其治法，撰《医药先规》;博涉群方，挹其精华，辑成《医门博要》《古方韵括》。又选亲试有效，或访求海内，屡试效验、至简至便、寻常易得之方，分门别类，辑成《急救危症简便验方》，又名《简便至宝》，或《简便验方》及《急救危症简便验方续集》各3卷。

罗美，字澹生，别字东美，号东逸．歙县人，侨居虞山（常熟）。以名儒而精医术，撰有《古今名医荟萃》《古今名医方论》《内经博义》等。《古今名医荟萃》8卷，是一部元、明、清名医医论集锦，正如盛新甫序言所说："咀啜近代之精华，不周言轩岐而经旨悉具；《金匮》《千金》之方，虽篇目不列，而治法无遗。"谓之为医学之金针，济世之津梁也。成书于明永历二十九年（1675）前，乏资刊行，直到清嘉庆六年(1801)才刊行。《古今名医方论》4卷，全书载方136例，每方先载方名，次主治，次药物及服法，最后选有代表性的古今名医有关此方的论述。

周士暹，字镜玉，绩溪胡里人。隐于岐黄，自号冒道人。与同郡金正希相契，四方从讲学者众。问医于胡钦麟、周少塘。顺治十四年(1657)，在太平崔举人家教书时，在医疗中辄见奏效。后弃教专医，先后在休宁、歙县行医。至58岁(1667)时，将十余年的临床验案辑成《杏圃老人医案》1卷。内容以内科、妇科及幼科痘疹为主，辨证用药，颇有特色，并附天中瘦鹤秘藏抄本1册。周氏还撰有《本草详要》《俞穴》。

吴文冕，字从周，晚号白岳逸民。休宁人，侨居浙江海盐，杭州府庠生。擅治内、儿科、著有《医学指南》10卷、《幼幼心法》2卷、《经验良方》12卷。

程应旄，字郊倩．休宁海阳人。以冠军补博士弟子员，生平著述甚丰，虽屡战棘闱不售，仍去儒而医，遂为大医。著《伤寒论后条辨》《伤寒赘余》《医径句测》。《伤寒论后条辨》，又称《伤寒论后条辨直解》，计15卷。他汲取方有执、喻嘉言综合整理《伤寒论》之长，再行归类、阐发己见。是编揭示仲景之本旨，避叔和之伪例，即从《伤寒论》论字辨起，其要归括云：仲景非是教人依吾论去医伤寒，是教人依吾论去辨伤寒；非是单单教人从伤寒上去辨，乃教人合杂病去辨。"本此发挥，可谓切中肯綮。每条承上启下，注释入理，非浅学者所能企及。程氏从辨证出发，强调理论与实践相结合编次《伤寒论》的方法，对后世影响颇大。《伤寒赘余》1卷，成书于《伤寒论后条辨》之前，后不知去向，找了三年未能找到。后弟子王仲坚欲北上，整理行装时，在箱底翻出付梓。其时《伤寒论后条辨》已经刊出，补录在《条辨》文末，为16卷。后人重刊时仍为15卷。《医径句测》2卷，是对明代歙县名医程玠所著之《松崖医径》六部脉图的引申发挥,将脉图所列症状、方名编为四言韵句,即“句曰”;对病因、病机，用药特点给予分析阐述，即“测曰”。“测曰”是程应旄的医学见解，其论深入浅出，有详有略，有不少精辟之处，重点是在读书方法上给人以启迪。

吴楚，字天士，号畹庵。歙县澄塘人，吴正伦后裔。顺治、康熙年间人，诸生。始有志于科名，康熙二十年(1681)兼理医事。康熙二十九年(1690)入京应试，月余间为人疗疾，历起沉疴，奇验如神，竞相传颂，成为“奇士”，医名播于京都。应试不售，隐于医，著有《宝命真诠》及《医验录》两集。《医验录》初集，分上、下两卷。吴氏善用温补，尤对真假寒热能精思明辨，救死回生，可以说吴氏《医验录》是一部救治专集，实用价值很高。《医验录》二集，系按证分类，分为伤寒、内伤、杂证，与《医验录》初集按诊治时间排列不同。《宝命真铨》4卷,原名《辅孝盖亲》(附《前贤医案》)，书成未梓。传之三代，至其曾孙宗勉欲刊不逮而离世。后由宗勉之弟与子继承兄父之志，于清乾隆六十年(1795)刊刻行世。

程知，字扶生，号蒿庵。休宁人，世医。受家庭影响，少年对医学即有浓厚兴趣，因父亲要他博取功名，便把从医的念头搁置了。迨至甲申大难，已是壮年的他自觉做官无望，乃焚去前期所读之书，“儒首舐毫于医”。临证以经方见长，每获良效，名盛一时。著有《医经理解》9卷、《伤寒经注》13卷。《医经理解》撰于清顺治十年（1653），以人身、脏脂、经络、骨度、孔穴、色脉、诊视之理解为一书，叙以运气、药物之义续成其解。其所辨析，以《内经》为经，以群书为纬，以己心为抒，不以前人所言故异之，也不以前人所言强同之，俾后学一见而明其所以然。《伤寒经注》撰于清康熙十年（1671）。

程履新，字德基。休宁汉口人。学医于李士材，少游京师，以刀圭之神见重于王侯公卿，一时车马盈门，指挥如意，不屑留。后随督师进剿，凯旋议叙，授郡司马之职，而不乐就。遍游十余省，撰有《易简方论》6卷、《山居本草》6卷。《易简方论》取《易经》“易则易知，简则易从”之义，取易知易从之方论之，书中参以昔贤斟酌之论，编入常见之病，和平安稳之方，使缺医少药的偏僻地方开卷检方，对症治疗，不致为庸医所误。著者丰富临床经验，在书中也有阐述发挥。《山居本草》是一部便于缺医少药地区的中药著作，由常见易得而有效的药物汇编而成。

程云鹏，字华仲，凤雏，号香梦书生。歙县人，寄籍江夏。早年习儒，喜谈王霸大略。因母、妻及儿女相继死于庸医手，悲愤之余，乃发家藏自轩岐以下书1790余卷，昼夜诵读，遂通医术。行医二十余年，著有《灵素微言》《伤寒问答》《脉复》《医贯别裁》《慈幼筏》《种嗣玄机》《医人传》等7部医书和《春秋约旨》《河务心书》等其他著作。

郑重光，字在辛，又字素圃，晚年号完夫。歙县中山人。早年丧父，继之自己患病五年，饱受疾病磨难之苦，乃发奋学医。虚心向名家和前辈讨教，对他人的诊疗经验能认真考察，仔细思索，以求其所以然。临证谨慎周详，擅治伤寒、温病。寄籍江苏仪征、扬州等地，以医名世五十年，并著有医书5种。《伤寒论条辨续注》12卷。明代万历年间，方有执著《伤寒论条辨》后，喻昌受其影响作《尚论篇》，张璐作《伤寒赞论》，程郊倩作《伤寒论后条辨》。重光认为他们虽互有发明，但均未超出《伤寒论条辨》之上。由于喻昌等三书畅行，方书影响反而小了，作为方有执的同乡，重光为之愤愤不平。他取《伤寒论条辨》原文，删其支词，参考三家之说，以己意附之，取名《伤寒论条辨续注》。卷首仍题名方有执，以示自己对方有执的尊重。由此可见，《伤寒论条辨续注》是汇集诸家之见而折中，间附己意，审慎论理，引申透达之著，是研究《伤寒论》的重要参考资料。《伤寒论证辨》3卷，是郑氏另一部重要著作。郑氏认为《伤寒论》原文分经立法，形证互隐于六经之中，仓促求治不便，而证可以因证辨经，不迷于所治。李士材《伤寒论括要》是这方面的著作，但“约而不详”，至于其他这类著述“或沓冗挂漏，或不守伤寒成法，皆有所不可”。于是，重光以李士材《伤寒论括要》为基础，引用仲景原文，更博采晋、唐、宋、元及近代前哲分见错出之条以补其未备，间附裁断者，皆会通诸家，不敢臆说，汇证标目，便于检索。“各证之下，分经辨证，括证务详，辨治务晰”。后附方剂，切于实用，对后世研究《伤寒论》有一定影响。《素圃医案》4卷，郑氏定居扬州三十年，治验效案繁多，该书专择“亢害疑似之症”汇成，以示后学。选案多以温补见长，尤多用姜附起病，是新安医学中温补培元派代表人物之一。郑氏还撰有《瘟疫论补注》2卷，参校柯韵伯《伤寒论翼》2卷，有《郑素圃医书五种》传世。

叶桂，字天士。出生中医世家，祖父叶时，自歙县迁徙苏州行医。父叶朝采，均为当地名医。天士从小受家庭熏陶，对中医天赋颇高。14岁父殁后，即从其父门人朱某学医，见解每出朱君之上。天士勤奋好学，闻有所长即以师礼事之，十年先后从师17人。于是医道大进，察色按脉，听声辨形，言语之所在，如见五脏症结，临证处方，不执成见，治多奇中，尤对温热病的诊治更胜一筹。一生诊务繁忙，无暇著述。现流传于世的《温热论》是叶氏出诊时在舟中口述，弟子记录整理而成。《温热论》记录了叶氏对温热病论述的精华部分，重点分析了温邪的传变规律，温热病的病理和治法，创立了卫气营血的辨证体系，记载温热病的察舌、验齿和观斑疹、白痦的诊法等内容，其中一些学术观点，直到现在仍为临床医家所重视。《临证指南医案》全书10卷，其中内科杂病医案8卷，妇科、儿科各1卷。内容以病为纲，分89门，体现了叶氏治病细微、善于抓住主证的特点．立法处方妥帖、中肯，用药灵活而有法度，往往以平凡的药物而获奇效。本书每门之后均附论篇，虽系叶氏门人执笔，却都是叶氏学术思想的精华。如，他认为类中风是本虚标实，虚即肝肾阴虚，或气虚，实为湿、痰、火、风。这是他对历代医家经验的总结和充实，符合临床实际。又如，他认为胃为阳土，喜柔润而恶干燥；脾为阴土，喜燥而恶湿。脾主升，胃主降，胃阴虚则不饥不食，应以清养甘润之品治之，提出了“胃阴虚说”等。书中温病治案颇多，吴鞠通《温病条辨》多取材于此。叶氏此书被后世公认为临床医案的范本，一直受到医家的珍视。

汪文誉，字广期，号文芳。休宁鹤山里人。少攻经史，补县学生，雅称能文。家世业医，复从浙江高士宗深造。他治病药甚平淡，而奏效如神，医名显著，求诊者日填门下。乾隆二年(1737)，72岁时撰《伤寒辟误三注真经》6卷、《济世良方》(又名《汪广期审证传方》)1卷。另有《见心集》4卷，未见传世。

汪文绮，字蕴谷。休宁鹤山里人。父汪十洲，伯兄汪文誉，从弟汪明紫，均为当地名医。文绮承家学，习医爰究底蕴，著有《杂症会心录》《脉学注释汇参证治》《温疫论两注》等。《杂证会心录》上、下两卷，著论54篇，是汪氏积数十年经验之作，反映了作者护本固元、扶阳抑阴的学术特点。

吴澄，字鉴泉，号师朗。歙县岭南卉水人。早年攻读经史，尤好《易经》，后屡试不第，弃儒而习医。苦心研读医书十载，一以“易”理为权衡。证之临床，所活不可胜计，凡沉疴经手，多能取效，医名噪甚。吴氏在医疗生涯中，深感“治虚损者少，做虚损者多；死于病者少，死于药者多。目击心伤，难以默默”。于乾隆四年(1739)著《不居集》一书。书名“不居”，乃取《易经》“化而裁之存乎变，推而行之存乎通，变动不居，周流无虚”之意。虚损乃不居之证，变动不测，非居于寒、居于热、居于补、居于散者可疗。亦作者不拘一家之言，不执一家之偏，随机活用，因证施治之意。《不居集》上、下两集50卷，上集30卷专论内损，以真阴真阳五脏内亏立论，擒其纲领，扼其枢要；下集20卷，外损则创自己意，皆六淫外入，由浅及深，条分各门，别开生面，以补前贤之未备。全书有论、有注、有新增、有补遗、有新方、有治法，虽为作者一己之见，但都是经过反复验证有效者，并附有验案佐证。书中吴氏提出“理脾阴”说，与叶天士“养胃阴”说相得益彰，而补李东垣脾胃学说之不逮。他说：“古人理脾健胃，多偏补胃中之阳，而不及脾中之阴。”并自制中和理阴汤、补脾阴正方、资成汤、理脾益营汤等9个效方，充实了脾胃学说。诚如孟河费绳甫所说：“东垣虽重脾胃，但偏于阳。近代吴师朗《不居集》补脾阴之法，实补东垣之未备。”[①] 是书乾隆己未(1739)定稿，卷帙浩繁，乾隆间仅刊其引言，直至道光十六年(1836)刊行。吴氏还著有《伤寒证治明条》6卷、《医易会参》《推拿神书》《师朗医案》若干卷。

郑于丰，字绥年，号讱斋。弟郑于藩，字松屏，号仰山。歙县郑村人。其高祖郑赤山于明嘉靖年间始业医；父为左，字以相，号长虹。嗜医药。郑氏知药者代不乏人。康熙五十年(1711)，于丰、于藩兄弟随父在江西南丰经商，遇闽人黄明生精喉科，轻者药石，重者针灸，随手取效，活人甚众，遂同师之。越三年，学成而归，专业喉科。康熙六十年(1721)，兄弟分居，于丰住南园，人称“南园喉科”；于藩住西园，称“西园喉科”。

“南园喉科”郑于丰第五子郑宏刚，字纪原，号梅涧。著有医学名著《重楼玉钥》《痘症正传》等。宏刚长子郑承瀚著有《重楼玉钥续编》《咽喉辩证》《喉白阐微》《痘科奥秘》。郑梅涧三子郑承洛著有《杏庵医案》《烂喉风》《熟地黄论》《燕窝考》《医叹》《胎产方论》，与其兄合编《痘科秘奥》等。承洛第五子郑钟寿著有《祝三医案》问世。

“西园喉科”郑承湘，字雪渔。郑于藩之孙，宏绩第三子。少攻经史，喉科独得家传，著有《伤寒金匮经方简易歌括》《医汇简切》《医学正义》《痘治正名类参》《愚虑医草》《喉菌发明》等书。郑承海，字青岩。雪渔之弟。精于喉科，著《喉科杂证》。郑麟，字应文，又字世麟。雪渔第三子，业医。擅喉科，著《灵素汤液溯源》。郑尘，字玉挥，又字世尘。雪渔第四子。专喉科，著有《喉科秘钥》。

汪世渡，字问舟。歙县富堨人。祖父士震，父元珣（字东藩）著《医奥》，皆当

① 上海中医学院：《近代中医流派经验集选》，上海科学技术出版社，1962年。

地名医。世渡承其家传，博览群书，治病灵活而不拘古人成法，注重时行瘟疫的探讨，搜集整理治疗时疫的验方，撰成《时疫类方》4卷。子汪大顺，精医。曾在北京行医，皇太后患病，御医未能治愈，大顺应召入宫诊治而愈。捐职州同加五级。乾隆四十二年(1777)，御旨封汪世渡为中宪大夫，嫡母、生母为恭人，并赐红豆树苗两株。大顺回乡建“娑罗园”，将树苗栽入园中，今仍在。孙昌泰、曾孙宗锦、玄孙鹿石，均承医业。

许豫和，字宣治，号橡村，世称橡村先生。歙县许村人，世居邑城，与汪赤崖有姻亲之谊。弱龄善病，而从新安名医程嘉豫学医。少游姑苏，复从尤松年习针灸，后又师事新安名家黄席有、绩溪方博九等。他重视医学经典的研究，博览群书，从事儿科临床三十余年，为新安著名儿科医生。著有《小儿诸热辨》《金镜录注释》《橡村痘诀》《痘诀余义》《怡堂散记》《散记续编》《橡村治验》，计7种10卷。

吴亦鼎，名步蟾，字定文，号砚丞。歙县人。著《神灸经纶》4卷。此书是一部灸法专著，卷一介绍灸法基本知识；卷二列十二经循行及穴位；卷三、卷四为证治本义，介绍诸证灸法及宜忌。作者认为：“灸法与针法并重，其要在审穴，审得其穴，立可起死回生。所以古人合而言之，分而用之，务期中病而已。”此书专论灸法，并非针难而灸易，以针之手法不可以言传，而灸之穴位尚可度泄，苟能认真讲求由灸而知针，由针而知道，则可以补汤液之不足。曹炳章在《医学大成书目提要》中说：“亦鼎先生之从灸略针，与西方子、王焘可称鼎足为三，先后媲美。”此书传世较少。吴氏尚辑有《麻疹备要方论》1卷。

程芝田，字鉴，号瘦樵．歙县槐塘人，家世业医。幼承庭训，勤奋好学，少年有声庠序。后从休宁石田名医汪仰陶，为其得意门生。道光、同治间，悬壶浙江衢州，疗效显著，名震远近。人绘《杏林春色图》赠之。撰有《医法心传》1卷、《医学津梁》4卷。传业雷逸仙，再传雷少逸。《医法心传》约撰于成书于清咸丰间。

叶昶，字馨谷。歙县梓坑人。幼读诗书，因体弱多病，乃遵父命从程有功学医十年。学成后定居休宁开业，擅治温热时疫、杂症，颇得乃师心法，疗效极好。咸丰年间，安徽、浙江、江西疫病流行，自出资在歙县、黟县等地办药局，自制成药，奔走皖、浙、赣一带，送诊施药，救治甚众。时人或称：“看过叶馨谷，死了不用哭。”意谓叶馨谷治不好的病人是命该绝了，不必遗憾，可见当时声誉之高。晚年将其三十余年验案交于其子叶韵笙整理，于咸丰十一年(1861)撰成《红树山庄医案》12卷。

汪宏，出生在歙县渔塘．幼年丧母，在休宁长大，14 岁由其舅带往浙江衢县经商。汪氏聪颖好学，得到当地一程姓医家厚爱，“出家藏典籍，搜秘授之篇章，任其揣摩，正其讲解”。后又问道于陈思槐，问医于周浩川，阅历二十余年，于医理、脉理、药理无所不通。撰有《神农本草经注解》《本经歌诀》《望诊遵经》《本草附经歌括》《脉诀》《入门要诀》，以上合称《汪氏医书六种》，《望诊遵经》是其代表作。

第四节　新安医学文献的价值

新安医学文献是我国医学宝库的重要组成部分，有著述文献 700 余种存世。其中有 10 种入选《四库全书总目》，10 种入选四库存目。不仅学术成就突出，学术思想深远，而且学术资源丰富，学术价值明显。

一、理论学术价值

新安医家在积累临床经验，探研中医学术的过程中，敢于突破，大胆创新，提出了一系列有重要影响的学术见解，如：汪机“固本培元”说、“营卫一气论”、“新感温病”说；孙一奎“动气命门”说、“胀满火衰论”；方有执“错简重订”说；吴澄“理脾阴”说；余淙“热能化湿”说；郑梅涧“养阴清肺说”；程国彭“八纲辨证”“医门八法”等，在中医学术史上都占有重要的一席之地。

自宋元伊始．新安医学就全方位地继承和发展了中医学的理论体系，涉及的学科至为广泛，所有门类无所不及，继承之中多有创新，普及之中更有提高，有基础理论，有方药临床，有整理考校，有注释阐发，充分体现了中医理论体系博大精深。可以说，新安医学的兴起与发展是中医发展历程中的一个典型缩影和代表，具有较高的学术价值。

二、文物资源价值

许多新安医学著作在我国医学史上占有重要地位，北京余瀛鳌教授曾评说，“新安医学之医籍，在以地区命名之中医学派中可谓首富”。新安历代医家为我们遗留下大量的医学著作，可谓卷帙浩繁。

近代中医所推崇的“全国十大医学全书”之中，出自新安医家之手的便有《古今医统大全》、《医宗金鉴》和《医述》3 部。新安医学文献自明以来就有大量刻本流传。比如，既是商人又是医生的吴勉学刊刻了大量新安医学文献，具有很高的版本价值。除了那些盛行于世的刻本之外，还有大量的抄本、稿本，名医的手稿、药方、遗墨存世。具有很高的文物价值。

三、临床应用价值

新安医学文献以临床方面居多。医籍中大量记载的医案，包含了新安医家丰富的临床经验，记述了各种疑难杂症的独特治法、方药。如宋代歙县张杲编著的《医说》，收载了古代一些不太公开的处方，对保存和传播古代医籍起了一定的作用。除此之外，还有很多以传统专科为特色的医家或医学世家闻名于世，部分医学世家一直延续到当今，且声名益噪，经久不衰，成为今天本地区中医特色专科发展的基础和支柱，具有很好的开发前景。新安医家创制了不少验方、效法，以及在传统专科方面的许多发明创见，都凝聚着历代新安医家临床学术的精华，是临床研究与开发取之不尽、用之不竭的源泉。

四、精神文化价值

中医学强调“阴平阳秘，精神乃治”，注重“阴阳和合”，如果用一个字来概括中医文化的话，那就是“和”字。新安医学是明清时期中医学的代表，具有丰富的和谐思想，体现了仁爱诚信、乐善好施、重义轻利的精神，这种精神对于当代和谐社会建设具有积极的意义。作为儒医群体的新安医家，其“天人合一”思想是建立在深厚的伦理道德基础上的，新安医家的医德医风，体现了“赞天地之化育”的伟大胸怀和待患若亲的仁爱精神。因此说，新安医学文化具有博大精深的内涵和历久弥新的魅力，是和谐社会建设的宝贵资源和重要借鉴，弘扬新安医学文化有助于促进和谐社会建设。

新安医学作为一种地域性医学，不仅在于它疗效的客观，还在于它方法上的宏观、思辨。更多表现为一种文化，是一种特定地域环境的医学文化，浩繁的新安医著，众多的医学世家，纷呈的学术流派以及师承关系链，是构成该文化的元素。更在人们对这一文化的认同。每一个时期的中医学术，都会不同程度地留有文化的烙印，而文化的烙印、文化的注脚又昭示着它强大的生命力和未来的开发前景。弘扬新安医学、振兴中医事业，就要重视新安医学文献的资源，它是新安医学传统学术的旗帜，也是新安医学传统技术及开发产品最大的“商标”。

第五章　新安文献家举隅

第一节　文献家程敏政

程敏政是明代文坛的一位大家，在文献学等方面有杰出的贡献。程敏政一生著述甚丰，编纂有《篁墩文集》《明文衡》《新安文献志》《休宁志》《宋遗民录》《道一编》《心经附注》等著作近30种，500余卷传世，是真正的一代文献大家。

一、程敏政生平

程敏政，字克勤，号篁墩。生于正统九年（1444），休宁县陪郭人。出于名门望族，程敏政的曾祖于永乐年间因事谪戍河间，遂占籍顺天河间。其父程信，字彦实，号晴洲钓者，人称晴洲先生，《明史》卷一百七十二有传。程信举正统七年（1442）进士，英宗北征，曾上疏谏止。景帝初，也先犯京师，信督军守西城，退敌有功。后任四川参政，理松潘边储，协巡抚侍郎罗绮破西南黑虎诸寨。天顺初，历官太仆卿、都察院左佥都御史。成化纪元，历经兵部右侍郎、兵部左侍郎。成化三年（1467），四川、贵州山都叛乱，进兵部尚书，提督军务，率师平蜀，破诸寨，擒馘数千。晚岁还居休宁，优游山水之间。年63卒。赠太子少保，谥毅。程信历官三十余年，以名臣闻于世。所著有《晴洲集》《容轩稿》《榆庄集》《尹东稿》《南征录》等若干卷。程敏政是他的长子。敏政生而早慧，颖悟异常，读书一目数行，过目不忘，当时有神童的美誉，时人将他比作汉代的孔融。10岁时，敏政随父赴四川参政任所，四川巡抚罗绮以神童向朝廷举荐。明景帝亲自诏试，命当场赋《圣节》及《瑞雪诗》各一首，并经义一篇。敏政援笔立就，文采粲然，君臣大为叹服。诏读书翰林院，官给廪馔，与他一同在翰林院读书的还有另一位神童李东阳。一些明人的笔记中多载有这两位神童的趣事，如焦竑《玉堂丛语》卷七载：“李东阳四岁能作大书，景皇

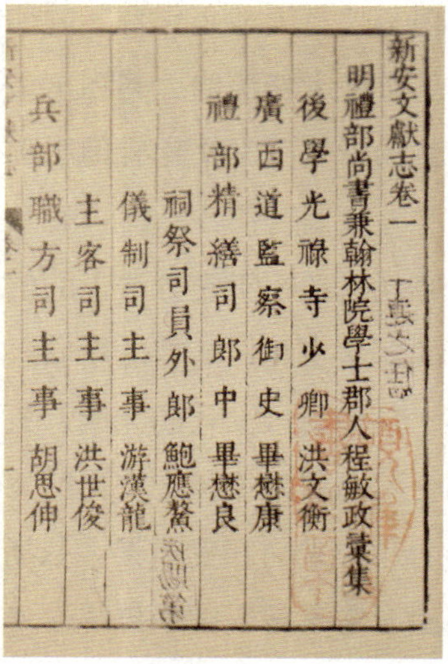
新安文獻志卷一
明禮部尚書兼翰林院學士郡人程敏政彙集
後學光祿寺少卿洪文衡
廣西道監察御史畢懋康
禮部精繕司郎中畢懋良
祠祭司員外郎鮑應鰲
儀制司主事游漢龍
主客司主事洪世俊
兵部職方司主事胡思伸

《新安文献志》之一

帝召见，抱置膝上，赐上林珍果。六岁、八岁，复两召之，试讲《尚书》。尝与程敏政同召，上试对云："螃蟹浑身甲胄。"敏政对曰："凤凰遍体文章。"东阳对曰："蜘蛛满腹经纶。"后，程官学士，李大拜，兆于此矣。"程敏政的聪慧赢得了朝中大臣的称誉，内阁大学士李贤、彭时皆为当代硕儒，对这位少年才华尤其喜爱，视其为国家未来的栋梁，李贤还把自己的爱女许配给他。蒋一葵《尧山堂外纪》卷八十五，记载了这则才子得佳偶的趣话：程敏政以神童至京，李贤学士许妻以女，因留饭。李指席间果，出一对曰："因荷而得藕。"程应声曰："有杏不须梅。"李大奇之。程敏政资禀聪颖，加之勤奋过人，在翰林院读书期间，有硕儒耆宿可以请教，有大量的中秘藏书可供阅读，这些得天独厚的条件，使他的学业大进，也使他在科第上春风得意，接连折桂。

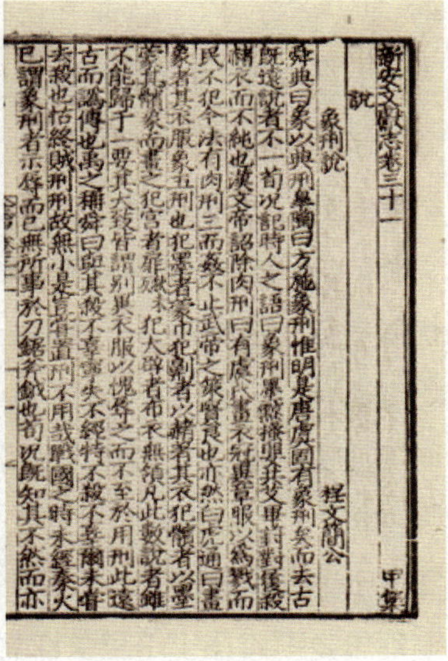
新安文獻志卷三十一

說

象刑說　程文簡公

舜典曰象以典刑皋陶曰方施象刑惟明是唐虞固有象刑矣而去古既遠說者不一荀況記時人之語曰象刑墨黥慅嬰共艾畢菲對屨殺赭衣而不純也漢文帝詔除肉刑曰有虞氏畫衣冠異章服以為戮而民不犯今法有肉刑三而姦不止武帝之策賢良也亦然白虎通曰畫象者其衣服象五刑也犯墨者蒙巾犯劓者以赭著其衣犯髕者以墨蒙其髕象而畫之犯宮者雜屝犯大辟者布衣無領凡此數說者雖不能歸于一要其大致皆謂別異衣服以愧辱之而不至於用刑此遠古而譌傳也禹之稱舜曰與其殺不辜寧失不經特不殺不辜爾未嘗去殺也怙終賊刑刑故無小是皆有肉刑不用戮戰國之時未經秦火已謂象刑者示辱而已無所事於刀鋸斧鉞也荀況既知其不然而亦

《新安文献志》之二

天顺六年（1462）秋，程敏政 19 岁，以《尚书》中顺天府乡试第一，是为解元。《篁墩文集》卷六十三《送陆司寇先生致仕还四明》记云："天顺中，先生与家君同僚。壬午之夏，家莲开并蒂，先生约同官者赋诗，以为中举之兆。"据弘治《徽州府志·选举》"天顺六年壬午科"条，可知那年徽州府士子中举 17 人，其中程宏、张文辉、汪进等 16 人中应天府乡试，惟程敏政以《书》经魁，中顺天府乡试。成化二年（1466），23 岁的程敏政参加会试、殿试，以一甲第二名及第（即榜眼），被授予翰林院编修。而在考前，许多人都看好这一科的状元非他莫属，凭他的才学，他也完全够格，只是因为他的岳父李贤时任内阁首辅，李贤为了避嫌，有意压抑了自己的爱婿。《玉堂丛语》卷六云："成化丙辰（当为丙戌）廷试，王冢宰（王一）以程敏政卷字精楷，力赞为第一，公（李贤）曰：'论文不论书。'遂取罗伦第一。金榜题名后，程敏政进入翰林院，开始了他十多年的京官生涯。《明史》本传称，"翰林中，学问赅博称程敏政，文章古雅称李东阳，性行真纯称陈音，各为一时冠"。当时京师流传有"天下文章程敏政"的谚语。明代的翰林院素称清贵之地，主要替皇帝起草诏旨敕令，同时负责修史、撰著、管理宫中图书之类的工作。他在翰林院参与编纂的第一部书是《明英宗实录》，该书总裁是陈文、彭时二人，程敏政的具体工作是稽考核对文字。

《实录》修成后，敏政被加俸一级。成化九年(1473)，程敏政被擢升为翰林院侍读学士，充经筵讲官，成为皇帝身边的侍从顾问。这期间，他参与了《大明一统志》《洪武正韵》《续资治通鉴纲目》等的修纂工作，书成，迁左春坊左谕德，辅导太子朱祐樘(即明孝宗)读书。成化十一年（1475），程敏政32岁，已经开始着手编纂《明文衡》《新安文献志》《宋遗民录》。成化十六年（1480），其父程信去世，程敏政丁忧回家，一边服制，一边潜心读书著述，尤其着力于徽州乡邦文献的搜集整理。开始编纂《休宁县志》。成化十八年（1482），在家乡主持编纂了《新安程氏统宗世谱》。同年服阙还朝，领旧职。成化二十二年（1486），与詹事府左庶子汪谐同受诏典应天乡试。《篁墩文集》卷七十九《成化丙午秋七月受命主考南畿秋试辞朝日赠同事汪庶子伯谐二首》其一云："御墨传名下九宵，校文何意及宫僚。缄诚礼币云霞烂，赐别恩壶雨露饶。千里长江看迳渡，一秋残暑会全消。网罗愿得岐山凤，哕哕和声协舜韶。"其二云："玉署青坊二十春，联镳同巷最情亲。登名夙已推先进，论秀那堪逐后尘。镐邑士风天下盛，秣陵秋色望中新。相期不负公家托，共誓丹心拱北辰。"

明孝宗即位后，程敏政"以宫僚恩擢少事兼寺讲学士，直经筵"，孝宗尤其宠信这位东宫时的老师。孝宗视察太学及亲耕籍田的仪注，皆由敏政草拟。每侍讲经筵，皆称其为先生，且常颁给赏。《玉堂丛语》卷三述之甚详，孝宗时尤重经筵，多有匪颁之赉。学士程敏政记其事云：弘治元年（1488）三月十日，初开经筵，赐宴及白金、宝镪。十三日，文华后殿早进读《尚书》《孟子》，及午乃进讲《大学衍义》，以为常。读毕赐宴，讲毕赐茶，上皆呼先生而不名。四月二十八日以后，屡赐桃、杏、郁李、莲房，上黄封。鲜笋、青梅、枇杷、杨梅、雪梨、鲜藕，五月二十九日以后屡赐。或题"上林苑监进乾清宫"8字，或题"上林苑海子进乾清宫"9字，或题"司马苑局进乾清宫茶房上用"11字，敏政等具表称谢，且记之以诗，有曰："黄封进带乾清字，朱实平分上苑香。"七月二十日，文华殿讲后，上顾中官，讲官冠、带、靴、袍。敏政御赐织金云雁绯袍一，一副金带及乌纱帽皂靴，面谢讫，上顾谓曰："先生辛苦。"共对曰："此职分当为。"顿首而退。有诗记之曰："日上罘罳晓色深，湛恩稠叠驾亲临。对衣红濯天机锦，束带黄分内帑金。久幸清班容宦履，渐惭华发点朝簪。经生启沃寻常事，消得君王念苦辛。"正当程敏政君臣遇合平流进取之际，不期宦海风波突起，他无端受到言官的弹劾而被迫致仕。《明史》本传称："敏政，名臣子，才高负文学，常俯视侪偶，颇为人所疾。弘治元年冬，御史王嵩等以雨灾劾敏政，因勒致仕。”虽然王嵩弹劾程敏政的罪名属暧昧不实之言，但由于明代监察御史的权力很大，且孝宗即位之初，欲大力整顿吏治，为显示其公正无私，还是诏令敏政致仕。当时有人劝他上书自陈，他认为宋朝大儒欧阳修、朱熹等人都曾受到谗言诽谤，自己作为文学侍从之臣本易受到同僚猜忌，辩解不清，反而会遭到锻炼之狱，将事情弄糟。《篁墩文集》卷八十三《弘治元年十月十八日得休致之命与李府台士钦小酌口占》：“忽奉归田诏，天恩免逐臣。便谈林壑事，莫问市朝人。好梦依黄犊，先声抚翠筠。难酬君相意，击壤助遗民。”于是，他坦然解职回乡，筑精舍于休宁南山，隐居读书，自号归田学士。途经苏州时，书画家沈周赠诗相慰，其中有“人从今日去，雨是几时晴”之句，一时传诵海内。

程敏政这次被罢官，闲居了五年。赋闲在家期间，程敏政潜心学术，弘治二年（1489）开始编著《胡子知言》《道一编》。弘治四年（1491）《休宁县志》定稿，并为之序。直到弘治六年 (1493) 春，因给事中杨廉、进士夏昶、锦衣千户叶通等人先后上书替他讼冤，于是孝宗诏令他复官。《篁墩文集》卷八十八《十二月二十一日得昭雪复官感激赋此》云：“紫风衔书下九霄，君王还念旧宫僚。春回大地阳初动，日转阴崖雪尽消。犬马有情终恋主，山林无分又趋朝。旁人欲问酬恩事，洛党尘编未寂寥。”仍供职于翰林院，后迁太常卿兼翰林院侍读学士，太常寺卿，掌院事，兼修玉牒。弘治八年 (1495)，其母去世，当时他正参与纂修《大明会典》，任副总裁，只得再次回家丁忧。弘治十年（1497）十一月六日，与于明、李汎诸人，自汤口入，游黄山，《篁墩文集》卷三十四《黄山图并诗为罗君夫妇偕寿序》曰：“黄山为东南巨镇，跨数郡之境，而在新安者，特雄秀。每阅《图经》，得其概，而心饫之，不及往游也。弘治丁巳冬十一月六日，决策一游。自汤口以入，涉益深，境益胜。三十六峰上插天表，而飞桥亘两岸，怪石参耸，巉岩壁削。有珠砂之泉、丹霞之溪、百龙之湫，轩辕浮丘采芝炼药之遗迹，往往而在。阴晴顷刻变幻万状，游者率相顾愕眙，不类人境，真天下之奇观也。因留诗寺中而出。”这是程敏政一生唯一一次登临黄山。同年服阙还朝，寻晋升为礼部右侍郎，专典内阁诰敕，并侍皇太子讲读，似乎又步入

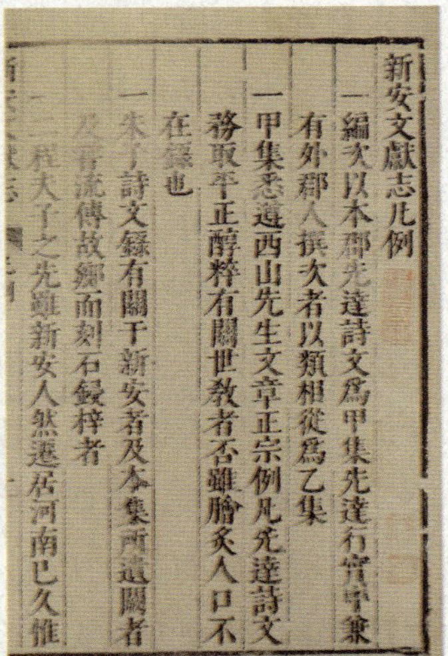
新安文獻志凡例
一編次以本郡先達詩文爲甲集先達行實兼
有外郡人撰次者以類相從爲乙集
一甲集悉遵西山先生文章正宗例凡先達詩文
務取平正醇粹有關世教者否雖膾炙人口不
在錄也
一朱子詩文錄有關于新安者及本集所遺闕者
及有流傳故鄉而刻石鋟梓者
一程夫子之先雖新安人然遷居河南已久惟

《新安文献志》之三

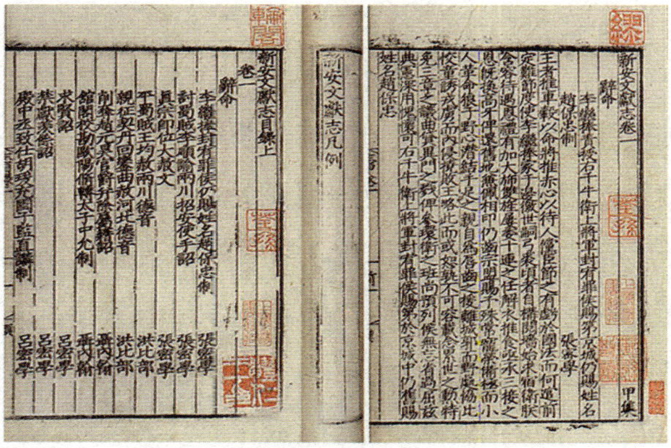

《新安文献志》之四

了仕途的金光大道。然而好景不长，一场更大的宦海风波正悄悄降临到他身上，这场风波不仅断送了他的仕宦生涯，而且也断送了他的性命，这就是弘治十二年的科场案。

弘治十二年己未（1499）初春，三年一次的会试，即将开考，朝廷任命深孚众望的李东阳和程敏政为正、副主考官。无论就文采学识还是人品而言，两人均为一时之选。怀揣着登跃龙门梦想的各省举人云集京师，准备一试身手，跻身庙堂。不料有两位江南举子却掀起了轩然大波，引发了明代历史上著名的科场案。其中一位就是日后自称为“江南第一风流才子”的唐伯虎，他是此前年应天乡试的解元，才华横溢，名满江南。此科应试，他自信稳操胜券能登上第，但与他结伴赴京的纨绔子弟徐经，却毁了他的金榜美梦和锦绣前程，而且还连累了主考官程敏政。对于此案的起因及经过，《明史·文苑传》及《选举志》所载略同，但都语焉不详，且有自相抵牾之处。《文苑·程敏政传》载：“（弘治）十二年与李东阳主会试，举人徐经、唐寅顶作文，与试题合。给事中华昶劾敏政鬻题，时榜未发，诏敏政毋阅卷，其所录者令东阳会同考官覆校。二人卷皆不在所中，东阳以闻，言者犹不已。敏政、昶、经、寅俱下狱，坐经尝贽见敏政，寅尝从敏政乞文，黜为吏，敏政勒致仕，而昶以言事不实调南太仆主簿，敏政出狱愤恚，发痈卒。后赠礼部尚书。或言敏政之狱，傅瀚欲夺其位，令昶奏之。事秘，莫能明也。”而《文苑·唐寅传》所载与此有出入。唐寅，字伯虎，一字子畏。性颖利，与里狂生张灵纵酒，不事诸生业。祝允明规之，乃闭户浃岁。举弘治十一年乡试第一，座主梁储奇其文，还朝示学士程敏政，敏政亦奇之。未几，敏政总裁会试，江阴富人徐经贿其家僮，得试题。事露，言者劾敏政语连寅，下诏狱，谪为吏。观此传所载，则似乎敏政真有鬻题与徐经之事，其实这也是莫须有的罪名，有李东阳覆阅后的奏疏为证。《明孝宗实录》卷一四七“弘治十二年三月，丙寅，下户科给事中华昶及举人徐经、唐寅于狱。会试事毕，大学士李东阳等奏：日者给事中华昶劾学士程敏政私漏于徐经、唐寅，礼部移文臣等，重加翻阅去取，其时考校已定，按弥封号籍，二卷俱不在取中正榜之数，有同考官批语可验。臣复会同五经诸同考连日再阅，定取正榜三百卷，会外廉比号拆名，今事已竣，谨具以闻”。徐经被投入锦衣卫狱后受到拷打，两次受审的供词前后不一，启人疑窦。后来敏政与华昶对证公廷，以事实证明了自己的清白。《明孝宗实录》卷一五一：“复拷问徐经，辞亦自异。谓来京之时，慕敏政学问，以币求从学，间讲及三场题可出者。经因与唐寅拟作文字，致扬于外。会敏政主试，所出题有尝所言及者，故人疑其买题，而昶遂指之，实未尝赂敏政，前惧拷治，故自诬服。”于是真相大白于世：徐经、唐寅于弘治十一年年底来到北京，他们到京后拜访了程敏政，敏政可顺便对他们谈及考题范围；但当时朝廷还未确定此科的考官人选，敏政也未预料到自己会主试礼闱。直到弘治十二年二月丙申，朝廷才正式任命太子少保礼部尚书兼文渊阁大学士李东阳、礼部右侍郎兼翰林院学士程敏政为会试考试官”。丙申为二月初六日，离首场开考只有三天，因此徐、唐两人拟作的三篇文章与考题巧合，就决非是敏政有意漏题，乃是事先的无心之言。但两位狂生口无遮拦，将三题宣扬于外，致使士子哗然，给言官提供了口实，连累敏政蒙受不白之冤，断送了当年的神童与后生才子两人的仕进之路，这实在是一个冤案和悲剧。《孝宗实录》卷一四九“弘治十二年四月”条，“辛亥…下礼部右侍郎兼翰林院学士程敏政于狱。华昶等既系锦衣卫镇抚司，工科都给事中林廷玉以尝为同考试官与知内帘事，历陈程敏政出题阅卷取人有可疑者六，且曰：臣于敏政非无一日之雅，但朝廷公道所在，既知之，不敢不言。且谏官得风闻言事，昶言虽不当，不为身家计也。今所劾之官晏然如故，而身先就狱，后若有事，谁复肯言之者。但兹事体大，势难两全，就使究竟得实，于风化何补？莫若将言官、举人释而不问，敏政罢归田里。如此处之，似为包荒，但业已举，行又难中止，若曰朋比回护，颠倒是非。则圣明之世理所必无也。既而，给事中尚衡、监察御史王绶请释昶，而逮敏政。徐经亦奏昶挟私诬指。敏政复屡奏自辩，且求放归及置对。镇抚司以经、昶等狱辞多异，请取自宸断。上命法司及锦衣卫廷鞫之。经即自言，敏政尝受其金币。于是左都御史闵珪等请逮敏政对问。奏留中十余日乃可之。”显然，孝宗皇帝在言官和程敏政之间权衡十日之久，做出妥协，各打五十大板。对于此案的冤情，王世贞在《弇山堂别集》卷八十二《科试考二》中认为是徐经事先窃窥了敏政的策论，“为其同年解元唐寅说，由是各举答无遗。寅，疏人也，见则矜且得上第。为升及廷玉所论，并敏政下狱按问，经自诬服购敏政家人得之。”经历了这场科场风波，敏政遂绝意仕进，上书要求引退，孝宗诏许他致仕。他出狱四天后，便愤恨辞世。《孝宗实录》纂修官在敏政死后对此案下了一盖棺之论："但言官劾其主考任私之事，实未尝有。盖当时有谋代其位者，嗾给事中华昶言之，遂成大狱，以致愤恨而死，有知者至今冤惜之。"说明这场科场案的实质是朝廷内部的权力斗争，程敏政不幸成为这场斗争的牺牲品。《康熙休宁县志》卷五称他："尤好表扬先哲，接诱后进，见人有善，誉之不容口。在朝言论，无所顾忌，故中遭谗嫉，晚得奇祸。"

沈周听闻敏政之讣，至为哀痛，慨然赋诗悼之。《石田诗选》卷七《挽程宫詹》云："高官博学何辞毁，顷疾长沮可悼嗟。君子不知蝇有恶，小人安信玉无瑕。圣明浩浩汤阴纲，睽极茫茫鬼载车。归把遗文殉深葬，看从地下发光华。"沈周此语"归把遗文殉深葬，看从地下发光华"是对文献家程敏政的至高评价。

二、著述文献

程敏政一生自撰和编纂的文献繁多，据郭玉、曲晓红《程敏政著述考》[①]统计有33种。其中自撰的有10部，编纂的有23部。兹按照四库分类如下：

(一)经类七部

1.《大学重定本》1卷

朱熹著，程敏政整理编纂。程敏政《篁墩文集·拾遗》中《书大学重定本后》云："《大学章句》，朱子所订。近多暇日，默记众说，参互考之，手自录出如右。"可知，是书在朱熹《大学章句》的基础上，参考诸家之说而成，名为《大学重定本》。黄虞稷《千顷堂书目》著录，无卷数。张廷玉《明史·艺文志》不录。朱彝尊《经义考》著录。乾隆四十四年《江南通志》卷一九录作《大学重订本》，无卷数。

2.《青宫讲义》4卷

程敏政著，从书名看，是集应作于他任职东宫期间。程敏政《篁墩文集》卷一至卷四，题名为《青宫直讲》。《千顷堂书目》著录，《明史·艺文志》等未载。

3.《经筵讲义》4卷

程敏政著，《篁墩文集》卷五至卷八，题名为《经筵讲章》《经筵用讲》。《千顷堂书目》著录，《明史·艺文志》等未载。朱彝尊《经义考》著录为《经筵讲义》，

---

①《黄山学院学报》2014年12月第6期。

亦作4卷，并“存”故是书至清初尚存，且单独流传。

4.《仪礼注》

程敏政整理，《千顷堂书目》著录，无卷数。《明史·艺文志》等无录，程敏政《篁墩文集》没有提及。

5.《仪礼逸经》

吴澄著，程敏政整理。《千顷堂书目》著录吴澄的《仪礼逸经》，作8卷，并提及程敏政。据小注，是书为吴澄取《小戴礼记》《大戴礼记》中诸篇，补《仪逸》之遗。据《篁墩文集》卷三七、《书仪礼逸经后》、卷三九《书仪礼逸经后》二文，可知程敏政做过整理工作。《四库全书总目》著录吴澄《仪礼逸经》2卷，是否为程敏政整理，未详。《江南通志·艺文志》著录，无卷数，仅谓作者是程敏政，未言及吴澄。

6.《经礼补逸》

汪克宽著，程敏政整理。《江南通志·艺文志》著录，谓作者是程敏政，无卷数。《千顷堂书目》云：“汪克宽《经礼补逸》9卷。克宽是书成后，为人所窃，几不传。程敏政使族人启访，得手稿，乃为刊行。一名《仪礼补逸》，弘治己酉二年、曾鲁序。”可知，程敏政让族人寻访克宽《经礼补逸》，得到手稿，并梓行。据《篁墩文集》卷三九《书经礼补逸后》，《经礼补逸》原有一编，经过程敏政校勘，别为附录一卷。

7.《论语或问》

朱熹撰，程敏政整理。据《篁墩文集》卷二九《书论语或问》《论语或问》中《气质之说》、《见善之说》缺58字，程敏政不满前人以《语录·九思》两段的内容剿入，故以《集成》《通释》中的内容重新勘定。

七部经类作品之中，《论语或问》《大学重订本》《仪礼逸经》《经礼补逸》分别是朱熹、吴澄、汪克宽作品，程敏政做了一些整理工作。他自己创作了《青宫讲义》《经筵讲义》。

(二)史类六部

1.《宋纪受终考》3卷

程敏政著，是程敏政一部历史考证的著作。考证宋太祖临崩前夕与太宗密谈的故事。据明代柯维骐《宋史新编》载：“宋开宝九年，太祖病重，派王继恩召皇子德芳，继恩自召晋王（太祖弟太宗）。王至宫中，遣散左右，上与王所言皆不能闻，但遥见烛影下，王时或离席，如躲避之状，继而上行柱斧戮地，大声说：“好为之。”遂崩。”

太宗即位以后，太祖之子德芳、德昭先后去世。以后僧文莹著述《湘山野录》专辨诬太宗烛影斧声之事。程敏政所著述的《宋纪受终考》，又博采诸书同异为辨证。因此对这一段历史研究具有参考价值。《四库全书总目提要》说："然明之中叶，士大夫侈谈性命，其病日流于空疏，敏政独以雄才博学，挺出一时。集中征引故实，恃其淹博，不加详检，舛误者固多，其考证精当者亦时有可取。要为一时之硕学，未可尽以芜杂废也。"[①]《四库全书总目》《续文献通考》著录。《明史·艺文志》录作"一卷"。程敏政《宋太祖太宗授受辨》后附："余初为此辨，以告同馆之士。然犹以考据未的，且不能尽诸说异同之故。因别为《宋纪受终考》三卷藏于家。"此附录被四库馆臣删去，现存于黄宗羲《明文海》中。弘治四年（1491）本分为上、中、下三卷，而戴铣《书宋纪受终考后》曰："因别为一编，正论曰《宋纪受终考》。"此作"一编"。故《明史·艺文志》作"一卷"，概是"一编"之讹。是书成于成化十三年（1477），主要考辨僧文莹《湘山野录》等诬宋太宗"烛影斧声"一事。考核尚备，时谓"订千古之疑"。

2.《宋遗民录》15卷

程敏政著，该书是程敏政辑录的宋朝一些名人事迹和遗事。此书中前6卷列有王炎午、谢翱、唐珏三人的事迹及其遗文。第7卷以后，录张宏毅、方风、吴思齐、龚开、汪元量、梁栋、郑思青、林德旸等8人的事迹。第15卷记元顺帝为宋瀛国公子，引余应诗、袁忠彻记以证之，称顺帝非明宗之子。好事者造为此言，其荒唐本不待辨。敏政乃从而信之，《四库全书》馆臣认为此说甚为"乖谬"。但《宋遗民录》保存了不少有关宋"遗民"的资料，具有一定的史料价值。《千顷堂书目》《四库全书总目》著录，但程敏政在《宋遗民录序》一文中说，此书是"十卷"，15卷可能是后世增补所致。据程《序》是书成于成化十五年(1479)，初以手稿藏于家。是集考证宋代遗民王鼎翁、谢翱、唐玉之诸事，又附当时意气相同之人，曰《宋遗民录》。据程曾《宋遗民录后序》，是书刊刻于嘉靖四年(1525)。

3.《新安程氏统宗世谱》20卷

程敏政著，据程敏政《新安程氏统宗世谱序》《书程氏统宗谱后》《荪溪程氏族谱序》，敏政丁父忧之时，曾在休宁南山堂设立会谱处，于成化十八年（1482）春始编，历时6个月，登谱者逾万人，录44支。《篁墩文集》卷二十三《新安程氏统宗世谱

---

① 纪昀等：《四库全书总目》卷一百七十一，乾隆六十年刻本。

序》略云："成化壬寅春，先公之服既除，乃发书以告诸宗人，诸宗人是之各以其谱来会。理淆伐舛，将六逾月始克成。编为卷凡二十有奇，会者四十四支，名之登于谱者逾万人，可以共业者五十三世。相与告之先庙，而命之曰《新安程氏统宗世谱》。鸠金刻之，俾敏政言其故于编首。"现残存14卷。

4.《陪郭程氏本宗谱》3卷

程敏政著，据《篁墩文集》卷三九《书本宗谱后》，是书仅录陪郭程氏本宗谱系，始于唐代，迄于明代，首世系，次小传，次附录。程敏政的父亲程信曾经留意于此，但是未完成。作者续修此谱，亦有继父之志之意。

5.《休宁县志》18卷

程敏政著，《篁墩文集》卷二十九《休宁志序》："安城欧阳君以成化辛丑冬，来知休宁县事。明年春，以县志为嘱。会予服阙将还朝，久弗克成也。乙已秋，掇拾而成焉。盖书之为图者一，为志者十有八，文之附者十有六，诗之附者四，总之为卷三十有八。"《明史·艺文志》等未录。据《篁墩文集》卷二九《休宁志序》、卷五九《休宁志·凡例》，可知是书受休宁知县欧阳旦所托，于成化十八年始修，至成化二十一年修成、有图、志、文、诗，共38卷，刊刻于弘治四年（1491）。

6.《新安文献志》100卷

程敏政著，最早成书于弘治十年（1497）。据《篁墩文集》卷五九《新安文献志·凡例》，可知是书分甲乙集。甲集悉遵真德秀《文章正宗》的体例，录本郡先贤时贤之文，乙集则收录先贤行实之文。《篁墩文集》卷五十四《与郑万里上舍》："汪承之来，承惠壎子冠礼诗，教爱甚厚。所谕太守公欲刻《新安文献志》，云一再言之，似有必成之举。此乃一郡盛事，仆当别为一序，以明贤太守表章先哲，兴文善俗之功。但此书，仆用工二三十年，别无他本，又未得亲会以决其事，用是不敢尽发，发去目录并事略二册，可送则送，须使吾书有求售不获之叹，乃为佳耳。"《新安文献志序》略云："新安在国朝为畿辅，踞大鄣山之麓，地势斗绝，视他郡独高，昔人谓其地平视天目尖。而水之出婺源者，西下为鄱湖；出休宁者，东下为浙江，其山川雄深若此。……迨中世，则休宁之程北徙落而得两夫子，婺源之朱南徙闽而得文公。嗣孔孟之统，而开绝学于无穷，其人物卓伟若此。一时名公硕儒，与夫节孝、材武、遗老、贞媛之属，文焕乎简编，行播乎州里。而记载之书，散出无统，有志于稽古尚贤者，盖屡属意焉。然或自秘而失于兵燹，或据所见而为之详略，读者不能无憾也。斋居之暇，窃不自揆，发先世之所藏，搜别集之所录，而友人汪英、黄莆、王宗植暨宗侄隐充，亦各以其所有者来馈。参伍相乘，诠释考订，为甲集六十卷，以载其言；乙集四十卷，以列其行，盖积之三十年始克成也。呜呼！宣子聘鲁，而嘉周公典籍之大备：孔子说二代之礼，而叹杞宋之难徵。则生于其地，而弗究心于一乡之文献，非大阙欤！凡吾党之士，抚先正之嘉言懿行，萃于此，发高山景行之思，而日从事乎身心。由一家以达四海，使言与行符，华与实称，文章德业无愧于前闻，又进而诵法程朱氏，以上窥邹鲁。庶几新安之山川，所以炳灵毓秀者，不徒重一乡，将可以名天下：不徒荣一时，或可以垂后世。而此编亦不为无用之空言哉！”①

《新安文献志》共100卷，分上下集。上集60卷，专收徽州本郡自汉迄明乡贤所撰之文；下集40卷，则收外郡人记述徽州先贤行实之文。上集按文体分类，1～2卷辞命（代草制诰），3～7卷奏疏，8～10卷书信，11～16卷记，17～20卷序，21～25卷跋，27～29卷论，30卷辨，31卷说，32卷考，33～36卷杂著，37卷问对，38卷策问，39卷讲义，40～41卷表，42～43卷启，44～45卷碑文，46卷祭文，47卷铭、箴、赞、颂，48卷赋，49卷辞，50～59卷诗，60卷诗馀。下集皆题“行实”，所录俱传、状、铭、志之文，其中又细分为神迹、道原、忠孝、儒硕、勋贤、风节、才望、吏治、遗逸、世德、寓公、文苑、材武、烈女、方技等目。百卷之前，先列有《新安先贤事略》上下卷，上卷收列徽州各朝名人326人，下卷收列外郡曾在徽州为官或寄居的名士114人。

本书历来受到好评。明李东阳极赞编者程敏政才学兼美，“淹贯群经”，故其书“探颐索引，旁搜曲征，而才力又足以达之”。《四库全书总目》称：“凡徽州一郡之典故荟萃，极为赅备，遗文轶事，得藉以考见大凡。故自明以来，推为巨制。”② 清代书家耿文光赞此书：“旁采博搜，援据浩繁，而排具有条理，所附考证亦多详核，在所选《明文衡》之上。”近代徽州学者许承尧谓其书：“表彰前哲，搜集旧文，使吾乡文献之迹，不致没，其功伟矣。”③

以上6部史类作品之中，《新安程氏统宗世谱》《陪郭程氏本宗谱》《休宁县志》《新

① 程敏政：《新安文献志》上，黄山书社，2004年。
② 纪昀等：《四库全书总目》卷一八九《集部·总集类四》。
③ 许承尧撰，李明回、彭超、张爱琴校点：《歙事闲谭》，黄山书社，2001年。

安文献志》是地方文献，为徽州地方文献保存了大量原始材料，是徽州文献的集大成之作，具有极高的学术价值。《宋纪受终考》《宋遗民录》体现了作者对宋史的关注，有一定的学术价值。

(三)子类四部

1.《道一编》

程敏政编，《道一编》6卷。该书收录朱熹、陆九渊两家的往还信件，论证朱、陆两家学说“始异而终同”，并指出其“始焉如冰炭之相反”“中焉则疑信之相半”“终焉若辅车之相依”的变化过程。该书是反映程敏政“道一”思想的重要著作，对明代“心学”大师王阳明“朱子晚年定论”等一系列观点的提出，有重大的影响。《千顷堂书目》《明史·艺文志》录作5卷，《四库全书总目》等作6卷。弘治三年（1490）李信刻本亦作“六卷”，嘉靖三十一年（1552）汪宗元刻本复作“五卷”。它们内容相同，卷数有异。据《篁墩文集》卷十六《道一编目录后记》、卷二八《道一编序》：“中古以来，老佛兴，训诂行，辞章胜，心学晦而不明。董、韩大儒，尚不能尽发心学。周敦颐出，上继孟子，程子亲承其学。”朱熹“道学间”、陆九渊“尊德性”实同出洛学，分流并进，颇有异同。程敏政担忧心学复晦倡朱、陆“异晚同”说，发王阳明心学之先声，编纂此书。真正体现程敏政的理学成就的是《心经附注》《道一编》。尤其是后者，在促进宋元理学向明代心学转变过程中起到承上启下的作用。

2.《心经附注》4卷

程敏政编，该书以南宋理学家真德秀(西山)《心经》“未为赅备”，且其中所引真德秀《读书记》，亦非真氏自作，因此补辑附注。《四库全书总目》等著录。《千顷堂书目》录作“三卷”，清抄本作“四卷”，今存。据《篁墩文集》卷三十《心经附注序》、卷三九《跋真西山先生心经附注》，可知是书为程敏政在弘治间斋居之暇编定。敏政追慕真德秀《心经》，却怀疑其注有伪。于是，参校附注，名曰《心经附注》，体现了程敏政对理学正宗的一往情深。

3.《王氏脉经》10卷

王氏著，程敏政校勘，不知卷数。据《篁墩文集》卷六《题所校脉经后》、知其子成化十七年路过淮阴，校宋熙宁阁本《王氏脉经》10卷，勘误206，脱17条，交给淮阴进士毕舜修，使之刊正。

4.《胡子知言》

胡宏著，程敏政整理。据《篁墩文集》卷五十《南归过河间告先文》记，敏政过姑苏，闻杨君谦曾见及《胡子知言》一书。敏政久欲睹是书，常以不能得观为恨。后委其族侄文杰觅于三吴陆氏之所，亲为校勘考订，刻梓传世。《篁墩文集》卷三十九《书＜胡子知言＞后》："少见东莱吕氏，有《知言》胜《正蒙》之说，渴欲睹其书，而秘阁所藏亦无之，恒以置恨。因遍求之四方，十年不获见。弘治己酉春，南归过姑苏，遇杨君谦仪曹，语及之。君谦云尝见之昆山藏书家，许转录之，久未得也。会族侄文杰有事三吴，乃委之而得诸陆氏，上有'条堂'图书，盖故张节之宪副所藏者，其间亦多错误。遂手校过，别取吴文肃公、真文忠公二跋置目录后。凡书之见于朱、张、吕三先生《疑义》中者，皆不复出，而自为一卷。又取文公先生所论及《宋史传》为附录卷，盖欲使此书汇次完，以便讲习，非敢有所去取也。新安户于候文远之子应，见予之于斯也，为刻梓传焉，亦可谓知学向义者矣。窃观胡子之书有曰：'学欲博不欲杂，守欲约不欲陋。'文公先生尝通之，以警后学。然则读是编者，要必以此言为准，而后庶几有所得乎。"

(四)集类十六部

1.《苏氏梼杌》

程敏政编，这是程敏政编纂的第一部著作。据《篁墩文集·拾遗》中《苏氏梼杌序》，是书成于天顺五年辛巳(1461)，以贬损眉山"三苏"为能事，多取朱熹黜苏之言，后附"近世"贤人之议。时程敏政18岁，正值血气方刚之际，极为自负，故失于偏激："人皆知宋有王安石者，其学术邪谬足以亡人之国，而不知有眉山苏及其二子轼之罪，浮王安石信徒也。夫共罪之所以浮于安石者，何哉？安石尚知三代为可法，而苏氏以汤武为篡；安石尚知莽、操为可罪，而苏氏以荀彧为圣人；安石尚知以明道为忠信，而苏氏以伊川为奸邪，必欲杀之而后已。诸如此类，皆儒者所不敢言，亦不忍言，而苏氏然自圣不复顾忌，其绝天理、坏人心，罪不可胜诛矣。盖安石之祸祸一时，苏氏之祸祸万世。"其"安石之祸祸一时，苏氏之祸祸万世"之说，显系衍化朱子言语而来，又更甚于朱子之说。对于程敏政早期这一思想偏见，清儒有较为公正的论断："敏政学问淹通，著作具有根柢，非游谈无根者比。特以生于朱子之乡，又自称为程子之裔，故于汉儒、宋儒判如冰炭，于蜀党、洛党亦争若寇仇。门户之见既深，徇其私心，遂往往偏驳。……作《苏氏梼杌》，以锻炼苏轼复伊川九世之仇，至今为通人所诟厉。”[①] 此书遂致后人诟病，明人邓伯羔、清钱谦益及四库馆臣颇有斥责。

2.《瀛贤奏对录》10 卷

程敏政编，据《篁墩文集》卷二《瀛贤奏对录序》，是集书成于天顺四年（1460），初以手稿藏于家。程敏政辑贤者 18 人，所作奏对之文 71 篇，上起汉朝董仲舒，下讫宋朝龚节肃。《千顷堂书目》著录，《江南通志》没标明卷数，《明史 · 艺文志》《四库全书总目》不录。

3.《程氏贻范集》30 卷

程敏政编，与《新安程氏统宗世谱》并传。据《篁墩文集》卷三四《贻范集诗序》，知其还编有《贻范集诗》10 卷。两书先后刊行，后合为《程氏贻范集》40 卷。《篁墩文集》卷十四《程氏贻范集目录后记》略云：“右《程氏贻范集》三十卷，敏政之所编也。甲集第一至第七卷，为王言及公移，间附以识跋之文，则以事相联属，势不可分也。乙集第一至第二十卷，为行实传志碑表之类，亦间以记序等作附焉。丙集一，为像有未备者，形以英章挽词之类补之。丁集一卷，为其异也。成集一卷，为谱号，要其同也。初，敏政最究心谱学，尝请予先襄毅公，会诸宗族，积之二十年，理谱伐舛，得可会者四十四房，定为《统宗世谱》二十卷，刻梓以传。又尝见文简公所序《世录》，有‘贻范集’之名，窃意当宋盛时，此集为程门大备之书，更代以来亡矣，诚惜之，因广搜博采，追成《程氏贻范集》一百卷。顾其篇佚浩繁，事力弗及，乃先撷其要，且益以诸房所藏者为五集如右。集各为卷目，而虚其尾者，以后贤之有续，未政取足于此也，行实如传志碑表多互见，姓旧缺而新有所得，旧误而新有所订者录之误，出于不肖一得之见，以按字别之，其在先正文字下者，分书示不敢专也。写成，奉以告诸先庙，嗣刻之以辅《世谱》而传焉。……凡我后人，奉前烈之余矩，其必上思所绍，下思所述，以求不失乎文献之传，庶几此集此名为无负哉！《诗》云：‘永言孝思，孝思维则。’可不勉哉！”《千顷堂书目》著录。

4.《范淳夫集抄》18 卷

范祖禹撰，程敏政整理。《千顷堂书目》著录曰：“程敏政《范淳夫集抄》十七卷，附录一卷。”《明史 · 艺文志》等无录。是书为程敏政对《范淳夫集》的选抄本，并增加一卷，附于后。据《篁文集》卷三九《题范太史文集钞》，阁本《范淳夫文集》

① 纪昀等：《四库全书总目》卷一百七十一《篁墩集》提要，乾隆六十年刻本。

原为59卷，程敏政选抄17卷，后附1卷，包括《伊洛渊源录》《名臣言行录》《宋史·范祖禹传》。

5.《龟山先生文集钞》16卷

杨时撰，程敏政整理。据《篁墩文集》卷三九《题龟山先生文集钞》，可知《龟山先生文集》原有35卷，久不见其传。程敏政以明本为底本，整理成16卷，初以手稿藏于家。《干顷堂书目》著录曰："程敏政《杨龟山集抄》，缺卷。"未明卷数。《明史·艺文志》等无载。

6.《汪文定公集抄》13卷

汪应辰撰，程敏政整理。《千顷堂书目》卷载："程敏政《汪文定公集抄》十二卷、附录一卷。"录在程敏政名下，但《明史·艺文志》等未见著录。《四库全书总目》卷一七四载："《别本汪文定集》十三卷，宋汪应辰撰。应辰《全集》已于永乐大典内裒辑成编，别著于录。此本乃明程敏政以内阁藏本选录而成，非其完帙。"可知，程敏政整理的《汪文定公集抄》流传颇久。据程敏政《篁墩文集》卷三九《题汪文定公集钞》，是集原有50卷，程敏政以阁本为底本，摘抄成12卷。《千顷堂书目》《四库全书总目》谓"十三卷"，大概后来有所增补。

7.《妙绝古文选本》4卷

汤东润著，程敏政整理。诸目录未言程敏政参与了整理工作，据《篁墩文集》卷三二《书汤东润妙绝古今文选后》，宋人汤东润《妙绝古文选本》风行时，仅程敏政就有十数本，如匏庵家本、闽本、浙本等。他曾经做过整理工作。

8.《钓台集》10卷

程敏政整理。据《篁墩文集》卷三八《钓台集序》，是书原为邝时用所刻，共10卷。后来程敏政受郑廷纲、李叔恢之请，增补记、文、铭、赞、诗、辞60篇而成。《千顷堂书目》著录，无卷数。

9.《唐氏三先生集》31卷

唐元、唐桂芳、唐文凤著，程敏政整理。《四库全书总目》谓程敏政编，28卷，附录3卷，列入《存目》。据程敏政《篁墩文集》卷二三有《唐氏三先生集序》，可知程敏政曾整理过是集。程敏政受时人唐希恺所请，为其先世新安唐元、唐桂芳、唐文凤之作校勘。《千顷堂书目》著录，作"二十八卷"，后注"新安唐元、唐桂芳、唐文凤"，未言程敏政编定一事。

10.《古穰集》30 卷、《古穰续集》20 卷

李贤著，程敏政编。程敏政《篁墩文集》卷三八《书古穰续集后》一文，可知程敏政弘治初致仕家居时曾编定是集。他先编定《古穰集》三十卷，并已刊行。后来，李贤的儿子李士钦、李士敬二人请编《续集》，程敏政又编定《古穰续集》20 卷。

11.《篁墩文粹》25 卷

程敏政著。据王重民《中国善本书提要》，是书为戴铣所编选，张九逵刊刻。书前后各有序，分别为正德元年（1506）林瀚序和弘治十八年（1505）戴铣序。据李东阳《怀鹿堂集》卷六四《篁墩文集序》、何歆《书篁墩文集后》，是集为程敏政卒后七年即正德元年门人戴铣等刻于徽州，但未详卷数。《篁墩文集》书前四库馆臣《提要》云，是集为 25 卷，为程敏政族侄程曾所编。

12.《篁墩文集》93 卷

程敏政著。篁墩，程敏政之号，文集因此得名。《四库全书》馆臣对程敏政的评价颇高，认为他“学问淹通，著作具有根柢，非游谈无根者比”。虽然文集中论学“伤于偏驳”，诗文“不出当时风气”，但该书保存了大量的徽州文献，对后人研究徽州历史具有重要的参考价值。《四库全书总目》录作“《篁墩集》，九十三卷”。《千顷堂书目》著录曰：“《外集》十二卷、《别集》二卷、《行素稿》一卷、《拾遗》一卷、《杂著》十卷。”这些作品应单独成集，今未见其传。但是文渊阁四库全书本《篁墩文集》后有《拾遗》一卷，应是《千顷堂书目》中著录的《拾遗》。《篁墩文集》卷一至卷八是经筵讲章、讲义之类，卷九至卷六十是诗歌创作，卷六十一至卷九十三是古文创作，后附诗文合编的《拾遗》。是集不乏佳作，无论是抒写性情，还是哀矜民瘼，足以追步唐宋名家。

13.《咏史诗选》15 卷

程敏政编，《千顷堂书目》著录，并有注云：“选唐至明初人咏史作。”《明史·艺文志》只著录卷数。

14.《咏史集解》7 卷

程敏政编，乔松注。《续通志》《续通考》等有著录，而《千顷堂书目》无载，《四库全书总目》存目。是集仅录七言绝句，取三代咏史之作，依代编纂，今未见。

15.《咏史绝句》

程敏政编。《千顷堂书目》著录，无卷数。《明史·艺文志》《四库全书总目》

不见著录。据《篁墩文集》卷二三《咏史绝句序》，程敏政手书录前人咏史七言绝句，上自商夏周，下至宋元，作为童蒙之训的教材，编于家居之时。今未见。

16.《明文衡》100卷

程敏政编。据程敏政族侄程曾《书〈皇明文衡目录〉后》，程敏政生前手定目录2卷，正文98卷。正德五年（1510）初刻时，增加补缺两卷。这是一部颇有影响力的明人选明文的总集，录文972篇，作者156人，录文上自元末，下至成化间，文章大家，悉入其中。《明文衡》仿《玉台新咏》体例，分代言、赋、强、乐府、衰诔、祭文、字说等38类，收录了明代开国后上百年的各家作品，成为后世研究明初文体演变的第一手资料。值得注意的是，《明文衡》中尚收录了因面斥朱棣而惨遭灭门十族烈祸的方孝孺的文章。这固然与当时靖难文禁稍弛有关，但如果我们能意识到，在此之前，收藏方孝孺文集要被处死这一事实，就会惊服于程敏政的胆识和魄力。而这种品格，也正是作为开一代学术风气的学者所必须具备的。正缘于《明文衡》规模之宏高、选文之赅备、校勘之精当，《四库全书总目》论曰："所录皆洪武以后、成化以前之文，在北地、信阳之前，文格未变，无七子末流摹拟诘屈之伪体。稽明初之文者，固当以是编为正轨矣。"敏政任太常寺卿期间，曾为己所编选的《明文衡》撰序。序文略云："文之来尚矣，而后世词华之习蠹之。故近有道学之谈者曰：必去而文，然后可以入道。夫文，载道之器也，惟作者有精粗，故论道有纯驳。使于精纯者取之，粗驳者去之，则文固不害于道矣。而必以焚绝笔为道，岂非恶稗而并剪其未恶，莠而并揠其苗者哉！汉、唐、宋之文，皆有编纂，精粗相杂。我朝讯扫积弊，文轨大同，作者继继有人，而散出不纪，无以成一代之言。是因取诸大家之梓行者，仍加博采，得若干卷。其间妄有所择，悉以前说为准，以类相次，可以备史氏之收录、清庙之咏歌、著述者之考证，籍写成帖，以俟郁乎粲然后人。或曰："朱子常讥文自文而道自道者，其话甚力，然而近世道学之谈，未易非也。子之是举，无乃劳乎？或曰："不然！考朱子之云，盖为苏氏之文驳故耳。至于楚辞、韩文，注释校订，不遗余力，则我先正固尝以文为意矣。必如子说，则是释家不立文字之教，或岂敢以为是乎！"该书故有"一代之文"的美誉，足以接迹《唐文粹》《宋文鉴》《元文类》。程敏政独自编选，生前二次结集而未刻行，足见编纂慎重。

程敏政一生著述宏富，在保存地方文献、促进理学发展和编纂保留明人文集方面作出了突出贡献。

第二节　文献家商辂

一、商辂生平事迹

商辂（1414 ~ 1486），字大朴，一字弘载，号素庵。明浙江严州府淳安县芝山村（今里商乡里商村）人。商辂始祖讳瑗，侨寓西夏，官都知兵马使，忿元昊猖狂谅祚，继逆廷，于仁宗嘉祐六年（1061），因奉使携家归宋，奏陈密事。仁宗嘉其义，赐择淳安芝山以居，子孙因家焉。为淳安商氏之始祖。商辂祖父商敬中，父中瑄。

永乐十二年（1414），商辂出生，传说出生时“火光盛烛于天”，商父大异，曰：“此子他日必有好处。”6 岁时，太夫人教授《论语》《孝经》。少小聪慧异常，有过目不忘之能。宣德元年（1462），13 岁时，“适御史新出榜文，告谕通浙钱粮数目，约万余言。……洪乡里取笔往录，公止之曰：‘我诵，汝试书之。’书毕，竟不殊一字”。宣德四年（1429），16 岁时，“邑庠魁星楼火，掌教云间王端先生欲重建，募缘芝山，见公岐嶷不凡，大奇之。及回庠，邑令曰：‘此行缘募几何？’王先生曰：‘为国家募得一奇才耳！缘不足道也。’适乘里奉例报名，公即强补邑庠生，从掌教王先生游”“王先生亦每每以状元、宰相期之”。宣德七年（1432），商辂 19 岁，第一次参加浙江乡试，不第。宣德十年（1435），22 岁，商辂第二次参加浙江乡试，一举高中第一名，是为解元。次年，即正统元年（1436），商辂赴京参加春闱会试，不第。据《明三元太傅商文毅公年谱》载：“正统丙辰春，公赴春官会试，不第。先是，同考试官修撰周公叙将公卷拟会元。主考少詹事王公直、侍讲学士陈公循，则已先得刘文安公定之取作会元矣，欲置公亚卷。周公叙曰：‘此会元才也，安得亚强之。’王、陈二公诘之曰：‘必是你亲旧，故如此留意乎？’周公袖其卷，遂不复言。后拆卷阅见，其为公。众相与叹息久之。公以亲老家贫，欲就教职。周公力劝勿就，俟来科会元终少不得。后公果会元、状元。周公诚可谓知人，而文毅公可谓不负知己矣。及公入相，周公已致政还家。公上疏特征之，弗就，但曰：‘得见商生联捷三元，吾死且瞑目也，何必更

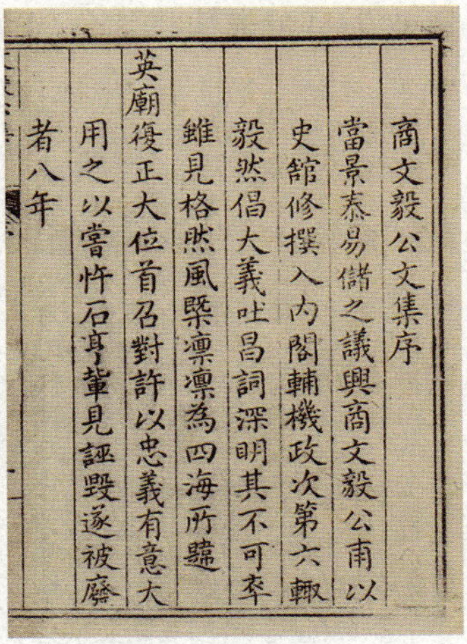
商文毅公文集序
當景泰易儲之議與商文毅公甫以
史館修撰入內閣輔機政次第六輙
毅然倡大義吐昌詞深明其不可卒
雖見格然風槩凜凜為四海所聳
英廟復正大位首召對許以忠義有意大
用之以嘗忤石亨輩見誣毀遂被廢
者八年

《商文毅公集》之一

仕。'"[1] 正统三年（1438），商辂父亲商中瑄去世，商辂失去了再次参加会试的资格，必须在家丁忧守孝三年。正统六年（1441），结束守制的商辂再次赴京，七年春闱会试，再次落第。这次商辂留在京城太学就读，继续准备下科考试。正统十年（1445），商辂32岁，参加乙丑会试，高中第一，是为贡元。同年殿试，擢取第一，状元及第，授翰林院修撰，阶承务郎。由此成就科举神话"三元及第"，即在乡试、会试、殿试中都考取第一名。"国朝取士之途甚广，惟进士之科为最重，其贤才皆教养之于学校，每三岁大比，郡县贡其学之成者于方岳。方岳考试之，择其文之高者以其名上之礼部。礼部合天下所贡士群试之，择其文之高者以其名上之天子。天子亲策之于廷，第其高下为三甲，胪传于丹陛，揭榜于通衢，一时名动京师。第一甲第一人，唐宋以来谓之状元者，与第二、第三人，皆授翰林清职。诸进士观政于诸司，以次增秩，命以官，不与他等。其待士之意比之前代，可谓厚也已。淳安商辂弘载，始由县庠生试于浙江乡闱第一，会试于礼部又第一人，对策大廷，列名黄榜又第一人。赵宋时由省元而部元而状元者，独见于时而名后世。然三百余年之间才十人，而以功名特显者不过三数人耳。国朝自设科以来，六十余年，状元凡廿一人，其中以道德行义，学问文章，得君得名，得行其志，而能以勋业始终者，皆曰文穆胡先生云。若夫以三元擅名一时，而冠绝乎前古者，则始见吾弘载一人耳"。[2] 其实，在商辂之前，有黄观者，也是三元及第。洪武二十三年（1390），黄观以贡生人太学。同年八月，在南京应乡试，中解元。洪武二十四年（1391）三月，黄观应会试，中会元。是年四月，黄观复参加殿试，朱元璋钦点状元。但他在"靖难之役"中，自杀追随建文帝。所以永乐皇帝朱棣将其名从登科录上划去，剥去其状元名号。黄观是真正的"连中三元"，乡试、会试、殿试连捷。而商辂的"三元"并非连续高中，所以，用"三元及第"来表述更为客观。当然，"三元及第"在科举的历史长河中也是稀若星凤的。《明史》载"商辂，字弘载，淳安人。举乡试第一。正统十年，会试、殿试皆第一。终明之世，三试第一者，辂一人而已。"湛若水曰："商辂，浙江严州淳安人，乡试亦第一。宋朝举三元者凡三人，而我朝取三元者惟商辂，况官至内阁，秩一品事，为一时名臣，

① 余利归：《淳安古籍文献丛书》，《商文毅公文集·明三元太傅商文毅公年谱》，淳安县政协文史和教文卫体委员会，2008年，第337页。

② 余利归：《淳安古籍文献丛书》，《商文毅公文集·明三元太傅商文毅公年谱》，淳安县政协文史和教文卫体委员会，2008年，第342页。

岂非浙省山川气运之盛致然欤？盖国初文运惟江西独盛，故有‘翰林多吉水，朝内半江西’之谣。此后浙省遂盛于天下，江西稍不及矣。”①

状元及第以后，商辂的宦海生涯迅速起步。先为翰林院修撰，阶承务郎，从六品官。后进东阁肄业，充任经筵待讲，为展书官。又进阶儒林郎。正统十四年(1449)八月，英宗亲征蒙古族部落瓦剌，至土木堡，兵败，英宗被俘，史称“土木堡之变”。这时，朝中产生战守两派，徐珵等倡议南迁，于谦等力主保卫京师。商辂也是坚定的主战派，并奉皇太后命，作御策，立英宗帝长子见濡为皇太子，入内阁参预机务，拥立郕王即位。

正统十四年(1449)九月，郕王朱祁钰即帝位，为代宗，即景帝。十二月，进升商辂为翰林院侍读。次年，改景泰元年（1450）。正月，商辂兼经筵官进讲。八月，商辂于居庸关将英宗迎回，景帝将英宗安置于南宫。九月，升翰林院学士。景泰三年（1452），升兵部左侍郎兼左春坊大学士。景泰四年，阶升为嘉议大夫。景泰七年（1456），商辂参与的《寰宇通志》成，加兼太常寺卿，有司为其营造宅第于南薰里文门右居。七年之中，商辂全程辅佐景帝，为景帝进讲《尚书》，上疏请减省官员、重视边务、招抚流移、任用贤才、抑止盗贼，并主考会试，由从六品官升迁到正三品官。期间，易储问题对商辂后期官场命运产生了影响。景泰三年（1452）五月，景帝立长子见济为皇太子，废皇后汪氏，立见济母妃杭氏为皇后。英宗长子见深更封为沂王。不到两年，见济夭折。景泰八年（1457）正月，景帝不豫。群臣复请立太子。商辂主张复立宣宗皇帝之孙，疏具未进。十七日早，石亨等迎请英宗复辟，复正大位。史称“夺门之变”。改景泰八年为天顺元年（1457），废景帝为郕王，复立见深为皇太子。因石享等人的谗言，景泰时期守御有功之文武大臣遭受迫害，于谦、王文被杀，商辂等削职为民。归隐之后，商辂一方面悠游山水，一方面在乡里造桥铺路、赈济贫困，甚得地方众望。

天顺八年(1464)正月，英宗不豫，命东宫见深即位，即宪宗。次年，改为成化元年（1465）。十二月，召命商辂复起。成化三年（1467）二月，商辂抵京。三月，复兵部佐侍郎兼翰林学士，召直内阁，参预机务。商辂重回仕途后，出谋划策，尽

① 余利归：《淳安古籍文献丛书》，《商文毅公文集·明三元太傅商文毅公年谱》，淳安县政协文史和教文卫体委员会，2008年，第343页。

心尽力辅佐宪宗。《商文毅疏稿》33篇疏稿中，成化朝有25篇，其中约10篇疏稿是切陈时政的，大都得到宪宗的认可或允许。宪宗还采纳商辂建言，同意慈懿皇太后钱氏与英宗合葬，为景泰朝受迫害功臣平反，罢革西厂。编纂完成《续宋元资治通鉴》。成化四年（1468），商辂升兵部尚书，兼职如故。九年，改户部尚书，兼职如故。成化十一年（1475），进兼文渊阁大学士。成化十二年（1476），升太子少保，改吏部尚书，兼职如故。成化十三年（1477），年64岁，兼谨身殿大学士，高居内阁首辅。

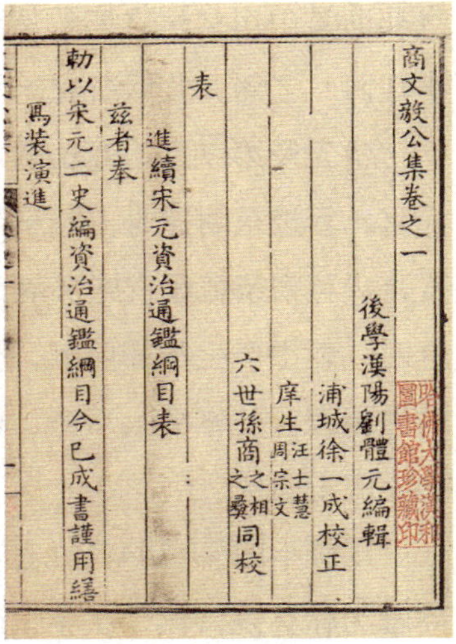
商文毅公集卷之一
後學漢陽劉體元編輯
浦城徐一成校正
庠生汪士慧 周宗文
六世孫商之相 之顯 同校
表
進續宋元資治通鑑綱目表
茲者奉
勅以宋元二史編資治通鑑綱目今已成書謹用繕
寫裝演進

《商文毅公集》之二

成化十三年（1477），朝中宦官横行，政治日趋黑暗。商辂面对险恶的官场急流勇退，乞恩休致。回到家乡之后，悠游于间里之间，读书作乐。至成化二十二年（1486）七月十八日，寿终正寝，享年70岁。宪宗追赠太傅，谥号文毅。

商辂是明代第一位挺身而出与宦官作正面斗争的内阁大学士，在明史上很有影响。对于商辂的政绩，历史上多好评。《明史》本传赞曰："彭时、商辂侃侃守义，悴然一出于正……辂科名与宋王曾、宋庠埒，德望亦无愧焉。"[1]《明通鉴》说："成化初，阁臣自李贤而下，其可称者彭时、商辂而已。"金学曾说："防人主之欲，令宫室肃穆，海宇晏谧者，文毅之力居多。若早定国本，开弘治十有八年至治，公首启之。"[2]李贽甚至认为："我朝贤相，商公第一，杨文贞、李文达不及也。"[3]商辂一生，在科举上，以解元、会元、状元"三元及第"；在官场上，为英宗、代宗、宪宗"三朝宰辅"；在人生方面，为立德（道德）、立言（文章）、立功（事业）"三不朽"之楷模。

二、文献著述

关于商辂的著述，金学曾在《商文毅公集》序中说："比公引疾得请，归卧淳安山中，士大夫即仰其弼亮之功，犹惜未尽公深醇之学。迄于今百五十年，去公甚久，而学士慕公残膏賸馥，以为鸾龙之辉，吉光之羽，可闻不可易见，盖稀世一人也。而公实谙然不自耀。生平所有述作，一切刊削，稿草不甚传，又洊经兵燹，亡

---

① 张廷玉：《明史》卷一百七十六《列传六十四》。
② 余利归：《淳安古籍文献丛书》，《商文毅公文集》，淳安县政协文史和教文卫体委员会，2008年，第48页。
③ 李贽：《续藏书》卷十一。

者十九，仅存遗文若干卷，盖子孙搜故牍笥中得之，而邑侯郑君（应龄）刻之以不朽公者。岁月浸久，板亦就敝、楚刘侯（体元）宰淳邑，政教具举，犹惧文献之渐淹，慨然孱工校缮，重锓之木。”[①] 因此，商辂留下来的著作不多，目前可见者仅下列数种：

(一)《商文毅疏稿》

《商文毅疏稿》1 卷，其子商良臣编，收入《四库全书》。收奏稿 33 篇，其中包括著名的《边务疏》《政务疏》《国本疏》《修德弭灾疏》《修政弭灾疏》等。《钦定四库全书》提要案曰："《商文毅疏稿》一卷，明商辂撰。辂有《续通鉴纲目》别著录。是集为其子侍讲良年（注：当系"良臣"）所编。后有其孙汝颐《跋》，称辂《素庵文集》凡数十卷，两遭回禄，悉为煨烬，幸此卷独存，因锓诸梓云云。此本为天一阁所钞，则刊本又佚矣。其得传者幸也。所列奏疏凡三十三篇。《明史》所载，景泰时，请清理塞上军田，招集开封、凤阳诸处流民。成化时，首陈八事及辨林诚之诬，请皇太子视纪妃疾，弭灾八事，劾西厂太监汪直诸疏，今皆在集中。惟劾汪直一疏，史载列直十一罪而不言其目，此集所载乃止十条，或为传写佚脱一条，抑或史文误衍'一'字欤？又边务一疏，凡言二事，其一论养军莫善于屯田，若不屯田。虽倾府库之财，竭军民之力，不能使边城充实。宜禁势豪侵占，令边军分二班耕种，非专言清理官田。史但称核还之军，未尽其实。其一论守边为上，守关次之。若徒守京城，最为下策。不宜全调保定等处精锐官军备御京城，而以紫荆、倒马诸要隘委之轮拨京兵，致望风先溃。其言尤深中明代之弊，史削而不载，亦删除过当。是集所载乃其全文，尤足以补史阙也。"[②]

《商文毅疏稿》中，代表商辂政治思想和远见卓识的是《边务疏》。在《边务疏》中，商辂指出："守边事，最为当日急务，"而现在边备却存在着两大弊病，一是"士寡弱"，二是"衣食艰难"。"夫军士寡弱，以战则不能；衣食艰难，以守则不固"。如果再这样下去，那么"名为守，实乃弃之"，势必危及国家。他认为，军募弱就是由于原来"在边年久，服习水土，屡经战阵"的官军都在京城里，而如大同、宣府、独石、马营等重要边关只有新军和轮班官军．新军缺乏有素的训练，轮班官军则因"无室家可待，又无田可耕，因悬度日，悬望更替"。为了长久之计，就必须"敕

① 余利归：《淳安古籍文献丛书》，《商文毅公文集》，淳安县政协文史和教文卫体委员会，2008年，第48页。
② 《淳安古籍文献丛书》11，商辂：《商文毅疏稿》，第9页。

兵溜即将口外大同、宣府、独石、马营等处正统十四年以前原操守军官，见在京居住者逐一查询，其家小尽数发去口外各地方，照旧代各种操守。不许各官仍前巧立名色，占阻当违者治以重罪”。如果让这些人继续留在京师，“不过跟随各头目营干家事而已”。而边境若有这些官军，就可以壮威武，御敌寇，防患于未然了。他又认为，衣食艰难是与“先前在京功臣等官之家”和“彼处镇守总兵参将，并都指挥等官”联系在一起的，就是因为这些人将边境附近的膏腴之地，当作空闲田地，占有作为庄田，役使军夫耕种。“收利肥己”。而那些守城军士，则“守边紧急，无力耕种”“虽有余力，亦无近便田地可耕”，所以“若朝廷失于姑息，安于因循，……则衣食无由足给，而边境愈见空虚”。[①] 要解决这一问题的唯一办法，就是令户部选能干的官员到各边关，会同当地的都御史等官“将在京官员应有庄田，并破除势要之家占种田地，尽数分派与附近军民为业”。然后，实行军屯，把各城堡的军士分为上、下两班，上班是操守，下班则是耕种，各为 6 天，粮食收获后就可以合力守御，“如此则军士之衣食自给，而民间之转输可省”。如果抛弃此策，那么要想充实边境，即使“倾府库之财，竭生民之力，军士虽多，岁月久远，亦难继矣”。因此，“且耕且守”乃是“今日守边之要”。商辂的“耕守戍边”之策，引起许多大臣的共鸣，由于土木堡惨痛的教训，景帝采纳了商辂的建议。

《边务疏》对后世也产生了很大的影响。万历年间张居正采取的实边措施，在很多方面就是吸收了商辂治边的经验。例如，精心选任驻边将领，练兵备战，修治边防要塞，训练诸将在边境囤积钱谷，整顿武器，开垦屯田等。正是出于加强了防备，才避免了明王朝的早亡。

如果说《边务疏》是商辂的执政能力体现，那么《修政弭灾疏》就是商辂政治品格的体现。《修政弭灾疏》就是著名的《请革西厂疏》。“夫何近日伺察太繁，法令太急，刑网太密，官校提拿职官事，皆出于风闻，暮夜搜检家财，不见有无驾帖，人心汹汹，各怀疑畏。内外文武重臣，托之为股肱心膂者也，亦皆不安于位。百司庶府之官，资之以建政立事者也，举皆不安于职。商贾不安于市，行旅不安于途，士卒不安于伍，庶民不安于业，承平之世，岂宜有此。究其所以，盖缘陛下委听断于汪直之一人。而汪直者，转寄耳目于群小。汪直之失，虽未为甚。而群小之中，

① 《淳安古籍文献丛书》11，商辂：《商文毅疏稿》，第12页。

其奸谋足以颠倒是非，其巧佞足以蛊惑人心。如韦瑛者，自言亲承密旨，得专予夺之柄，自谓百官进退尽在掌握之中，擅作威福，虚张声势，其间同恶相济。如王瑛者，则以附己而荐之，稍存公论有所谏正者，则以异己而黜……”“伏愿皇上体天地之包容，勿察察于事情；遵祖宗之成宪，勿屑屑于改易。旨意必经于六科，防将来之假冒。奏诉必由于通政，杜滥受于他门。责政事于府部，而严课功核实之权。付刑狱于刑司，而申三覆五奏之令。收回伺察之人，诛逐奸邪之辈。其有谋逆奸细并贪赃枉法重情，悉依旧规，委任历练老成之人管理。如此，则谗言不入于耳，自足以颐情而养神；苛政不加于下，自足以安邦而定国”“若不早为除革，一旦祸兴，卒难消弭。伏望皇上，断自宸衷，革去西厂，罢黜汪直闲住，以全其身”。①

在特务政治横行，宦官权力滔天的大明朝，敢于指斥弊端，请求罢革西厂，是需要极大的勇气，是一种以天下为己任的担当。宪宗大概对这番道理也无法驳倒，只好听从建议。成化十三年（1477）五月，下令革西厂，令汪直回御马监，把韦瑛调边卫，遣散诸旗校。不过，宪宗并非真心接受商辂的意见，当时西厂虽革，但犹密诏汪直伺察外间动静。汪直对商辂怀恨在心，称商辂是“为杨晔报复”。六月十五日，下令复西厂。商辂因西厂恢复，知不可为，于是上书乞恩致仕，归隐家乡，结束自己的宦海生涯。

(二)《商文毅公集》

《商文毅公集》是商辂的文章总汇，收录有序、记、杂著、墓志铭、碑铭、诗等。目前可见有四种版本：隆庆六年(1572)版，11卷，郑应龄编，国家图书馆善本室藏；万历三十年(1602)版，10卷，刘体元编，金学曾序，收录于《四库全书存目丛书》卷35，集部，别集类；明万历间西吴韩敬刻本，30卷，国家图书馆善本室藏；顺治十五年(1658)版，6卷，张一魁编，收录在台湾傅斯年图书馆中。收入《四库全书》的是万历版本。

以上四种本子，相互间内容各有很大的差异。如商辂的奏疏，隆庆本有23道，万历本18道，顺治本7道。万历本的《进宋元通鉴纲目表》等35篇文章，不见于另，两个本子；顺治本的《精忠录序》等数十篇文章，也不见于明代的两种版本；而隆庆本中《送祭酒周先生赴南雍诗序》等多篇文章，又不见于后出的两种本子。至于

① 《淳安古籍文献丛书》11，商辂：《商文毅疏稿》，第40页。

诗赋，三者之间的差异就更大了。可见这三种本子都是独立编纂而成的，相互间并没有因袭关系。商辂之孙商汝颐在《商文毅疏稿》跋文中说，商辂文集本有数十卷，但两遭回禄，悉为煨烬。因此，原始的商辂文集版本早就不得见其面目。金学曾在万历版序文中说道："……仅存遗文若干卷，盖子孙搜故牍笥中得之，而邑侯郑君（应龄）刻之以不朽。乃者岁月浸久，板亦就敝。楚刘侯（体元）宰淳邑，政教具举，犹惧文献之渐湮，慨然孱工校缮，重锓之木。"原来，原始的商辂文集刊板被烧毁后，仅在其子孙处留下"遗文若干卷"，隆庆年间郑应龄就据这"遗文若干卷"刊刻成书。而到了万历年间，隆庆时的刊板又破不堪了，于是再次刊刻，在刊刻中加入了他们所能收集到的商辂诗文。至于顺治版本，则在序、跋中皆只字未提隆庆、万历两个版本，可见，整部文集都是张一魁等人收集商辂散佚在各处的诗文另行编成的，所以其收辑的文章多不见于明代本子。

(三)《蔗山笔麈》

《蔗山笔麈》1卷，为史论性笔记体，收入《四库全书》。《四库全书总目提要》云："《蔗山笔麈》一卷，编修程晋芳家藏本，明商辂撰。辂有《商文毅奏议》（即《疏稿》），已著录。是编论史事，仅三十三条，颇好持异论。如谓宋天书事，亦有深意，不可尽加訾议，是何言欤。"①

(四)《寰宇通志》

《寰宇通志》119卷，内阁大学士陈循领衔主修，商辂、主文、钱溥等参与编写，景泰七年(1456)。五月成书。是明代编纂的全国性总志。《寰宇通志》为明正统年间英宗下令修纂。纂修人员始拟效仿南宋祝穆的《方舆胜览》，遭很多人反对，但之后仍仿其书，以类书体纂修。书成后，英宗认为资料堆砌，失于明晰，繁简失宜，去取不当。于天顺初年，诏命李贤等人以《寰宇通志》为基础加强，综合概括，提炼精华，增删另修。天顺五年(1461)书成，英宗写序，并赐名《大明一统志》刊行。

《寰宇通志》，首为凡例，次为目录、总裁与纂修人员名单，再为引用书目。全书正文，以京师、南京及山东、山西、河南、陕西、四川、湖广、浙江、江西、福建、广东、广西、云南、贵州十三布政使司一级政区和"外夷"分区，每区再以其所辖府、

① 余利归：《淳安古籍文献丛书》，《商文毅公文集·蔗山笔麈》，淳安县政协文史和教文卫体委员会，2008年，第285页。

州二级政区及都司、宣抚司、长官司、宣慰使司、招讨使司、千户所和“外夷”诸国立卷，卷下分门别类逐个记叙。所设门类，以京师顺天府、南京应天府最多，其他府、州次之，司、所、“外夷”诸国最少。门类最多的设有建置沿革、郡名、山川、形胜、风俗、土产、城池、祀典、山陵、苑囿、公廨、监学、书院、楼阁、馆驿、堂亭、池馆、台榭、桥梁、井泉、关隘、寺观、祠庙、陵墓、古迹、名宦、人物、科甲、题咏29个，次之者较上述缺城池、祀典、山陵、苑囿、楼阁、池馆、关隘，而将监学与书院合并为学校、陵墓改为坟墓外，共设21个门类，最少者设十几个门类不等。类下记述方式，建置沿革，按府、府直隶县、州、州辖县序列先后，分方位记述其各个始端及演变；司、所、“外夷”诸国，则多直接记述各自始端及演变；其他各类，府、州所辖，大都按方位逐一记述起始演变或现状；司、所、“外夷”诸国以治所为中心，按方位记述起始演变或现状。类之内容记述地理，郡名，只书前代所名，不设城池门类的府、州，其城郭附记于山川之下；名宦、人物，记其籍贯至乡，乡不明者记州县；楼阁、堂亭，未注废毁者则为尚存；僧道，附记于寺观之下，县属公廨、仓库、织染司局、阴阳医学等，只记其一所，独学校例外均记。诸多内容记述，上限多追溯起始，下限至明景泰年间，囊括了二千二百余年全国各地的众多事物。

《寰宇通志》广征博引，采摭宏富，为《大明一统志》编修提供了十之八九的资料，对保存史料和地方文献具有重要作用。但《大明一统志》书成颁行后，《寰宇通志》即遭毁版之厄，固传世甚稀。《寰宇通志》是明朝官方修订的地理志书，在文献学和历史地理学方面都有重要的地位。

《寰宇通志》的版本，有明景泰七年(1456)刻本、民国三十六年(1947)国立中央图书馆影印明景泰刻本、郑振铎辑《玄览堂丛书续集》本。

(五)《宋元通鉴纲目》

《宋元通鉴纲目》，也称《续修通鉴纲目》，27卷。商辂主修，成化十一年（1475）四月成书。原书今已不存。朱熹的《通鉴纲目》对后世影响极大，后世“皆称扬朱子扶天纲、正人纪，合于天下之公论，视为后世帝王必读之书”。为求其效，经筵讲读官常以此为言，希收立竿见影之效。如，翰林编修谢铎于成化九年（1473）被旨校正《通鉴纲目》，乃随机上疏言：“宋神宗好《通鉴》，理宗好《纲目》，而不能推之政治。”因此劝宪宗“亲贤、讲学，以史书质经传，穷义理，则大本立而万末自随矣！”商辂等本于“内诸夏而外夷狄”的民族大义来修史，是合乎当时国情的。大明北方边患不断，“土木堡之变”以后，更强调夷夏之防。宪宗对此理念，也在御制《续资治通鉴纲目》序文中抒发之。序云：“朕惟天地纲常之道载诸经，古今治乱之迹备诸史，自昔帝王以人文化成天下，未始不资于经书焉！……宋儒朱子因司马氏《资治通鉴》著为《纲目》，权度精切，笔削谨严，自周威烈王至于五代，治乱之迹，了然如指诸掌，深有得于孔子《春秋》之心法者也。展玩之余，因命儒臣重加校订，锓梓颁行。顾宋元二代之史，迄无定本，虽有《长编》《续编》之作，然采择不精，是非颇谬，概以朱子书法，未能尽合。乃申敕儒臣，发秘阁之载籍，参国史之本文，一遵朱子凡例，编纂二史，俾上接《通鉴纲目》，共为一书。始于宋建隆庚申，迄于元至正丁未，凡四百有八年，总二十有七卷，名曰《续资治通鉴纲目》。而凡诛乱讨逆，内夏外夷，扶天理而遏人欲，正名分以植纲常，亦庶几得朱子之意，而可以羽翼乎圣经。仍命梓行，嘉惠天下。……观是编者，足以鉴前代之是非，知后来之得失，而因以劝于为善，惩于为恶，正道由是而明，风俗以之而厚，所谓以人文化成天下者，有不在兹乎。”序中特强调诛乱臣、讨贼子、内中国、外夷狄，扶持纲常，维护天道，以合乎《春秋》精神。

商辂的《续资治通鉴纲目》修成后，即由内府刊行。到弘治九年（1496），余姚周礼撰《发明》，其自序谓，效法尹起莘的《通鉴纲目发明》而作。前曾有云间张时泰修的《续纲目广义》17卷，遇事之善恶有关乎世道者，取圣人之经以折中之。此两书本来是各自成书，皆曾上表投进，分别刊刻。直到万历二十八年（1600），苏州知府朱燮元刻于苏州。崇祯初年，长洲陈仁锡加以详阅，将三书合而为一，亦刻于苏州，以附于朱子《纲目》之后，流传乃益广。

明代中晚期，史学家有强烈的夷夏观念，是清朝帝王所难以接受的，商辂等称辽金为外夷，称元朝曰胡元。因大清之统一中国，与元朝相似，则诋毁元朝似乎已成为对清朝的大不敬，所以必须略加删减，以符孔子《春秋》体例。四库全书收录《续资治通鉴纲目》于史部史评类。编在朱子《纲目》之后，前冠“御批”二字。删除商辂、周礼等的进书表及各家序文，将凡例中“外夷”改“外邦”，以符合清朝的国情，四库馆臣所撰提要，就严批其中错误云：“《续资治通鉴纲目》十七卷，明商辂等撰。明陈仁锡刊本，取以附于朱子《纲目》之后，用备宋辽金元四朝事实。我圣祖仁皇帝御批《纲目》，遂因仁锡之旧，并是书亦予加批，刊布其中纰缪，间有驳斥，而未尝改正。我皇上一禀大公，洞烛是编之非，如金禁女真人学南人衣饰，乃敦俭由旧之美也。蒙古额呼布格僭号于和林，后自归上都。元世祖以其为太祖之裔，不忍加戮，止诛其党，乃敦族含容之度也。而是书曲加诋毁。又如巴拜以其子入见太子珍戬，珍戬谕之以学汉人文字，盖欲兼通经史也。而是书删改其文，曰："'谕之以毋读蒙古书。'则并其事实失之矣！此其悖谬之最甚者。其他诬枉是非，颠倒黑白，不胜枚举。"

《宋元通鉴纲目》对后世有一定的影响，明薛应旋所编《宋元资治通鉴》即以该书为蓝本，敷衍成书。清吴楚材编《纲鉴易知录》，也是以该书为主要参考书之一。

余 论

新安文献是新安江流域历史的真实记录，记录了新安地区政治、经济、文化、历史、地理、自然资源等各个方面的信息。不仅具有跨度大、时间久、内容广泛的特点，而且是最真实最原始的文献资源。新安号称“文献之邦”，遗留下来的典籍文献数量十分丰富，据初步调查估算，新安江流域存世文献共有近 7200 种。由此可见，新安文风之昌盛，文化之繁荣。这些文献资源的整理与研究，对中华传统文化的继承与弘扬具有重大的意义。

一、新安文献是构建新安文化的基石

陈寅恪有言：“一时代之学术，必有其新材料与新问题，取用此新材料研究问题，则为此时代学术之新潮流。治学之士得预此潮流者，谓之预流（借用佛教初果之名）。”[①] 构成一个学科的基础，必须有大量的文献材料。如此数量众多的新安典籍文献，是中华民族精神文化遗产重要的有机组成部分，更是新安文化奠定的基石。

自宋代以来，新安地区典籍文献中有相当一部分著述有很高的学术价值，在中国学术史上占有极高的地位。在方志方面，南宋淳熙的《严州图经》是现存最早的一部尚有地图的图经，8 卷，南宋绍兴九年（1139）董弅撰，已佚。淳熙十三年（1186），陈公亮和刘文富重修，今存卷一至卷三。卷首有图 9 幅，分别为子城图、建德府内外城图、府境总图、建德县境图、淳安县境图、桐庐县境图、遂安县境图、寿昌县境图和分水县境图，所附地图均在卷首。该书是探讨经文与地图关系的珍贵史料。还有罗愿的《新安志》、江登云的《橙阳散志》、潘之恒的《新安山水志》、江正心的《新安景物略》等；史地方面的专题志书或学术史研究，如吴瞻泰《紫阳书院志》、程瞳《新安学系录》、范涞《休宁理学先贤传》《瀛山书院志》等。其中淳安方应时一家数代，从明万历三十年（1602 方应时开始，经方世敏、方祖德、方宏绶、方季和，到宣统二年（1910）方端，三百余年间，6 次纂修的《瀛山书院志》，为一邑文

① 陈寅恪：《敦煌劫余录序》，《金明馆论学丛稿初编》，上海古籍出版社，1980年。

脉之传承作出重要贡献。又如汪文台的《后汉书》7种辑校，以及俞正燮对古史的考据，得到了鲁迅先生的高度评价；其他如程大昌《演繁露》，以及戴震的《水经注》研究等，其崇高的学术价值已得到中国史学界的公认。更有大型史料文献汇编，如程敏政的《新安文献志》等。这些史学著作，对我们了解新安的历史沿革、地理环境、学术传承等，有着十分重要的意义，可以补正史之不足，且有其学术上的不可替代性。

明清时期的新安社会，可以说是中国封建社会晚期的一个"标本"，而大量留下的诗文集为我们了解这个标本提供了大量直观的、多层面的史料。特别是明清时期新安地区的政治、经济、文化、宗族、民风等各方面的情况，都在诗文集中有十分详尽的记录和表达。从文献史料中，不难看出，新安人的信仰、风俗、风尚、生活方式、生产方式、思维方式、价值观及道德观。如方干的《玄英集》、方逢辰的《蛟峰文集》、方回《桐江集》、赵汸《东山存稿》、汪道昆《太函集》、黄生《一木堂诗集》、方象瑛的《健松斋集》等。还有新安存世近2000种家谱，其中蕴藏着大量宗族史、商业史、社会史、文学史的史料。

总之，新安文献为新安文化体系的构建提供了坚实的基础。有了这个坚实的基础，新安文化的构建才师出有名，名副其实。

二、新安文献研究为地方经济发展提供助力

新安文献的研究，要为社会的发展提供助力。新安历史文献资源所反映的社会经济制度和历史文化，既有地方性、典型性，又有普遍性、共同性。对地方历史文献资源利用、经济开发有重要的理论意义和现实意义。新安江流域风景优美，人才辈出。历代文人骚客诗赋歌咏不计其数，诸如任昉、李白、崔颢、杜牧、白居易、范仲淹、苏轼、朱熹等，在新安江留下大量名贯古今的诗文。这些都可以成为旅游和研学的资源，可以成为当今旅游项目和旅游产品开发的支柱。开发区域旅游资源，实际上，指的就是对于区域文化的开发，使其转化为能被旅游者接受的旅游产品和商品。旅游与文化有着密不可分的联系，翻开新安文献史料，就会发现其历史、文学、文字、地理、宗教、科学、建筑、园林、书法、绘画、民俗等，都是那样的丰富及厚重，蕴含着巨大的旅游价值。而这种文献资源在区域经济价值链中的作用不容忽视，对新安文献的研究可以为地方经济的发展提供帮助。

让诗和远方都在新安文献中找到答案!

附录　新安江流域现存家谱著录

上海图书馆主编 2008 年出版的《中国家谱总目》，收录家谱 608 个姓氏，家谱条目 52401 种，是目前所见全国收集最全的家谱目录。经过笔者统计，整个新安江流域，1949 年以前的家谱、谱籍有安徽徽州、歙县、休宁、祁门、婺源、绩溪、黟县、安徽黄山、浙江淳安、浙江建德。这些家谱共计 1515 部，有 103 个姓氏。笔者又通过 2014 版《淳安县志》和 2010 年版《建德市志》所收载的家谱与《中国家谱总目》比对，前两者比后者新增淳安、建德家谱 118 部。因此，目前所见的总的新安江流域存世家谱有 1633 部。作为附件录于此，以备读者一览。

王

【浙江建德】

◎洋溪王氏宗谱：纂修者不详。清光绪十六年（1890）木活字本，一册。

◎洋溪王氏宗谱：纂修者不详。1917 年木活字本，三册。

◎洋溪王氏宗谱六卷：纂修者不详。1945 年木活字本。

◎续修建德十门王氏家谱：王允中修，王嘉佑纂。1991 年铅字本，一册，精装。

【浙江淳安】

◎王氏族谱六卷：（明）王宾纂修。明成化十六年（1480）刻本，一册。

◎王氏宗谱六卷首一卷：（清）王上瑜纂修。清乾隆四十八年（1783）三槐堂木活字本，六册。

◎王氏宗谱六卷：纂修者不详。清嘉庆五年（1800）木活字本，四册。

◎淳安始新王氏宗谱八卷：（清）王景曾等纂修。清光绪八年（1882）木活字本，八册（以册代卷）。

◎王氏族谱八卷：（明）王仁元等纂修。明天启五年（1625）刻本，五册。

◎富秀王氏宗谱十三卷首一卷末一卷：（清）王良基修，（清）余鼎瓒等纂。清康熙三十九年（1700）刻本，四册。

◎遂安太原王氏宗谱：纂修者不详。民国富秀三槐堂木活字本，一册。

◎遂安富秀王氏宗谱不分卷：纂修者不详。民国抄本。存一册。

◎重修城东王氏宗谱四卷首一卷末一卷：(清) 王士四册。

◎江左王氏宗谱五卷首一卷末一卷：(清) 王开象、王开周纂修。清乾隆五十一年 (1786) 敦义堂木活字本，二册。

◎江左王氏宗谱十八卷：(清) 王志修等修，(清) 王槐等纂。清嘉庆二十三年 (1818) 仁安堂木活字本，十六册。

◎江左王氏家谱不分卷：纂修者不详。清稿本，存一册。

◎江左王氏宗谱：(清) 王心豫等纂修。清光绪七年 (1881) 木活字本，五册。

◎江左王氏宗谱不分卷：纂修者不详。清稿本，存一册。

◎江左王氏宗谱二十七卷首一卷末一卷：王心鼎、王文煜纂。1917 年仁安堂木活字本，三十二册。

◎江左王氏宗谱五卷：王心鼎修，王文煜纂。1925 年敬义堂木活字本，三十二册。

◎太原王氏宗谱八卷：(清) 王维坤修，(清) 王树兰纂。清同治间三槐堂木活字本，十一册。

◎太原王氏宗谱八卷：王承烈修，王今泰纂。1945 年三槐堂木活字本，十一册。

◎太原王氏宗谱：王子明修，王登生纂。1996 年三槐堂铅印本，一册，平装。

◎太原王氏宗谱四卷：王邦炎修，王作霖纂。1942 年怀德堂木活字本，四册。

◎王氏宗谱：纂修者不详。清木活字本，三册。

◎湖峰王氏宗谱十四卷：(清) 王峻明等纂修。清光绪元年 (1875) 木活字本，十三册。

◎王氏宗谱十六卷首一卷：王兆丰纂修。1922 年三槐堂木活字本，十六册。

◎太原王氏宗谱八卷：王德辉修、王德芳、王德雍纂。1930 年惇叙堂木活字本，十一册。

◎湖峰王氏宗谱十六卷首一卷：王丰民纂修。1948 年成德堂木活字本，十六册。

◎马山王氏宗谱六卷：(清) 王发堃、王友士纂修。清光绪十六年 (1890) 刻本，十一册。

◎淳安太原王氏宗谱六卷首一卷末一卷：王义秀、余天宝纂修。1915 年三槐堂木活字本，六册。

【安徽黄山】

◎春谷东溪王氏续修族谱二十八卷首一卷：（清）王继善纂修。清光绪十一年（1885）木活字本，二十九册。

◎仙源王氏宗谱十六卷：王巨川等纂修。1927年木活字本，十六册。

【安徽歙县】

◎新安泽富王氏家谱十卷首一卷：（明）王茂介等纂修。明成化六年（1470）刻本，一册。

◎太原王氏会通宗谱八卷首一卷：（明）王仁辅等纂修。明隆庆六年（1572）王景象刻本，四册。

◎王氏家谱不分卷：（清）王宝善、王国是纂修。清抄本，一册。

◎太原王氏会通世谱十三卷：（明）王道瓗纂修。明弘治十四年（1501）刻本，二册。

◎王氏统宗世谱：（明）王廷昉纂修。明万历三十五年（1607）刻本。一册。

◎新安琅琊王氏统宗世谱：（明）王一麟等纂修。明刻本，一册。

◎新安王氏统宗世谱二十卷：纂修者不详。明刻本，一册。

◎王氏续修宗谱：纂修者不详。清刻本，存二册。

◎王氏合修宗谱八卷首一卷末一卷：（清）王大鹄等纂修。清道光二十九年（1849）怀德堂木活字本，八册。

◎歙西王干王氏新修家谱不分卷：（清）王泰澄等纂修。清康熙十九年（1680）刻本。

◎武口王氏统宗世谱不分卷：（清）王遇纂修。清抄清雍正元年（1723）修本，一册。

◎新安琅琊王氏四房思茅公统宗谱八卷末一卷：（清）王应瑞等纂修。清嘉庆十年（1805）三庆堂活字本，八册。

◎新安王氏宗谱：纂修者不详。清道光十六年（1836）永思堂木活字本，四册。

◎歙邑虹源王氏支谱四卷：纂修者不详。民国抄本，四册。

【安徽休宁】

◎休宁轩宣仁王氏族谱十二卷：（明）王宗本纂修。明万历三十八年（1610）刻本，四册。

◎藤溪王氏摘支世谱不分卷：（清）王魁午等纂修。清乾隆间抄本，一册。

◎徽州休宁汉源王氏宗支谱：王修荣、王金荣纂修。2000年铅印本，一册，平装。

【安徽祁门】

◎王氏家谱不分卷：（明）王舜兴纂修。明正统四年（1439）刻本，一册。

◎高塘鸿村王氏家谱六卷：（清）王信、王楠纂修。清乾隆五十七年（1792）正伦堂刻本，六册。

◎新安王氏统宗世谱二十卷：（明）王宠、王舜臣纂修。明正德十年（1515）刻本，二册。

◎新安王氏墓谱纪略不分卷：（明）王珙纂修。明嘉靖间刻本，二册。

◎琅琊王氏统宗世谱十卷首一卷：（明）王应斗纂修。明嘉靖三十九年（1560）刻本，五册。

◎王氏宗谱八卷：（明）王廷誉等纂修。明万历三十六年（1608）刻本，一册。

◎光绪己丑年王氏重修宗谱十卷：（清）王森财等纂修。清光绪十五年（1889）木活字本，十册。

◎琅琊王氏统宗世谱十卷：（清）王应箕纂修。清嘉庆五年（1800）刻本，五册。

◎环溪王氏家谱二卷：（清）王启招等纂修。清嘉庆五年（1800）履和祠木活字本，二册。

◎环溪王氏家谱五卷首一卷末一卷：纂修者不详。清光绪三十一年（1905）履和祠木活字本，二十册。

◎环溪王氏宗谱四卷首一卷末一卷：王作霖纂修。1929年木活字本，一册。

◎王氏宗谱十卷首一卷末一卷：（清）王应瑞纂修。清嘉庆十年（1805）三槐堂木活字本，二十册。

◎新安琅琊王氏家谱二卷：（清）王存铭等纂修。清嘉庆十九年（1814）刻本，一册。

◎箬溪王氏家谱四卷首末一卷：（清）王文昭等纂修。清道光十九年（1839）一本堂木活字本，三册。

◎祁西若溪琅琊王氏家谱六卷附一卷：（清）王应仕等纂修。清光绪二十一年（1895）正义堂木活字本，七册。

◎祁西若溪琅琊王氏家谱七卷末一卷：王廷效等纂修。1929年元会堂木活字本，八册。

【安徽绩溪】

◎杨溪王氏宗谱四卷：（清）王永良等纂修。清光绪二年（1876）叙伦堂木活字本，四册。

◎绩邑杨溪王氏宗谱四卷：王景钟等纂修。1918 年叙伦堂木活字本，四册。

◎绩溪盘川王氏宗谱六卷前一卷首二卷末二卷：王德藩等纂修。1921 年五教堂木活字本，六册。

◎绩溪庙子山王氏谱二十卷首四卷末四卷：王集成纂修。1936 年铅印本，四册。

【江西婺源】

◎武口王氏统宗世谱不分卷：(明) 王铣等纂修。明隆庆四年 (1570) 刻本，三册。

◎武口王氏统宗世谱二十四卷：(明) 王铣等纂修。明天启四年 (1624) 刻本，十六册。

◎新安武口王氏统宗世谱十卷首一卷末一卷：(清) 王祺纂修。清雍正四年 (1726) 刻本，二十四册。

◎新安武口王氏总谱十二集二百六十四卷：(清) 王文进等纂修。清乾隆四十五年 (1780) 刻本，四十册。

◎新安太原王氏宗谱：(清) 王之策纂修。清康熙三十年 (1691) 刻本，三册。

◎武口王氏金源山头派支谱不分卷：(清) 王廷楚等纂修。清道光五年 (1825) 木活字本，八册。

◎武口王氏金源山头派宗谱六卷：(清) 王廷洵等纂修。清光绪元年 (1875) 敬时堂木活字本，六册。

◎槐溪王氏支谱六卷首一卷：(清) 李振苏等纂修。清咸丰六年 (1856) 世贤堂木活字本，四册。

◎槐溪王氏宗谱十卷首一卷：(清) 李冬华纂修。清光绪十九年 (1893) 世贤堂木活字本，二册。

◎新安龙池王氏宗谱十三卷首一卷末一卷：(清) 王全芝等纂修。清道光二十六年 (1846) 木活字本，五册。

◎新安武口派梅田王氏支谱五卷首一卷末一卷：(清) 齐礼等纂修。清光绪十年 (1884) 敦义堂木活字本，六册。

◎婺南云川王氏世谱八卷：(清) 王居穆、王作霖纂修。清康熙四十五年 (1706) 刻本，十册。

◎婺南云川王氏世谱四卷：(清) 王魁昇纂修。清乾隆二十一年 (1756) 刻本，四册。

◎太原郡派新安婺南云川王氏世谱不分卷：纂修者不详。清同治五年（1866）晋生抄本，一册。

◎新安婺南云川王氏世谱四卷：（清）王华亮、王家杰纂修。清光绪三十四年（1908）木活字本，二十六册。

◎双杉王氏宗谱十卷首一卷：（清）王居藩等纂修。清雍正十二年（1734）孝睦堂木活字本，七册。

◎双杉王氏支谱十六卷：（清）王轩等纂修。清同治元年（1862）孝睦堂木活字本，十二册。

◎双杉王氏宗谱二十卷：（清）王启魁纂修。清光绪十九年（1893）孝睦堂木活字本，十二册。

◎双杉王氏宗谱二十卷：王逢泰修，王希栢等纂。1925年孝睦堂木活字本，十四册。

◎双杉王氏支谱二十卷：王申农等纂修。1946年孝睦堂木活字本，十六册。

◎词源王氏宗谱十卷：（清）王问源等纂修。清光绪元年（1875）木活字本，十册。

尤

【安徽黟县】

栢川尤氏支谱一卷：（清）尤永顺纂修。清同治五年（1866）木活字本，一册。

毛

【浙江淳安】

◎重编遂安泮塘毛氏宗谱：（明）毛存礼纂修。明正德十二年（1517）刻本，一册。

◎重编遂安泮塘毛氏宗谱：（明）毛一共纂修。明万历二十八年（1600）刻本，一册。

◎续修泮塘义门毛氏家谱十四卷：（清）毛际可纂修。清康熙二十九年（1690）木活字本，二册。

◎复修泮塘义门毛氏家谱二十卷：（清）毛绍睿纂修。清乾隆二十四年（1759）木活字本，二册。

◎重修泮塘义门毛氏宗谱二十卷：（清）毛绍睿纂修。清乾隆四十八年（1783）木活字本，一册。

◎遵修泮塘义门毛氏家谱二十二卷：（清）毛允元纂修。清道光四年（1824）木活字本，六册。

◎义门毛氏生卒考不分卷：(清) 毛绍睿纂修，毛贤珍续修。清道光间木活字本，二册。

◎遵修泮塘义门毛氏家谱二十四卷：(清) 毛庆麟纂修。清同治九年 (1870) 木活字本，十册。

◎续修泮塘毛氏宗谱：(清) 毛守勤纂修。清刻本，一册。

◎义门毛氏家谱：纂修者不详。清木活字本，一册。

◎遂安童沂毛氏续修宗谱八卷首一卷：(清) 毛文成主修。1923 年志事堂木活字本，八册。

仇

【安徽歙县】

◎旧写本仇氏家乘不分卷：纂修者不详。清抄本，一册。

方

【浙江建德】

◎后街方氏族谱：纂修者不详。清光绪间敬义堂木活字本，三册。

◎河南方氏宗谱四卷：方明礼纂修。1948 年北隅居士郑阴槐木活字本，一册。

【浙江淳安】

◎历屏方氏家谱：(明) 方大成等纂修。传抄明万历三十九年 (1611) 修本，一册。

◎余叶方氏续修世谱四卷：(明) 方辕纂修。明抄本，一册。

◎辑整桂林方氏宗谱五卷：(明)余道登纂修。传抄明崇祯十二年(1639)修本，一册。

◎方氏族谱前集不分卷后集不分卷：纂修者不详。明抄本，一册。

◎续修桂林方氏宗谱十二卷：(清) 方维京纂修。清康熙二十六年 (1687) 宛陵汤茂卿刻本，一册。

◎桂林方氏宗谱：纂修者不详。清敦睦堂木活字本，五册。

◎桂林方氏宗谱四卷：方秉钧等纂修。1976 年据清光绪三十二年 (1906) 孝思堂木活字本复印，三册。

◎遂安银峰方氏族谱四卷首一卷：(清)方韩等主修。传抄清康熙五十四年(1715)

修本，一册。

◎银峰方氏宗谱二十八卷：方克明主修，方宝德纂修。1914年敦伦堂木活字本，二十四册。

◎遂安银峰方氏家谱：方敦权纂修。1990年稿本，一册，平装。

◎河南郡方氏宗谱：(清) 方之玮纂修。清乾隆四十九年 (1784) 木活字本，八册。

◎遂安方氏族谱八卷末一卷：纂修者不详。清乾隆间刻本，七册。

◎遂安方氏族谱不分卷：纂修者不详。清红格抄本，一册。

◎遂安方氏族谱：纂修者不详。清木活字本，三册。

◎遂安方氏族谱八卷首一卷末一卷：方长顺等纂修。1941年永锡堂木活字本，四册。

◎遂安方氏族谱：纂修者不详。民国红格抄本，一册。

◎遂阳大墅方氏宗谱上卷八卷下卷八卷：(清) 方孝续等纂修。清道光二十二年 (1842) 德馨堂木活字本，七册。

◎遂阳大墅方氏宗谱上卷十二卷下卷十二卷：(清) 方济时等纂修。1923年德馨堂木活字本，十二册。

◎河南方氏宗谱十卷：(清) 方肇室主修，(清) 方运通、方玉树纂修。清光绪二十年 (1894) 树德堂木活字本，六册。

◎连岭梅溪方氏四修宗谱：(清) 方仁智纂修。清光绪三十一年 (1905) 积庆堂木活字本，四册。

◎方氏分谱不分卷：方忠德纂修。民国稿本，存一册。

◎湖山方氏宗谱：纂修者不详。清光远堂木活字本，一册。

◎方氏宗谱四卷：方定中主修，方荣金纂修。1930年余庆堂木活字本，四册。

◎清溪方氏族谱不分卷：纂修者不详。抄本，一册。

◎方氏家谱不分卷：纂修者不详。民国抄本，存一册。

【安徽徽州】

◎方氏谱系不分卷：(明) 方良永纂修。明刻本，一册。

◎新安【方氏】宗谱：纂修者不详。木活字本，一册。

【安徽歙县】

◎汉歙丹阳河南方氏衍庆统宗图谱一卷：(宋) 方桂森纂修。明刻本，一册。

◎新安歙邑环山方氏重修流芳谱九卷：(明) 方达纂修。明成化二十三年 (1487)

刻本，一册。

◎古歙方氏历代源流世谱十卷：(明) 方鹗等纂修。明刻本，一册。

◎古歙方氏宗谱七卷：(明) 方远富纂修。明隆庆六年 (1572) 刻本，一册。

◎灵阳方氏谱四卷：(明) 方信纂修。明嘉靖间刻本，一册。

◎汉歙灵山方氏支世谱五卷：(明) 方在明纂修。明万历二十七年 (1599) 刻本，存卷三至四。

◎歙西灵山方氏世谱文选一卷：(明) 方在明纂修。清抄本。

◎沦川方氏族谱不分卷：(明) 方柱纂修。明万历四年 (1576) 稿本，一册。

◎瀹坑方氏白云堂宗谱四卷：方文蔚纂修。1930 年木活字本，四册。

◎方氏世谱一卷：方重钺纂修。民国抄本，一册。

◎沙南方氏宗谱五卷：(明)刘曰谦等纂修。明万历三十四年(1606)木活字本，三册。

◎方氏宗谱不分卷：纂修者不详。明初抄本，二册。

◎方氏世谱不分卷：(清) 方学伯纂修。清康熙二十七年 (1688) 刻本，七册。

◎方氏族谱十卷首一卷：(清)方怀德等纂修。清康熙四十年(1701)刻本，十二册。

◎歙县联野岩镇信行陈村方氏宗谱六卷：(清) 方逢义纂修。清康熙四十一年 (1702) 抄本，四册。

◎歙西柘源方氏宗谱十五卷首一卷：(清) 方清耀等纂修。清乾隆十年 (1745) 敬授堂刻本，六册。

◎钢山路口方氏支谱四卷首一卷终一卷：(清) 方楷林等纂修。清乾隆十一年 (1746) 观礼堂刻本，六册。

◎方氏家谱不分卷：纂修者不详。清末抄本，一册。

◎河南方氏宗谱八卷：(清) 方作彪等纂修。清光绪十九年 (1893) 石峡世恩堂木活字本，十二册。

◎桂林方氏宗谱八卷首一卷末一卷：方志棠等纂修。清宣统三年 (1911) 问源堂木活字本，十六册。

◎府前方氏宗谱二十卷首一卷：方为国纂修。1931 年敦本堂木活字本，七册。

◎问政方氏宗谱四卷：黄锦显等纂修。1937 年和乐堂木活字本，四册。

◎方氏家谱不分卷：方仲权等纂修。1939 年油印本，一册。

◎河南方氏宗谱十卷首一卷：方增云主修。1945 年梧冈尚礼堂木活字本，十册。

【安徽休宁】

◎瀛洲方氏宗谱三卷首一卷：(明) 方公慄等纂修。明万历九年 (1581) 修清康熙间增补抄本，一册。

◎瀛洲方氏宗谱十九卷首一卷：(明) 方公慄等纂修。清抄明万历九年 (1581) 修本，一册。

◎珊溪方氏分支谱略不分卷：(清) 方德骥纂修。清光绪六年 (1880) 杭州恩富堂刻本，二册。

【安徽黟县】

◎璠钟方氏家谱不分卷：(清) 方有健等纂修。清抄康熙四十九年 (1710) 刻本，存一册。

【安徽祁门】

◎方氏族谱不分卷：(明) 方一绪纂修。明天启间稿本，一册。

◎方氏重修宗谱四卷：(清) 方金声等纂修。清同治八年 (1869) 崇本祠木活字本，四册。

◎方氏宗谱八卷首一卷末一卷：(清) 方振锠主修。清同治十三年 (1874) 敦义堂木活字本，十册。

◎方氏重修宗谱三卷：(清) 方有全等纂修。清光绪十一年 (1885) 木活字本，六册。

◎方氏宗谱六卷：(清) 方盛昱纂修。清光绪三十四年 (1908) 崇本祠木活字本，六册。

◎赤桥方氏孟宗谱三卷：(明) 方一鸣等纂修。清抄明万历间修本，一册。

◎关西方氏宗谱六卷：(清) 方兰芳等纂修。清道光二十一年 (1841) 木活字本，六册。

◎方氏宗谱七卷首一卷末一卷：(清) 方定远主修。清同治十三年 (1874) 刻本，八册。

史

【安徽黟县】

◎金泽史氏家谱不分卷：(清) 史继周纂修。清乾隆二十九年 (1764) 善修堂刻本，一册。

包

【安徽绩溪】

◎荆州包氏宗谱四卷：胡元琪纂修。1920 年刻本，四册。

吕

【安徽歙县】

◎新安吕氏续修宗谱六卷附一卷：(明) 吕继华主修。1935 年重刊明万历五年 (1577) 德本堂木活字本，七册。

◎新安大阜吕氏编修宗谱六卷：吕龙光等主修。1935 年德本堂木活字本，六册。

◎吕氏族谱不分卷：纂修者不详。清抄本，存一册。

朱

【浙江淳安】

◎紫阳朱氏宗谱：(清) 朱位南纂修。清宣统二年 (1910) 诚正堂木活字本，一册。

◎紫阳朱氏统宗谱八卷：朱源泉主修。1940 年诚正堂木活字本，八册。

◎青溪会稽朱氏宗谱六卷：朱正桂主修，朱景行纂修。1947 年联仁堂木活字本，六册。

◎南峰朱氏宗谱四卷：朱国贞等纂修。1924 年树德堂梓木活字本，四册。

【安徽徽州】

◎新安朱氏族谱十卷：(明) 朱汝贤纂修。明成化九年 (1473) 刻本，一册。

◎紫阳朱氏统宗世谱十卷：纂修者不详。明万历二十七年 (1599) 刻本，一册。

◎朱氏统宗世谱不分卷：(明) 朱世恩纂修。明嘉靖三十四年 (1555) 刻本，一册。

◎朱氏世谱不分卷：纂修者不详。明抄本，一册。

◎朱氏统宗谱九卷：(明) 朱邦相等纂修。明天启四年 (1624) 刻本，十册。

◎朱氏统宗谱八卷：(明) 朱拱辰纂修。明崇祯四年 (1631) 刻本，十六册。

◎徽婺紫阳阙里朱氏正宗重修统宗谱九卷首一卷：(明) 朱德洪主修。明崇祯间刻本，二十四册。

◎朱氏统宗谱不分卷：(明) 朱国祯等纂修。明末抄本，二册。

◎紫阳朱氏宗谱二十五卷首一卷：朱养泉纂修。1925 年听彝堂木活字本，二十六册。

◎朱氏统宗世系不分卷：朱敏纂修。民国抄本，一册。

【安徽歙县】

◎徽城朱氏谱一卷：（明）朱世思纂修。明嘉靖三十四年（1555）抄本，一册。

◎朱氏宗谱不分卷：（明）朱从善纂修。清康熙间刻本，存一册。

◎朱氏家乘不分卷：（清）朱嘉祚等纂修。清康熙二十二年（1683）稿本，一册。

◎碣溪派朱氏家谱不分卷：（清）朱轮等纂修。清乾隆四十年（1775）抄本，一册。

◎古歙义成朱氏宗谱十卷首一卷终一卷：（清）汪掬如等纂修。清宣统三年（1911）存仁堂木活字本，十二册。

◎歙东叶祈朱氏宗谱六卷：朱光碟纂修。1930年抄本，六册。

◎朱氏本支百世不分卷：纂修者不详。抄本，一册。

【安徽休宁】

◎紫阳朱氏家谱不分卷：纂修者不详。明抄本，存一册。

◎霞瀛朱氏统宗谱五卷：（清）朱坤纂修。清康熙二十年（1681）刻本，一册。

◎资庄朱氏族谱不分卷：（清）朱士章等纂修。清康熙二十九年（1690）刻本，一册。

◎新安月潭朱氏宗谱十卷：（清）朱国兰等纂修。清康熙四十六年（1707）刻本，五册。

◎新安月潭朱氏族谱二十二卷首一卷：朱承铎纂修。1931年木活字本，十四册。

◎小丙朱氏族谱七卷首一卷末一卷：（清）朱良森纂修。清乾隆四十一年（1776）刻本，二册。

◎重修小丙朱氏族谱不分卷：（清）朱梦莲纂修。清嘉庆二十四年（1819）刻本，二册。

◎新潭朱氏族谱不分卷：（清）朱承锡纂修。清道光二十年（1840）抄本，八册。

◎休宁率口溪朱氏支谱不分卷：朱士芸等纂修。清光绪元年（1875）稿本，二册。

◎休宁朱氏家谱不分卷：纂修者不详。清咸丰初至光绪六年间抄本，一册。

◎休宁霓湖朱氏族谱四卷：朱桂纂修。稿本，二册。

【安徽黟县】

◎屏山朱氏重修宗谱八卷：朱懋麟纂修。1920年木活字本，八册。

【江西婺源】

◎官源朱氏宗谱不分卷：纂修者不详。明万历间稿本，一册。

◎婺源茶院朱氏家谱二卷：纂修者不详。明刻本，一册。

◎朱氏正宗谱八卷首一卷末一卷：(清）朱世熊等纂修。清乾隆三十四年（1769）刻本，十六册。

◎婺源阙里朱氏宗谱四卷：朱师濂等纂修。据1920年紫阳堂木活字本复印，四册。

◎桐川朱氏宗谱十二卷：(清）朱彦祥等纂修。清乾隆二十九年（1764）木活字本，十册。

◎桐川朱氏家谱二卷首一卷：(清）朱元奎纂修。清彝叙堂木活字本，三册。

◎桐川罗浮朱氏支谱四卷首一卷：(清）朱小琴纂修。清同治十一年（1872）葆和堂木活字本，一册。

◎岩溪朱氏族谱四卷首一卷末一卷前编一卷后编一卷：(清）朱焕圭等纂修。清嘉庆二十二年（1817）秩叙堂刻本，四册。

◎岩溪朱氏族谱六卷续编五卷首一卷末一卷：(清）朱汝霖等纂修。清同治六年（1867）秩叙堂木活字本，六册。

任

【浙江淳安】

◎遂阳任氏族谱五卷首一卷末一卷：(清）任宏教纂修。清乾隆二年（1737）积庆堂刻本，三册。

◎遂阳任氏族谱：纂修者不详。清积庆堂刻本，一册。

◎遂阳邑东任氏家谱：纂修者不详。清刻本，一册。

◎遂阳任氏大宗谱十卷：任正新纂修。1936年积庆堂木活字本，六册。

◎遂安县修辑任氏宗谱：纂修者不详。民国抄本，存一册。

江

【浙江建德】

◎兰陵萧江氏林山宗谱：纂修者不详。清光绪六年（1880）木活字本，一册。

◎兰陵萧江氏林山宗谱三卷：(清）江贞元、江贞瑞纂修。清宣统元年（1909）木活字本，二册。

【浙江淳安】

◎重修芳山江氏家谱五卷：纂修者不详。清乾隆四十八年(1783)木活字本,二册。

◎重修济阳芳山江氏宗谱十二卷首一卷末一卷：江锦文纂修。1912 年木活字本，十三册。

【安徽徽州】

◎萧江大宗统谱不分卷：纂修者不详。明万历间刻本，存八册。

◎新安萧江大统宗谱二十七卷：（明）江云树等纂修。抄本，一册，毛装。

◎江氏谱牒不分卷：纂修者不详。清抄本，一册，毛装。

◎萧江宗谱不分卷：纂修者不详。清抄本，存一册，毛装。

【安徽歙县】

◎溪南江氏族谱不分卷：（明）江珍纂修。明万历二十年（1592）刻本，一册。

◎溪南江氏族谱不分卷：（明）江珍纂修。明抄本，二册。

◎歙县结林萧江氏支谱六卷：(清)江国维纂修。清乾隆十七年(1752)刻本,二册。

◎重修济阳江氏族谱八卷：(明)江来岷等纂修。明万历四十年(1612)刻本,三册。

◎重修新安东关济阳江氏宗谱二十四卷首一卷：（清）江上锦等纂修。清乾隆五十四年（1789）木活字本，十册。

◎丰川江氏族谱不分卷：（明）江克完纂修。明天启四年（1624）抄本，一册。

◎新安济阳岌公派江氏奏修源流统宗世家支录不分卷：（明）江湛若纂修。明崇祯三年（1630）刻本，一册。

◎郡北济阳江氏宗谱十卷：(明)江国华等纂修。明崇祯十七年(1644)刻本,二册。

◎歙北江村济阳江氏续修合谱不分卷：（清）江瑞霓等纂修。清乾隆三十二年（1767）抄本，一册。

◎歙北江村济阳江氏族谱十卷首一卷末一卷：（清）江维椿等纂修。清乾隆四十三年（1778）刻本，存九册。

◎江氏族谱不分卷：纂修者不详。清抄本，存一册。

◎歙州江氏宗谱三卷：纂修者不详。旧抄本，三册。

◎芳川萧江氏宗谱不分卷：纂修者不详。清咸丰间江有琳抄本，一册。

◎江氏源流不分卷：纂修者不详。抄本，一册。

【安徽黟县】

◎济阳江氏宗谱七卷首一卷：(清) 江光裕纂修。清道光十九年 (1839) 木活字本，四册。

◎济阳江氏统宗簿不分卷：（清）江自守等纂修。清光绪间抄本，一册。

◎岑阳江氏宗谱不分卷：纂修者不详。清宣统元年（1909）抄本，一册。

【安徽祁门】

◎祁门江氏宗谱四卷：（清）江�等纂修。清道光二十八年（1848）义和堂木活字本，四册。

◎济阳江氏宗谱四卷首二卷：（清）江言寿等纂修。清光绪六年（1880）义和堂木活字本，五册。

【江西婺源】

◎萧江家乘十二卷：（清）江庚纂修。清道光三十年（1850）敦伦堂刻本，十二册。

◎萧江全谱五卷附录五卷：（明）江旭奇等纂修。明万历三十九年（1611）刻本，四册。传抄明万历三十九年（1611）刻本，八册。

◎萧江复七公房支谱六卷首一卷：（清）江如松等纂修。清乾隆三十七年（1772）木活字本，二册。

◎兰陵萧江宗谱十三卷首一卷：（清）江承鏑等纂修。清光绪六年（1880）怀德堂木活字本，四册。

◎澄源江氏宗谱六卷：（清）江荣纂修。清道光二十八年（1848）燕诒堂木活字本，六册。

◎济阳江氏宗谱十卷：（清）江廷霖等纂修。清光绪六年（1880）木活字本，十册。

杜

【安徽黄山】

◎仙源杜氏宗谱三卷：（明）杜必蒙等纂修。明万历六年（1578）刻本，一册。

◎仙源杜氏宗谱七十二卷首一卷末一卷：（清）杜冠英等纂修。清光绪二十一年（1895）木活字本，四十七册。

◎泾阳杜氏重修不分卷：（清）杜国梋纂修。清抄本，一册。

【浙江淳安】

◎慈峰李氏宗谱十四卷首一卷：李应辉等纂修。清乾隆二十七年（1762）木活字本，八册。

◎慈峰李氏宗谱不分卷：纂修者不详。清永思堂木活字本，存一册。

◎陇西李氏宗谱十卷首一卷末一卷：李志尚、李志玖纂修。1927年义兴堂木活字本，十册。

【安徽黄山】

◎李氏统宗谱不分卷：(清) 李廷柳等纂修。清乾隆十五年 (1750) 钞本，一册。

◎李氏家乘二十六卷首一卷末一卷：(清) 李垣等纂修。清道光元年 (1821) 刻本，二十八册。

◎义门李氏宗谱四卷首一卷末一卷：(清) 李德彩、李芬保纂修。清道光二十九年 (1849) 敦本堂刻本，四册。

◎义门美溪李氏家乘一百零五卷首一卷末三卷：李平阶、李邦杰纂修。1932年百田尚德堂刻本，二十八册。

◎义门美溪李氏宗谱一卷：纂修者不详。刻本。

◎义门美溪李氏宗谱三百八十三卷：纂修者不详。刻本。

◎江南宁国府太平县馆田李氏宗谱二十四卷首一卷：(清) 李嘉宾等纂修。清光绪三十一年 (1905) 木活字本，二十六册。

【安徽休宁】

◎休易村李氏族谱不分卷：纂修者不详。清抄本，一册，毛装。

【安徽黟县】

◎鹤山李氏宗谱二卷首一卷末一卷：李世禄等纂修。1917年木活字本，六册。

◎鹤山李氏宗谱不分卷：佚名纂修。民国稿本，二册。

【安徽祁门】

◎碧山李氏宗派簿不分卷：纂修者不详。清宣统元年 (1909) 李培芳抄本，一册。

◎碧山李氏宗派谱：纂修者不详。民国抄本，四册。

【江西婺源】

◎岩田李氏会编世谱：(明) 李堂瑞纂修。明嘉靖三十四年 (1555) 刻本，二册，毛装。

◎星源岩田李氏宗谱十九卷首一卷：(清) 李联等纂修。清乾隆十四年 (1749) 刻本，十二册。

◎岩田李氏续修宗谱六卷首一卷：(清) 李华树等纂修。清道光七年 (1827) 刻本，六册。

◎星江岩田李氏宗谱十六卷首一卷：(清) 李振苏等纂修。清道光二十六年 (1846)

木活字本，十六册。

◎星江岩田李氏宗谱十卷首一卷末一卷：(清)李发尧等纂修。清光绪四年(1878)木活字本，十册。

◎星江岩田李氏九修宗谱十六卷首一卷：(清）李鸿瑞、李元瑞纂修。清光绪七年（1881）木活字本，十六册。

◎岩田李氏续修宗谱八卷：纂修者不详。清光绪二十七年(1901)木活字本,三册。

◎星江岩田李氏宗谱十六卷首一卷：(清）李冬华等纂修。1922年木活字本，十六册。

◎理田李氏世谱十五卷：(明）李寅宾等纂修。明抄本，五册，毛装。

◎理田李氏宗谱：(清）李宸藻等纂修。清雍正四年（1726）刻本，存三册。

◎项源会修李氏宗谱五卷首一卷末一卷：(清)李承斌等纂修。清道光五年(1825)木活字本，六册。

◎凰田李氏宗谱六卷：纂修者不详。清乾隆十八年（1753）刻本，三册。

◎唐原李氏家谱二卷首一卷：(清)李大僖等纂修。清道光六年(1826)刻本,一册。

◎唐原李氏家谱五卷末一卷：李万懋等纂修。1918年崇德堂木活字本，五册。

◎甲椿李氏世系家谱六卷首一卷末一卷：(清）李廷赵纂修。清乾隆四十七年（1782）木活字本，三册。

◎甲椿李氏世系家谱十卷首一卷末一卷：(清）李朝筠等纂修。清道光二十八年（1848）木活字印本，六册。

吴

【浙江建德】

◎西龙吴氏宗谱不分卷：纂修者不详。清乾隆四十八年（1783）至德堂木活字本，存一册。

◎西龙吴氏宗谱十一卷首一卷末一卷：(清）吴昺熹等纂修。清光绪四年（1878）三让堂木活字本，十一册。

【浙江淳安】

◎吴氏宗谱十卷首一卷：(清）吴江等纂修。清康熙间木活字本，四册。

◎吴氏宗谱十卷首一卷：(清)吴济光纂修。清道光二十八年(1848)木活字本,四册。

◎东山吴氏宗谱不分卷：纂修者不详。清木活字本，存一册。

◎石峰吴氏宗谱：(清)吴鲁宫纂修。清光绪二十三年(1897)敦叙堂木活字本,二册。

◎云程吴氏族谱：纂修者不详。清泽远堂木活字本，一册。

◎凤山吴氏宗谱：纂修者不详。清木活字本，一册。

◎延陵吴氏宗谱：吴士玉纂修。1925年至德堂木活字本，四册。

◎延陵吴氏宗谱六卷：吴汝贵主修，吴柏林纂修。1925年木活字本，三册。

◎珠渊吴氏宗谱：纂修者不详。1932年木活字本，一册。

◎云峰吴氏宗谱十卷首一卷：吴述祖等纂修。1934年双柱堂木活字本,二十二册。

【安徽黄山】

◎仙源吴氏宗谱八卷附一卷：(清) 吴永凤等纂修。清光绪五年 (1879) 木活字本，五册。

【安徽徽州】

◎吴氏纪源录不分卷：(明) 吴远纂修。明刻本，一册。

◎吴氏考系不分卷：(清) 吴允文等纂修。清康熙三十五年 (1696) 刻本，三册。

◎新安吴氏统宗世谱不分卷：(明) 吴子文纂修。清抄本，存一册。

◎吴氏族谱一卷：纂修者不详。清初抄本，一册。

◎延陵吴氏统宗世系族谱不分卷：纂修者不详。清刻本，一册。

◎新安吴氏族谱不分卷：纂修者不详。清抄本，二册。

◎新安吴氏家谱九卷首一卷末一卷：(清)吴庭议等纂修。清乾隆四十五年(1780)木活字本，三册。

◎吴氏统宗世谱不分卷：纂修者不详。清抄本，卷轴装。

◎新安吴氏家乘世谱不分卷：(清) 吴文炌纂修。清光绪六年 (1880) 抄本,三册。

◎吴氏家谱三卷首一卷末一卷：(清) 吴振瀛等纂修。清光绪二十六年 (1900) 木活字本，八册。

◎吴氏系谱不分卷：纂修者不详。清抄本，存一册。

【安徽歙县】

◎新安富饶吴氏会通谱二十卷首一卷末一卷：(明) 吴道进等纂修。明正德七年 (1512) 刻本，三册。

◎富饶吴氏会通谱十五卷：(明) 吴积惠纂修。明嘉靖十六年 (1537) 刻本,二册。

◎岩镇吴氏续修宗谱不分卷：（明）吴□等纂修。明嘉靖二十五年（1546）刻本，三册。

◎古歙岩镇东磡头吴氏族谱四卷：（清）吴雯清纂修。清嘉庆十一年（1806）有秩堂抄本，四册。

◎岩镇吴氏支谱不分卷：纂修者不详。清抄本，一册。

◎新安歙西溪南吴氏世谱不分卷：（明）吴元满纂修。明万历三十年（1602）刻本，一册。

◎新安歙西溪南吴氏世谱不分卷：纂修者不详。清抄本，一册。

◎新安歙西溪南吴氏世谱不分卷：（明）吴元满纂修。清抄本，二册。

◎吴氏统宗志不分卷：（清）吴起凤纂修。清乾隆十二年（1747）木活字本，二册。

◎歙西溪南吴氏唐始祖光公传至元十二世祖如川公派下家谱不分卷：（清）吴应泰纂修。清嘉庆十六年（1811）抄本，一册。

◎新安歙西溪南吴氏世谱不分卷：纂修者不详。清嘉庆二十年（1815）吴元照抄本，四册。

◎新安龙台吴氏谱图续编二卷：（清）吴家藻纂修。清抄本，四册。

◎澄塘吴氏家谱四卷：（明）吴敬仲纂修。明天启五年（1625）刻本，四册。

◎吴氏家谱：纂修者不详。明抄本，一册。

◎澄塘吴氏家谱三卷：（清）吴亦溥纂修。清抄本，一册。

◎歙南吴氏族谱六卷：（明）吴尚德纂修。明崇祯元年（1628）刻本，二册。

◎歙南吴氏族谱不分卷：纂修者不详。明崇祯间抄本，一册。

◎歙南吴氏族谱不分卷：纂修者不详。清抄本，一册。

◎长林吴氏宗谱不分卷：（清）吴公洋纂修。清乾隆四年（1739）抄本，二册。

◎长林吴氏支谱四卷：（清）吴公洋纂修。清乾隆五年（1740）笃叙堂木活字本，一册。

◎昌溪太湖吴氏宗谱九卷：（清）吴如彬等纂修。清乾隆三十年（1765）刻本，六册。

◎昌溪太湖吴氏宗谱十四卷：（清）吴念祖主修。清光绪三十二年（1906）木活字本，二十册。

◎昌溪太湖吴氏族谱不分卷：（清）吴锡纯纂修。清光绪二十五年（1899）敦伦堂木活字本，一册。

◎冲山吴氏家乘三卷：（清）吴文琇纂修。清嘉庆三年（1798）刻本，二册。

◎沙园吴氏宗谱四卷首一卷末一卷：(清) 吴烈纂修。清嘉庆十一年 (1806) 木活字本，二册。

◎枫川吴氏宗谱八卷首一卷末一卷：(清) 吴荣春等纂修。清光绪三年 (1877) 敦厚堂木活字本，四册

◎石潭吴氏叙伦祠宗谱十二卷：(清) 吴绍周纂修。清光绪二十年 (1894) 木活字本，十二册。

◎石潭吴氏宗谱十六卷：吴寿根等纂修。1930年春晖堂木活字本，十六册。

◎昌溪庠里吴氏宗谱八卷：(清) 吴景桓等纂修。清光绪二十六年 (1900) 思成堂木活字本，八册。

◎北岸吴慎德堂族谱十四卷前编一卷外编一卷：吴永滋纂修。1921年慎德堂木活字本，十六册。

【安徽休宁】

◎休宁县市吴氏本宗谱十卷：(明) 吴津等纂修。明嘉靖七年 (1528) 刻本，二册。

◎新安休宁乾滩吴氏会通谱十二卷：(明) 吴斌等纂修。明嘉靖十一年 (1532) 光裕堂刻本，三册。

◎休宁吴田吴氏分支统谱九卷：(明)吴作等纂修。明嘉靖十七年(1538)刻本，四册。

◎休宁璜源吴氏族谱八卷：(明)吴烨等纂修。明万历七年(1579)保和堂刻本，四册。

◎休宁璜源吴氏族谱十卷首一卷：(清)吴铨纂修。清康熙六十年(1721)刻本，三册。

◎璜源吴氏族谱不分卷：纂修者不详。清道光二年 (1822) 木活字本，一册。

◎休宁茗洲吴氏家记十二卷：(明) 吴子玉纂修。明万历十二年(1584)抄本，四册。

◎茗洲吴氏家典八卷：(清) 吴翟等纂修。清雍正十一年 (1733) 木活字本，八册。

◎茗洲吴氏家典八卷：(清)吴翟纂修。清光绪十八年(1892)紫阳书院刻本，五册。

◎梢云吴氏族谱三卷：(明)吴大经纂修。明万历三十二年(1604)蓝格抄本，四册。

◎梢云吴氏族谱十卷：(明) 吴大经纂修。明抄本，四册。

◎新安世家梢云吴田吴氏族谱不分卷：纂修者不详。清抄本，一册。

◎左台吴氏谱图续编不分卷：(明) 吴钦仪纂修。明万历间刻本，一册。

◎左台吴氏大宗谱不分卷：(清)吴正遂纂修。清乾隆五十四年(1789)刻本，二册。

◎左台吴氏图谱续编不分卷：(清) 吴云岫纂修。清嘉庆十九年 (1814) 木活字本，二册。

◎左台吴氏大宗谱三编：吴吉华纂修。1934 年中华书局铅印本，二册。

◎新安左台吴氏谱续编不分卷：纂修者不详。民国抄本，一册。

◎吴氏族谱十卷：(明) 吴维东等纂修。明崇祯三年（1630）刻本，一册。

◎海阳吴氏族谱不分卷：(明) 吴维东等纂修。明崇祯三年（1630）抄本，一册。

◎海阳吴氏世谱五卷首一卷增补一卷：(清)吴卯高等纂修。清乾隆十二年(1747)抄本，一册。

◎临溪吴氏族谱十四卷附宗约一卷：(明) 吴元孝纂修。明崇祯十四年（1641）刻本，三册。

◎吴氏世谱不分卷：纂修者不详。明刻本，二册。

◎临溪荪圻吴氏谱集：纂修者不详。清抄本，一册。

◎商山吴氏重修族谱二卷：(明)吴士彦等纂修。明崇祯十六年(1643)刻本,一册。

◎商山吴氏族谱一卷：(清) 吴焘纂修。清同治十三年（1874）孝敬堂木活字本，一册。

◎商山吴氏家谱一卷：(明) 吴浩纂修。清抄本，一册。

◎吴氏正宗谱四卷：纂修者不详。明末刻本，一册。

◎吴氏正宗谱一卷：(清) 吴允榕纂修。清乾隆十二年（1747）刻本，一册。

◎衡川吴氏家乘不分卷：(明) 吴新朗等纂修。明抄本，一册。

◎衡川吴氏宗谱不分卷：纂修者不详。清嘉庆八年（1803）抄本，一册。

◎休宁检潭琰溪吴氏同续谱：(明) 吴云贵等纂修。明刻本，一册。

◎吴氏宗谱五卷：(明) 吴全等纂修。明抄本，一册。

◎大斐吴氏族谱五卷：(清) 吴继祺纂修。清乾隆二年（1737）抄本，一册。

◎吴氏忠孝城南支谱不分卷：(清)吴肯堂纂修。清乾隆二十四年(1759)抄本,二册。

◎新安延陵吴氏家谱九卷首一卷末一卷：(清) 吴庭议等纂修。清乾隆四十五年（1780）居易堂刻本，八册。

◎吴氏祖派源流统宗一卷：纂修者不详。清乾隆四十八年（1783）敬爱堂抄本，一册。

◎休宁厚田吴氏重修宗谱六卷：(清) 吴骞纂修。清乾隆五十二年（1787）赐锦堂刻本，四册。

◎休宁厚田吴氏重修宗谱九卷：(清) 吴瑗纂修。清道光二十三年（1843）赐锦堂木活字本，四册。

◎新安东里吴氏族谱十二卷首一卷：(清）吴立学等纂修。清道光十九年（1839）笃忠堂木活字本，七册。

◎南圩吴氏族谱不分卷：(清）吴炳文纂修。清光绪二十年（1894）增抄清道光间吴武炳抄本，二册。

◎休宁吴氏宗谱不分卷：纂修者不详。清抄本，一册。

◎泰溪吴氏世谱不分卷：纂修者不详。抄本，一册。

【安徽黟县】

◎横冈吴氏会通宗谱不分卷：(清)吴世翔纂修。清光绪二十四年(1898)刻本,一册。

◎横冈吴氏会通宗谱不分卷：(清）吴世翔纂修。清光绪三十四年（1908）种德堂刻本，一册。

◎黟北吴氏族谱四卷：吴士愷纂修。1924 年木活字本，一册。

【安徽祁门】

◎新安祁东吴氏谱不分卷：吴朝煐纂修。清初抄本，一册。

◎祁东福洲吴氏宗谱不分卷：(清）吴永善纂修。清咸丰三年（1853）抄本，一册。

◎吴氏三修谱三卷：纂修者不详。清光绪三十四年（1908）敦仁堂刻本，存卷一。

何

【浙江淳安】

◎文昌何氏会宗谱：纂修者不详。明末木活字本，三册。

◎何氏家乘十五卷首一卷：何光照主修，何振麟纂修。1926 年彝伦堂木活字本，十六册。

◎凤山何氏宗谱十四卷首一卷末一卷：(清）何凤仪等纂修。清光绪三年（1877）彝伦堂木活字本，六册。

◎何氏宗谱十六卷首一卷末一卷：(清）何余善等纂修。清光绪二年（1876）大本堂木活字本，十册。

◎何氏宗谱六卷首一卷：何寅淡主修，王肇泰纂修。1947 年荣本堂木活字本，六册。

【安徽休宁】

◎休宁县率口何氏族谱十二卷：(清)何于岷纂修。清康熙九年(1670)抄本，一册。

【江西婺源】

◎庐江何氏宗谱三卷首一卷末一卷 :(清)何大海等纂修。清光绪二十八年(1902)崇本堂木活字本，五册。

◎田源何氏宗谱十四卷 : 何起邦纂修。1914 年恭友堂刻本，十册。

佘

【安徽歙县】

◎雁门佘氏宗谱六卷 :(清) 佘逸、佘炎纂修。1920 年传抄清代修本，六册。

余

【浙江建德】

◎三峰临淮余氏宗谱 : 纂修者不详。清光绪三十三年（1907）木活字本，二册。

【浙江淳安】

◎遂安西涧泮南余氏族谱三卷 :(清) 余之颙纂修。清康熙维新堂刻本，三册。

◎泗水余氏宗谱六卷 : 余兆雯纂修。1945 年敦叙堂木活字本，六册。

◎遂安儒洪余氏族谱十六卷首一卷末一卷 : 余拱宸主修，余遇唐纂修。1922 年祥岚堂木活字本，十六册。

◎瑶坡余氏宗谱八卷首一卷 :(清) 余佩铨等纂修。清光绪十年 (1884) 木活字本，八册。

◎新安郡余氏家谱九卷 : 余日饶纂修。1945 年木活字本，一册。

◎临淮余氏宗谱 : 纂修者不详。清木活字本，四册。

◎岩阳余氏宗谱十八卷首一卷 :(清) 余起亿主修，(清) 余鹗等纂修。清乾隆三十八年（1773）木活字本，七册。

◎岩阳余氏宗谱二十卷首一卷 :(清) 余锡庆二十二年（1817）永和堂木活字本，十册。

◎岩阳余氏宗谱 : 纂修者不详。清永和堂木活字本，三册。

◎岩阳余氏宗谱 : 纂修者不详。民国抄本，一册。

◎石英萝蔓余氏宗谱 : 纂修者不详。清刻本，四册。

◎遂安儒洪余氏族谱 : 纂修者不详。清刻本，三册。

◎泮南余氏宗谱六卷：(清)余景芝主修,(清)余元矿等纂修。清道光二年(1822)维新堂木活字本，四册。

◎遂安萝蔓余氏族谱二卷：纂修者不详。清抄本，一册。

◎遂安萝蔓世家下洲余氏族谱：(清)余诰主修。清道光二至三年(1822 ~ 1823)尚忠堂木活字本，二册。

◎下洲余氏宗谱二卷：余来金主修。2003 影印本暨排印本，一册，精装。

◎遂安萝蔓余氏族谱八卷首一卷末一卷：(清)余世楷等纂修。清道光三年(1823)余世美堂木活字本，三册。

◎遂安萝蔓塘余氏族谱十八卷首一卷：(清）余润门等纂修。清道光二十七年(1847）宗约堂木活字本，十三册。

◎萝蔓塘松林余氏世家宗谱十八卷：余流柱主修。1933 年宗约堂木活字本，三十册。

◎遂安萝蔓世家下洲余氏族谱八卷：余登谷主修。1947 年尚忠堂木活字本，十六册。

◎遂安萝蔓塘余氏家谱：纂修者不详。清刻本，二册。

◎续修萝蔓余氏云林族谱八卷：余宗玠等纂修。1915 年木活字本，八册。

◎萝蔓余氏合修宗谱十三卷首一卷末一卷：余学湘等纂修。1941 年木活字本，十二册。

◎遂安珠渊余氏族谱九卷首一卷：(清）余景曾等纂修。清道光三十年（1850）抄本，九册。

◎琅川金峰余氏宗谱十卷：(清)余承杰等纂修。清咸丰元年(1851)木活字本,六册。

◎琅川金峰余氏宗谱十卷：(清）余颖等纂修。清康熙十一年（1672）刻本,一册。

◎琅川金峰余氏宗谱十二卷：余象濂主修。2000 年铅印本，十册。

◎鲤溪余氏宗谱五卷：(清）余仲禧等纂修。清乾隆十一年（1746）务本堂木活字本，一册。

◎狮山余氏族谱六卷首一卷：(清）余炳虎等纂修。清道光八年（1828）嘉会堂木活字本，十六册。

◎狮山余氏族谱六卷首一卷：(清）余承柱等纂修。清咸丰十年（1860）嘉会堂木活字本，二十册。

◎狮山余氏族谱六卷首一卷 :（清）余郁文等纂修。清光绪二十三年（1897）嘉会堂木活字本，二十二册。

◎狮山余氏族谱 :（清）余猷正等主修，（清）余任贤纂修。清木活字本，一册。

◎余氏宗谱 : 纂修者不详。民国抄本，二册。

◎遂安萝蔓塘柏林余氏宗谱 : 余心田等纂修。1939 年木活字本，十二册。

◎璜堂余氏宗谱四十七卷首一卷 :（清）余即等主修。清乾隆五十一年（1786）清远堂木活字本，三十册。

◎璜堂余氏宗谱不分卷 : 纂修者不详。清刻本，存一册。

◎璜堂余氏宗谱六卷首一卷 :（清）余开熊主修。清道光十二年（1832）思成堂木活字本，二册。

◎璜堂余氏宗谱二十卷首一卷 :（清）余大川等主修。清光绪八年（1882）大本堂木活字本，十九册。

◎璜堂余氏宗谱不分卷 : 纂修者不详。清抄本，存二册。

◎璜堂余氏宗谱不分卷 : 纂修者不详。民国抄本，存一册。

◎璜堂余氏宗谱 : 纂修者不详。民国余庆堂木活字本，十册。

◎璜堂余氏宗谱四十七卷 : 纂修者不详。清乾隆五十一年（1786）中善堂、全发堂等木活字本，四册。

◎璜堂余氏宗谱 : 纂修者不详。清中善堂木活字本，三册。

◎璜堂余氏宗谱二十六卷首一卷 : 纂修者不详。1926 年大本堂木活字本，二十八册。

◎璜堂余氏续修宗谱三十卷 : 余仁昌主修。1921 年风山德茂堂刻本，三册。

◎璜堂余氏宗谱 : 纂修者不详。民国中善堂木活字本，五册。

◎璜堂余氏宗谱八卷 :（清）余信芳主修。清光绪三十一年（1905）爱敬堂木活字本，六册。

◎武山余氏宗谱八卷 : 余彩朗主修，余锡椿等纂修。1928 年锡类堂木活字本，八册。

◎凤林余氏宗谱十二卷首一卷 :（清）余承禶主修。清光绪四年（1878）敦叙堂木活字本，八册。

◎赤城余氏宗谱十八卷 :（清）余宾璐主修。清光绪二十四年（1898）光远堂木活字本，十八册。

◎岭西余氏宗谱六卷首一卷末一卷：余炽蕃主修，余庆年纂修。1917年德义堂木活字本，六册。

【安徽黄山】

◎余氏宗谱一卷：（明）余世炜纂修。明天启五年（1625）稿本，一册。

【安徽徽州】

◎临淮余氏宗谱十二卷首一卷末一卷：（清）余学湘等纂修。清光绪三十四年（1908）木活字本，十二册。

◎新安郡余氏家谱十卷：纂修者不详。清光绪二十七年（1901）刻本，一册。

【安徽歙县】

◎泗水余氏会通世谱五卷外纪一卷：（明）余瑗纂修。明正德元年（1506）刻本，二册。

◎新安余氏世系像谱不分卷：（清）余克剑纂修。清光绪二年（1876）敦睦堂抄本，一册。

◎余氏谱不分卷：纂修者不详。清同治十一年（1872）抄本，一册。

◎余氏宗谱不分卷：（清）余世鼎纂修。清乾隆三十一年（1766）抄本，一册。

◎蓝田余氏统宗世谱一卷：（清）余天柱纂修。清嘉庆五年（1800）抄本，一册。

◎长溪余氏重修正谱二卷：（清）余章耀等纂修。清道光二十八年（1848）宾善堂刻本，一册。

◎长溪余氏宗谱四卷首一卷末一卷：余有横等纂修。1929年宾善堂木活字本，四册。

【安徽休宁】

◎余氏宗谱不分卷：（明）余永正等纂修。明万历二十五年（1597）刻本，存一册。

◎余氏族谱不分卷：（清）余邦炎等纂修。清乾隆四十七年（1782）木活字本，一册。

◎海阳余氏谱六卷首一卷末一卷：（明）余世炜等纂修。明崇祯二年（1629）汪高元刻本，一册。

◎余绍贤堂族谱三十卷：余家修纂修。1912年石印本，十四册。

◎余氏族谱二集：（清）余文週纂修。清康熙贻庆堂抄本，一册。

◎余氏宗谱不分卷：（明）余天柱纂修。明万历十六年（1588）刻本，一册。

【安徽黟县】

◎环山余氏宗谱二十二卷首一卷末一卷附一卷：余攀荣等纂修。1917年木活字本，十三册。

【江西婺源】

◎余氏统谱不分卷：(明)余星源纂修。明隆庆二年（1568）刻本，一册。

◎余氏宗谱四卷首一卷：纂修者不详。清乾隆五十年（1785）抄本，二册。

◎婺源沱川余氏宗谱：(清)余家鼎纂修。清光绪三十一年(1905)木活字本,二册。

◎婺源沱川余氏家谱不分卷：(清) 余懋学、余学绍纂修。清抄本，一册。

◎沱川余氏家乘：纂修者不详。清道光间抄本，二册。

◎河间余氏支谱三卷：(清) 俞观洪等纂修。清同治七年（1868）木活字本,一册。

◎下邳余氏宗谱四卷首一卷：纂修者不详。清孝行堂木活字本，二册。

汪

【浙江建德】

◎颍川越荫堂汪氏家谱六卷：(清)汪承诜等纂修。清道光九年(1829)刻本,四册。

【浙江淳安】

◎岐山汪氏重修宗谱：(清)汪岐裔纂修。清康熙二十八年(1689)一本堂刻本,四册。

◎汪氏统谱纂要四卷：(清) 汪岐裔纂修。清康熙间刻本，一册。

◎汪氏统谱纂要六卷首一卷：(清) 汪肇基纂修。清乾隆十四年（1749）一本堂刻本，三册。

◎汪氏得罗公正脉统宗谱八卷首一卷末一卷：(清) 汪锡龄纂修。清乾隆十五年（1750）一本堂刻本，五册。

◎汪氏得罗公正脉统宗谱：(清) 汪玑纂修。清乾隆三十四年（1769）一本堂木活字本，一册。

◎汪氏得罗公正脉统宗谱十二卷首三卷末二卷：(清) 汪赐魁等纂修。清嘉庆二十三年（1818）一本堂木活字本，十六册。

◎汪氏得罗公正脉统宗谱十六卷：(清) 汪庚主修。清光绪二年（1876）一本堂木活字本，二十册。

◎汪氏得罗公正脉统宗谱：纂修者不详。清一本堂木活字本，二册。

◎汪氏宗谱五卷首一卷：(清) 汪一蛟主修，(清) 汪培元纂修。清康熙四十八年（1709）童沂大本堂刻本，十册。

◎汪氏宗谱八卷：(清) 汪之淋等纂修。清乾隆四十九年（1784）童沂大本堂刻本，九册。

◎汪氏宗谱八卷首一卷：（清）汪中孚主修，（清）汪必美等纂修。清道光二十二年（1842）大本堂木活字本，九册。

◎续修汪氏宗谱十二卷首一卷末一卷：(清)汪有珑主修。清光绪二十九年(1903)大本堂木活字本，十二册。

◎重修汪氏宗谱：（清）汪国荣纂修。清大本堂刻本，一册。

◎汪氏宗谱：纂修者不详。清刻本，二册。

◎汪氏统宗谱十八卷首一卷：汪明煌等纂修。1948 年大本堂木活字本，十册。

◎汪氏宗谱十卷首一卷：（清）汪国佑等纂修。清乾隆二十七年（1762）余庆堂木活字本，五册。

◎霞川汪氏重修族谱十二卷：（清）汪兆鹏等纂修。清嘉庆十九年（1814）朝宗堂刻本，八册。

◎平阳郡汪氏宗谱六卷首一卷：（清）汪厚财主修，（清）汪裕柱纂修。清道光二十九年（1849）永承堂木活字本，五册。

◎汪氏宗谱：纂修者不详。清木活字本，一册。

◎汪氏宗谱：纂修者不详。清永承堂木活字本，二册。

◎论源汪氏宗谱二十卷首一卷末一卷：纂修者不详。1929 年孝友堂木活字本，十九册。

◎霞山汪氏会修宗谱二十卷首一卷：汪海荟主修。1940 年槐里堂木活字本，二十册。

◎梅林汪氏宗谱八卷首一卷：汪志根主修。1948 年积庆堂木活字本，八册。

【安徽黄山】

宿松汪氏宗谱五卷首二卷：王傅翘等纂修。1942 年木活字本，七册。

【安徽歙县】

◎新安汪氏族谱不分卷：（元）汪云龙纂修。元后至元三年（1337）刻本，一册。

◎新安汪氏庆源宗谱不分卷：（元）汪垚纂修。元抄本，一册。

◎岩镇汪氏重辑本宗谱四卷序一卷附录一卷：（明）汪渊纂修。明弘治十三年（1500）刻本，一册。

◎岩镇汪氏家谱不分卷：(明）汪道昆纂修。明万历二十七年（1599）刻本，二册。

◎岩镇汪氏谱系不分卷：纂修者不详。明抄本，一册。

◎新安古歙汪氏渊源傅系支派谱图稿一卷：（明）汪万钟纂修。清咸丰十一年（1861）汪世桀抄本，一册。

◎汪氏世纪四卷：（明）汪镬纂修。明嘉靖三十年（1551）刻本。汪氏谱稿一卷谱稿附录一卷：（清）汪家椿纂修。清道光四年（1824）刻本。

◎富溪大本堂汪氏世系承流统谱不分卷：（清）汪德钺纂修。清道光二十八年（1848）稿本，一册。

◎歙西堨田汪氏家谱四卷首一卷：（清）汪邦忠等纂修。清光绪七年（1881）刻本，一册。

◎汪氏族谱二卷：（明）汪仪凤纂修。明抄本，一册。

◎汪氏迁派实录提纲七卷：（明）汪国言纂修。明万历元年（1573）刻本，二册。

◎潜口西山汪氏流芳世谱十卷：（明）汪文斌纂修。明西麓堂抄本，一册。

◎潜川汪氏敬思流芳集一卷后集一卷：（明）汪永龄纂修。明抄本，存二册。

◎潜川汪氏本支世谱不分卷：纂修者不详。清康熙二十年（1681）西麓堂抄本，一册。

◎潜川汪氏惇本祠溯源家谱八卷：（清）汪士宏纂修。清康熙三十三年（1694）刻本，二册。

◎江南新安歙县潜川汪氏家乘二卷：（清）汪道让纂修。清光绪二十五年（1899）稿本，二册。

◎潜川中市汪氏祖先像赞一卷：（清）汪道让纂修。清光绪二十五年（1899）稿本，一册，册页。

◎汪氏家乘一卷：（清）汪定辅纂修。清稿本，一册。

◎西沙溪汪氏谱不分卷：纂修者不详。明万历二十二年（1594）刻本，四册。

◎西沙溪汪氏谱不分卷：（清）汪存纂修。清康熙间刻本，一册。

◎新安歙邑西沙溪汪氏族谱十四卷：（清）汪志琦等纂修。清康熙四十八年（1709）刻清道光二十九年（1849）麟书堂重印本，十五册。

◎唐模上汪氏流芳集十卷：（明）汪椿主修。明嘉靖三十八年（1559）抄本，一册。

◎汪氏十六族谱十卷：（明）汪道昆纂修。明万历二十年（1592）刻本，二册。

◎汪氏十六族谱十卷：（明）汪道昆纂修。明万历二十七年（1599）刻本，存四册。

◎汪氏十六族谱十卷：(明) 汪道昆纂修，(明) 汪存重修。明万历二十年 (1592) 刻明万历四十年 (1612) 重修本，四册。

◎汪氏族原二卷首一卷：(明) 汪士贤纂修。清抄本，一册。

◎汪氏家谱不分卷：(清) 汪源清纂修。清顺治四年 (1647) 刻本，一册。

◎汪氏族谱不分卷：纂修者不详。清抄本，一册。

◎新安汪氏宗祠通谱四卷首一卷末一卷：(清) 汪鸣相等纂修。清道光二十年 (1840) 吴清山祠木活字本，四册。

◎烟溪汪氏支谱四卷：(清) 汪敬璐纂修。清光绪十六年 (1890) 稿本，四册。

◎汪氏分迁大里支谱六卷：纂修者不详。清康熙末抄本，六册。

◎歙西汪氏重辑支谱四卷首一卷：汪宗海纂修。1919 年抄本，六册。

◎歙南梅口汪氏续修统宗正脉谱不分卷：纂修者不详。清抄本，一册。

◎吴山潭石汪氏族谱不分卷：(清) 汪章礼纂修。清乾隆三十三年 (1768) 抄本，存一册。

◎歙西仙源汪氏族谱不分卷：(清) 汪永藻纂修。清乾隆三十八年 (1773) 四维堂抄本，存二册。

◎汪氏宗谱：纂修者不详。清惇义堂木活字本，一册。

◎汪氏宗谱不分卷：汪氏合族纂修。清抄本，一册。

◎歙城汪氏家乘不分卷：(清) 汪徽和纂修。清道光二十二年 (1842) 刻本，二册。

◎家谱约编二卷：(清) 汪鋆纂修。清光绪十五年 (1889) 抄本，一册。

◎汪氏支谱二卷：纂修者不详。清光绪间耕荫庄木活字本，一册。

◎越国汪氏遗谱不分卷：汪氏合族纂修。清抄本，一册。

◎汪氏槐塘支派谱抄一卷：纂修者不详。清汪国麟抄本，一册。

◎长源汪氏续修世系不分卷：(清) 汪鸿标等纂修。清宣统元年 (1909) 世泽堂木活字本，一册。

◎汪氏义门支谱十卷：汪廷尚等主修。1918 年石印本，十册。

◎汪氏宗谱六卷：汪鹤年等纂修。1924 年永恩堂木活字本，六册。

◎歙县龙溪汪氏统宗谱二十四卷首一卷：(清) 汪宏布等纂修。清乾隆二十年 (1755) 惇本祠刻本，四册。

◎歙县南源口汪氏宗谱不分卷：汪效骧纂修。1941 年惇叙堂抄本，一册。

【安徽休宁】

◎汪氏族谱十卷：（明）汪道谨纂修。明成化十六年（1480）刻本，一册。

◎休宁城北汪氏族谱二卷：（明）汪让纂修。明成化二十三年（1487）刻本，二册。

◎汪氏族谱十卷：（明）汪志、汪道纂修。明弘治二年（1489）刻本，二册。

◎休宁西门汪氏本宗谱十一卷附录一卷：（明）汪尚和纂修。明嘉靖六年（1527）刻本，二册。

◎休宁西门汪氏族谱十一卷附录一卷：（明）汪尚和纂修。清抄本，一册。

◎休宁西门汪氏族谱十四卷：（清）汪澍等纂修。清顺治九年（1652）刻本，六册。

◎西门汪氏宗谱：纂修者不详。清刻本，二册。

◎休宁西门汪氏大公房挥佥公支谱十卷：（清）汪立正纂修。清乾隆四年（1739）百城书屋刻本，四册。

◎西门汪氏九承奉长房支谱不分卷：（清）汪禝年纂修。清抄本，一册。

◎汪氏世谱：纂修者不详。清抄本，二册。

◎休宁东门汪氏家乘十卷：（明）汪七宝纂修。明嘉靖二十年（1541）刻本，一册。

◎休宁藏溪汪氏世谱十卷总目：纂修者不详。明嘉靖间刻本，一册。

◎方塘汪氏思本录不分卷：纂修者不详。明抄本，一册。

◎方塘汪氏宗谱不分卷：（清）汪一撰纂修。清康熙七年（1668）稿本，一册。

◎渠滨汪氏谱不分卷：纂修者不详。清抄本，一册。

◎渠口汪氏支谱不分卷：纂修者不详。民国抄本，一册。

◎梅林汪氏族谱不分卷：（明）汪应泰纂修。据明天启六年（1626）抄本，一册。

◎隐川锦堂汪氏家乘：（清）吴霞纂修。清顺治十四年（1657）抄本，一册。

◎汪氏宗谱一卷：纂修者不详。清抄本，一册。

◎新安休阳城长川汪氏家谱不分卷：（清）汪时亨纂修。清康熙四十年（1701）抄本，一册。

◎上资汪氏家乘十卷：（清）汪居鲲纂修。清乾隆十年（1745）木活字本，一册。

◎梯山汪氏族谱十五卷：（清）汪国蔚纂修。清乾隆十二年（1747）稿本，四册。

◎约山支谱不分卷：（清）汪士兆纂修。清乾隆三十二年（1767）汪士兆抄本，一册。

◎滁村汪氏族谱一卷：纂修者不详。清抄本，一册。

◎双溪汪氏族谱不分卷：纂修者不详。抄本，一册。

◎休西双溪汪氏家谱不分卷：纂修者不详。清汪大沼抄本，四册。

◎休宁西岸汪氏族谱不分卷：纂修者不详。清抄本，一册。

◎汪氏谱略不分卷：汪原渠纂修。1913年越荫堂铅印本，一册。

◎汪氏谱略不分卷：汪原渠纂修。1931年越荫堂铅印本，一册，平装。

【安徽黟县】

◎沙田宗派族谱一卷：（清）汪尚辉纂修。清康熙三十一年（1692）稿本，一册。

◎弘村汪氏家谱二十六卷首一卷：（清）汪纯粹纂修。清乾隆十三年（1748）刻本，十六册。

◎汪氏八修小宗谱：纂修者不详。1924年据清光绪十六年（1890）纂修抄本，一册。

【安徽祁门】

◎赤山汪氏宗谱不分卷：纂修者不详。明刻本，一册。

◎韩楚二溪汪氏家乘四卷：（清）汪起濂等纂修。清嘉庆二年（1797）刻本，二册。

◎韩楚二溪汪氏家乘十卷首一卷：（清）汪衍桎等主修，（清）汪发宰纂修。清宣统二年（1910）木活字本，十册。

◎南源汪氏支谱八卷首一卷：纂修者不详。清道光二十九年（1849）南源敬敷堂刻本，四册。

◎南源汪氏支谱十卷：汪恒等纂修。1933年木活字本，六册。

◎平阳汪氏宗谱八卷：（清）汪大樽等纂修。清同治七年（1868）木活字本，八册。

◎平阳汪氏宗谱八卷：（清）汪启初等纂修。清光绪二十九年（1903）敦伦堂木活字本，八册。

◎环溪汪氏宗谱四卷：（清）汪昌礼主修，（清）汪时镛纂修。清光绪十三年（1887）木活字本，四册。

◎汪氏宗谱不分卷：纂修者不详。清抄本，存一册。

【安徽绩溪】

◎孔灵汪氏家乘十三卷世系图不分卷：纂修者不详。清抄本，一册。

◎登源汪氏宗谱不分卷：（明）汪祐清等纂修。旧抄本，一册。

◎汪氏世守谱十卷首一卷：（清）汪国徘、汪度纂修。清乾隆三十七年（1772）木活字本，四册。

◎汪氏世守谱十卷首一卷：汪行广等主修，汪顺煌等纂修。1915年木活字本，六册。

◎汪氏宗谱四卷：纂修者不详。清光绪二年（1876）敦伦堂刻本，四册。

◎西坑派汪氏宗谱：（清）汪培松纂修。清光绪十七年（1891）叙伦堂木活字本，存卷六。

◎绩溪三都梧川汪氏宗谱六卷首一卷：（清）汪宗澣等纂修。清光绪二十一年（1895）爱敬堂木活字本，六册。

◎徐川越国汪氏族谱二十卷首一卷末一卷：胡祥木纂修。1916年木活字本，六册。

◎坦川越国汪氏族谱二十二卷首一卷末一卷：汪大铭等主修。1925年徐伦堂木活字本，六册。

◎坦川越国汪氏族谱十六卷首一卷末一卷：汪嘉锦主修。1925年徐伦堂木活字本，四册。

◎越国世家渊源一本之图一卷：纂修者不详。1946年抄本，一册。

【江西婺源】

◎回岭汪氏宗谱九卷附续谱补旧一卷：（元）汪德麟纂修。明嘉靖间刻本，一册。

◎汪氏世乘录不分卷：纂修者不详。明刻本，存一册。

◎迴岭汪氏宗谱不分卷：（明）汪都宪纂修。清抄本，一册。

◎汪氏谱传一卷：纂修者不详。清抄本，一册。

◎磻溪汪氏家谱二十卷首一卷末一卷：（清）汪炳章等纂修。清同治三年（1864）木活字本，五册。

◎磻溪汪氏家谱二十二卷首一卷末一卷：汪心悦等纂修。1939年木活字本，二十四册。

◎平阳汪氏宗谱五卷末一卷：（清）汪王仁等纂修。清光绪六年（1880）孝恩堂木活字本，二册。

◎平阳汪氏宗谱六卷首一卷：（清）汪麟宣主修。清光绪三十一年（1905）环溪惇义堂木活字本，五册。

◎平阳汪氏宗谱二十九卷：（清）戴恒修。清光绪三十二年（1906）木活字本，十九册。

◎大畈汪姓通宗世谱一卷：（清）汪维英纂修。清光绪间稿本，一册。

◎汪氏宗谱十七卷首一卷末一卷：（清）汪祖塾纂修。清宣统元年（1909）木活字本，十八册。

◎石井汪氏族谱：纂修者不详。民国木活字本，二册。

沈

【浙江淳安】

◎沈氏宗谱：纂修者不详。清道光二十三年（1843）敦睦堂木活字本，六册。

◎松溪沈氏宗谱十七卷末一卷：沈庆集等主修。1926 年敦睦堂木活字本，十八册。

宋

【安徽歙县】

◎新安宋氏宗谱十八卷：(明)方信纂修。(明)宋云岳校。明嘉靖三十七年(1558)刻本，二册。

◎歙西金山宋村宋氏族谱十二卷：（清）宋德泽纂修。清康熙五十九年（1720）秉德堂刻本，四册。

◎宋氏家谱一卷：纂修者不详。清道光二十九年（1849）施政堂抄本，一册。

◎上门宋氏族簿历代传宗一卷：宋光煦纂修。1930 年抄本，一册。

【安徽休宁】

◎宋氏宗谱五卷：（明）詹济纂修。明抄本，一册。

◎宋氏宗谱不分卷：纂修者不详。民国间传抄嘉靖三十九年（1560）修清康熙间续修本，一册。

◎休宁河镇宋氏家乘不分卷：纂修者不详。清抄本，一册。

【江西婺源】

◎新安宋氏宗谱十四卷首一卷末一卷：宋作霖等纂修。1917 年敬德堂木活字本，十四册。

邵

【安徽黄山】

◎邵氏世谱一卷家谱一卷外谱一卷先世遗事一卷先茔志一卷：(元) 邵桂子纂修。元刻本，二册。

【安徽绩溪】

◎华阳邵氏统宗谱十八卷首一卷：(清）邵兰等纂修。清乾隆二十八年（1763）叙伦堂等刻本，六册。

◎华阳邵氏统宗谱十八卷首一卷：(清）邵玉琳等纂修。清宣统二年（1910）叙伦堂等木活字本，十六册。

◎华阳邵氏统宗谱十八卷首一卷：邵在彭等纂修。1947 年叙伦堂等稿本，十六册。

【安徽休宁】

◎休宁邵氏宗谱不分卷：纂修者不详。明万历间刻朱印本，一册。

范

【安徽歙县】

◎歙州乘狮范氏宗谱不分卷：(清）范世宽纂修。清乾隆九年（1744）刻本，二册。

【安徽休宁】

◎休宁范氏族谱九卷：(明）范涞纂修。明万历三十三年（1605）刻本，八册。

金

【安徽休宁】

◎新安休宁汪溪金氏族谱五卷附录一卷：(明)金弁纂修。明嘉靖三十二年(1553)刻本，二册。

◎新安休宁汪溪金氏族谱五卷附录一卷：(明）金弁纂修。明抄本，一册。

◎新安休宁文昌金氏世谱十卷附录一卷：(明）程天保纂修。明正德十年（1515）刻本，六册。

◎珰溪金氏族谱十八卷：(明)金瑶纂修。明隆庆二年(1568)歙县黄氏刻本，五册。

◎珰溪家谱补戚篇六卷：(明）金应宿纂修。明万历十四年（1586）刻本，一册。

◎休宁金氏家谱不分卷：(明）金宗道等纂修。明抄本，一册。

◎新安休宁瓯山金氏族谱四卷附录一卷：(清）金汝麟等续修。清康熙四十四年（1705）刻本，二册。

◎瓯山金氏族谱六卷：(清）金福堂等纂修。清乾隆十六年（1751）刻本，八册。

◎瓯山金氏眉公族谱不分卷：(清）金燉炽纂修。清乾隆四年（1739）稿本，一册。

◎瓯山眉公金氏族谱不分卷：纂修者不详。清道光间稿本，二册。

◎瓯山金氏眉公支谱四卷：(清)金锦荣等纂修。清道光十二年(1832)刻本，四册。

◎瓯山金氏宗谱不分卷：纂修者不详。清抄本，一册。

◎瓯山金氏迁庐支谱表不分卷：金宣猷、金骏猷纂修。民国油印本，三册。

◎休宁金氏族谱二十六卷首一卷：(清)金门诏纂修。清乾隆十三年(1748)刻本，四册。

◎休宁七桥金氏家谱不分卷：(清)金桼等纂修。清乾隆三十三年(1768)刻本，二册。

◎义门金氏重修宗谱不分卷：(清)金若霖纂修。清同治五年(1866)世美堂木活字本，一册。

◎新安金氏大宗谱不分卷：纂修者不详。清抄本，一册。

【安徽祁门】

◎金氏统宗谱八卷：(清)金应礼等纂修。清光绪三年(1877)双溪天合堂木活字本，七册。

◎京兆金氏宗谱：纂修者不详。清末双溪天合堂木活字本，一册。

◎京兆金氏宗谱十卷：金焕荣纂修。1931年双溪天合堂木活字本，四册。

◎金氏宗谱六卷：(清)金光隆等纂修。清光绪八年(1882)木活字本，四册。

周

【浙江建德】

◎厚州周氏宗谱六卷：(清)周兆熊等纂修。清光绪十年(1884)承恩堂木活字本，四册。

【浙江淳安】

◎汝南周氏宗谱不分卷：(清)周泮贞等纂修。清据康熙三十二年遂安维新堂修本抄，存一册。

◎汝南周氏宗谱四卷：(清)周召棠纂修。清咸丰六年(1856)维新堂木活字本，四册。

◎汝南括苍周氏宗谱十卷首一卷：(清)周斌等纂修。清光绪二十年(1894)木活字本，七册。

◎松溪周氏宗谱十卷首一卷：(清)周士昭主修，(清)周士屏等纂修。清康熙三十二年(1693)刻本，五册。

◎松溪周氏宗谱十三卷首一卷末一卷：(清) 周廷梁主修，(清) 周绍濂等纂修。清咸丰七年（1857）木活字本，十七册。

◎松溪周氏宗谱十三卷首一卷末一卷：周克定等纂修。1937 年木活字本，二十二册。

◎青溪周氏宗谱：纂修者不详。民国安达孝堂木活字本，七册。

【安徽歙县】

◎古歙岩镇龙头周氏宗谱不分卷：(明) 周尚仕纂修。清乾隆周玄淇抄本，一册。

◎西阳六甲周氏家谱十卷：(清) 周开基等纂修。清光绪三十一年（1905）木活字本，十册。

◎周氏宗谱：(清) 周公楼等纂修。清光绪三十一年（1905）木活字本。存卷首。

◎周氏宗谱：纂修者不详。1924 年刻本，存一卷。

◎周邦头周氏族谱正宗十八卷：周德炽总修，周德灿等纂修。1930 年六顺堂木活字本，六册。

◎歙县金村周氏族谱：纂修者不详。抄本，一册。

【安徽祁门】

◎周氏宗谱四卷：(清) 周冕等纂修。清康熙五十五年（1716）刻本，二册。

【安徽绩溪】

◎绩溪周氏族谱七卷首一卷终一卷：(明) 周文化纂修。明嘉靖二十年（1541）刻本，一册，毛装。

◎周氏重修族谱正宗十五卷：(清) 周善达、周思武纂修。清康熙五十五年（1716）刻本，八册。

◎古校头周氏宗谱十六卷首一卷：(清) 周殿邦等纂修。清光绪六年（1880）叙伦堂刻本，七册。

◎梁安城西周氏宗谱二十卷首一卷末一卷附勘误记一卷：(清) 周之屏等纂修。清光绪三十一年（1905）敬爱堂木活字本，二十一册。

◎仙石周氏宗谱二卷：(清) 周善鼎等纂修。清宣统三年（1911）善述堂木活字本，二册。

◎周氏重修族谱正宗十三卷首一卷末一卷：周启海总修。1912 年叙伦堂木活字本，十册。

◎周氏族谱正宗：纂修者不详。民国叙伦堂木活字本，三册。

◎唐昌周氏宗谱五卷：周发富、周声祥纂修。1946年铅印本，五册。

柯

【安徽绩溪】

◎新安柯氏宗谱二十六卷首一卷末一卷：胡祥木等纂修。1925年汤乙照斋刻本，十二册。

胡

【浙江建德】

◎胡氏严陵派支谱不分卷：胡震和等纂修。1915年铅印本，一册。

【浙江淳安】

◎新安胡氏宗谱六卷：（清）胡士选等纂修。清乾隆五十五年（1790）刻本，六册。

◎遂安胡氏里墅派宗谱：纂修者不详。清抄本，一册。

◎霞山胡氏宗谱：（清）胡炳主修，（清）胡尚安等纂修。清光绪三年（1877）敦仁堂木活字本，六册。

◎胡氏宗谱：纂修者不详。清刻本，一册。

◎胡氏宗谱五卷末一卷：（清）胡廷佳主修。清光绪十一年（1885）仁亲堂木活字本，二册。

◎石院胡氏家谱六卷：（清）胡震纂修。清嘉庆九年（1804）清华堂木活字本，六册。

◎胡氏宗谱：纂修者不详。清木活字本，四册。

【安徽黄山】

◎仙源城南胡氏家谱十六卷首一卷：（清）胡国英纂修。清咸丰二年（1852）刻本，二十册。

◎城南胡氏家谱十六卷首一卷：胡氏合族纂修。1928年刻本，二十四册。

【安徽歙县】

◎明经胡氏甲派芳塘宗谱六卷：（清）吴之观纂修。清康熙六十年（1721）刻本，一册。

◎蔚川胡氏宗谱八卷首一卷末一卷：胡忠晖纂修。1915年叙伦堂木活字本，五册。

◎金川胡氏宗谱：胡国华纂修。1932年全德堂木活字本，二册。

◎胡氏宗谱：胡氏合族纂修。民国胡积庆堂抄本，一册。

【安徽休宁】

◎迪祥里胡氏家乘二卷：（清）胡光瑍纂修。清光绪十六年（1890）稿本，二册。

◎休宁胡氏家谱不分卷：纂修者不详。清抄本，存一册。

【安徽黟县】

◎循良胡氏族谱不分卷：（清）胡士育等纂修。清康熙四十三年（1704）惇叙堂写本，八册。

◎明经胡氏壬派宗谱十二卷：（清）胡叔咸等纂修。清道光六年（1826）木活字本，十二册。

◎明经胡氏存仁堂支谱四卷首一卷：（清）胡朝贺纂修。清同治八年（1869）木活字本，四册。

【安徽祁门】

◎胡氏族谱不分卷：纂修者不详。明洪武十五年（1382）抄本，一册。

◎祁阊胡氏族谱二卷首一卷：（清）胡士著纂修。清康熙十二年（1673）邑城一本堂刻本，三册。

◎祁门胡氏族谱不分卷：（清）胡廷琛纂修。清光绪十四年（1888）木活字本，八册。

◎贵溪胡氏族谱六卷：（明）胡自立纂修。明成化四年（1468）刻本，四册。

◎胡氏族谱不分卷：（清）胡启道纂修。清乾隆二十七年（1762）刻本，存一册。

◎贵溪胡氏支谱不分卷：胡承祚纂修。1929年积善堂木活字本，一册。

◎翠园胡氏宗谱二卷：纂修者不详。明万历二十九年（1601）刻本，二册。

【江西婺源】

◎明经胡氏续修宗谱不分卷：（明）胡璘等纂修。明嘉靖二十三年（1544）刻本，存三册。

◎明经胡氏宗谱四卷前编三卷：（明）胡皋等纂修。明万历间刻本，四册。

◎明经胡氏宗谱八卷首一卷：（清）胡天望等纂修。清康熙五十九年（1720）木活字本，七册。

◎考川明经胡氏统宗谱十卷首二卷：（清）胡奎文纂修。清乾隆二十四年（1759）木活字本，二十八册。

◎考川明经胡氏家乘不分卷：（清）胡天望等纂修。清乾隆抄本，三册。

◎考川明经胡氏宗谱八卷首二卷：(清) 胡陆秀等纂修。清道光九年 (1829) 木活字本，三十九册。

◎考川明经胡氏宗谱十三卷首一卷末一卷：(清) 胡越等纂修。清光绪二十二年 (1896) 世德堂木活字本，八册。

◎考川明经胡氏志清公支谱十一卷首一卷末一卷：(清) 胡越等纂修。清光绪二十二年 (1896) 孝友堂木活字本，六册。

◎仁里明经胡氏支谱八卷首一卷：(清) 董桂敷等纂修。清道光四年 (1824) 惇叙堂木活字版，四册。

◎仁里明经胡氏支谱八卷首一卷：(清) 王吉人等纂修。清同治八年 (1869) 惇叙堂木活字版，四册。

◎清华胡氏族谱八卷：(明) 胡尚仁等纂修。明天顺二年 (1458) 胡氏刻本，二册。

◎清华胡氏九公大族正传谱系：(明)胡彦嗣纂修。明嘉靖三十年(1551)抄本，一册。

◎清华胡氏九公宗谱十卷首一卷末一卷：(清) 胡士兰等纂修。清道光二十七年 (1847) 崇先堂木活字本，八册。

◎清华胡氏统会族谱六卷首一卷：(明) 胡用滨等纂修。明嘉靖刻本，一册。

◎清华胡氏统会族谱不分卷：纂修者不详。明万历十一年 (1583) 刻本，存四册。

◎清华胡氏谱系：(明) 胡克俊等纂修。明刻本，二册。明经胡氏家谱六卷：纂修者不详。清康熙五十八年 (1719) 刻本，六册。

◎清华胡氏统宗正谱十九卷首一卷：(清)胡良乾等纂修。清乾隆二十七年(1762)木活字本，十九册。

◎清华胡氏勋贤统谱十八卷首一卷末四卷：(清) 胡翘元纂修。清乾隆二十八年 (1763) 刻本，三十二册。

◎清华胡氏族谱十九卷首一卷：(清) 胡焯等纂修。清嘉庆六年 (1801) 木活字本，二十册。

◎清华胡氏统谱三十四卷首一卷末一卷：(清)潘国霖纂修。清同治十三年(1874)勋贤堂木活字本，三十六册，

◎清华胡氏六公派旧图谱三卷历世渊源录不分卷：(清)胡庆余纂修。清抄本，二册。

◎清华胡氏宗谱二十四卷首一卷末一卷：胡鸣鹤等纂修。1917 年勋贤堂木活字本，二十六册。

◎清华东园胡氏勋贤总谱三十卷：胡上林等纂修。1916年木活字本，三十五册。

◎续修胡氏文敏公宗谱三十四卷首一卷：（清）胡启棠等纂修。清乾隆二十七年（1762）刻本，六册。

◎清华文敏公宗谱十卷首一卷末一卷：（清）胡元熠等纂修。清嘉庆二十三年（1818）木活字本，四册。

◎清华胡氏文敏公宗谱十九卷首一卷末一卷：（清）胡根铄等重修。清同治五年（1866）养元堂木活字本，十册。

◎清华胡仁堂续修世谱二十七卷首一卷末一卷：胡启鬐等纂修。1917年仁德堂木活字本，十册。

查

【安徽休宁】

◎查氏家谱四卷：纂修者不详。清抄本，六册。

【安徽黟县】

◎黟北查氏族谱二卷：查必达等纂修。1920年铅印本，二册

◎查氏统宗世谱不分卷：纂修者不详。现代抄本，一册。

俞

【浙江淳安】

◎西源俞氏宗谱六卷首一卷末一卷：（清）程际堂纂修。清道光二十三年（1843）敦伦堂木活字本，八册。

◎遂安乳川俞氏族谱十二卷首一卷末一卷：（清）俞大承、郑其名纂修，俞振伍续修。清光绪十八年（1892）集义堂修1931年增补木活字本，十册。

【安徽歙县】

◎新安俞氏统宗谱：（明）俞汪祥纂修。明嘉靖二十三年（1544）木活字本，四册。

◎俞氏统宗家谱不分卷：（明）俞文耀纂修。明隆庆四年（1570）刻本，一册。

◎新安俞氏统宗谱十九卷：（明）俞肇光纂修。明万历四十四年（1616）活字本，三册。

◎重修俞氏统宗谱十八卷又二卷：（明）俞育等纂修，（明）俞周隋又纂修。明

万历刻本，十三册。

◎重修俞氏统宗谱二十卷首一卷：(明) 俞敬吾等纂修。明天启元年 (1621) 刻本，一册。

◎仕川俞氏宗谱：纂修者不详。清木活字本，一册。

【安徽休宁】

◎休宁山斗俞氏宗谱十卷：(明) 俞尚玉纂修。明天启二年 (1622) 刻本，四册。

◎俞氏支谱一卷：纂修者不详。民国抄本，一册。

【江西婺源】

◎俞氏统宗大宗谱三卷：(明) 俞时育纂修。明万历三十八年 (1610) 活字印本，三册。

◎新安婺源统宗谱：纂修者不详。明木活字本，二册。

◎龙溪俞氏家谱十六卷首一卷末一卷：(清) 俞大沄等纂修。清乾隆四十七年 (1782) 木活字本，四册。

◎龙溪俞氏家谱：纂修者不详。清嘉庆间稿本，一册。

◎鹄溪俞氏棣萼谱三卷：(清) 俞文会等纂修。清乾隆五十年 (1785) 木活字本，三册。

◎河间俞氏支谱三卷首一卷：(清) 俞桂彬等纂修。清宣统三年 (1911) 睦伦堂刻本，十二册。

◎龙腾俞仕宜公支谱十六卷首一卷末一卷：(清) 俞桂彬等纂修。清宣统三年 (1911) 睦伦堂刻本，十二册。

◎泓田俞氏支谱六卷：(清) 俞森纂修。清道光六年 (1826) 木活字本，二册。

◎河间郡西谷俞氏张翁公支宗谱四卷首一卷：(清) 俞培格等修，李文彬等纂。清光绪二十三年 (1897) 叙伦堂木活字本，三册。

◎婺北新源俞氏家谱十卷：(清) 俞允宗等纂修。清光绪二十八年 (1902) 木活字本，十册。

◎泗水俞氏干同公支谱十卷首一卷末一卷：俞隆圭纂修。1922 年思本堂木活字本，八册。

◎婺东永川俞氏族谱十二卷：(明) 俞一贯、俞文进纂修。抄本，一册。

施

【安徽歙县】

◎施氏统宗正传家谱十卷：(明) 施全钻等纂修。明万历间刻本，二册。

姜

【浙江淳安】

◎姜氏孝子大民公派宗谱十五卷首一卷：(清) 姜世名修，(清) 徐皓等纂。清康熙三十三年 (1694) 刻本，四册。

◎姜氏宗谱：纂修者不详。清康熙间刻本，三册。

◎姜氏宗谱：(清) 姜圣传等辑。清乾隆二十三年 (1758) 刻本。四册。

◎渭川姜氏宗谱十一卷首一卷：(清) 姜名达等纂修。清乾隆四十八年 (1783) 木活字本，二册。

◎姜氏宗谱：(清) 姜学昭纂修。清咸丰七年 (1857) 木活字本，六册。

◎姜氏宗谱二十二卷首一卷末一卷：(清) 姜名凤纂修。清光绪二十九年 (1903) 木活字本，八册。

◎遂安城西芮阪姜氏族谱十卷首一卷末一卷：(清) 姜宝书等纂修。清咸丰七年 (1857) 敬义堂木活字本，六册。

◎遂安姜氏宗谱十二卷首一卷末一卷：姜泰周等纂修。1916 年城西敬义堂木活字本，十六册。

◎遂安姜氏宗谱十五卷首一卷末一卷：姜赞元等纂修。1947 年城西敬义堂木活字本，二十册。

◎姜氏宗谱十八卷首一卷：姜绍书纂修。1942 年敬爱堂木活字本，十八册。

◎淳安三堰姜氏宗谱十卷首一卷：纂修者不详。1943 年怡悦堂木活字本，七册。

◎姜氏宗谱十六卷首一卷：姜赞元纂修。1947 年木活字本，十五册。

洪

【浙江建德】

◎敦煌洪氏家谱二卷：纂修者不详。清光绪三十四年 (1908) 惇睦堂木活字本，存二册。

【浙江淳安】

◎洪氏族谱四卷：（元）洪震老纂修。明抄本，一册。

◎遂安洪氏家谱不分卷：（明）洪汝仲等修，（明）洪子明等纂。明写本，一册。

◎岩陵洪氏宗谱不分卷：（明）洪应鹏等纂修。明万历三十三年（1605）刻本，存一册。

◎岩陵洪氏统宗谱十卷末一卷：（清）洪起元修，（清）洪士祥等纂。清康熙二十一年（1682）刻本，五册。

◎岩陵洪氏宗谱十二卷首一卷末一卷：（清）洪光象等修，（清）洪天锡等纂。清乾隆十七年（1752）刻本，六册。

◎岩陵洪氏宗谱十五卷末一卷：（清）洪良策纂修。清道光二十九年（1849）敦睦堂刻本，十五册。

◎岩陵洪氏宗谱十五卷末一卷：（清）洪一焕等修，（清）洪锡庚等纂。清光绪十九年（1893）木活字本，十六册。

◎洪氏后庚宗谱十二卷末一卷：（清）洪柱修，（清）洪楫纂。清嘉庆五年（1800）刻本，八册。

◎洪氏续修宗谱五卷首一卷末一卷：（清）洪相益修，（清）洪世邵纂。清道光十年（1830）崇本堂木活字本，五册。

◎洪氏续修宗谱五卷首一卷末一卷：洪年湛修，洪相劝编纂。1918 年崇本堂木活字本，六册。

◎银塘洪氏宗谱不分卷：纂修者不详。清抄本，存一册。

◎续修云山洪氏家谱六卷首一卷末一卷：（清）洪令长等纂修。清康熙三十四年（1695）刻本，三册。

◎云山洪氏宗谱：纂修者不详。清木活字本，一册。

◎云山洪氏宗谱八卷首二卷：洪锡韩等编纂。1922 年木活字本，十册。

◎续修敦煌洪氏新谱：（清）洪培麟等纂修。清道光十一年（1831）木活字本，五册。

◎续修豫章洪氏宗谱十八卷首一卷末一卷：（清）洪西山等纂修。清光绪三年（1877）三瑞堂木活字本，四册。

【安徽歙县】

◎歙南洪川洪氏续修家谱不分卷：（清）洪元鲁等纂修。清顺治十七年（1660）

稿本，一册。

◎休宁洪源洪氏家乘三卷首一卷末一卷：(清) 洪祚永纂修。清康熙九年 (1670) 悦亲堂抄本，四册。

◎洪源洪氏宗谱不分卷：(明) 洪良志、洪元善修，(清) 洪澜、洪浚纂。清抄本，存一册。

◎洪源洪氏宗谱不分卷：纂修者不详。清抄本，五册。

◎歙西东源洪氏统宗谱不分卷：纂修者不详。清抄本，一册。

◎歙西王充东源洪氏宗谱十卷：(清) 洪定渭纂修。清乾隆二十一年 (1756) 刻本，八册。

◎歙西王充东源洪氏宗谱十三卷：(清) 洪定渭纂修。1937年敏慎堂木活字本，十二册。

◎金山洪氏宗谱四卷：(清) 洪承科、洪必华修，(清) 鲍杏林纂。清同治十二年 (1873) 致祥堂刻本，四册。

◎叶村洪氏宗谱四卷首一卷末一卷：(清) 洪钰胜纂修。清光绪二十三年 (1897) 叙伦堂木活字本，二册。

◎叶村洪氏宗谱不分卷：(清) 洪钰胜等纂修。清光绪二十三年 (1897) 叙伦堂木活字本，一册。

◎梅溪洪氏支谱不分卷：(清) 洪文翰纂修。清光绪二十四年 (1898) 本立堂木活字本，四册。

◎桂林洪氏宗谱八卷：洪业远纂修。1923年木活字本，八册。

◎飞山洪氏宗谱十二卷首一卷末一卷：洪德明等纂修。1931年务本堂木活字本，四册。

◎洪氏抄谱不分卷：纂修者不详。1940年抄本，一册。

【安徽休宁】

◎丹阳洪氏宗谱不分卷：纂修者不详。明万历间刻本，存二册。

◎丹阳洪氏宗谱不分卷：纂修者不详。明天启七年 (1627) 刻本，存二册。

◎丹阳洪氏宗谱不分卷：(明) 洪尔凤、洪中正等纂修。明崇祯十七年 (1644) 刻本，八册。

◎洪氏宗谱不分卷：纂修者不详。明崇祯间刻清补刻本，存一册。

◎洪氏系谱不分卷：纂修者不详。明末清初抄本，一册。

◎江村洪氏家谱十四卷：（清）洪昌纂修。清雍正八年（1730）刻本，四册。

◎云山洪氏家乘不分卷：（清）洪文□等纂修。清乾隆七年（1742）刻本，一册。

◎丹阳云山洪氏宗谱不分卷：纂修者不详。清初写本，一册。

【安徽祁门】

◎桃源洪氏宗谱六卷：(清) 洪钊纂修。清光绪二十六年 (1900) 惇睦堂木活字本，六册。

【江西婺源】

◎新安洪氏统宗谱不分卷：(明) 洪烈纂修。明嘉靖四十三年（1564）刻本，四册。

◎云山洪氏家誉谱六卷：(明) 洪天民纂修。清道光二十六年（1846）洪福馨重抄明万历三十二年（1604）修本，一册。

◎重修洪氏统宗谱不分卷：(明) 洪允温纂修。明末刻本，存二册。

◎洪氏统宗谱不分卷：纂修者不详。明末刻本，存一册。

◎官源洪氏总谱十八卷首二卷末二卷：(清) 洪文陛、洪士衔纂修。清乾隆五十三年（1788）刻本，二十二册。

◎洪氏族谱不分卷：纂修者不详。清抄本，一册。

◎敦煌郡洪氏统宗谱八十三卷首一卷末一卷：(清) 洪遇昆等纂修。清乾隆七年（1742）虹钟坦木活字本，十四册。

◎敦煌郡洪氏虹钟坦崇睦堂族谱十四卷首一卷末一卷：(清) 洪修炘修，(清) 洪修臣纂修。清光绪二十八年（1902）崇睦堂木活字本，八册。

◎敦煌郡洪氏家谱十五卷末一卷：(清) 洪世璁纂修。清乾隆四十七年（1782）新田和顺堂木活字本，四册。

◎敦煌郡洪氏宗谱十卷首一卷末一卷：(清)洪志道纂修。清嘉庆二十一年(1816)洪椿光裕堂木活字本，二册。

◎敦煌郡洪氏宗谱二十四卷首一卷末一卷：(清) 洪家境纂修。清光绪二十九年（1903）木活字本，十二册。

◎洪氏安徽江西旧谱：纂修者不详。1960 年洪锦川抄本，一册，毛装。

◎里村洪氏派谱系：纂修者不详。清稿本，存一册。

◎敦煌郡洪氏宗谱：(清) 婺源里村宝山书院纂修。清光绪间木活字本，一册。

◎敦煌郡隐溪洪氏宗谱四卷首一卷末一卷：潘访滨纂修。1928 年隐溪季和堂木活字本，四册。

◎敦煌郡洪氏通宗谱十二卷：洪修寿纂修。1985 年抄本，五册。

姚

【浙江建德】

◎大浪姚氏宗谱四卷：(清)姚承顺等纂修。清道光十七年(1837)木活字本，一册。

【安徽歙县】

◎歙南武担姚氏重修族谱二卷：（明）姚国柱、姚世珪等纂修，（明）王寅订。明万历六年（1578）刻本，一册，毛装。

◎歙南武担姚氏支谱二卷：姚礼俭纂修。1935 年渔梁下门坦赤勤堂木活字本，二册。

◎歙南武担姚氏支谱三卷首一卷末一卷：姚邦夔纂修。1931 年永泽堂木活字本，二册。

◎塘川姚氏宗谱四卷首一卷：（清）姚良礼等纂修。清光绪二十七年（1901）舜畊堂木活字本，四册。

【江西婺源】

◎吴兴姚氏宗谱三卷首一卷：（清）姚懋诠等纂修。清乾隆十四年（1749）木活字本，三册。

◎吴兴姚氏宗谱：纂修者不详。民国永思堂木活字本，八册。

耿

【安徽绩溪】

◎鱼川耿氏宗谱八卷首一卷末一卷：耿全纂修。1919 年木活字本，四册。

莫

【安徽祁门】

◎文溪莫氏宗谱二卷：纂修者不详。1939 年木活字本，一册。

庄

【安徽黄山】

◎新安庄氏族谱六卷：(明) 庄歙纂修。明天顺二年 (1458) 刻本，一册。

夏

【浙江淳安】

◎龙峰夏氏宗谱：(清) 夏起铨等纂修。清道光二十五年 (1845) 龙耳堂木活字本，一册。

◎会稽夏氏宗谱六卷：夏志铉纂修。1924 年崇本堂木活字本，六册。

【安徽休宁】

◎夏氏家乘九卷：(清) 夏刚纂修。清雍正二年 (1724) 刻本，十四册。

◎休宁夏氏族谱十六卷首一卷：(清) 夏守瀛等纂修。清稿本，三册。

◎新安夏氏族谱不分卷：(清) 夏烈光等纂修。清抄本，一册。

【江西婺源】

◎义井夏氏宗谱十二卷首一卷末一卷：(清) 夏昌铭等纂修。清嘉庆十八年 (1813) 乐善堂木活字本，六册。

毕

【安徽休宁】

◎毕氏宗谱不分卷：(清) 毕兆登纂修。传抄清康熙二十三年 (1684) 修本，一册。

【江西婺源】

◎河南毕氏宗谱八卷首一卷末一卷：毕庆余等纂修。1942 年木活字本，八册。

倪

【浙江淳安】

◎辰溪倪氏宗谱四卷首一卷：(清) 倪志乾纂修。清乾隆十八年 (1753) 敦义堂木活字本，一册。

◎辰溪倪氏宗谱：(清) 倪法鲁纂修。清乾隆十九年 (1754) 刻本，二册。

◎辰溪倪氏宗谱：纂修者不详。清乾隆四十八年 (1783) 木活字本，二册。

◎辰溪倪氏宗谱十卷：倪德运等主修。1926木活字本，十册。

◎辰溪潭边倪氏宗谱四卷首一卷：纂修者不详。清同治六年（1867）敦伦堂木活字本，二册。

【安徽黟县】

◎倪氏家谱不分卷：（清）倪天保纂修。清乾隆十六年（1751）承德堂刻本，一册。

【安徽祁门】

◎祁门倪氏族谱三卷：（清）倪望重等纂修。清光绪三年（1877）刻本，三册。

◎倪氏族谱不分卷：（清）倪宗衮等纂修。清刻本，存二册。

◎祁门倪氏族谱不分卷：倪愚山等纂修。1925年木活字本，二册。

徐

【浙江淳安】

◎蜀阜徐氏世谱：纂修者不详。明万历刻本，一册。

◎续修龙峰徐氏族谱十六卷：（清）徐学年纂修。清乾隆三十三年（1768）刻本，一册。

◎龙峰徐氏宗谱不分卷：纂修者不详。清刻本，存二册。

◎龙峰徐氏宗谱二十四卷首一卷：徐碧如主修，徐秀亭纂修。1940年仁本堂木活字本，十二册。

◎龙峰西村徐氏族谱：纂修者不详。清光裕堂刻本，二册。

◎龙峰怀德堂徐氏宗谱不分卷：纂修者不详。清抄本，一册，毛装。

◎徐氏宗谱四十二卷：（清）徐景京等纂修。清乾隆间刻本，五册。

◎东海郡徐氏宗谱十卷首一卷：（清）徐有（勇）等纂修。清道光二年（1822）惇叙堂木活字本，七册。

◎遂阳徐氏宗谱八卷：（清）徐日安等纂修。清道光二十六年（1846）维新堂木活字本，九册。

◎遂阳徐氏宗谱十卷首一卷末一卷：（清）徐世铭等纂修。清光绪二十二年（1896）维新堂木活字本，八册。

◎浤川徐氏家谱十卷首一卷：（清）徐泳主修，（清）徐炳壇等纂修。清光绪三十三年（1907）惇叙堂木活字本，十四册。

◎徐氏宗谱：纂修者不详。清敦本堂刻本，二册。

◎徐氏宗谱：纂修者不详。清敦本堂木活字本，一册。

◎遂安湖田徐氏宗谱十卷首一卷末一卷：姚履鏐主修。1929年淮川燕诒堂木活字本，六册。

◎永丰徐氏宗谱六卷：徐明正主修，徐世禧纂修。1940年敦仁堂木活字本，六册。

【安徽】

◎新安徐氏宗谱一卷：（清）徐景京等纂修。清乾隆三年（1738）刻本，四册。

◎新安徐氏统宗祠录十卷：（清）徐禧等纂修。清乾隆二十三年（1758）刻本，一册。

◎休宁资口祁门富业坊塘头黟南赤岭徐氏四族合谱三种：（清）徐国昊等纂修。清乾隆四年（1739）刻本，一册。

◎祁门塘头黟邑赤岭徐氏二族合谱七卷：（清）徐天枢等纂修。清乾隆六年（1741）刻本。

◎祁门塘头黟南赤岭徐氏族谱一卷：（清）徐宁馨等纂修。附新安徐氏宗谱首一卷（清）徐禋修纂。

◎黟邑横冈休宁石林西南门徐氏三族合谱三种十四卷：（清）徐禋等纂修。清乾隆五年（1740）刻本，一册。

【安徽歙县】

◎新安歙北徐村徐氏宗谱不分卷：（明）徐文清纂修，（明）徐州等续修。明万历二十九年（1601）刻本，一册。

◎徐氏宗谱一卷：（明）徐文清纂修。明万历间刻本，一册。

◎歙西传溪徐氏族谱十二卷：（清）徐景京等纂修。清乾隆二年（1737）刻本，三册。

◎歙北皇呈徐氏族谱十二卷：（清）徐景京等纂修。清乾隆五年（1740）刻本，六册。

◎东海徐氏家谱不分卷：（清）徐同养纂修。清抄本，一册。

◎淳西剑溪徐氏族谱十二卷：（清）徐亦政纂修。清乾隆三年（1738）刻本。

◎歙西朱方徐氏族谱十二卷：（清）徐亦政纂修。清乾隆四年（1739）刻本，二册。

【安徽休宁】

◎徐氏家谱不分卷：（明）徐岩滰纂修。清乾隆间据明嘉靖十二年（1533）修本抄，存一册。

◎休宁徐氏族谱不分卷：（清）徐天枢纂修。清乾隆五年（1740）刻本，二册。

◎休宁资口徐氏族谱八卷：(清）徐天枢等纂修。清乾隆六年（1741）刻本。

◎休宁石林徐氏族谱八卷：(清）徐天枢等纂修。清乾隆六年（1741）刻本。

◎休宁西南门徐氏族谱八卷：(清）徐天枢等纂修。清乾隆六年（1741）刻本。

◎休宁徐氏珊溪藕塘二族合谱二卷附新安徐氏宗谱首一卷：(清）徐绍合等纂修。首卷（清）徐禋修纂。清乾隆六年（1741）刻本，一册。

◎休宁藕塘徐氏族谱八卷：(清）徐天枢等纂修。清乾隆六年（1741）刻本。

◎休宁大塘徐氏珊溪族谱七卷：(清）徐天枢等纂修。清乾隆六年（1741）刻本。

◎休宁古楼徐氏族谱二卷：(清)徐天枢纂修。清乾隆二十二年(1757)刻本,与《萝崑芳村徐氏族谱》合册。

◎休宁大塘徐氏中村族谱二卷：(清）徐天枢纂修。清乾隆三十八年（1773）刻本，一册。

◎萝崑芳村徐氏族谱三卷：(清)徐文光纂修。清乾隆二十二年(1757)刻本,与《休宁古楼徐氏族谱》合册。

【安徽黟县】

◎黟南横冈徐氏族谱六卷：(清）徐天枢等纂修。清乾隆六年（1741）刻本。

【安徽祁门】

◎祁门富业坊徐氏族谱七卷：(清）徐天枢等纂修。清乾隆六年（1741）刻本。书名据目录题。

◎祁北徐氏重修族谱十卷：(清）徐士英纂修。清嘉庆间抄本，一册。

翁

【浙江建德】

◎清泉翁氏世谱二十一卷首一卷备考一卷裕后一卷：(清）翁谨纂修。清光绪二十九年（1903）敦伦堂木活字本，十一册。

高

【安徽绩溪】

◎高氏族谱不分卷：(明）高友荣纂修。明抄本，存一册。

◎梁安高氏宗谱十二卷：(清）高富浩等纂修。清光绪三年（1877）木活字本，十二册。

◎绩溪霞间高垂裕堂支谱四卷：高耀镜纂修。1934 年石印本，四册。

唐

【浙江淳安】

◎新定唐氏宗谱三十二卷：(清) 唐乙藜修,(清) 唐寅春纂。清宣统二年 (1910) 崇德堂木活字本，十八册。

【安徽绩溪】

◎绩北莒国唐氏宗谱四卷首一卷末一卷：(清)唐学坌等纂修。清道光二年(1822) 木活字本，五册。

凌

【安徽歙县】

◎凌氏宗谱不分卷：(明) 凌坤元纂修。明末刻本，三册，包背装。

【安徽休宁】

◎凌氏族谱不分卷：(清) 凌大魁纂修。清康熙七年 (1668) 刻本，存一册。

陆

【安徽歙县】

◎锦沙陆氏宗谱八卷：纂修者不详。清光绪三十三年 (1907) 思亲堂木活字本，八册。

◎锦沙陆氏宗谱八卷：陆长喜主修。1947 年思亲堂木活字本，十八册。

◎陆氏家乘：纂修者不详。1937 年许承尧校抄本。

陈

【浙江淳安】

◎双桂陈氏世谱九卷：纂修者不详。清康熙三十三年 (1694) 城南世德堂刻本，二册。

◎双桂陈氏迁盛桥头世谱不分卷：纂修者不详。清抄本，一册。

◎遂安陈氏宗谱十六卷：陈其烈等纂修。1919年城南世德堂木活字本，十六册。

◎颍川陈氏宗谱四卷：(清)陈起栵修,(清)陈正恩等纂。清道光二十七年(1847)德星堂木活字本，四册。

◎陈氏宗谱九卷首一卷末一卷：陈敬和修，陈河海纂。1994年德星堂铅印本，十一册。

◎重修颍川陈氏宗谱：纂修者不详。清同治间木活字本，一册。

◎岩陵陈氏宗谱：(清)陈建长纂修。清光绪三十二年(1906)文范堂木活字本,四册。

◎陈氏宗谱十六卷：纂修者不详。1922年世德堂木活字本，十册。

【安徽黄山】

◎新安陈氏宗谱二卷附录一卷：(明）陈靖纂修。明正德二年（1507）刻本,一册。

◎仙源陈氏族谱十二卷首一卷末一卷：(清)陈聚奎纂修。清乾隆四十八年(1783)刻本，六册。

◎洞清山下陈氏族谱三十卷首一卷末一卷：(清）陈文治等纂修。清光绪六年（1880）木活字，十四册。

◎洞清山下陈氏族谱三十卷首一卷末一卷：陈光渭等纂修。1927年木活字本，二十册。

◎仙源百穴山陈氏重修宗谱四卷：陈家务、陈廷柱纂修。1926年渐庆堂木活字本，二册。

◎仙源巷口陈氏重修族谱六卷首一卷末一卷：(清）陈元英等纂修。1927年木活字本，六册。

◎义门陈氏族谱：纂修者不详。清光绪三十二年（1906）颍川郡木活字本，六册。

◎仙源陈氏育麟谱不分卷：纂修者不详。1919年敦本堂刻本，一册。

◎仙源陈氏族谱四十二卷：陈仁梅等纂修。1920年敦本堂木活字本，二十册。

◎桂城陈氏族谱八卷首一卷：陈茂林纂修。1930年滋裔堂木活字本，十七册。

【安徽徽州】

◎陈氏宗谱：(清）陈光台等纂修。清光绪二十八年（1902）刻本，存一卷。

【安徽歙县】

◎新安陈氏宗谱四卷：(明）陈文灼等纂修。明万历间刻本，二册。

◎陈氏支谱三卷：(清）陈以柏纂修。清康熙间稿本，一册。

【安徽休宁】

◎休宁陈村陈氏重修族谱不分卷：纂修者不详。明抄本，一册。

◎陈氏宗谱七卷：(清) 陈丰纂修。清康熙十二年 (1673) 刻本，二册。

【安徽祁门】

◎竹溪陈氏墓祀录三卷：纂修者不详。明刻本，一册。

◎石墅陈氏家乘二卷：(明) 陈桷纂修。明刻本，存一册。

◎陈氏宗谱四卷：(明) 陈袷纂修。清康熙三十二年 (1693) 刻本，四册。

◎文堂陈氏宗谱六卷首一卷：(清)陈淦等纂修。清道光八年(1828)木活字本，六册。

◎文堂陈氏宗谱十四卷首一卷末一卷：陈德郊等纂修。1928 年赣省临江培德堂木活字本，十四册。

◎祁西桃源陈氏公家谱四卷：(清) 陈宗礼等修，(清) 郑良驭等纂。清同治元年 (1862) 崇正堂木活字本，四册。

◎桃源陈氏思二公支谱六卷：(清) 陈光大等纂修。清光绪二十八年 (1902) 保极堂木活字本，一册。

【江西婺源】

◎大汜陈氏宗谱二卷首一卷末一卷：(清) 陈公具纂修。清嘉庆间木活字本，十五册。

孙

【安徽黄山】

◎富春孙氏宗谱二卷首一卷：(清)孙双喜倡修。清道光十二年(1832)刻本，二册。

◎岘阳孙氏族谱十八卷首一卷末一卷：(清) 孙光楣等纂修。清光绪二十三年 (1897) 木活字本，十二册。

【安徽休宁】

◎孙氏统宗源流族谱不分卷：(宋) 孙吴会主修。宋咸淳七年 (1271) 刻本，一册，经折装。

◎新安孙氏重修宗谱不分卷：(明) 孙信杰纂修。明成化四年 (1468) 刻本，一册。

◎孙氏世系一卷：(明) 孙琏纂修。明刻本，一册，毛装。

◎孙氏家乘不分卷：(清) 孙元觊纂修。清道光十年 (1830) 刻本，四册。

◎孙氏宗谱三卷：纂修者不详。清光绪七年（1881）孙亨抄本，一册。

◎新安孙氏重续宗谱不分卷：（明）孙新德、孙宗然纂修。清抄本，一册。

◎新安孙氏宗谱五卷：（清）孙毓华纂修。清抄本，三册。

◎自山东迁新安休邑孙氏世系谱不分卷：纂修者不详。清抄本，一册。

◎孙氏宗谱十二卷：孙翰臣等纂修。1930年映雪堂木活字本，十二册。

◎孙氏家谱二十八卷首一卷：（清）孙脱颖等纂修。清同治十二年（1873）映雪堂木活字本，二十九册。

【安徽黟县】

◎古筑孙氏家谱四卷：（清）孙家晖纂修。清嘉庆十七年（1812）刻本，六册。

◎孙氏家谱四卷：（清）孙式庚纂修。清抄本，一册。

黄

【浙江淳安】

◎遂阳广川黄氏宗谱二卷：（清）黄纶纂修。清乾隆十四年（1749）木活字本，二册。

◎遂阳西涧黄氏族谱二十卷首一卷末一卷：黄恺元等纂修。1948年木活字本，十一册。

◎遂安西涧黄氏族谱：纂修者不详。抄本，一册。

【安徽徽州】

◎桂城黄氏续修宗谱十二卷末一卷：（清）黄廷钮、黄元栋纂修。清嘉庆二十三年（1818）刻本，六册。

【安徽歙县】

◎竦塘黄氏统宗谱十卷附录一卷：（明）方信纂修。明嘉靖四十一年（1562）刻本，二册。

◎潭渡孝里黄氏族谱十卷首一卷末一卷：（清）黄臣槐等纂修。清雍正九年（1731）刻本，八册。

◎潭渡黄氏先德录不分卷：黄质纂修。1918年铅印本，一册。

◎黄氏宗谱：纂修者不详。清木活字本，一册。

◎新安黄氏大宗谱不分卷：（清）黄世恕等纂修。清乾隆十七年（1752）刻本，二十四册。

◎虬川黄氏宗谱不分卷：(清) 黄开簇等纂修。清道光十年 (1830) 刻本，四册。

◎虬川黄氏纂修宗谱四卷：(清) 黄开簇纂修。20世纪中期合肥市新光印刷厂油印本，四册，平装。

◎黄氏光禄家庙四卷：(清) 黄佩玉等纂修。清咸丰元年 (1851) 叙伦堂木活字本，二册。

【安徽休宁】

◎休邑黄氏思本图一卷：(明) 黄显仁等纂修。明洪武二十二年 (1389) 刻本，一册。

◎新安休宁约山黄氏开国宗谱九卷首一卷：(明) 黄铨纂修。明嘉靖二十八年 (1549) 刻本，一册。

◎新安休邑由潭黄氏支谱不分卷：纂修者不详。明嘉靖三十四年 (1555) 稿本，一册。

◎古林黄氏纂修族谱四卷：(明) 黄文明纂修。明崇祯十六年 (1643) 刻本，四册。

◎休宁古林黄氏纂修族谱十二卷首一卷末一卷：(清) 黄治安纂修。清乾隆三十一年 (1766) 刻本，八册。

◎古林黄氏诚正堂伯房祖宗世系一卷：(清) 黄孝烜纂修。清抄本，一册。

◎黄川黄氏族谱不分卷：(明) 黄以辉纂修。抄本，一册。

◎居安黄氏家谱不分卷：(清) 黄肇荣纂修。清康熙间慈安室抄本，一册。

◎居安黄氏族谱二十一卷：(清) 黄振昆纂修。抄本，存一册。

◎黄氏宗谱：(清) 黄调弼、黄河源纂修。清道光十年 (1830) 木活字本，二册。

◎五城黄氏世系二卷：(清) 黄传智纂修。清咸丰三年 (1853) 抄本，一册。

◎五城黄氏宗谱不分卷：纂修者不详。清刻本，一册。

◎五城黄氏和祥门摘支谱不分卷：纂修者不详。黄世培抄本，一册，毛装。

◎海阳商山黄氏续修宗谱不分卷：(清) 黄德友等纂修。抄本，一册。

◎海阳商山黄氏家谱不分卷：纂修者不详。清抄本，存一册。

◎伦堂黄氏世谱四卷：纂修者不详。清末抄本，二册。

【安徽祁门】

◎左田黄氏宗派图不分卷：(明) 黄天衢纂修。明末刻本，一册。

◎新安左田黄氏正宗谱派系二十卷文献十九卷：(明) 黄积瑜纂修。明嘉靖四十三年 (1564) 刻本，十二册。

◎新安左田黄氏正宗谱不分卷：(明) 黄积瑜纂修，(明) 黄涌等续修。明抄本，一册，毛装。

◎左田黄氏孟宗谱七卷：(明) 黄应榜纂修。明嘉靖三十七年（1558）刻本，一册。

◎左田黄氏孟宗谱不分卷：纂修者不详。清光绪间抄本，一册。

【安徽绩溪】

◎绩溪黄氏纂修族谱六卷：(明) 黄槐等纂修。明隆庆刻本，一册。

◎黄氏家庙遗据录四卷：(清) 黄俊杰等纂修。清咸丰元年（1851）叙伦堂木活字本，二册。

◎绩溪县东关黄氏续修宗谱十卷首一卷：(清) 黄俊杰纂修。清光绪二十二年（1896）叙伦堂木活字本，八册。

曹

【安徽歙县】

◎曹氏统宗世谱不分卷：纂修者不详。明万历四十三年（1615）刻本，二册。

【安徽休宁】

◎休宁曹氏统宗谱十五卷：(明) 曹诰等纂修，(明) 曹嗣轩等纂修。明万历四十年（1612）刻本，八册。

◎曹氏族谱不分卷：(明) 曹五九等纂修。明崇祯十年（1637）抄本，一册。

◎曹氏族谱不分卷：(清) 曹远睐纂修。清咸丰元年（1851）敦睦堂抄本，一册。

【安徽祁门】

◎曹氏宗谱二卷：合族纂修。清同治十一年（1872）木活字本，一册。

【安徽绩溪】

◎绩北旺川曹氏族谱不分卷：(清) 曹有光等纂修。清康熙五年（1666）刻本，二册。

◎曹氏宗谱十二卷：曹诚瑾等纂修。1927年敦叙堂木活字本，十二册。

◎曹氏宗谱八卷：(清) 曹作舟主修。清光绪五年（1879）刻本。

盛

【安徽歙县】

◎磻溪盛氏宗谱五卷：(清) 盛世震等纂修。清乾隆三十二年（1767）叙伦堂抄本，一册。

崔

【安徽黄山】

◎太邑崔氏宗谱四卷：(明) 崔弘庵、程文绣纂修。明万历十六年（1588）新安黄本源刻本，三册。

◎仟源崔氏支谱六卷首一卷末一卷：(清) 崔衍祥等纂修。清宣统二年（1910）怀永堂木活字本，五册。

◎仟源崔氏崇志堂支谱：(清) 崔荣光主修。清宣统三年 (1911) 崇志堂木活字本，五册。

◎仟源崔氏惇叙堂支谱十卷首一卷终一卷：崔铸主编。1924 年惇叙堂木活字本，十册。

◎仟源崔氏支谱六卷：崔祥奎主修。1913 年敦本堂木活字本，六册。

◎仟源崔敦五堂支谱十卷首一卷终一卷：崔森主编。1929 年木活字本，十二册。

许

【安徽歙县】

◎续修新安歙北许村许氏东支世谱九卷：(明) 许可复等纂修。明隆庆三年(1569) 刻本，二册。

◎新安高阳许氏宗谱余庆集二集：(明) 许绍等纂修。明抄本，三册。

◎纂修古歙城东许氏世谱八卷：(明) 许光勋纂修。明崇祯八年（1635）刻本，十六册。

◎纂修古歙城东许氏宗谱十卷首一卷：(清) 许登瀛纂修。清乾隆十年（1745）刻本，十二册。

◎纂修古歙城东许氏宗谱十卷首一卷：(清) 许登瀛等纂修。清光绪八年（1882）木活字本，十册。

◎古歙昉溪许氏世谱二卷首一卷：(清) 许一续纂修。清乾隆五十年 (1785) 刻本，二册。

◎许氏族谱不分卷：(明) 许尔绥纂修。清抄本，一册。

◎唐模许氏族谱不分卷：(清) 许吾伸纂修。清康熙五十九年（1720）抄本，一册。

◎许氏家乘一卷：(清) 许翰藩纂修。清同治八年（1869）庆裕堂稿本，一册。

◎许氏家谱不分卷 :(清) 许棨逊纂修。清同治八年(1869)抄本,一册。

◎高阳西派唐模许氏荫祠世系表不分卷 : 许朝璪纂修。1927 年稿本,一册。

◎歙西稠墅许氏宗谱四卷首一卷 :(清) 许廷瑞纂修。清道光二十二年(1842)稿本,二册。

◎新安许氏族谱不分卷 : 纂修者不详。清刻本,一册。

◎歙北高阳许氏统宗世谱不分卷 : 纂修者不详。清抄本,一册,毛装。

◎许氏许村东支谱不分卷 :(清) 许灼纂修。清嘉庆六年(1801)稿本,二册。

◎许氏族谱不分卷 : 纂修者不详。清抄本,一册。

◎许氏家传世谱不分卷 : 纂修者不详。清抄本,一册。

◎许氏荫祠历世祖考妣谱不分卷 : 纂修者不详。清抄本,二册。

◎许氏荫祠历世祖考妣谱不分卷 : 纂修者不详。清抄本,八册。

◎许氏宗乘长编不分卷 : 许承尧纂修。民国抄本,一册。

◎许氏思替堂世谱不分卷 : 纂修者不详。民国抄本,二册。

◎许氏宗谱五卷 : 纂修者不详。明抄本,一册。

◎新安孚潭许氏族谱不分卷 : 许氏合族纂修。明刻本,存一册。

◎续修孚潭许氏族谱不分卷 :(清) 许大定纂修。清康熙六十一年(1722)武昌刻本,一册。

◎兆吉山高阳许氏宗谱 : 纂修者不详。1922 年木活字本,六册。

【安徽祁门】

◎续修许氏族谱不分卷 :(明) 许诚纂修。明正德十二年(1517)稿本,一册。

【安徽绩溪】

◎绩溪县南开惇叙堂(许氏)宗谱十卷 :(清)许文源等纂修。清光绪十五年(1889)木活字本,十册。

◎许氏族谱不分卷 : 纂修者不详。清抄本,一册。

◎晶川许氏宗谱九卷首一卷 :纂修者不详。清光绪十七年(1891)木活字本,九册。

◎涧洲许氏宗谱十卷 : 许汪生等纂修。1914 年追远堂木活字本,十册。

【江西婺源】

◎新安许氏宗谱四卷首一卷末一卷 :(清) 许德文等纂修。清光绪十七年(1891)先贤堂木活字本,二册。

商

【浙江淳安】

◎芝山大田商氏宗谱一卷：商毅昆修，商金棠等纂。据 1919 年爱敬堂木活字本复印，一册。

◎芝山商氏保传堂宗谱十六卷：商绍裘修，商秋农等纂。1945 年保传堂木活字本，十册。

章

【浙江淳安】

◎貂山章氏宗谱：纂修者不详。清嘉庆十二年（1807）木活字本，三册。

◎章村遂阳章氏宗谱二十卷：（清）章鼎彝、章鼎谊主修，（清）章鼎于等纂修。清同治十一年（1872）大本堂木活字本，二十册。

◎貂山章氏宗谱：纂修者不详。清木活字本，二册。

◎遂安洙水章氏宗谱十六卷首一卷末一卷：章人智等主修，章来金等纂修。1942 年积笏堂木活字本，二十册。

◎洙水章氏家谱不分卷：纂修者不详。民国稿本，一册，毛装。

◎遂安洙水章氏可谟公派下家谱一卷：1919 年抄本，一册，毛装。

◎大塘河间郡章氏家谱二卷：（清）章亨德等纂修。清乾隆十六年（1751）木活字本，二册。

◎河间郡章氏宗谱四卷：（清）章启崑纂修。清乾隆五十二年（1787）木活字本，二册。

◎全城章氏宗谱八卷：（清）章可久主修。清嘉庆二十五年（1820）永思堂木活字本，四册。

【安徽绩溪】

◎瀛川章氏家谱不分卷：（明）章瑞纂修。明抄本，一册。

◎章氏世家源流族谱二卷：纂修者不详。明抄本，一册。

◎绩溪西关章氏族谱五卷：（明）章乔纂修。明万历元年（1573）刻本，一册。

◎绩溪西关章氏族谱四十卷首二卷：（清）章绪苗等主修。清道光二十九年（1849）木活字本，十六册。

◎绩溪西关章氏族谱四十卷首二卷：章尚志纂修。1915 年木活字本，二十册。

◎章氏宗谱不分卷：(清) 景星堂纂修。清光绪四年 (1878) 抄本，一册。

◎章氏宗谱：章正扬主修。民国初石印本。

张

【浙江淳安】

◎重梓遂邑纯峰张氏宗谱一卷：(明) 张邦聘纂修。明万历三十九年 (1611) 木活字本，一册。

◎重梓纯峰张氏宗谱五卷：(清) 张维璿等纂修。清康熙二十七年 (1688) 木活字本，三册。

◎张氏宗谱：纂修者不详。清余庆堂木活字本，一册。

◎张氏宗谱十卷：纂修者不详。1917 年永思堂木活字本，十册。

◎泉洲张氏纂修族谱六卷首一卷：(清) 张列星纂修。清嘉庆十三年 (1808) 和德堂木活字本，一册。

◎张氏续修宗谱：纂修者不详。清积庆堂抄本，一册，毛装。

◎张氏宗谱四卷：张必举等纂修。1928 年积庆堂木活字本，四册。

◎遂安张氏宗谱六卷首一卷末一卷：张能侯等纂修。1926 年敦厚堂木活字本，六册。

【安徽黄山】

◎太邑凤山坊边张氏宗谱：(清) 张崇直纂修。清宣统元年 (1909) 木活字本，一册。

【安徽歙县】

◎新安王弼张氏家谱十卷文翰不分卷：(明) 张一桂等纂修。明万历四十年 (1612) 家刻本，二册。

◎新安张氏续修宗谱三十卷：(清) 张习孔等纂修。清顺治十六年 (1659) 刻本，六册。

◎水阳村张氏族谱不分卷：(清) 洪鉴纂修。清乾隆五十八年 (1793) 抄本，存一册。

◎东源纂修张氏宗谱三十五卷：张树煌等纂修。1928 你那叙伦堂木活字本，十五册。

◎张氏会通谱不分卷：(明) 张复始等纂修。明嘉靖十二年 (1533) 刻本，四册。

◎新安休宁青山张氏世谱二卷：(清) 张履榜等纂修。清康熙二十三年 (1684) 刻本，一册。

◎休宁荪田山上张氏家谱不分卷：(明) 张应兆纂修。清抄本，存一册。

◎张氏宗谱：（清）张士玮等纂修。清康熙四十九年（1710）刻本，存卷一。

◎张氏宗谱二卷：（清）张国范等纂修。清道光二十五年（1845）刻本，二册。

◎清河张氏宗谱四卷：（清）张守庠、张守庶纂修。清宣统二年（1910）程余庆堂木活字本，四册。

◎清河张氏宗谱四卷：张以寅等纂修。1944 年木活字本，四册。

◎清河张氏宗谱：纂修者不详。清木活字本，二册。

◎张氏统宗世谱：纂修者不详。清刻本，七册。

【安徽祁门】

◎张氏统宗世谱八卷：（明）张敦仁等纂修。明万历四十三年（1615）刻本，二册。

◎石溪张氏宗谱一卷：（清）张光熙等纂修。清道光十二年（1832）抄本，一册。

◎石溪张氏宗谱：张青主编。2003 年排印本，一册，平装。

【安徽绩溪】

◎绩溪北门张氏宗谱十二卷首一卷末一卷：（清）张珍纂修。清道光十九年（1839）叙伦堂刻本，六册。

◎溪邑北门张氏宗谱十二卷首一卷末一卷：（清）张沛泽纂修。清光绪十三年（1887）敦伦堂木活字本，十册。

◎绩溪县城北城后巷张氏宗谱八卷首一卷末一卷：张永年纂修。1930 年叙伦堂木活字本，六册。

【江西婺源】

◎张氏宗谱十五年：（清）张继盛等纂修。清康熙十三年（1674）刻本，八册。

◎星源甲道张氏宗谱四十二卷：（清）张元澧等纂修。清乾隆三十年（1765）木活字本，四十二册。

◎甲道张氏宗谱四十二卷续编二卷：（清）张图南纂修。清乾隆四十七年（1782）刻本，四十四册。

◎甲道张氏宗谱六十卷：（清）张翼先等纂修。清道光十九年（1839）木活字本，六十册。

◎星源甲道张氏宗谱六十四卷：（清）张琴等纂修。清光绪二十五年（1899）木活字本，六十四册。

◎星源张氏世谱：纂修者不详。清抄本，二册。

◎尚源张氏宗谱：张启校等纂修。1923年木活字本，一册。

◎张氏宗三午派三府君支谱册：纂修者不详。1986年张植基抄本，一册。

◎清河张氏宗谱十六卷首一卷：（清）张日佐等纂修。清乾隆十七年（1752）崇本堂刻本，十六册。

项

【浙江淳安】

◎古睦清溪紫峰项氏宗谱纂集八卷：（清）项钟秀纂修。清康熙十八年（1679）刻本，一册。

◎古睦清溪紫峰项氏宗谱六卷首一卷尾一卷：（清）向廷举纂修。清道光十八年（1838）木活字本，六册。

◎古睦清溪仙溪项氏宗谱四卷：项锡廷纂修。1918年临淮永庆堂木活字本，六册。

◎遂阳叶林项氏续修宗谱：（清）项兆荣纂修。清嘉庆九年（1804）光祖堂木活字本，四册。

◎遂阳叶林项氏续修宗谱八卷首一卷：（清）项其琏纂修。清咸丰六年（1856）光祖堂木活字本，二册。

◎遂邑叶林项氏宗谱十卷：项宗朝纂修。1920年光祖堂木活字本，十册。

叶

【浙江建德】

◎过塘叶氏宗谱四卷：叶寄有纂修。1963年最乐堂木活字本，二册。

◎南阳叶氏宗谱四卷：叶挺千主修。1963年最乐堂木活字本，一册。

【浙江淳安】

◎川石叶氏宗谱不分卷：纂修者不详。清嘉庆间木活字本，存一册。

◎崇坡叶氏宗谱十九卷首一卷末一卷：（清）叶敦辅等纂修。清咸丰八年（1858）忠孝堂木活字本，六册。

◎南阳叶氏宗谱：纂修者不详。清光绪间惇叙堂木活字本，二册。

◎叶氏宗谱八卷：叶毓纹主修。1926年惇叙堂木活字本，十册。

◎西贤南阳叶氏宗谱十二卷：（清）叶苍林主修，（清）叶向荣等纂修。清光绪二十九年（1903）敦本堂木活字本，十二册。

◎凤山南阳叶氏家谱二卷：纂修者不详。1921 年复兴堂木活字本，一册。

◎南阳叶氏宗谱十八卷：叶万青主修。1926 年尚义堂木活字本，十八册。

【安徽黄山】

◎叶氏宗谱不分卷：（清）叶仲柱等纂修。清康熙十六年（1677）刻本，存一册。

◎仟源叶氏宗谱十六卷：（清）叶鸿斌等纂修。清光绪间木活字本，十一册。

【安徽歙县】

◎叶氏宗谱十卷：（明）叶天爵纂修。明嘉靖十年（1531）刻本，一册。

◎荫田叶氏宗谱不分卷：纂修者不详。据明嘉靖间修本抄，一册。

◎新州叶氏宗谱不分卷：（清）叶以英等纂修。清乾隆三十三年（1768）刻本，七册。

◎新州叶氏家谱不分卷：（清）叶为铭纂修。清光绪三十三年（1907）抄本，七册。

◎新州叶氏家谱不分卷：（清）叶希明纂修。清宣统元年（1909）稿本，十册。

◎新州叶氏家乘首一卷：叶希明纂修。1925 年铅印本，十册。

◎叶氏重修家乘不分卷：纂修者不详。清抄本，一册。

◎叶村叶氏宗谱不分卷：合族纂修。1912 年铅印本，一册。

【安徽休宁】

◎南街叶氏族谱不分卷：（明）叶伯清等纂修。明天顺七年（1463）刻本，一册。

◎休宁陪郭叶氏世谱四卷首一卷附录三卷：（明）叶志道纂修。明弘治十一年（1498）刻本，一册。

◎新安休宁叶氏宗谱：（明）叶泰曜纂修。明嘉靖三十五年（1556）刻本，一册。

◎休宁叶氏族谱十卷：（明）叶文山等纂修。明崇祯四年（1631）刻本，一册。

◎休宁叶祈叶氏支谱十三卷：（清）叶道鉴纂修。清光绪十八年（1892）抄本，一册。

◎叶氏宗谱八卷：叶隆壬等纂修。1925 年双榴堂木活字本，八册。

【安徽黟县】

◎黟县南屏叶氏族谱八卷首一卷：（清）叶有广等纂修。清嘉庆十七年（1812）木活字本，四册。

◎黟县叶氏世系表不分卷：纂修者不详。抄本，一册。

【安徽祁门】

◎沙堤叶氏家谱十三卷：（明）叶盛春主修。明万历七年（1579）刻本，一册。

◎沙堤石林叶氏宗谱五卷首一卷：(清) 叶芳纂修。清嘉庆十四年 (1809) 木活字本，六册。

◎石林叶氏宗谱十二卷：(清)叶兰芳纂修。清光绪十八年(1892)木活字本,一册。

【江西婺源】

◎南阳叶姓宗谱：叶雄飞纂修。据 1997 年抄本复印，一册，平装。

万

【安徽黟县】

◎万氏宗谱：(清) 万英纂修。清抄本，一册。

葛

【安徽绩溪】

◎绩溪积庆坊葛氏重修族谱八卷首一卷末一卷：(明) 葛文简纂修。明嘉靖四十四年 (1565) 刻本，一册。

◎泉塘葛氏宗谱十六卷首一卷末一卷：(清) 葛光汉纂修。清宣统三年 (1911) 木活字本，三册。

单

【江西婺源】

◎星江单氏宗谱十五卷首一卷末一卷：单绍烓等纂修。1925 年木活字本,十三册。

程

【浙江淳安】

◎遂安中洲程氏族谱十四卷首一卷：纂修者不详。清康熙五十六年 (1717) 崇本堂木活字本，四册。

◎中洲程氏宗谱十六卷首一卷：(清) 程肇修纂修。清乾隆四十二年 (1777) 崇本堂木活字本，四册。

◎镇川程氏宗谱八卷首一卷末一卷：(清) 程仁吉主修。清光绪二十六年 (1900) 善庆堂木活字本，四册。

◎古睦青溪韶川程氏宗谱：程敦兴等纂修。1915 年崇礼堂木活字本，五册。

◎梅川程氏宗谱六卷首一卷末一卷：纂修者不详。1919 年木活字本，六册。

【安徽黄山】

◎太平梓里程氏宗谱十卷首一卷末一卷：程和璨纂修。1922 年世德堂木活字本，十六册。

【安徽徽州】

◎程氏世谱不分卷：纂修者不详。明洪武十九年（1386）李本立抄本，存一册。

◎程氏世谱八卷新安程氏诸谱会通六卷各派续谱不分卷：（明）程孟纂修。清初抄明景泰二年（1451）修本，一册。

◎新安程氏诸谱会通不分卷：纂修者不详。明刻本，一册。

◎新安程氏统宗世谱二十卷谱辨一卷附二卷：（明）程敏政纂修。明成化十八年（1482）刻本，五册。

◎新安程氏统宗世谱：（明）程敏政纂修，佚名续修。清树本堂稿本，四册。

◎新安程氏统宗列派迁徙注脚纂一卷：（明）程项纂修。明嘉靖四十二年（1563）刻本，二册。

◎新安程氏世谱正宗迁徙注脚纂不分卷：（明）程项纂修，（清）程元皓增修。清康熙九年（1670）刻本，一册。

◎新安程氏统宗列派迁徙注脚纂一卷：（明）程项纂修，佚名增补。清乾隆间抄本，一册。

◎新安程氏世谱正宗迁徙注脚纂不分卷：纂修者不详。清同治间抄本，一册。

◎新安程氏统宗列派迁徙注脚纂不分卷：纂修者不详。清光绪间抄本，二册。

◎新安程氏世谱正宗迁徙注脚纂不分卷：纂修者不详。清抄本，一册。

◎新安程氏统宗列派迁徙注脚纂一卷：（明）程项纂修。1928 年程应康抄本，一册。

◎新安程氏世谱正宗迁徙注脚纂不分卷：（清）程浩明等纂修。1941 年程银财善义堂抄本，二册。

◎新安程氏统宗补正图纂三十二卷首一卷末一卷：（清）程士培纂修。清康熙二十四年（1685）刻本，四册。

◎新安程氏统宗补正纪实一卷：（清）程士培纂修。清康熙间刻本，一册。

◎新安程氏统宗补正图纂二十一卷首一卷：（清）程公惠纂修。清乾隆元年（1736）

刻本，二册。

◎新安程氏统宗补正图纂二十一卷首一卷末一卷：(清）程尚龙等纂修。清乾隆十二年（1747）刻本，四册。

◎新安程氏统宗补正图纂二十九卷末一卷：(清）程之康纂修。清乾隆二十七年（1762）刻本。

◎新安程氏统宗补正图纂十八卷首一卷末一卷：(清）程肇等纂修。清雍正乾隆续刻康熙间刻本，四册。

◎新安程氏世谱正宗不分卷：(清)程浩明等纂修。清康熙十年(1671)刻本,二册。

◎新安程氏世谱正宗不分卷：(清)程瑞凤纂修。清嘉庆十七年(1812)稿本,一册。

◎新安程氏世谱三十六卷徵文录十卷首一卷：(清）程佐衡纂修。清光绪十八年（1892）无为嘉会堂目耕楼木活字本，二十八册。

◎新安程氏续修谱八卷：(明）程毓等纂修。明嘉靖间刻本，一册。

◎新安程氏宗谱四卷：(明）程国维纂修。明刻本，二册。

◎程氏世谱不分卷：纂修者不详。明抄本，一册。

◎程氏宗谱不分卷：纂修者不详。明抄本，一册。

◎新安程氏家乘不分卷：纂修者不详。清康熙八年（1669）刻本，一册。

◎程氏忠孝世家谱不分卷：(清)程绍淋纂修。清道光二十一年(1841)抄本,一册。

◎程氏宗谱：纂修者不详。清道光二十七年（1847）敦睦堂木活字本，一册。

◎程氏抄谱不分卷：纂修者不详。清同治间抄本，一册。

◎程氏源流纪实不分卷：(清）程允纂修。清稿本，一册。

◎新安程氏续修宗谱不分卷：(清）程达纂修。清抄本，四册。

◎程氏宗谱：纂修者不详。清木活字本，一册。

◎程氏宗谱不分卷：程炳之纂修。清抄本，一册。

◎新安程氏宗谱四卷：合族纂修。明刻本，二册。

◎程氏宗谱：纂修者不详。清末四箴堂木活字本，二册。

◎中坦程氏宗谱：合族纂修。1928年世德堂木活字本，六册。

【安徽歙县】

◎新安程氏家谱七卷首一卷：(明）程克荣等纂修。明成化七年（1471）永思堂刻本，二册。

◎歙东牌镇程氏族谱不分卷：(明)程景富纂修。明嘉靖九年(1530)义伦堂刻本，一册。

◎歙西竭田程氏本宗谱一卷：(明)程显爵纂修。明嘉靖四十五年(1566)涵春轩刻本，一册。

◎世忠程氏延绪公宗谱四卷：(明)程元翼等纂修。明隆庆六年(1572)刻本，一册。

◎歙托山程氏族谱五卷：(明)程沔等纂修。明万历元年(1573)刻本，一册。

◎长原程氏重修家谱二十二卷：(明)程本华等纂修。明万历二年(1574)刻本，一册。

◎槐塘程氏宗谱二十卷首一卷：(明)程嗣功纂修。明万历十四年(1586)刻本，十二册。

◎槐塘程氏重续宗谱二十卷首一卷：(清)程启东等纂修。清康熙十二年(1673)显承堂刻本，六册。

◎新安程氏第一家谱不分卷：(清)程世善纂修。清嘉庆元年(1796)稿本，一册。

◎新安程氏正府续派宗谱不分卷：纂修者不详。清抄本，一册。

◎歙西岩镇百忍程氏本宗信谱十二卷首一卷会订一卷：(明)程弘宝纂修。明万历十八年(1590)刻本，六册。

◎岩镇程氏家谱六卷附罗祁程氏源流谱不分卷：(清)程廷谔等纂修。清乾隆十年(1745)刻本，三册。

◎新安罗祈程氏世谱：纂修者不详。明刻本，一册。

◎罗祈程氏源流谱不分卷：(清)程士琯纂修。清刻本，一册，微残。

◎新安荷池程氏家谱不分卷：纂修者不详。明万历间刻本，一册。

◎新安荷池重修续家谱八卷：(清)程有容等纂修。1917年程极焘抄清康熙间刻本，六册。

◎黄墩程氏宗谱不分卷：纂修者不详。清康熙六年(1667)刻本，存一册。

◎程氏和泰房支谱不分卷：纂修者不详。清道光二十一年(1841)抄本，一册。

◎南宗新安褒嘉里程氏世谱十六卷首三卷：(清)程善述等纂修。据清康熙十一年(1672)刻本复印，一册。

◎新安郡北门程氏溯源录一卷：(清)程茂桢纂修。清康熙十八年(1679)抄本。

◎新安郡北门程氏溯源录二卷：(清)程茂桢纂修。清康熙二十三年(1684)刻本，二册。

◎祐源程氏重续家谱不分卷：(清）程尔功等纂修。清康熙三十年（1691）诒谷堂刻本，一册。

◎新安程氏世忠原录琼公支谱十卷：(清）程有高等纂修。清康熙间刻本，一册。

◎新安大程村程氏支谱二卷：(清）程豫等纂修。清乾隆五年（1740）受祉堂刻本，二册。

◎新安岑山渡程氏支谱六卷首一卷：(清）程梦星等纂修。清乾隆六年（1741）木活字本，八册。

◎潭川程氏宗谱十六卷首一卷：(清）程启宇等纂修。清宣统三年（1911）怀德堂木活字本，二册。

◎篁程堂草稿谱图不分卷：合族纂修。清程六吉堂兰轩抄本，一册。

◎新安篁墩程氏世谱不分卷：(清）程熙等纂修。清抄本。

【安徽休宁】

◎休宁率东程氏家谱不分卷：(明）吴以声纂修。明正统三年（1438）刻本，一册。

◎率东程氏家谱十二卷附上草市宗谱一卷：程湧来纂修。明嘉靖四十二年（1563）刻本，二册。

◎率东程氏重修家谱十二卷首一卷附一卷：(明）程良锡纂修。明万历二十二年（1594）抄本，二册。

◎率东程氏家乘八卷：(明）程鹏南纂修。南明抄本，四册。

◎率东程氏重修家谱不分卷：纂修者不详。清抄本，一册。

◎程氏世谱不分卷：纂修者不详。清抄本，二册。

◎休宁陪郭程氏本宗谱不分卷：(明）程敏政纂修。明成化十年（1474）刻本，一册。

◎休宁率口程氏三修宗谱十卷末一卷：(明）程文杰纂修。明正德六年（1511）刻本，一册。

◎休宁率口程氏续编本宗谱六卷：(明）程景珍纂修。明隆庆四年（1570）刻本，二册。

◎率口程氏族谱不分卷：纂修者不详。清同治五年（1866）稿本，一册。

◎率口程氏仲房上宅门支谱不分卷：(清）程纶纂修。清乾隆五十年（1785）蓝格抄本，一册。

◎新安休宁长垄程氏本宗谱七卷首一卷：(明）程永珖等纂修。明正德十一年（1516）刻本，一册。

◎新安休宁长垄程氏本宗谱三卷：纂修者不详。清稿本，一册。

◎休宁汊口程氏支重续谱十二卷：（明）程存节等纂修。明嘉靖十一年（1532）刻本，三册。

◎程氏族谱不分卷：纂修者不详。民国抄本，一册。

◎休宁荪浯二溪程氏宗谱四卷附程氏旧谱存考一卷：纂修者不详。明嘉靖十九年（1540）刻本，四册。

◎休宁荪浯二溪程氏宗谱十二卷：（明）程萱芳等纂修。明嘉靖间刻本，一册。

◎浯溪程氏族谱六卷：（明）程相纂修。明嘉靖十八年（1539）刻本。

◎休宁浯溪程氏重修族谱三卷：（清）程兆庆等纂修。清康熙五年（1666）刻本，二册。

◎世忠程氏泰塘族谱五卷：（明）程子珪等纂修。明嘉靖二十四年（1545）刻本，三册。

◎十万程氏会谱六卷：（明）程鸣球等纂修。明嘉靖二十八年（1549）刻本，一册。

◎闵川十万程氏本宗谱十卷：（清）程以进等纂修。清顺治十六年（1659）刻本，五册。

◎闵川十万程氏本宗谱不分卷：（清）程馥桂纂修。清康熙二十四年（1685）刻本。

◎会里程氏庆源家乘二十卷：（明）程游轮等主修。明嘉靖三十一年（1552）刻本，二册。

◎程氏庆源家乘：纂修者不详。明万历三十六年（1608）程鹏先抄本，一册。

◎程氏庆源家乘十九卷首一卷：（明）程有亮等纂修，（明）程鹏先增补。明万历间抄本，二册。

◎程氏庆源家乘十三卷：（明）程有亮等纂修，（明）程梦积增补。明万历间程充国抄本，三册。

◎蟾溪程氏家谱不分卷：（明）程清惠等纂修。明嘉靖间抄本，一册。

◎蟾溪程氏家谱：（清）程永芳纂修。清抄本，一册。

◎新安休宁古城程氏宗谱十一卷引证一卷会订一卷：（明）程惟时等纂修。明隆庆四年（1570）刻本，四册。

◎东丘程氏宗谱不分卷：纂修者不详。明隆庆间抄本，一册。

◎荪田里村程氏本宗谱四卷：（明）程天泽纂修。明万历六年（1578）刻本，四册。

◎休宁茅坦程氏续本支谱一卷：（明）程子侃纂修。明万历十二年（1584）刻本，一册。

◎新安休宁山斗程氏本枝续谱不分卷：（明）程履初纂修。旧抄明天启六年（1626）修本，一册。

◎新安山斗程氏谱不分卷：(清) 程祥纂修。清康熙间抄本，一册。

◎山斗程氏支谱四卷：(清)程兆昱纂修。清嘉庆八年(1803)敬恕堂木活字本,四册。

◎休宁山斗程氏续修支谱四卷：(清) 宋瑜纂修。清光绪二十八年 (1902) 绍伊堂木活字本，四册。

◎率溪桃梅程氏重续宗谱不分卷：(明) 程文运纂修。明崇祯十一年 (1638) 抄本，一册。

◎新安富溪程氏族谱：纂修者不详。明刻本，一册。

◎新安富溪程氏本宗谱十二卷：(清) 程纯素纂修。清顺治八年 (1651) 刻本。

◎新安休宁程氏族志不分卷：纂修者不详。明末抄本，一册。

◎黎阳程氏本宗谱一卷：(明) 程廷楷纂修。明末抄本，一册。

◎霞阜程氏世谱不分卷：(清) 程宗晟纂修。清康熙二十四年 (1685) 刻本,一册。

◎休宁程氏北山派续编本派源流谱七卷：(清) 程子享纂修。清康熙间抄本,一册。

◎北村程氏宗谱不分卷：纂修者不详。清康熙间启秀堂抄本，一册。

◎休宁榆村程氏族谱十卷首一卷：(清) 程国栋等纂修。清乾隆二十五年 (1760) 刻本，六册。

◎溪山程氏续纂本宗支谱不分卷：(清) 程德洋等纂修。清乾隆间抄本，一册。

◎休宁芳干程氏续谱不分卷外谱不分卷：(明) 程孟纂修。清抄本，一册。

◎程氏支谱不分卷：纂修者不详。清抄本，一册。

◎由溪程氏怀德堂家谱：程嵩龄纂修。1990 年文史哲出版社据手抄本影印,一册,精装。

【安徽祁门】

◎祁门善和程氏谱十四卷宠光录一卷足徵录四卷：(明) 程昌纂修。明嘉靖二十年 (1541) 刻本，一册。

◎程氏家乘不分卷：程大藩等纂修。明万历间刻本，四册。

◎程氏支谱不分卷：(清) 合族纂修。清乾隆间木活字本，一册。

◎祁门善和程氏家谱不分卷：纂修者不详。旧抄本，存一册。

◎善和程氏仁山门支谱不分卷：(清) 程衡等纂修。清康熙二十一年 (1682) 刻本，一册。

◎祁门善和程氏仁山门支谱不分卷：(清) 程兆崧等纂修。清乾隆十二年 (1747)

刻本，一册。

◎祁门善和程氏仁山门支修宗谱四十一卷首一卷附录一卷：（清）程际隆纂修。清光绪三十三年（1907）太邑汪锦堂木活字本，三册。

◎祁门善和程氏仁山门宗谱：程成贵纂修。2000年铅印本，一册，平装。

◎程氏支谱不分卷：（清）程文礼等纂修。清康熙二十一年（1682）刻本，一册。

◎程氏支谱不分卷：（清）程良贤等纂修。清康熙三十三年（1694）刻本，一册。

◎中林合修程氏支谱十六卷附录一卷：（清）程际隆纂修。清光绪三十二年（1906）太邑汪锦堂木活字本，二册。

◎环砂寓岩程氏族谱八卷：（清）汪承恩等纂修。清光绪十年（1884）木活字本，二册。

【安徽绩溪】

◎程里程氏续修世谱三卷：（明）程敷典纂修。明万历四十年（1612）刻本，一册。

◎绩溪程里程叙伦堂世谱十二卷首一卷末一卷：程敬忠纂修。1940年叙伦堂铅印本，六册。

◎程敬爱堂世系谱二十七卷首三卷末三卷：（清）程绍邰等纂修。清道光九年（1829）刻本，六册。

◎仁里程敬爱堂世守谱四卷首一卷末一卷：（清）程绍邰等主修。清道光九年（1829）敬爱堂刻本，一册。

◎绩溪仁里程继序堂专续世系谱二十三卷首三卷末三卷：（清）程秉耀等主修。清光绪三十三年（1907）继序堂木活字本，六册。

◎绩溪仁里程世禄世系谱二十二卷首三卷末三卷：（清）程宗宜等主修。清宣统三年（1911）木活字本，六册。

◎大谷程氏宗谱四卷：（清）程常宪主修。清光绪三年（1877）叙伦堂刻本，四册。

◎大谷程氏支谱二卷：程明燥主修。1933年集义堂木活字本，二册。

◎大谷程氏世荣堂家乘四卷：程庭烑纂修。1936年木活字本，四册。

◎楼基程氏世系谱不分卷：（清）程骏修纂修。清光绪十四年（1888）抄本，二册。

◎程氏宗谱不分卷：纂修者不详。清光绪二十四年（1898）抄本，一册。

◎锦谷程氏宗谱四卷：（清）程希贤主修，（清）程渐逵纂修。清光绪三十年（1904）惇庸堂木活字本，四册。

◎锦谷程氏惇庸祠谱三卷：纂修者不详。清惇庸堂刻本，一册。

◎锦谷程氏世宗谱四卷：纂修者不详。清抄本，一册。

◎绩溪璜上程承启堂世系谱十五卷首一卷末一卷：（清）程步云等纂修。清宣统三年（1911）承启堂木活字本，三册。

◎镇头程氏支谱二卷：宋石松主修。1916年抄本。

◎绩溪洪川程敦睦堂世系谱十卷首三卷末三卷杂录一卷：程礼恭主修，程兰等纂修。1923年敦睦堂木活字本，五册。

◎绩古塘派程氏宗谱不分卷：程光福等纂修。1941年毓和堂铅印本，六册。

◎上源程氏宗谱六卷：程秉荣手抄。1996年据1928年胡宾成刻本，抄四册。

【江西婺源】

◎溪源程氏本宗续谱二卷附录三卷：（明）程凤等纂修。明嘉靖十二年（1533）刻本，一册。

◎溪源程氏势公支谱七卷：（明）程项纂修。据明嘉靖间修本影抄，四册。

◎城西程氏家谱二卷：（清）程炳荣等纂修。清嘉庆二十三年（1818）尊睦堂木活字本，四卷。

◎程氏二十六派保祖全书不分卷：（清）程兆辉纂修。清咸丰十年（1860）增刻清嘉庆十一年（1806）源本堂本，一册。

◎种德程氏宗谱：纂修者不详。清嘉庆二十四年（1819）木活字本，一册。

◎双源种德程氏宗谱八卷首一卷末一卷：程崇钟纂修。1917年木活字本，四册。

◎香山程氏新修文信公支谱六卷首一卷：（清）程廷灌纂修。清道光十年（1830）木活字本，六册。

◎尤溪程氏支谱二卷首一卷末一卷：纂修者不详。清咸丰四年（1854）世德堂木活字本，四册。

◎腴川程氏宗谱三十二卷：（清）程元瑞纂修。清同治七年（1868）尚义堂刻本，十四册。

◎湾口程氏家谱六卷首一卷末一卷：（清）程志圩等纂修。清同治九年（1870）和聚堂木活字本，四册。

◎黄潭程氏宗谱十二卷首一卷末一卷：（清）程熙斋等纂修。清光绪二年（1876）木活字本，八册。

◎婺源韩溪程氏梅山支谱十二卷首一卷附录一卷：（清）程蓉照等纂修。清宣统元年（1909）木活字本，十五册。

◎新安程氏龙山玉堂宗谱：（清）程起敬等纂修。清木活字本，一册。

舒

【安徽黟县】

◎唐新安郡古黟舒氏统宗谱图：纂修者不详。明抄本，二册。

◎屏山舒氏宗谱三卷：（清）舒道观纂修。清道光二十七年（1847）五之堂木活字本，一册。

【安徽绩溪】

◎华阳舒氏统宗谱十九卷首一卷：（清）舒安仁纂修。清同治九年（1870）叙伦堂木活字本，六册。

冯

【安徽歙县】

◎冯氏宗谱十卷首一卷：（明）冯楷纂修。明嘉靖间刻本，四册。

【安徽祁门】

◎中井河东冯氏宗谱：（清）冯光岱纂修。清嘉庆九年（1804）和义堂木活字本，三册。

◎中井河东冯氏宗谱：纂修者不详。清和义二祠木活字本，三册。

【安徽绩溪】

◎冯氏宗谱十四卷：（清）冯景铭纂修。清光绪二十八年（1902）抄本，十二册。

◎绩溪东关冯氏家谱八卷首三卷末三卷：（清）冯景坊等纂修。清光绪二十九年（1903）木活字本，六册。

◎冯氏族谱十一卷：冯景坡纂修。民国抄本，一册。

【浙江建德】

◎雁门童氏宗谱八卷：（清）童启柏等纂修。清乾隆二十三年（1758）木活字本，一册。

◎浙江建德洋源东莞童氏宗谱四卷首一卷：（清）童鹏英主修。清同治十三年（1874）务本堂木活字本，一册。

【浙江淳安】

◎遂邑樟山童氏宗谱十卷：（明）童光庭纂修。明天启五年（1625）木活字本，一册。

◎重修樟山童源童氏宗谱不分卷：纂修者不详。清同治九年(1870)抄本，存一册。

◎樟山童氏宗谱十四卷：（清）童传洛主修，（清）童锡珑等纂修。清光绪二十四年（1898）木活字本，八册。

◎童氏宗谱：（清）童颖伟等纂修。清康熙二十八年（1689）木活字本，一册。

◎永平童氏宗谱七卷：童冠伦主修，童禄才纂修。1993年高雄敦本堂排印本，七册，精装。

◎重修雁门童氏宗谱六卷首一卷末一卷：纂修者不详。清光绪十六年（1890）月山堂木活字本，八册。

◎青山童氏续修族谱：纂修者不详。清乾隆间木活字本，三册。

◎南川童氏族谱四卷：(清)汪泰纂修。清嘉庆二年(1797)敦睦堂木活字本，四册。

曾

【浙江建德】

◎寿昌曾氏宗谱四卷：曾万章纂修。据946年木活字本复印，二册。

游

【江西婺源】

◎济溪游氏宗谱二十八卷首一卷：（清）游永等纂修。清乾隆三十三年（1768）叙伦堂木活字本，十二册。

杨

【浙江淳安】

◎杨氏宗谱六卷首一卷末一卷：（清）杨光何等纂修。清嘉庆十二年（1807）八行堂木活字本，三册。

◎遂安杨氏宗谱六卷首一卷末一卷：（清）杨昌周等纂修。清咸丰七年（1857）八行堂木活字本，五册。

◎遂安杨氏宗谱：杨旭堂等纂修。1928年八行堂木活字本，二册。

◎宏农杨氏宗谱六卷：杨喜宝修，杨梓荫纂。1919年三德堂木活字本，六册。

【安徽歙县】

◎徽城杨氏宗谱七卷：(明) 杨贞一纂修。明崇祯三年（1630）刻本，六册。

【安徽休宁】

◎休宁芳溪杨氏宗支录不分卷：(清) 杨士杰等纂修。清顺治十四年（1657）刻本，一册。

詹

【浙江淳安】

◎遂安西源詹氏宗谱不分卷：(清) 詹良麸，詹虑盛纂修。清康熙二十九年（1690）抄本，一册。

◎古明詹氏族谱：(清) 詹铨吉纂修。清乾隆五年（1740）刻本，一册。

◎古明詹氏族谱十卷：纂修者不详。1912 年光裕堂木活字本，十册。

◎西源詹氏宗谱十卷首一卷末一卷：(清) 詹克振修，(清) 余允清纂。清咸丰九年（1859）流光堂木活字本，五册。

◎詹氏宗谱十八卷首一卷末一卷：(清) 詹林春纂修。清同治十年（1871）流光堂木活字本，十册。

【安徽歙县】

◎新安詹氏家谱四卷：(明) 詹仁等纂修。明成化间抄本，四册。

【安徽休宁】

◎休宁流塘詹氏宗谱六卷：(明) 詹贵纂修。明弘治十二年（1499）刻本，一册。

◎休宁流塘詹氏家谱一卷：纂修者不详。清抄本，一册。

【江西婺源】

◎庆源詹氏族谱不分卷：(元) 詹晟等纂修。明初抄本，存一册。

◎婺源庆源詹氏宗谱二十四卷首一卷：(清) 詹大衡等纂修。清乾隆五十年（1785）惇叙堂木活字本，十二册。

◎庆源詹氏家谱一卷：纂修者不详。1949 年詹福绥堂抄本，一册。

◎新安詹氏统宗世谱十四卷：(明) 詹虞凤纂修。明嘉靖二十七年（1548）刻本，三册。

◎詹氏统宗世谱六卷：(明) 詹朝聘纂修。明嘉靖间刻本，二册。

◎新安星源龙川詹氏统宗世谱二卷：纂修者不详。明嘉靖间刻本，一册。

◎詹氏统宗世谱二卷：(明) 詹文中等纂修。明万历间刻本，五册。

◎新安庐源詹氏宗谱十八卷首一卷末一卷：(清) 詹华盛等纂修。清乾隆四十九年 (1784) 木活字本，二十册。

◎婺源詹氏宗谱二十五卷首四卷末一卷：(清) 詹固维等修。清光绪五年 (1879) 庆源录树祠刻本，三十册。

◎鸿溪詹氏宗谱二十卷首一卷：(清) 詹良等纂修。清光绪五年 (1879) 惇彝堂木活字本，八册。

◎河涧詹氏宗谱：(清) 詹焕然等纂修。清光绪二十六年 (1900) 木活字本，四册。

◎詹氏宗谱二十二卷首一卷：詹岳涧等纂修。1930 年木活字本，二十三册。

蔡

【安徽歙县】

◎蔡氏族谱不分卷：(清) 蔡日融纂修，(清) 蔡佛赐补辑。清顺治十六年 (1659) 刻嘉庆二十二年 (1817) 补辑抄本，二册。

蒋

【浙江淳安】

◎三径蒋氏家谱：纂修者不详。明刻本，二册。

◎三径蒋氏家谱二十卷首一卷：(清) 蒋斯荣等纂修。清道光十七年 (1837) 木活字本，二十册。

◎三径蒋氏宗谱二十八卷首一卷：(清) 蒋斯球主修。清光绪十九年 (1893) 爱敬堂木活字本，二十八册。

◎三径蒋氏家谱：纂修者不详。清蓝格抄本，一册。

◎三径蒋氏家谱不分卷：纂修者不详。清抄本，存二册。

◎遂安山湾蒋氏宗谱五卷首一卷：(清) 蒋启霖等纂修。清光绪四年 (1878) 嘉会堂木活字本，二册。

◎双龙蒋氏宗谱五卷首一卷：陆坫纂修。1942 年木活字本，二册。

赵

【安徽黄山】

◎花坞街头赵氏宗谱八卷：(清) 赵人宝等纂修。清光绪二十六年（1900）木活字本，一册。

◎太邑南市赵氏宗谱十八卷首二卷末一卷：(清) 赵瑸纂修。清光绪二十七年（1901）木活字本，二十册。

裴

【安徽黟县】

◎湾里裴氏族谱六卷首一卷：(清) 裴元荣等纂修。清咸丰五年（1855）敦本堂木活字本，四册。

管

【浙江淳安】

◎青溪管氏宗谱八卷：(清) 管国祯纂修。清道光十年（1830）崇本堂木活字本，八册。

◎青溪管氏宗谱八卷首一卷末一卷：(清) 管朝书纂修，管高凤等续修。1930年崇本堂木活字本，八册。

齐

【江西婺源】

◎齐氏宗谱二十五卷首二卷：(清) 齐元铨等纂修。清雍正四年 (1726) 木活字本，十二册。

◎翀麓齐氏族谱：纂修者不详。清乾隆间木活字本，四册。

◎翀麓齐氏族谱二十卷首一卷末一卷：(清) 齐彦槐纂修。清道光十六年（1836）木活字本，十八册。

◎翀麓齐氏族谱二十卷首一卷末一卷：(清) 齐之傒纂修。清光绪十二年（1886）木活字本，十三册。

郑

【浙江建德】

◎郑氏大成宗谱三十四卷首一卷：(清) 邓弘遇等纂修。清康熙三十九年（1700）刻本，十六册。

【浙江淳安】

◎富江西山郑氏宗谱五卷：(明) 郑荣敬等纂修。明抄本，一册。

◎富江郑氏宗谱十卷：(清) 郑孔儒等纂修。清康熙二十八年（1689）刻本，二册。

◎富江郑氏宗谱十卷首一卷：纂修者不详。清乾隆三十九年（1774）刻本，六册。

◎富江西山郑氏宗谱四卷：(清) 郑大勋纂修。清道光二十六年（1846）宗义堂木活字本，一册。

◎富江郑氏宗谱十卷首一卷末一卷：(清) 郑致畴纂修。清光绪十二年（1886）遂安郑氏木活字本，十册。

◎川南郑氏宗谱：(清) 郑濂主修。清乾隆四十一年（1776）刻本，四册。

◎川南郑氏宗谱二十卷首一卷：(清) 郑德玉等纂修。清光绪十二年（1886）流光堂木活字本，二十七册。

◎川南郑氏宗谱六卷：(清) 郑良纂修。清雍正十二年（1734）流光堂刻本，一册。

◎川南郑氏宗谱十六卷首一卷：郑文标纂修。1922 年流光堂木活字本，十三册。

◎郑氏宗谱：(清) 郑兆烈等纂修。清嘉庆五年（1800）约礼堂木活字本，一册。

◎郑氏宗谱四卷：郑炳林主修。清光绪三十一年（1905）世德堂木活字本，四册。

【安徽黄山】

◎仙源郑氏宗谱八卷首二卷末二卷：郑克彬等纂修。1922 年爱敬堂木活字本，十六册。

【安徽歙县】

◎郑氏族谱不分卷：(明) 郑先觉、郑晦纂修。明隆庆元年（1567）郑崇健抄本，一册，毛装。

◎新安郑氏族谱不分卷：纂修者不详。明抄本，一册。

◎荥阳郑氏统宗谱不分卷：(明) 郑仲纂修。明嘉靖九年（1530）抄本，一册。

◎歙县郑氏家谱不分卷：纂修者不详。明抄本。

◎双桥郑氏宗谱不分卷：(明) 郑民瞻、郑九夏纂修。明万历五年（1577）稿本，二册。

◎郑氏族谱不分卷：(明) 郑廷佑等纂修。抄本，存一册。

◎郑氏宗谱不分卷：(明) 郑文灼纂修。明万历三十四年 (1606) 刻本，一册。

◎峰阳郑氏家谱不分卷：纂修者不详。明抄本，二册。

◎双桥郑氏别谱不分卷：纂修者不详。清抄本，一册。

◎双桥郑氏续二集族谱不分卷附二集同姓谱一卷续异姓谱一卷：(清) 郑文然纂修。清抄本，二册。

◎郑氏族谱不分卷：纂修者不详。清抄本，一册。

◎郑氏族谱重修宗谱不分卷：纂修者不详。清光绪二十八年 (1902) 抄本，一册。

◎郑氏族谱不分卷：纂修者不详。清稿本，二册。

◎郑氏族谱不分卷：纂修者不详。清抄本，二册。

◎郑氏宗谱：郑建德主修。1918 年堂阳堂木活字本，二册。

◎郑氏族谱一卷：郑拱宸纂修。2001 年据民国抄本复印，一册。

【安徽祁门】

◎祁门奇峰郑氏本宗谱四卷：(明) 郑岳、郑维诚等纂修。明嘉靖四十五年 (1566) 刻本，三册。

◎营前郑氏家谱五卷：(明) 郑周世等纂修。明万历九年 (1581) 刻本，一册，毛装。

◎祁门清溪郑氏家乘四卷：(明) 郑之珍、郑之锡等纂修。明万历十一年 (1583) 刻本，一册。

◎锦营郑氏宗谱八卷首一卷末一卷：(清) 郑道选修，(清) 郑士满纂。清道光元年 (1821) 敦伦堂木活字本，八册。

◎郑氏宗谱不分卷：郑晦等纂修。清抄本，四册。

欧阳

【安徽黟县】

◎黟南欧村欧阳氏族谱不分卷：纂修者不详。清抄本，一册。

【江西婺源】

◎锦川欧阳氏宗谱五卷首一卷末一卷：(清) 欧阳度纂修。清道光二十六年 (1846) 木活字本，十二册。

◎锦川欧阳氏宗谱十二卷首一卷末一卷：(清) 欧阳绳纂修。清光绪十一年 (1885)

木活字本，八册。

刘

【浙江建德】

◎松田刘氏宗谱二卷：(清）刘则荣纂修。清雍正二年（1724）木活字本，二册。

【浙江淳安】

◎遂安金峰刘氏宗谱十卷：(清)刘士健等纂修。清乾隆三十二年(1767)刻本,六册。

◎遂安金峰彭城刘氏重修宗谱：纂修者不详。清光绪永思堂木活字本，九册。

◎遂安刘氏宗谱：纂修者不详。清永思堂木活字本，六册。

◎遂安刘氏宗谱十四卷首一卷末一卷：刘景翔纂修。1948 年永思堂木活字本，十四册。

◎刘氏宗谱十六卷首一卷：刘景翔主修，刘培林纂修。1948 年永思堂木活字本，十六册。

【安徽黄山】

◎起霞刘氏宗谱十卷首一卷末一卷：(清）刘秉桢等纂修。清光绪三十年（1904）叙伦堂木活字本，八册。

◎刘氏四修族谱三卷：刘峻极等纂修。1936 年彭城堂木活字本，三册。

【安徽歙县】

◎彭城刘氏歙南族谱不分卷：(明）刘景旺等纂修。明嘉靖刻本，一册。

◎古歙杲溪刘氏家谱二卷：(清)刘大彬等纂修。清康熙五十年(1711)刻本,一册。

◎歙县敬兴刘氏世谱十二卷首一卷：(清）刘存坊主修，(清）刘仕銮纂修。清乾隆四十一年（1776）惇典堂木活字本，二册。

【安徽休宁】

◎休邑敉宁刘氏本支谱三卷：(明）刘灏纂修。明嘉靖二十年（1541）刻本,二册。

◎休宁邑前刘氏族谱六卷附录一卷：(明）刘尧锡纂修。明嘉靖三十七年（1558）刻本，四册。

◎休宁邑前刘氏族谱：纂修者不详。清抄本，一册。

◎秋浦刘氏宗谱四卷首一卷末一卷：(清）刘腾飞纂修。清光绪二十二年（1896）敦本堂刻本，五册。

潘

【安徽歙县】

◎新安潘氏宗谱不分卷：纂修者不详。明万历间刻本，一册。

◎新安潘氏宗谱不分卷：纂修者不详。明崇祯十四年（1641）刻本，二册。

【安徽休宁】

◎潘氏宗谱不分卷：（明）潘杰纂修。清初刻本，一册。

◎新安海阳黄岚潘氏宗谱五卷：（明）潘天启等纂。传抄明天启元年（1621）庆德堂刻本，一册。

【江西婺源】

◎婺源桃溪潘氏本宗谱十六卷：（明）潘珏等纂修。明正德间刻本，二册。

◎婺源桃溪潘氏族谱二十一卷：（明）潘文炳等纂修。明崇祯六年（1633）刻本，五册。

◎婺源桃溪潘氏宗谱十六卷：（清）潘菉森等纂修。清乾隆七年（1742）刻本，三册。

◎桃溪潘三仕宗谱十八卷首一卷：潘氏合族纂修。清同治七年（1868）木活字本，十二册。

◎婺源桃溪潘氏宗谱十六卷：纂修者不详。复印清光绪十六年（1890）世忠堂刻本，一册。

◎桃溪潘氏豸峰支谱：纂修者不详。清光绪三十年（1904）木活字本，一册。

◎桃溪潘氏豸峰支谱：纂修者不详。稿本，一册。

萧

【安徽歙县】

◎歙县结林萧江氏支谱：见江氏。

◎芳川萧江氏宗谱：见江氏。

◎萧江宗谱：见江氏。

庐

【浙江建德】

◎范阳庐氏重辑唐清显公统谱：纂修者不详。清刻本，一册。

【安徽黟县】

◎黟北庐氏族谱不分卷：(明) 庐乾等纂修。明抄本，一册。

◎黟北庐氏族谱不分卷：(明) 庐乾等纂修。清初抄本，一册。

◎庐氏谱牒：庐氏合族纂修。清末抄本，一册。

钱

【浙江建德】

◎建邑前川钱氏宗谱：(清)钱汛等纂修。清乾隆四十二年(1777)木活字本,一册。

【浙江淳安】

◎钱氏流光宗谱十六卷首一卷：钱文选主修,钱声纂修。1932 年诚信堂木活字本，十六册。

◎淳东钱氏一修流光宗谱不分卷：钱志俊纂修。1993 年排印本，一册，平装。

【安徽歙县】

◎吴越钱氏四修流光谱十二卷首一卷：(清)钱光夔纂修。清康熙三十四年(1695)蔗川念修堂刻本，十册。

◎吴越钱氏五修流光宗谱十二卷：(清) 钱琉纂修。清道光四年 (1824) 蔗川念修堂刻本，十二册。

◎吴越钱氏七修流光宗谱六卷首一卷：钱文德等主修。六册。

◎彭城钱氏宗谱五卷：(清) 钱坤纂修。清光绪十年 (1884) 木活字本，六册。

鲍

【浙江淳安】

◎遂安鲍氏宗谱十六卷首一卷：(清) 鲍会龙纂修。清光绪九年 (1883) 木活字本，一册。

◎遂安鲍氏宗谱十六卷首一卷：鲍从苹等纂修。1924 年爱敬堂木活字本,十四册。

◎遂阳鲍氏宗谱：纂修者不详。清绳武局木活字本，一册。

◎石塘鲍氏宗谱十六卷首一卷：鲍钟萱主修。1924 年爱敬堂木活字本，十七册。

【安徽歙县】

◎新安鲍氏宗谱四卷：(明) 鲍从善纂修。明正统四年 (1439) 刻本，二册。

◎鲍氏族谱不分卷：纂修者不详。明隆庆间刻本，一册。

◎棠樾鲍氏三族宗谱二百卷首一卷：(清) 鲍光纯纂修。清乾隆二十五年 (1760) 一本堂刻本，二十册。

◎重修棠樾鲍氏三族宗谱二百卷首一卷终一卷：(清) 鲍光纯纂修。清乾隆三十一年 (1766) 一本堂刻本，二十册。

◎棠樾鲍氏宣忠堂支谱二十二卷：(清) 鲍琮纂修。清嘉庆十年 (1805) 刻本，六册。

◎歙新馆著存堂鲍氏宗谱十六卷：(清) 鲍存良等纂修。清光绪元年 (1875) 著存堂木活字本，十册。

◎鲍氏著存堂宗祠谱不分卷：纂修者不详。民国黑格抄本，二册。

韩

【安徽黟县】

◎南阳韩氏宗谱不分卷：纂修者不详。抄明万历二十四年 (1596) 修本，一册。

【安徽黟北】

◎韩氏宗谱不分卷：纂修者不详。清道光间抄本，一册。

戴

【安徽歙县】

◎戴氏宗谱不分卷：纂修者不详。清木活字本，存一册。

◎戴氏宗谱：纂修者不详。民国木活字本，一册。

【安徽休宁】

◎戴氏家谱不分卷：(明) 戴起端纂修。明嘉靖二十一年 (1542) 刻本，四册。

◎休宁戴氏族谱十五卷：(明) 戴尧天等纂修。明崇祯五年 (1632) 刻本，十册。

◎休宁隆阜戴氏宗谱不分卷：戴氏合族纂修。清末抄本，二册。

◎休宁县隆阜紫竹园戴氏人房家谱不分卷：纂修者不详。明抄本，一册。

◎休宁隆阜戴氏荆墩门家谱不分卷：(清) 戴秉清纂修。清乾隆三十三年 (1768) 抄本，五册。

◎休宁隆阜戴氏荆墩朋家谱不分卷：(清) 戴清标纂修。清抄本，四册。

◎戴氏荆墩朋家谱不分卷：纂修者不详。1944 年戴延礼抄本，二册。

◎休宁戴氏分支宗谱八卷首一卷：戴亮纂修。尚礼堂抄本，三册。

◎戴氏族谱一卷：戴汉英等纂修。抄本，一册。

【安徽祁门】

◎永春戴氏宗谱五卷首一卷末一卷：(清)戴起铨等纂修。清光绪二十七年(1901)木活字本，四册。

谢

【安徽歙县】

◎谢氏统宗志八卷：(明) 谢廷谅等纂修。明万历三十二年 (1604) 刻本，七册。

◎新安谢氏族谱不分卷：纂修者不详。据清康熙间修本抄，二册。

◎歙西范川谢氏支谱十二卷：谢炳华等纂修。1925 年木活字本，十五册。

◎古歙谢氏统宗志：谢鸿轩纂修。1970 年铅印本，四册，精装。

【安徽祁门】

◎祁门金吾谢氏宗谱不分卷：(明) 谢镒纂修。明嘉靖九年 (1530) 刻本，二册。

◎祁门金吾谢氏宗谱四卷：纂修者不详。明刻本，一册。

◎祁门谢氏世系考不分卷：(清)谢家福纂修。清光绪十一年(1885)铅印本,三册。

◎王源谢氏孟宗谱十卷：(明) 谢显纂修。明嘉靖十六年 (1537) 刻本，二册。

◎王源谢氏孟宗谱十卷：(明) 谢显纂修。明万历三十年 (1602) 刻本，二册。

◎谢氏厚铭日记四卷：(明) 谢朝元纂修。明天启年间刻本，四册。

◎谢氏世谱不分卷：纂修者不详。明抄本，存一册，毛装。

◎中山谢氏家谱九卷：(明) 谢敬纂修。明抄本，一册。

◎中山谢氏家谱不分卷：(清) 谢二玉等纂修。清抄本，一册。

丰

【浙江淳安】

◎丰氏宗谱不分卷：纂修者不详。清抄清道光二十四年 (1844) 修本，存一册。

◎括阳群富石丰氏宗谱八卷首一卷：(清) 丰承馨等纂修。清同治十年 (1871) 抄本，二册。

◎括阳丰氏宗谱八卷首一卷末一卷：(清) 丰其化主修。清光绪二十四年 (1898)

存仁堂木活字本，四册。

【安徽歙县】

◎丰氏宗谱四卷：(清) 丰正华等纂修。清光绪三十二年（1906）木活字本，四册。

苏

【浙江淳安】

◎岩阳苏氏宗谱十卷：(清) 苏殿文等纂修。清乾隆四十年（1775）峻德堂木活字本，三册。

【安徽休宁】

◎新安苏氏族谱十五卷：(清)苏大主修。明成化三年(1467)刻清乾隆元年(1736)忠孝堂重印本，一册。

◎新安苏氏重修族谱五卷补遗一卷：(清) 苏钰纂修。清乾隆元年（1736）忠孝堂木活字本，六册。

◎苏氏族谱四卷：(清)苏钰纂修。清光绪二十六年(1900)忠孝堂木活字本，八册。

罗

【安徽歙县】

◎新安呈坎罗氏宗谱十卷：(明) 罗汝声纂修。明正德二年（1507）刻本，存一册。

◎新安呈坎罗氏宗谱：纂修者不详。据清抄本复印，一册。

◎罗氏宗谱不分卷：(清) 罗应元纂修。据清乾隆十八年（1753）稿本复印。

◎罗氏宗谱不分卷：纂修者不详。清抄本，一册，毛装。

◎呈坎前罗善三房总支簿不分卷：罗运杰纂修。据 1949 年稿本复印，一册。

◎罗氏松轩祠支簿不分卷：纂修者不详。据 1973 年罗清波本复印。

◎新安罗氏族谱不分卷：(清) 罗兴隥纂修。据清乾隆二十三年 (1758) 稿本复印，一册。

◎豫章罗氏宗谱：罗亨业总修。1922 年光裕堂木活字本，一册。

严

【浙江建德】

◎天水严氏宗谱：纂修者不详。1912 年刻本，存四册。

【浙江淳安】

◎重修竹园、燕源、城东三族严氏家谱不分卷：（明）严化熙纂修。明崇祯十六年（1643）刻本，三册。

◎竹园、燕源、城东三族严氏家谱不分卷：纂修者不详。明崇祯间刻本，三册。

◎富春严氏宗谱三卷首一卷末一卷传芳录六卷首一卷：（清）严家祚等主修。清乾隆四十一年（1776）刻本，十五册。

◎富春郡严氏宗谱十六卷首一卷末一卷：（清）严济宽主修。清同治六年（1867）木活字本，十三册。

◎严氏宗谱：纂修者不详。清刻本，三册。

◎富春严氏宗谱十六卷首一卷末一卷：（清）严大纲等主修。清道光十五年（1835）刻本，二册。

◎严氏宗谱：纂修者不详。清刻本，一册。

◎严氏宗谱：纂修者不详。清刻本，三册。

◎严氏家乘不分卷：纂修者不详。清刻本，二册。

◎续修严氏宗谱：纂修者不详。清抄本，存二册。

谭

【安徽休宁】

◎望仙谭氏宗谱：纂修者不详。明万历间刻本，二册。

吴

【安徽歙县】

◎歙西溪南吴氏先茔志不分卷续编不分卷：（明）吴正绥纂，（清）吴之□等补，（清）吴文枢续修。清道光二十九年（1849）补刻清康熙二十八年（1689）本，六册。

◎歙县吴氏永慕集不分卷：（清）吴榕纂修。清乾隆十年（1745）木活字本，一册。

◎吴氏家传不分卷：（清）吴光国纂修。据清乾隆间刻本影印，二册。

【安徽休宁】

◎商山吴氏宗法规条一卷：(明) 吴应试纂修。明万历间抄本，一册。

◎商山吴氏祖墓四至图不分卷：(明) 吴士彦等纂修。明崇祯十七年（1644）刻本，一册，毛装。

◎临溪吴氏墓谱不分卷：(明) 吴文辉纂修。明刻本，存一册。

◎万安吴氏建祠不分卷：(明) 吴道达纂修。清抄本，一册。

◎海阳吴氏晋公大宗祠堂公议条例暨标记事宜便览不分卷：(清) 吴华孙等纂修。清乾隆三十六年（1771）锡类堂稿本，一册。

◎议立吴氏支祖晋公专祠序列一卷：(清) 吴华孙纂修。清乾隆四十八年（1783）晋公祠抄本，一册。

【安徽绩溪】

◎吴氏本枝墓图不分卷：(明) 吴可学纂修。明万历间刻本，四册。

余

【浙江淳安】

◎璜堂余氏恢复宗祠文议不分卷：纂修者不详。清康熙十年（1671）刻本，一册。

汪

【安徽歙县】

◎汪氏重修云岚山墓祠志不分卷：(清) 汪廷桢等纂。清乾隆九年(1744)刻本，一册。

◎越国汪公祠墓志六卷首一卷末一卷：(清) 汪芸总修。清咸丰二年（1852）越国公祠刻本，六册。

◎越国汪公祠墓志续刊二卷：(清) 汪邦忠纂修。清光绪十年（1884）堨田树彩堂刻朱印本，二册。

◎越国汪公祠墓志续刊二卷：汪宣熔纂修。1928 年云岚山墓祠石印本，二册。

◎中和堂汪氏祀谱总录不分卷：(清) 汪诗松等纂修。清乾隆十九年（1754）中和堂写本，一册。

◎重修吴山汪氏祖墓祠志二卷首一卷：(清) 汪燡纂修。清道光七年（1827）吴清山祖墓祠刻本，二册。

◎重修吴清山汪氏墓祠徵信录四卷：汪慰纂修。1925 年刻本，四册。

◎西溪王氏先茔便览一卷定例一卷：(明) 汪仲潜纂修。明抄本，一册，毛装。

◎重修汪氏膳茔便览一卷：(明) 汪永恩等纂修。明万历二十二年（1594）汪明孝抄本，一册。

【安徽绩溪】

◎汪氏登原藏稿不分卷登原题咏略三卷首一卷附录一卷：(清) 汪泽等纂修。清光绪二十二年（1896）敦叙祠木活字本，四册。

【江西婺源】

◎汪氏湖山墓祠纪一卷：(清) 汪松泰等纂。清道光二十七年 (1847) 德基堂刻本，一册。

宋

【安徽歙县】

◎古歙上丰宋氏支祠祭谱二卷：(清) 宋氏支祠仁宝公房支下辑。清光绪达道堂硃墨抄本，二册。

◎古歙上丰宋氏支祠祭谱：纂修者不详。民国施政堂刻本朱墨套印本，存一册。

◎上门宋氏族簿历代传宗一卷：宋光熙纂修。1930 年抄本，一册。

陈

【安徽祁门】

◎【陈氏】文堂乡约家法：(明) 陈德信等纂修。明隆庆六年（1572）刻本，一册。

◎竹溪陈氏墓祀录四卷：(明) 陈光纂修。明嘉靖十三年（1534）刻本，四册。

项

【安徽歙县】

◎桂溪项氏祠谱二卷附墓图一卷：(清) 项天瑞纂修。清乾隆二十六年（1761）刻本，二册。

◎桂溪项氏崇报堂祠谱一卷：合族纂修。清乾隆间崇报堂刻本，一册。

◎桂溪项氏墓图不分卷：(清) 项启鈵纂修。清嘉庆十六年 (1811) 木活字本，一册。

◎桂溪项氏祠谱不分卷：(清)项启鈵纂修。清嘉庆十六年(1811)木活字本，一册。

◎贵溪项氏均安门墓图一卷续刻一卷：(清）项天瑞等纂修。清乾隆三十三年（1768）刻本，一册。

叶

【安徽歙县】

◎新州叶氏重修家谱通告不分卷：(清）叶德圻等纂修。清宣统元年（1909）杭州柳翠井第二次铅印本，一册。

程

【安徽徽州】

◎程典三十二卷：(明）程一枝纂修。明万历时十年（1582）刻本，六册。

【安徽歙县】

◎程氏祖茔疆图：不分卷，(明）程梦积纂修。明抄本，一册。

◎程氏忠壮公墓辟伪录二卷：合族纂修。清雍正九年（1731）率口惇本堂刻本，一册。

【安徽休宁】

◎倍郭程氏敦本录二卷：(明）程亨纂修。明弘治五年（1492）刻本，二册。

◎泰塘程氏具徵录：(明）程克正等纂修。明刻本，二册。

◎休宁率溪程氏烈妇合传一卷：(清）程锡祥等纂修。清光绪二十三年（1897）同善堂铅印本，一册。

◎富溪程氏祖训家规封邱渊源合编：不分卷，纂修者不详。清宣统三年（1911）五知堂抄本，一册。

【安徽祁门】

◎程氏窦山公家议七卷附录一卷：(明）程昌纂修，(明）程钫增补。明万历三年（1575）刻本，五册。

◎程氏窦山公家议八卷：(明）程昌纂修，(明）程钫增补。清顺治年间增补刻本，一册。

参考文献

一、原始文献类

万历《严州府志》，四部丛刊本。

淳熙《新安志》，宋元方志丛刊。

罗愿：《新安志》，清康熙四十六年刻本。

汪舜民：《徽州府志》，明弘治十五年刻本

何东序：《徽州府志》，明嘉靖四十五年刻本。

赵吉士：《徽州府志》，清康熙三十八年刻本。

马步蟾：《徽州府志》，清道光七年刻本。

许承尧：《歙县志》，民国二十六年石印本。

李乔岱：《休宁县志》，明万历三十五年刻本。

蒋灿：《婺源县志》，清康熙三十三年刻本。

道光《徽州府志》，清道光七年刊本。

《民国遂安县志》，余利归：《淳安古籍文献丛书》，淳安县政协文史和教文卫体委员会，2011年。

《光绪淳安县志》，余利归：《淳安古籍文献丛书》，淳安县政协文史和教文卫体委员会，2011年。

赵滂：《程朱阙里志》，清雍正三年增刻本。

商辂：《商文毅公文集》，《淳安古籍文献丛书》。

戴廷明、程尚宽撰，朱万曙、王平、何庆善、于石点校：《新安名族志》，黄山书社，2004年版。

程敏政：《新安文献志》，文渊阁《四库全书》第1375册。

程敏政：《篁墩集》，文渊阁《四库全书》第1275册。

程曈：《新安学系录》，《四库全书存目丛书》史部第90册。

赵吉士：《寄园寄所寄》，清康熙三十五年刻本。

纪昀：《四库全书总目》，清乾隆六十年刻本。

许承尧撰，李明回、彭超、张爱琴校点：《歙事闲谭》，黄山书社，2001年。

钱大昕：《潜研堂文集》，清刻本。

程一枝：《程典》，明万历十年刻本。

《休宁梅林汪氏族语》，天启六年抄本。

吴元满：《歙西溪南吴氏世谱》，明抄本。

绩溪《盘川王氏宗谱》，民国十年活字本。

《歙西溪南吴氏世谱·叙》，明末清初抄本。

歙县《托山程氏家谱·托山程氏重修本支谱后序）》，明崇祯九年刻本。

《新安武口王氏统宗世谱》，清雍正四年刻本。

《重编歙邑棠樾鲍氏三族宗谱》，清乾隆二十五年一本堂刻本。

《方氏会宗统谱》，明嘉靖三十七年刻本。

《歙淳方氏会宗统谱》，乾隆刻本。

程嗣功：《歙县槐塘程氏宗谱》，万历十四年刻本。

江瓘：《名医类案》，明嘉靖三十一年刻本。

徐春圃：《古今医统大全》，明隆庆四年重刊本。

孙一奎：《赤水玄珠》，万历十二年刻本

方有执：《伤寒论条辨》，万历二十七年刻本。

吴昆：《医方考》，人民卫生出版社，2007年。

汪昂：《本草备要》，康熙三十三年刻本。

程国彭：《医学心悟》，清乾隆五十九年刻本。

吴谦：《医宗金鉴》，乾隆七年刻本。

郑宏纲：《重楼玉钥》，道光十八年刻本。

程文囿：《医述》，道光十三年刻本。

詹鸣铎著，王振忠、朱红整理校注：《我之小史》，安徽教育出版社，2008年。

二、论著类

张健：《新安文献研究》，安徽人民出版社，2005 年。

胡益民：《徽州文献综录》，安徽教育出版社，2014 年。

赵华富：《徽州宗族论集》，人民出版社，2011 年。

冯剑辉：《徽州家谱宗族史叙事冲突研究》，合肥工业大学出版社，2014 年。

张秀民：《中国印刷史》，浙江古籍出版社，2006 年增订版。

章百成：《淳安家谱》，中国文史出版社，2017 年。

王裕明：《明清徽州典商研究》，人民出版社，2012 年。

张玉才：《新安医学》，安徽人民出版社，2005 年。

《淳安县志》，浙江人民出版社，2014 年。

《建德市志》编纂委员会：《严州历代文献辑存》，浙江人民出版社，2011 年 6 月第一版。

宋慈抱：《两浙著述考》，浙江人民出版社，1985 年。

吴仲平：《淳安著述录》，2003 年。

胡宁：《咱们的母亲河》，合肥工业大学出版社，2012 年。

三、论文类

谈家胜：《国家图书馆所藏徽州家谱的特点与价值》，《历史档案》2009 年第 2 期。

王鹤鸣：《上海图书馆馆藏徽州家谱简介》，《安徽史学》2003 年第 1 期。

陈玲、冯剑辉：《黄山学院图书馆藏徽州家谱简介》，《黄山学院学报》2012 年第 1 期。

汤华泉：《徽州人与四库全书》，《安徽史学》2001 年第 3 期。

朱万曙：《< 新安名族志 > 的版本及史料价值》，《文献》2005 年第 1 期。

陈瑞 :《明代徽州家谱的编修及其内容与体例的发展》,《安徽史学》2000 年第 4 期。

翟屯建 :《略论家谱内容与体例的演变》,《中国谱牒研究——全国谱牒开发与利用学术研讨会论文集》,1999 年。

卞利 :《明清时期徽州族谱的纂修及刊刻等相关问题研究》,《徽学》第 5 卷,2008 年。

汪庆元 :《徽州的家族文献与宗族文化——以歙县吴氏《冲山家乘》为中心》,《安徽史学》2006 年第 1 期。

刘尚恒 :《< 虬川黄氏宗谱 > 与虬村黄姓刻工》,《江淮论坛》1999 年第 5 期。

刘道胜 :《明代徽州珍稀族谱 < 程典 > 考论》,《历史档案》2012 年第 3 期。

徐学林 :《徽州存世谱牒及其开发利用》,《江淮论坛》2000 年第 4 期。

周惊涛 :《徽州存世家谱的社会史资料价值》,《安徽师范大学学报》2005 年第 1 期

栾成显 :《谱牒 :记录中华历史文化的又一宝藏》,《安徽师范大学学报(人文社会科学版)》2012 年第 1 期。

[韩] 朴元熇 :《明清时代徽州商人与宗族组织——以歙县柳山方氏为中心》,《安徽师范大学学报》1999 年第 3 期。

王世华 :《明清徽州典商的盛衰》,《清史研究》1999 年第 2 期。

张正春 :《休宁县屯溪商业状况报告书》,安徽省立第二师范学校杂志,1918 年。

陈联 :《徽州商业文献分类及价值》,《徽学》第 2 卷。

王振忠 :《清代江南徽州典当商的经营文化——哈佛燕京图书馆新藏典当秘籍四种研究》,《中国学术》总 25 辑,2009 年。

陈学文 :《从 < 士商类要 > 来看明代徽商经营之道》,《学术界》1994 年第 6 期。

陈学文 :《明清时期商业文化的代表作——< 商贾便览 >》,《杭州师范学院学报》1996 年第 2 期。

王键 :《新安医学的形成因素和价值》,《中医文献杂志》2009 年第 1 期。

项长生 :《新安医学主要贡献和历史地位》,《黄山高等专科学校学报》2000 年第 3 期。

王键 :《新安医学流派的学术贡献和特色》,《世界科学技术》2010 年第 6 期。

朱长刚：《私淑固本培元派的新安医家》，《中医文献杂志》2015年第2期。

何任：《赤水玄珠述评》，《浙江中医学院学报》2002年第2期。

方向明：《古今医统大全养生学术思想浅析》，《中医文献杂志》2007年第4期。

易玮：《论〈医述〉辑录特色》，《安徽中医学院学报》2001年第3期。

焦振廉：《江瓘生平事迹评述》，《安徽中医学院学报》2009年第1期。

徐斐：《论歙人方有执首创〈伤寒论条辨〉及其治学特点》，《湖北函授大学学报》2016年第6期。

钱超尘：《汪机事迹著作及从医考》，《中医文献杂志》2006年第2期。

王键、郜峦、黄辉：《新安医学的形成和学术价值》，《中医文献杂志》2009年第3期。

四、汇编资料类

王鹤鸣：《中国家谱总目》，上海古籍出版社，2009年。

王振忠：《徽州民间珍稀文献集成》，复旦大学出版社，2018年。

李琳琦、梁仁志：《徽商会馆公所征信录汇编》，人民出版社，2016年。

后 记

新安文化，是近年新起的一个文化概念。新安文化是指整个新安江流域文化，不仅涵盖新安江上游的徽州，还包括新安江中游的淳安县和下游的建德市。新安江是钱塘江水系干流的上游段，发源于安徽徽州（今黄山市）休宁县境内，东入浙江西部，经淳安、建德与兰江汇合后入钱塘江。新安江干流长300多公里，流域面积1.1万平方公里，人类生活历史悠久，建“新安郡”至今约两千年，形成了独特的地域文化。

《新安文化》丛书的编撰工作，由淳安县委党史研究室（县志办）具体实施，于2017年8月正式启动。整套丛书共有《新安文化概论》《新安宗族》《新安学术》《新安文书》《新安商人》《新安文学》《新安教育》等18卷。本人承担《新安文献》卷的撰写。接到这个任务心情颇为忐忑。因为，已出版的20卷本的《徽州文化全书》中独缺“徽州文献”这一部，想来是难度不小。但是文献是学术研究的基石，是不可或缺的存在。本次编纂《新安文化》丛书，本人勉为其难，力争填上这一空白。

笔者在与丛书编撰部主任翟屯建先生多次沟通后，确定了撰写大纲和目录。在纲目确定之后，开始搜集资料。新安文献资料浩如烟海，在搜集资料的过程中，遵循“优先新史料，注重旧史料”的原则。譬如，王振忠教授主编的《徽州民间珍惜文献集成》，李琳琦、梁仁志整理《徽商会馆公所征信录汇编》，淳安县图书馆出版的《淳安著述录》等，一些私人收藏家收藏的新安文献史料，如徽商李良春自传《惯痴文集》，也被笔者重点关注。这些近年来新出版的新安文献史料，多被用作撰写此书的重要参考书目。同时，这些新发现的文献史料，为本书增加了一点新意。

本书撰写历时两年有余，期间甘苦，冷暖自知。在此要感谢淳安党史研究室的朱华民主任、程中青副主任，为撰写本书提供了诸多方面的支持；感谢翟屯建先生的指点；感谢同事潘俊在搜集整理资料中付出的大量辛勤劳动。还要感谢大量前辈学者的研究，没有他们奠定的坚实基础，就没有本书的诞生。

当然，限于学识和眼界，笔者对新安文献的总体把握还欠火候，书中观点难免有不当之处，敬请方家指正。

倪清华

辛丑初秋于城东兰芷楼